教育部职业院校文秘类专业教学指导委员会"十二五"规划教材

商务写作与实训

（第2版）

主　编　周爱荣

副主编　邹新忠　施剑南

参　编　魏景霞　杨黎丽　邹　婷　田慧霞

重庆大学出版社

图书在版编目(CIP)数据

商务写作与实训/周爱荣主编.—2版.—重庆：
重庆大学出版社,2014.9(2022.7重印)
教育部职业院校文秘类专业教学指导委员会"十二五"规划教材
ISBN 978-7-5624-8489-9

Ⅰ.①商… Ⅱ.①周… Ⅲ.①商务—应用文—写作—
高等职业教育—教材 Ⅳ.①H152.3

中国版本图书馆CIP数据核字(2014)第175298号

教育部职业院校文秘类专业教学指导委员会"十二五"规划教材

商务写作与实训
（第2版）

主 编 周爱荣
副主编 邹新忠 施剑南
策划编辑:贾 曼 雷少波
责任编辑:贾 曼 版式设计:贾 曼
责任校对:谢 芳 责任印制:张 策

*

重庆大学出版社出版发行
出版人:饶帮华
社址:重庆市沙坪坝区大学城西路21号
邮编:401331
电话:(023) 88617190 88617185(中小学)
传真:(023) 88617186 88617166
网址:http://www.cqup.com.cn
邮箱:fxk@ cqup.com.cn(营销中心)
全国新华书店经销
POD:重庆新生代彩印技术有限公司

*

开本:787mm×1092mm 1/16 印张:19.75 字数:468千
2014年9月第2版 2022年7月第13次印刷
ISBN 978-7-5624-8489-9 定价:49.00元

本书如有印刷、装订等质量问题,本社负责调换

总主编 孙汝建

总 序

2005年12月,教育部发文成立了"教育部高职高专文秘类专业教学指导委员会"。2012年12月该委员会届满,教育部又发文成立了"教育部职业院校文秘类专业教学指导委员会"(以下简称"职业院校文秘教指委")。我先后担任这两个委员会的主任委员,组织、参与并见证了文秘专业教材建设的发展历程。从"高职高专文秘教指委"到"职业院校文秘教指委",都非常重视文秘专业的教材建设。"高职高专文秘教指委"时期,我们在委员会内部先是成立了专业建设组、师资培训组、实训基地建设组,后来由于工作需要,将其扩容为专业建设分委员会、师资培训分委员会、实训基地建设分委员会。在历次委员会会议、文秘专业骨干教师培训、文秘专家库学术活动、教育部课题"文秘专业规范研制"、文秘专业精品课程建设、文秘专业课题立项、文秘技能大赛等活动中,始终贯穿文秘专业教材建设这条主线。在认真调查、反复论证的基础上,我们决定组织编写教育部高职高专文秘类专业教学指导委员会"十二五"规划教材34种,由笔者任总主编。经过网上公开招标,由国家一级出版社重庆大学出版社出版。

2009年8月24—27日,由本委员会主办、重庆大学出版社承办的系列教材主编会议在重庆大学召开。与会者就高职高专文秘专业课程设置、教学目标以及教材编写的指导思想、编写原则、编写体例、编写队伍组成等问题进行了认真而热烈的讨论,并达成以下共识:

1)根据我国高职高专文秘类专业各方向的培养目标、专业设置、课程建设的发展规律与发展趋势以及国家秘书职业资格证书的考证要求、用人单位对文秘专业人才的需求,构建编写大纲、选择编写内容、设置编写栏目。

2)教材编写以文秘类专业学生应具备的基本素质、基础知识、基本职业能力、核心职业能力为依据。

3)教材针对高职本科职业院校文秘类专业以及一线秘书的社会需求,注重不同层次职业教育的衔接。

4)教材内容以"够用为度,适用为则,实用为标"为原则,给课堂教学留有发挥空间,突出主要知识点,实训举一反三,紧扣文秘岗位实际,用例典型,表达流畅。

5)教材由两个板块组成:秘书职业技术、职业技能训练课程版块教材 18 种;秘书职业基础、文化素质课程版块教材 16 种。

6)保证教材内容的稳定性和适度前沿性。

7)教材采用立体开发的方式出版,除了纸质教材外,还配套教学资源包。

会后,本套系列教材主编积极组织,遴选副主编和参编者,形成实力较强的编写队伍,并以每本教材为单位,分别组织研讨和开展教材编写工作。

经过近一年多的组织编写工作,丛书绝大多数品种于 2010 年 9 月出版。出版近 4 年来,全套教材在全国一百余所院校使用,在文秘专业教育以及高职文化素质教育领域产生广泛影响。2012 年 12 月,"教育部高职高专文秘类专业教学指导委员会"更名为"教育部职业院校文秘类专业教学指导委员会",服务对象由原来的高职高专文秘专业扩展到全国中高职院校和本科职业院校文秘专业。委员会一以贯之高度重视与重庆大学出版社合作出版的这套文秘系列教材,双方商定,在适当的时机,对 34 种初版教材中影响较大的品种进行修订。

2013 年 11 月 1—3 日,本委员会与重庆大学出版社在苏州联合举办"全国职业院校文秘类专业目录修订暨重庆大学出版社文秘专业系列教材修订会"。在广泛吸收意见的基础上,笔者作为该套教材的总主编提出了修订原则,重庆大学出版社社文分社贾曼副社长就初版教材的修订提出了具体要求,与会代表就初版教材的修订提出了具体建议。会议根据初版教材的学术质量、社会影响和发行情况,决定对以下 27 种教材进行修订。

针对我国职业教育进行新一轮改革的具体要求,在坚持初版编写基本原则的情况下,提出了此次修订的新要求:

1)对 2010 年初版教材内容老化的部分进行系统更新;

2)系列教材要考虑与中高职院校本科职业院校的衔接;

3)修订版教材要与教育部新确定的课程名称相一致;

4)为了使教材的受众更加明确,将此次修订的 27 种教材(其中国家"十二五"规划教材 5 种)分为两个系列:"教育部职业院校文秘类专业教学指导委员会'十二五'规划教材"和"高等院校文化素质教育系列教材"。

具体书目如下:

教育部职业院校文秘类专业教学指导委员会"十二五"规划教材(国家"十二五"规划教材 3 种)

档案管理实务(第 2 版)(国家"十二五"规划教材)

商务秘书实务(第2版)(国家"十二五"规划教材)

商务写作与实训(第2版)

秘书理论与实务(第2版)

秘书职业概论(第2版)

秘书心理与行为(第2版)

秘书写作实务(第2版)(国家"十二五"规划教材)

企业管理基础(第2版)

秘书岗位综合实训(第2版)

秘书语文基础(第2版)

秘书信息工作实务(第2版)

会议策划与组织(第2版)

办公室事务管理实务(第2版)

市场营销理论与实务(第2版)

人力资源管理理论与实务(第2版)

社会调查实务(第2版)

新闻写作(第2版)

办公自动化教程(第2版)

高等院校文化素质教育系列教材(国家"十二五"规划教材两种)

职业礼仪(国家"十二五"规划教材)

毕业设计(论文)写作指导(第2版)(国家"十二五"规划教材)

公共关系实务(第2版)

口语交际与人际沟通(第2版)

形体塑造与艺术修养(第2版)

规范汉字与书法艺术(第2版)

实用美学(第2版)

文学艺术鉴赏(第2版)

文化产业管理概论

以上27种教材的主编、副主编、参编者也作了适度调整,教材名称与教育部公布的文秘类专业目录和公共基础课程名称相一致。该套教材的使用对象为中高职院校和本科职业院校文秘专业或其他专业学生,与教材相配套的教学资源在"中国文秘教育网"(本委员会网站)发布,供教学参考。

2014年6月,国务院召开"全国职业教育工作会议",国家主席习近平、国务院总理李克强对我国职业教育提出新的发展战略,教育部具体部署了我国职业教育改革的工作重点。把职业教育改革发展的新思路融进本套系列教材的编写，是这套新版系列教材始终追求的目标。

本套系列教材是编写者长期探索的成果结晶，也凝聚着初版教材编写者、使用者、出版者的智慧和心血。这套系列教材的参编者由200多位专家学者以及有丰富教学经验的一线教师组成，他们来自150多所学校，在本套教材出版之际，对各校和编写者给予的支持表示诚挚的谢意。同时，重庆大学出版社从领导到该项目负责人，对教材的编写与出版给予了高度重视和大力支持，特别是邱慧、贾曼两位老师几年来为教材辛苦奔走、精心策划、辛勤付出，其敬业精神令我们感动。

在教材使用过程中，我们欢迎广大师生进一步提出修改意见，使之不断完善。

教育部职业院校文秘类专业教学指导委员会主任委员

孙汝建

华侨大学文学院院长、教授、硕士研究生导师

2014 年 7 月 4 日

修订前言

本书在模块化构建的基础上，采用项目教学、任务驱动的编写体例，强化写作实训，突出写作能力的培养与训练，具有很强的针对性、实用性和可操作性。自出版以来，受到了老师和学生的认可与欢迎。为了更进一步突出教材的新颖性、时代性与实用性，方便广大师生学习与使用，我们对本书进行了修订。

本次修订，在保持原书的体例、框架与风格的基础上，我们主要对公文部分进行了较大的修改。2012 年 4 月 16 日，中共中央办公厅、国务院办公厅联合印发了《党政机关公文处理工作条例》，该条例从 2012 年 7 月 1 日起执行，同时废止了 1996 年中办印发的《中国共产党机关公文处理条例》和 2000 年国务院印发的《国家行政机关公文处理办法》。我们依据《党政机关公文处理工作条例》和《党政机关公文格式》（GB/T 9704—2012），重新编写了公文写作部分，并更新了本部分的很多例文，以保证教材的时代性和实用性。二是更换了部分例文和实训内容。三是根据工作实际，调整了部分内容。四是更换了附录，即将《党政机关公文处理工作条例》写进课本。

参加本次修订工作的有黄河水利职业技术学院周爱荣、邹新忠，濮阳职业技术学院田慧霞。由周爱荣主持修订并负责统稿。

在几年来的使用过程中，读者和同行专家提出了许多有益的建议和意见，对本次修订起到了积极的推动和帮助作用，在此深表谢意！在修订中，借鉴和参考了相关教材和互联网上的相关资料，限于篇幅未能一一列出，在此说明并致以诚挚的感谢！

希望通过本次修订能使本书日臻完善，为学生写作能力的提高、为学生更好地胜任工作提供更大的帮助。同时，真诚地欢迎同行专家、读者批评指正，以使我们及时修改订正。

编　者
2014 年 5 月

目录
CONTESTS

项目一　认识商务写作

【知识目标】

了解商务写作的基础知识与基本要求。

理解商务写作的基本内容。

掌握提高商务写作能力的基本方法。

【能力目标】

能说明商务写作的特点。

能确立商务写作的主题。

能运用理论指导取材、立意、结构布局并分析其语言特点。

任务一　了解商务写作基本知识

【任务描述】

小张是某高职院校文秘专业毕业生,毕业前夕被兴和实业有限公司聘为办公室秘书。他想,凭着自己扎实的专业知识,尤其写作是自己的强项,完成办公室工作肯定没问题。但是,他起草的两份文稿并没有得到行政经理的好评,反而批评他的文稿有些学生腔、散文化,不太适合公司管理工作使用,而且派了一位有经验的秘书给他讲商务写作知识。

假如你是这位有经验的秘书,你该怎么给他讲?

【任务分析】

文学功底好的人不一定能写出好的商务文书,对组织、业务了解甚深的人也不一定能写出好的公文。作为应用文写作中的一个分支,商务文书既有一般应用文的特点,也有它自身的特点。要想写出规范适用的商务文书,必须了解商务写作的含义、特点和功用,掌握商务写作的原则、格式和技巧,熟悉商务活动内容,经过有效的写作训练,才能提高商务写作技能,更好地落实和传达企业要求,提高企业的持续竞争力。

一、商务写作的含义

商务写作是指在商务活动中,用来处理商务事务、传播商务信息、协调商务活动的通用文书和各种实用文书的写作。

随着市场经济的快速发展,商务活动成为各种社会活动的基础,商务工作成为我国现代化建设中的重要工作,商务文书写作已成为当前应用文写作的一个重要组成部分。

商务文书是在商务活动和商务工作中形成和使用的,用来处理商务活动中的各种业务工作,是对商务活动和商务工作进行记录、总结、交流、发展的重要工具。

二、商务写作的特点

(一)价值的实用性

"实用性"是所有应用文与其他文学作品的主要区别之一。一般文学作品的创作是"有感而发",主要是表达人们的喜怒哀乐、抒发理想、反映现实;而商务写作主要是为了解决实际问题,是"缘事而发",无事不发。如要和其他单位联系,就要写信函;要借款,就得立字据;向上级汇报工作、反映情况,要写报告等,都是为了解决实际问题,是"为实用而作之文"。

(二)内容的真实性与专业性

商务文书是为了解决商务活动中的实际问题而写的,因此,必须真实、客观、实事求是地反映问题、反映情况,不允许像文学创作那样,可以虚构、进行艺术再加工,也不能发挥主观想像、夸大其词,否则就会歪曲事实真相,给社会带来不良影响。

商务文书的内容是以商务现象、商务工作为写作对象,具有特定的商务活动范畴和商务科学的专业特点,其专业性和技术性是非常明显的。

(三)强烈的时效性与针对性

商务文书写作一般要针对商务工作的具体需求,在一定的时间、范围内解决一定的问题,具有明确的目的性和强烈的时效性。工作中一旦出现问题,就必须及时反映,否则,拖延时间就会给生活、工作、生产带来影响。尤其是当今社会,市场竞争激烈,如果信息传递慢,企业随时有被淘汰的危险。而信息反映及时,就会给企业带来效益。

(四)表述的平实性

由于商务写作注重实用,所以它的语言也讲究务实,讲求语言的科学性与平实性,具有特定的专业术语,特别注意数字的使用和表达。它的基本特点是语言简洁、朴实、明白、准确、规范。不能像文学创作那样讲究生动、形象、含蓄、朦胧。平实是应用文写作的基本风格。

(五)格式的规定性与约定性

应用文的写作有其特定、惯用的格式。这些格式,有的是长期以来约定俗成、相沿成习的,成为惯用格式;有的是由国家或有关部门统一制订的,成为规范格式。如书信格式、公文格式、经济合同格式等,每一文种包括哪些内容,哪些在前,哪些在后,分几部分,都应严格遵守,不得随意标新立异,也不能像文学创作那样,随意编排,自由联想,打破时空观,讲究情节的曲折变化等。

三、商务写作的分类

应用文的种类繁多,分类复杂。随着市场经济的繁荣与发展,作为应用文一个分支的商务应用文得到了迅速发展,尤其是随着经济领域的不断拓展和各种商务活动的快速增加,商务应用文的种类也越来越多。根据商务写作的内容、性质和作用,将其划分为:商务公务文书、商务管理文书、商务礼仪文书、商务会议文书、商务告启文书、商务传播文书、商务报告文书、商务策划文书、商务协约文书、涉外商务文书等。

四、商务写作的作用

(一)指挥管理作用

自古以来,应用文就是对社会进行管理的工具。今天,日趋现代化、高效率的商务管理工作,对现代商务应用文提出了更高的要求。上下级机关之间布置、指导工作,传达领导意图、决策,反映基层情况,都要使用商务应用文。商务应用文是做好管理工作的重要工具。离开了商务应用文写作,商务活动中的管理、沟通与传播、协调工作就无法进行,乃至陷于混乱状态。

(二)联系交流作用

在当前的社会活动中,任何人、任何单位都免不了与外界接触、打交道。应用文是加强上下级联系的纽带,也是与各有关方面联系的有效工具。比如上下级之间的上情下达,下情上报;各单位之间的信息交流、业务联系,都离不开商务文书。

(三)凭证资料作用

在社会生活中,商务应用文也是开展工作,解决、处理问题的依据和凭证。如上级下达的文件、党和政府颁布的法规、有关方面的规章制度,都可作为开展工作和检查工作的依据;而一些条据、合同文本等,也是业务中的凭证,一旦出现问题、纠纷,依靠这些凭证,可通过法律追究对方责任,维护自身利益。另外,一些重要的应用文也是历史档案资料,要了解某一时期的政治、经济情况,或某一方面的生产经营情况,只要查阅当时存档的应用文,就可以知道。

【相关链接】

商务写作与文学写作的区别

1. 社会作用不同。商务文书:管理社会,协调商务,规范行为;文学:服务社会,教育人民,感化行为。

2. 适用范围不同。商务文书:相当广泛,而且有很具体的对象;文学:显得宽泛,但是无确定的具体对象。

3. 思维方法不同。商务文书:逻辑思维;文学:形象思维。

4.修辞方式不同。商务文书：科学修辞；文学：艺术修辞。

5.语体风格不同。商务文书：准确、简明、平实、得体；文学：鲜明、生动、精炼、含蓄。

【练习与实训】

1.假如你是一位经理秘书，下周你的上司要去总公司汇报工作，现在上司要你为他准备汇报材料。你该如何准备？

2.某公司属于高新技术企业，发展迅速，目前已在全国主要城市设立了数十家分公司。近来，第五分公司业务非常繁忙，经研究，他们拟向总公司请示引进高级人才。假如你是第五分公司秘书，你如何写这份请示？

3.举例说明文学写作与商务写作的区别。

任务二　了解商务写作的基本构架

【任务描述】

新来的秘书小陈将要陪同经理到工地检查工作，届时经理要有一个讲话，经理让小陈提前为他拟写一份讲话稿。小陈很高兴，终于有用武之地了。他奋笔疾书，很快写出了一份讲话稿。可是，经理看后苦笑着说："这是为你写的还是为我写的？我能说得出这样的话吗？再说，你这些优美抒情的言辞，适合今天这个场合吗？……"

你能听得出小陈写的讲话稿问题出在什么地方吗？假如让你写，你该怎么写？

【任务分析】

一篇好文章，需要内容和形式俱佳且相互搭配。同样，一篇好的商务文书，在内容具体、恰当的基础上，还要主题明确、集中，材料真实、准确，结构安排合理，语言平实、明晰。

一、主题

（一）主题的含义

所谓主题（又称主旨），就是作者在说明问题、发表主张或反映生活现象时所表现出来的主要意图和基本观点。它在记叙文中称为"中心思想"或"中心意思"，在议论文中称为"中心论点"，在说明文中称"说明中心"，在文学作品中称"主题"或"主题思想"，应用文一般称主题或主旨。

（二）商务应用文主题的特点

商务应用文的主题符合一般应用文主题的特点，往往是"意在笔先"，在撰稿前就已形成。

1.**客观性**　应用文写作要为"事"而写，为"行"而写，其写作意图是因客观的现实需要而形成的,是生活的某种需要促使作者表明某种态度和观点,是对客观材料本质意义的反映。

2. 单一性　文学作品可以一文多义,不同的欣赏者对主题的理解可以呈多元化。而应用文则要求主旨单一、明确,即一文一义,不能给读者造成多元化的理解。

3. 明晰性　应用文的主旨不仅在撰稿前就应确定,而且在文本中要用简明的语言把文章的主旨概括出来,并在文章的显要位置直接而明白地表达出来。提倡什么、反对什么,要做什么、不要做什么,要怎么做、不要怎么做,都要非常明确,不能隐晦、含糊,要使读者一看就懂,不会产生歧义。

(三)商务应用文对主题的要求

1. 正确　这是对主题的最基本要求。主题正确是指商务文书的主题要符合党和国家的方针政策、法律法规,同时还要符合客观实际,能正确反映客观事物的本质与规律。

2. 鲜明　指商务文书所表达的观点要清楚明白,赞成什么、反对什么、提倡什么、抵制什么,应让人一目了然、一读即懂。

3. 集中　主题集中是指一篇文章只能有一个主题,重点突出,单纯专一,不枝不蔓,所谓"一文一事""一文一旨"。

4. 深刻　指主题能够揭示事物的本质,反映事物的内在规律,要有思想深度。即使是别人看到过、说起过、写过的事物,在你的笔下却能做出更精当的分析,讲出新的道理,挖掘出更深层的意义。

二、材料

(一)材料的含义

材料是作者为了某种写作目的所搜集、积累以及写在文章中用以表现主题的一系列事实材料和理论材料。

事实材料指实际发生的事实、情况部分,它是在对现实情况作深入地调查研究后收集并用于应用文之中的材料。理论材料又叫政策材料,指党和国家领导人的讲话与指示,党和国家的方针、政策、法令、法规和有关的文件,本单位制订与颁发的规章制度及文件等。

通常可以通过观察、调查、检索和阅读等途径和方法获取材料。

(二)材料的选择与使用

一般来说,材料的选择应遵循真实、切题、典型、新颖的原则。

1. 真实　真实是文章的生命。商务写作要求材料真实可靠、准确无误,是既成的事实和论断。这种真实既要达到整体的真实,又要达到细节的真实;既要是现象的真实,更应该是本质的真实。真实的材料才能得出可靠的结论。

2. 切题　切题就是围绕主题选择材料,材料要与主题对应。应用文所表达的主旨是单一明确的,这就要求材料与主旨形成一种密切的亲和力,材料为主旨服务,受它调遣。

3. 典型　典型是指材料必须是能反映事物本质,又具有代表性与说服力的材料。典型材料能起到以一当十、一斑窥豹的作用。

4. 新颖   新颖是指材料能够反映时代气息和时代精神,能给人以新鲜感。新颖的材料指:新近发生的具有社会意义的事情或新近提出的观点;虽不是新近发生的或新近提出的观点,但不为大多数人所知道,能引起人们的注意,给人以新鲜感;老材料翻新意。

(三)使用材料应注意的问题

1. 处理好观点和材料的关系   材料是文章的血肉、观点的依托,没有材料,文章就会流于空泛、虚而不美、没有力量;观点是文章的灵魂、材料的统帅,没有观点,文章就会像一个没有主见的人一样,不知他究竟赞成什么、反对什么。

材料产生观点,观点统帅材料,这是使用材料的基本原则。

2. 合理安排材料,体现条理化   根据主题的需要,合理安排材料的先后顺序。可以按照人们认识事物的规律安排材料,由表及里,由浅及深,由点到面;可以按照事物发生发展的顺序安排材料;也可以按照材料间的逻辑关系安排材料。

3. 恰当剪裁材料,使其详略得当   使用材料时,要根据表达主题的需要分清主次详略。要做到:重要的材料详写,次要的材料略写;新材料详写,旧材料略写;具体的材料详写,概括的材料略写;读者关切的材料详写,读者已知的材料略写。

三、结构

(一)结构的含义

结构指文章的组织形式和内部构造,也叫布局、格局或谋篇,是作者根据表达主题的需要,对材料进行的组织安排。

在文章写作中,主旨、材料,解决的是"言之有物"的问题;结构,解决的是"言之有序"的问题。结构是应用文的骨骼,材料是应用文的血肉,主旨是应用文的灵魂。

文章的基本结构,一般包括标题、开头、层次、段落、结尾、过渡、照应等。

(二)商务应用文结构安排的原则

1. 服从表现主题的需要   主题是文章的核心,文章的一切要素都要为它服务。离开主题的需要,再好的结构也是毫无意义的。因此,构思、组织、安排任何一份应用文,其着眼点只能是一个:为了表现好主旨。

2. 符合客观规律的要求   所谓符合客观规律,是指文章结构既要符合客观世界本身的规律,又要符合人们的认识规律。应用文的结构形态和它所反映的事物的运动规律、内部联系大体是一致的,基本上是按照"出现问题(提出问题)——研究分析问题——解决问题"这一事物内在联系和人们的认知规律来构成的。

3. 适合不同文种的特点和要求   应用文书种类很多,它们分别从不同角度、不同方面、用不同的表现形式来反映现实的活动,由此决定了应用文的结构形态也要适应各种不同种类的文书的特点。应用文书一般都具有严格的体式规范。例如,公务文书的外部结构形式一般是"开头—主体—结尾",其逻辑形式表现为"总—分—总"。又如调查报告,一般是先简明扼要介绍调查的情况,再详细分析这种情况,最后得出结论,因为只有这样安排调查报告的结构,才符合撰写目的。

(三)商务文书常见的结构模式

1. **篇段合一式** 正文内容包容在一个完整的自然段内,一个段落即一篇完整的文章。适用于内容少而单一的文书,如商品外包装上的说明文;公文中的函、批复等。

2. **两段式** 是内容简单、篇幅简短的应用文书常用形式,一般适用于以下情况:

(1)把结语内容和主体内容分开写,单列一个自然段,成为两段式。即行文的缘由和行文事项为一段,希望、要求等结语为一段。

(2)写作缘由、行文事项各为一段,没有结语(不需要)。

(3)在转发、发布性公文中,将发布或转发的文件名和发文意见列为一段,执行要求另为一段。

(4)在答复性公文中,将表示收到对方文件为一段,而答复事项为另一段。

(5)没有开头、结语部分,将主体内容列为两段。

3. **三段式** 这是短篇应用文比较规范的常用结构模式,正文把写作缘由、写作事项、结尾分为三段来写。

4. **多段式** 它用于内容较多、篇幅较长的应用文书,总共有四个自然段以上。一般是开头概述基本情况、说明原因、目的、依据,结尾单独成段或省略结尾,主体部分内容分为若干个段,各部分不分条列项。如短文式的说明书、简单的市场预测报告等。

5. **条款式** 用分条列项的形式安排结构。规章制度、计划、合同和职能部门的一些文书,较多使用这种形式。全文从头到尾都用条款组织内容,给人以眉目清楚、排列有序的印象。

6. **表格式** 由职能管理部门或企事业单位事先印制好有关表格式规范文本,将有关内容分项列出,设计好项目和应填写内容,让使用单位和人员按规定填写。这样显得简明、直观。

四、语言

(一)商务写作的语言特点

商务写作的语言应遵循一般应用文的语言要求,做到准确、简明、平实、得体,属于事务语体。具有以下特点:

1. **直接性** 商务应用文是处理商务事务、解决实际问题的工具,它的语言必须以应用性为准则,表达必须直接明了。应强调语言的平实化,排斥语言的艺术性,要求选择最恰当的词和句来说明问题,准确而清楚地叙述构成事物的基本要素,直接判明是非。

2. **专业性** 商务文书专业性较强,在语言上有明显的专业特征。专业术语的运用在一定程度上消融了作者本人的语体个性,形成了独特的语体特征。这一特征决定了商务文书的作者要在语言准确性上下功夫,而不一定致力于语言的创新,有时还要有意选用专业术语,更好地、更准确地表达特定的专业内容。

3. **模式性** 语言的模式性与结构的模式性是相关的。商务公务文书、商务协约文书等的体式便是模式化的,一些专用语更是模式化的。这种模式性主要体现在相同的句式和相同的词汇可以在不同内容、不同作者的文章中反复出现,重复使用。

（二）商务应用文常用的专用语言

表1　商务应用文常用的专用语言

名　称	作　用	常用特定用语
称谓用语	用于表示人称或对单位的称谓	第一人称：本、我，后面加上所代表的单位简称。 第二人称：贵、你，后面加上所代表的单位简称。 第三人称：他、该，用于指代人、单位或事物。
开端用语	用于文章开头，说明发文缘由、意义、根据或介绍背景等	为、为了、查、根据、据、遵照、依照、按照、鉴于、关于、由于、随着；兹、兹定于、兹有、兹介绍等。
承启用语	用于承上启下	鉴于、为此、对此、为使、对于、关于、如下等。
引叙用语	用于引述来文作为依据	根据、按照、遵照、接、前接、近接、悉、敬悉、惊悉、收悉等。
经办用语	表明工作办理过程或情况	经、业经、已经、兹经、拟办、交办、试办、办理实行、施行、试行、贯彻执行、执行等。
祈请用语	向受文者表示请求与希望	上行：请、恳请、拟请、特请、报请等。 平行：请、拟请、特请、务请、如蒙、即请、切盼等。 下行：希、望、尚望、切望、请、希予、勿误等。
结尾用语	用于结尾表示收束	上行：当否，请批示；可否，请指示；如无不妥，请批准；特此报告；以上报告，请审核等。 平行：为盼；为荷；特此函达；特此证明；望函复等。 下行：为宜；为妥；希遵照执行；特此通知；此复等。
征询用语	用于征请、询问对有关事项的意见、态度	当否、妥否、可否、是否妥当、是否同意、如无不当、如无不妥、如果可行等。

商务文书的专业用语是人们在长期的商务实践中形成的，使用时要弄清每一种专业术语的含义，不可错用、滥用，还要根据单位职权范围和行文关系，恰当选用专业用语。

五、表达方式

日常写作中，表达方式有叙述、描写、抒情、议论、说明。商务应用文常用的表达方式有：叙述、说明和议论。

（一）叙述

在应用文体的写作中，叙述这种表达方式与其在其他文体中的写作一样，应该具备六要素。需要注意的是，应用文中的叙述与记叙文中的叙述有较大的区别。记叙文中的叙述，要求具体、详尽，而且往往与描写结合在一起，能给读者具体的感受；应用文写作中的叙述，则要求简明扼要，绝对真实。

应用文中常用的叙述方式有:顺叙、倒叙、概述和夹叙夹议。其叙述具有以下特点:

1. 以记事为主 应用文写作反映现实,解决问题,与记叙文以写人为主不同,而是多以记事为主,如反映经济活动状况、市场情况、经济信息、介绍典型经验、阐述事情原委、总结工作等,均采用叙述来记事。

2. 以概括叙述为主 文学作品需通过叙述细节来塑造人物形象,展开故事情节。而应用文写作则是通过叙述为文章得出正确结论作依据。如通报的叙述是为后面阐述事实的性质,达到对这一事件学习、鉴戒或引起注意的目的而服务的。叙述本身不是全文的核心(主题)所在,因而应用文写作的叙述大多用简明扼要的概括叙述。

3. 多用顺叙 为使应用文条理清晰,让读者掌握理解所述的客观事实,在文章中常常使用顺叙。在叙述时有的按照时间顺序,有的以事件发展的顺序,有的按人们认识事物的客观过程来叙述,这样叙述能使较复杂的事实头绪清晰,一目了然。

(二)说明

说明在应用文写作中有着广泛的用途。常用的说明方法有:

1. 定义说明 定义说明,就是通常所说的下定义,是指用简洁而明确的语言把事物的本质属性揭示出来,给人以清晰的概念。定义说明既能使人们对被说明的事物有一个明确的本质的了解,又能使人们把该事物与其他事物区别开来。

2. 分类说明 分类说明,是将被说明的对象,按照一定的标准分成不同的类别,然后逐类说明。通过分类说明,可以显示不同事物的差异性,使人们据此掌握事物的特征。

运用分类来说明,层次比较分明,条理也很清楚。

3. 举例说明 举例说明就是列举具体实例来说明事物事理。它是通过个别认识一般的一种方法,既能帮助读者理解,又能给读者留下深刻的印象。

4. 比较说明 比较说明,是将不同的事物加以比较或将某事物本身的不同情况相比较的一种说明方法。它能使说明的内容具体、生动、形象、突出,给人以鲜明、深刻的印象。

除上述的说明方法外,还有数字说明、引用说明、图表说明等方法。在应用文写作中,要根据需要选用恰当的说明方法。

(三)议论

议论就是说理和评判,论点、论据和论证是议论的三个构成要素。应用文不必完全具备三要素,往往从叙述到议论,就事论事,不作长篇大论。

应用文中适当运用议论,可以深化主旨,点明事情的实质;有时运用议论,还可以超越所要议论的事物本身,让读者发挥联想。常用的论证方法有:归纳法、例证法、类比法、引证法、对比法、因果法等,此外,还有反证法、喻证法、归谬法等。

叙述、说明和议论是应用文常见的三种表达方式,在写作中单一运用某一种方式的不多,往往是以某一种表达方法为主结合运用其他方式。

【练习与实训】

一、根据下面材料概括出主题,并用主题句表现出来。

1. 近年来,上海先后有 54 万下岗人员进入再就业服务中心。一方面是大量人员下岗,另一方面又有许多新兴产业急需用人,凸现了劳动力市场面临的结构性危机。为此,上海市制订了"面向市场,服务就业,依托网络,发展培训"的方针,成立上海市就业训练中心,并通过计算机网络连接全市的培训机构与职业介绍机构,组织社会力量进行就业培训。在具体实施中,采取"政府购买培训成果"的办法。即下岗、失业人员经过培训重新就业后,其所需的培训费用由政府支出。目前,进入网络的各类培训单位共有300余家,包括40多家大专院校。职业介绍机构根据用工需求在网上发布培训招标信息,培训单位上网投标。一旦中标,就接受政府委托培训。结业后,由培训机构和职业介绍机构推荐就业。这种方式促进了培训与就业结合,解决了就业与培训不对路的问题。仅去年就培训了10万下岗人员,其中50%重新就业。

2.国外有两家鞋厂,各派一位推销员到太平洋某岛国去推销本厂的鞋子。上岛后不久,他们各发回一份电报。一位的电文是:"此岛上的人都不穿鞋,明天我就回去。"另一位的电文是:"太好了!这个岛上的人都没穿上鞋子,我打算长驻此岛。"

二、阅读下列材料,完成文后问题。

1.××市从抓文明言行入手,着力提高市民素质,精神文明建设取得丰硕成果,社会步入良性发展轨道,同时也进一步促进了全市社会经济的大发展。"十五"期间,全市国内生产总值年均增长14.5%。2007年综合经济实力在全省各地市州中位居第二。今年1—6月,实现国内生产总值113亿元,比去年同期增长17.4%,财政收入15亿元,比去年同期增长24%。高于全国、甚至沿海发达地区的平均水平。

这段文字使用的说明方式是(   )。

2.道德教育最有效的方式是真诚。只有真诚而不是做戏,才能使教育者与受教育者之间形成道德情感与道德信念上的共鸣。而现代道德教育最大的误区是受教育者与教育者之间缺乏真诚的交流。一面是振振有词的官话套话,一面是装模作样的"雷厉风行"(缺乏信念投入),双方似乎都是让对方"听",让对方"看"的。结果使道德教育与道德一样,成为一种外在的功利价值,而不是圆满自足的内在价值。古人说得好,"德者,得也,有得于己是谓有德"。道德之谓道德,就在于它是一种真诚的自觉的向善,而不是一种虚伪手段。现代道德的说教式,是导致现代道德教育扭曲变形的一个根本因素。

这段文字使用的论证方式是(   )。

三、从网络或报刊上分别找一篇应用文和一篇文学作品,试从它们在主题、语言、表达方式、材料选用、表达效果等方面加以对比分析,体会应用写作与文学写作的区别。

项目二 拟写公务文书

【知识目标】

了解公务文书的基本知识和格式。

理解公务文书各文种的概念、特点、分类、行文规则及适用范围。

掌握各文种的结构、写法和写作要求。

【能力目标】

能根据内容恰当地选择文种,模拟写作,具备撰写公务文书的能力。

能撰写符合规范的常用公务文书。

能够按照要求对公文进行准确快速处理。

能够正确辨别不同文种之间的异同。

任务一　了解公务文书基本知识

【任务描述】

公文,是企业经营运作的信息载体,是贯彻企业执行力的重要保障性因素,规范严谨的公务文书,已经成为现代企业管理的工具。兴和实业有限公司为提高公文处理工作的效率和质量,使之规范化、科学化、制度化,将结合公司实际工作情况,制定公司公文管理规定,并为公司全体办公室人员举办公文写作知识讲座。请你代公司秘书起草这一规定。

【任务分析】

公司公文管理首先要依据《党政机关公文处理工作条例》和《党政机关公文格式》(GB/T 9704—2012),然后再结合本公司的实际情况来制定。

制定公文管理规定要了解公文的基本知识,诸如公文的内涵、格式、行文规则、公文处理等内容,这些是提高文秘人员办文能力的必备知识。

一、公文的概念

公文,即公务文书,又称文件,是党政机关实施领导、履行职能、处理公务的具有特定效力和规范体式的文书,是传达贯彻党和国家的方针政策,公布法规和规章,指导、布置和商洽工作,请示和答复问题,报告、通报和交流情况等的重要工具。

为统一中国共产党机关和国家行政机关公文处理工作,2012 年 4 月 16 日,中共中央办公厅、国务院办公厅联合印发了《党政机关公文处理工作条例》(以下简称《条例》),该《条例》从 2012 年 7 月 1 日起执行,同时废止了 1996 年中办印发的《中国共产党机关公文处理条例》和 2000 年国务院印发的《国家行政机关公文处理办法》(以下简称《办法》)。

本书依据《中共中央办公厅、国务院办公厅关于印发〈党政机关公文处理工作条例〉的通知》(中办发〔2012〕14 号)和中华人民共和国国家标准《党政机关公文格式》(GB/T 9704—2012),介绍公文写作的有关知识。

二、公文的特点

(一)法定的权威性

公文具有权威性,取决于其制发机关是有权威的。它代表机关、单位讲话,是机关、单位的喉舌,在其职权范围内具有法定的强制性和约束力。在执行公文时,有关单位和个人都不得自行改变或曲解其精神,更不能抵制。

(二)作者的法定性

制发公文的作者,是依法成立并以自己的名义行使权力、承担义务的党政机关和社会组织,也就是“法定作者”。按照机关内部分工而从事公文撰写的人员,不能视为公文的法定作者,只能是单位文稿的起草者。

(三)严格的程式性

《条例》规定:“公文处理工作是指公文拟制、办理、管理等一系列相互关联、衔接有序的工作。”公文拟制、办理与管理必须履行严格的程序方能生效。

公文拟制包括公文的起草、审核、签发等程序。因为公文具有特定的体式,必须依照《党政机关公文处理工作条例》和《党政机关公文格式》(GB/T 9704—2012)规定的体式行文,以保证公文行政工具的功能。

公文办理包括收文办理、发文办理和整理归档。收文办理要依照签收、登记、初审、承办、传阅、催办、答复等程序进行;发文办理必须按照复核、登记、印制、核发等程序进行;归档公文要根据有关档案法律法规以及机关档案管理规定,及时收集齐全、整理归档。

(四)语言的庄重性

公文要使用书面语,并适当选用文言词,如“可否”“专此函达”等。公文语言要简练,摈弃空话、套话。公文的语气要斩钉截铁,不要模棱两可,以便读者执行。公文语言平铺直叙,不渲染,不夸张,不追求文艺作品的艺术技巧。

三、公文的种类

依据不同的标准可以对公文进行不同的分类。

(一)按适用范围分类

按适用范围分类,有 15 种公文。

原《办法》中规定公文种类为 13 种,新《条例》中规定公文种类为 15 种:决议、决定、命令(令)、公报、公告、通告、意见、通知、通报、报告、请示、批复、议案、函、纪要。增加了“决议"和"公报",同时将"会议纪要"改为"纪要"。原有13个文种的适用范围与《办法》的规定基本相同。

(二)按行文方向分类

按行文方向分类,可分为上行文、平行文和下行文。

1. **上行文** 上行文指下级机关或组织向所属上级领导机关或组织报送的公文,即自下而上行文,如报告、请示等。

2. **平行文** 平行文指向同一组织系统中的同级机关、组织或不相隶属的机关、组织制发的公文,如函等。

3. **下行文** 下行文指上级领导机关向所属被领导的下级机关或组织发出的公文,即自上而下行文,如命令、决定、批复等。

(三)按公文办理的紧急程度分类

按公文办理的紧急程度分类,可分为平件、急件、特急件。

(四)按公文的来源分类

按公文的来源分类,可分为收文、发文两类。

(五)按公文的秘密程度分类

按公文的秘密程度分类,可分为绝密公文、机密公文、秘密公文、普通公文。

四、公文的格式

公文格式,简言之就是公文的表现形式,是公文通用的纸张要求、印制要求及公文书面结构各组成要素排列顺序和标识规则的总和,它包括公文的用纸格式、书面格式、排版印装格式等。

为了保证党政机关公文的法定性、严肃性、准确性、完整性和统一性,现行的公文格式必须遵循由国家质量监督检验检疫总局、国家标准化管理委员会2012年6月29日发布的、2012年7月1日起正式实施的《党政机关公文格式》国家标准(GB/T 9704—2012)(以下简称《格式》)中的规定。

(一)公文的版面格式

1. **用纸要求** 公文用纸幅面采用国际标准A4型。成品幅面尺寸为210 mm×297 mm,允许误差为±2 mm。特殊形式的公文用纸幅面根据实际需要确定。

2. **排版规格** 版面尺寸上白边(天头)空37 mm±1 mm,订口(左白边)为28 mm±1 mm,版心尺寸为156 mm×225 mm(不含页码)。一般每面排22行,每行排28个字,并撑满版心。特定情况可以作适当调整。

3. **字体和字号** 如无特殊说明,公文格式各要素一般用3号仿宋体字。特定情况可以作适当调整(党的机关公文可用17磅)。如无特殊说明,公文中文字的颜色均为黑色。

4. **装订** 公文应当左侧装订,不掉页,两页页码之间误差不得超过4 mm,裁切后的成品尺寸允许误差±2 mm,四角成90°,无毛茬或缺损。

采用骑马订,无法用骑马订时采用平订。应做到:订位为两钉外订眼距版面上下边缘各70 mm处,允许误差±4 mm;无坏钉、漏钉、重钉,钉脚平伏牢固;骑马订钉锯均订在折缝线上,平订钉锯与书脊间的距离为3～5 mm。包本装订公文的封皮(封面、书脊、封底)与书芯应吻合、包紧、包平、不脱落。

(二)公文的书面格式

公文一般由份号、密级和保密期限、紧急程度、发文机关标志、发文字号、签发人、标题、主送机关、正文、附件说明、发文机关署名、成文日期、印章、附注、附件、抄送机关、印发机关和印发日期、页码等要素组成。

版心内的公文格式各要素划分为版头、主体、版记三部分。公文首页红色分隔线以上的部分称为版头;公文首页红色分隔线(不含)以下、公文末页首条分隔线(不含)以上的部分称为主体;公文末页首条分隔线以下、末条分隔线以上的部分称为版记。页码位于版心外。

1. **版头** 包括份号、密级和保密期限、紧急程度、发文机关标志、发文字号、签发人、版头中的分隔线等要素。

(1)份号:公文印制份数的顺序号,即将同一文稿印刷若干份时每份公文的顺序编号。涉密公文应当标注份号。如需标注份号,一般用6位3号阿拉伯数字顶格标识在版心左上角第1行。如"NO 000015"。

(2)密级和保密期限:指公文的秘密等级和保密的期限。涉密公文应当根据涉密程度分别标注"绝密""机密""秘密"和保密期限。一般用3号黑体字,顶格编排在版心左上角第二行;保密期限中的数字用阿拉伯数字标注。如"绝密★30年""机密★20年"。

(3)紧急程度:指对公文送达和办理的时限要求。根据紧急程度,紧急公文应当分别标注"特急""加急",电报应当分别标注"特提""特急""加急""平急"。如需标注紧急程度,一般用3号黑体字,顶格编排在版心左上角密级和保密期限下方。如需同时标注份号、密级和保密期限、紧急程度,按照三者顺序自上而下分行排列。

(4)发文机关标志:由发文机关全称或者规范化简称加"文件"二字组成,也可以使用发文机关全称或者规范化简称。发文机关标志居中排布,上边缘至版心上边缘为35 mm,推荐使用小标宋体字,颜色为红色,以醒目、美观、庄重为原则。

联合行文时,发文机关标志可以并用联合发文机关名称,也可以单独用主办机关名称。如需同时标注联署发文机关名称,一般应当将主办机关名称排列在前;如有"文件"二字,应当置于发文机关名称右侧,以联署发文机关名称为准上下居中排布。

(5)发文字号:由发文机关代字、年份和序号组成。联合行文时,使用主办机关的发文字号。编排在发文机关标志下空二行位置,居中排布。年份、发文顺序号用阿拉伯数字标注;年份应标全称,用六角括号"〔〕"括入;发文顺序号不加"第"字,不编虚位(即1不编为01),在阿拉伯数字后加"号"字。

上行文的发文字号居左空一字编排,与最后一个签发人姓名处在同一行。

(6)签发人:发文机关签发、签批公文的领导人的姓名。上行文应当标注签发人姓名,由"签发人"三字加全角冒号和签发人姓名组成,居右空一字,编排在发文机关标志下空二行位置。"签发人"三字用3号仿宋体字,签发人姓名用3号楷体字。

如有多个签发人,签发人姓名按照发文机关的排列顺序从左到右、自上而下依次均匀编排,一般每行排两个姓名,回行时与上一行第一个签发人姓名对齐。最后一个签发人姓名与发文字号处在同一行并使红色分隔线与之的距离为4 mm。

(7)版头中的分隔线:发文字号之下4 mm处居中印一条与版心等宽的红色分隔线。

2. **主体** 包括标题、主送机关、正文、附件说明、成文时间、印章、附注等项。

（1）标题：一般用 2 号小标宋体字，编排于红色分隔线下空二行位置，分一行或多行居中排布；回行时，要做到词义完整，排列对称，长短适宜，间距恰当，标题排列应当使用梯形或菱形，不应使用长方形或沙漏形。

标题有完全式和省略式。完全式一般包括三要素，即发文机关名称＋事由（表明文件主要内容）＋文种。其中，在发文机关名称与事由之间，通常用"关于"等介词连接，组成一个介词结构。如《国务院办公厅关于 2014 年部分节假日安排的通知》。省略式可以省略发文机关名称。

（2）主送机关：指公文的受文办理机关，要使用机关的全称、规范化简称或者同类型机关统称。在标题下空 1 行左侧顶格标识，回行时仍顶格，最后一个机关名称后标全角冒号。如主送机关名称过多导致公文首页不能显示正文时，应当将主送机关名称移至版记，标注方法见下文"抄送机关"。

（3）正文：公文的主体部分，用来表述公文的具体内容。公文首页必须显示正文。在主送机关下一行用 3 号仿宋体字，每自然段开头空 2 字，回行顶格。文中结构层次序数依次可以用"一、""（一）""1.""（1）"标注；一般第一层用黑体字、第二层用楷体字、第三层和第四层用仿宋体字标注。

（4）附件说明：公文附件的顺序号和名称。公文如有附件，在正文下空一行左空 2 字用 3 号仿宋体字标识"附件"，后标全角冒号和附件名称。如附件名称内容很长需提行，应与上行文字排齐标识；如附件有几个，则在冒号后用阿拉伯数码标明其序号（如"附件：1.×××××"）。附件名称后不加标点符号。附件说明处的标题应与附件本身的标题相一致。

（5）发文机关署名、成文日期和印章。

发文机关署名：署发文机关全称或者规范化简称。

成文日期：署会议通过或者发文机关负责人签发的日期。联合行文时，署最后签发机关负责人签发的日期。成文日期编排在正文之下，空二行右空四字，用阿拉伯数字将年、月、日标全，年份应标全称，月、日不编虚位（即 1 不编为 01）。

印章：公文中有发文机关署名的，应当加盖发文机关印章，并与署名机关相符，印章用红色。有特定发文机关标志的普发性公文和电报可以不加盖印章。

①加盖印章的公文。

单一机关行文时，一般在成文日期之上、以成文日期为准居中编排发文机关署名，印章端正、居中下压发文机关署名和成文日期，使发文机关署名和成文日期居印章中心偏下位置，印章顶端应当上距正文（或附件说明）一行之内。

联合行文时，一般将各发文机关署名按照发文机关顺序整齐排列在相应位置，并将印章一一对应、端正、居中下压发文机关署名，最后一个印章端正、居中下压发文机关署名和成文日期，印章之间排列整齐、互不相交或相切，每排印章两端不得超出版心，首排印章顶端应当上距正文（或附件说明）一行之内。

②不加盖印章的公文。

单一机关行文时，在正文（或附件说明）下空一行右空二字编排发文机关署名，在发文机关署名下一行编排成文日期，首字比发文机关署名首字右移二字，如成文日期长于发文机关署名，应当使成文日期右空二字编排，并相应增加发文机关署名右空字数。

联合行文时,应当先编排主办机关署名,其余发文机关署名依次向下编排。

③特殊情况说明。

当公文排版后所剩空白处不能容下印章或签发人签名章、成文日期时,可以采取调整行距、字距的措施解决,不得出现空白印章。

(6)附注:是对公文的发放范围、使用时需注意的事项等情况的说明,如"此件发至县团级"等。公文如有附注,用3号仿宋体字,居左空2字加圆括号编排在成文日期下一行。"请示"件应在附注处注明联系人的姓名和电话。

(7)附件:公文正文的说明、补充或者参考资料。

附件应当另面编排,并在版记之前,与公文正文一起装订。"附件"二字及附件顺序号用3号黑体字顶格编排在版心左上角第一行,附件标题居中编排在版心第三行,附件顺序号和附件标题应当与附件说明的表述一致,附件格式要求同正文。

如附件与正文不能一起装订,应当在附件左上角第一行顶格编排公文的发文字号并在其后标注"附件"二字及附件顺序号。

被批转的下级机关公文或被转发的上级、同级机关公文,不属于公文的附件,应在批转、转发"通知"之后另页排印。

3. **版记**　包括版记中的分隔线、抄送机关、印发机关和印发日期等。

(1)版记中的分隔线:版记中的分隔线与版心等宽,首条分隔线和末条分隔线用粗线(推荐高度为0.35 mm),中间的分隔线用细线(推荐高度为0.25 mm)。首条分隔线位于版记中第一个要素之上,末条分隔线与公文最后一面的版心下边缘重合。

(2)抄送机关:指除主送机关外需要执行或者知晓公文内容的其他机关,应当使用机关全称、规范化简称或者同类型机关统称。如有抄送机关,一般用4号仿宋体字,在印发机关和印发日期之上一行、左右各空一字编排。"抄送"二字后加全角冒号和抄送机关名称,回行时与冒号后的首字对齐,最后一个抄送机关名称后标句号。

如需把主送机关移至版记,除将"抄送"二字改为"主送"外,编排方法同抄送机关。既有主送机关又有抄送机关时,应当将主送机关置于抄送机关之上一行,之间不加分隔线。

(3)印发机关和印发日期:公文的送印机关和送印日期。一般用4号仿宋体字,编排在末条分隔线之上,印发机关左空一字,印发日期右空一字,用阿拉伯数字将年、月、日标全,年份应标全称,月、日不编虚位(即1不编为01),后加"印发"二字。

版记中如有其他要素,应当将其与印发机关和印发日期用一条细分隔线隔开。

4. **页码**　用4号半角宋体阿拉伯数字,置于版心下边缘之下一行,数字左右各放一条一字线;一字线上距版心下边缘7 mm。单页码居右空一字,双页码居左空一字。公文的版记页前有空白页的,空白页和版记页均不编排页码。公文的附件与正文一起装订时,页码应当连续编排。

5. **公文格式式样**　A4型公文用纸页边及版心尺寸见图1;公文首页版式见图2;联合行文公文首页版式1见图3;联合行文公文首页版式2见图4;公文末页版式1见图5;公文末页版式2见图6;联合行文公文末页版式1见图7;联合行文公文末页版式2见图8;附件说明页版式见图9;带附件公文末页版式见图10;信函格式首页版式见图11。

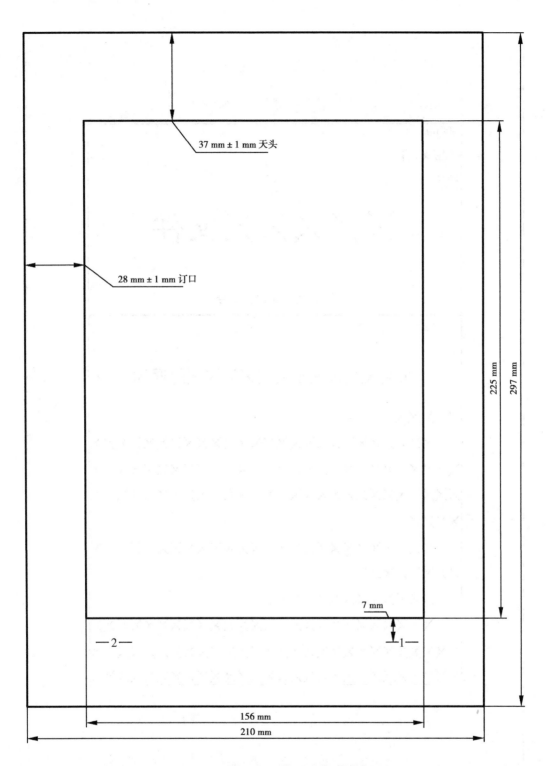

37 mm ± 1 mm 天头

28 mm ± 1 mm 订口

225 mm

297 mm

7 mm

—2—

—1—

156 mm

210 mm

图1　A4型公文用纸页边及版心尺寸

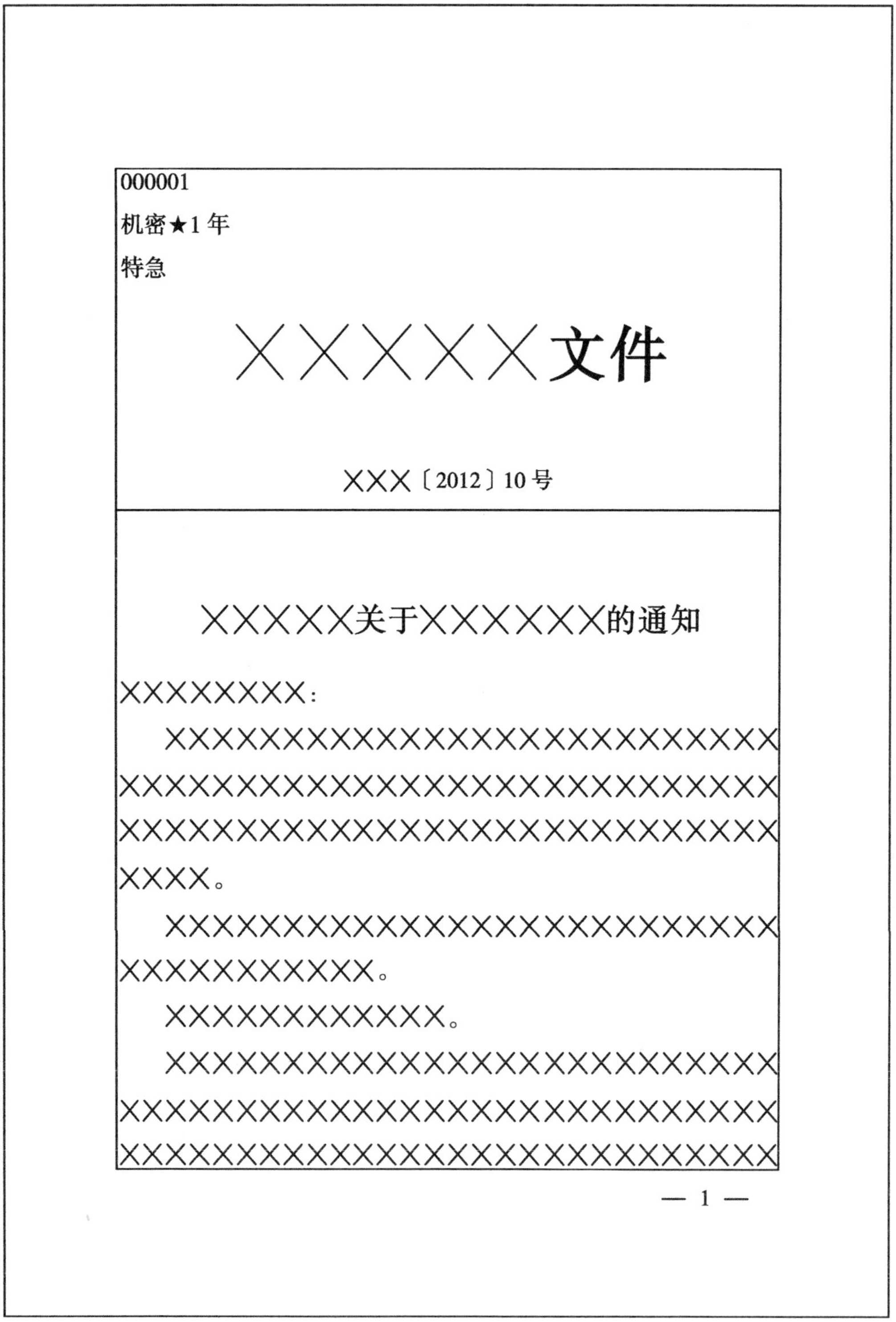

000001

机密★1年

特急

××××文件

×××〔2012〕10号

×××××关于××××××的通知

×××××××：

　　××××××××××××××××××××××
××××××××××××××××××××××
××××××××××××××××××××××
××××。

　　××××××××××××××××××××××
×××××××。

　　××××××××××。

　　××××××××××××××××××××××
××××××××××××××××××××××
×××××××××××××××××××××××

— 1 —

图2　公文首页版式

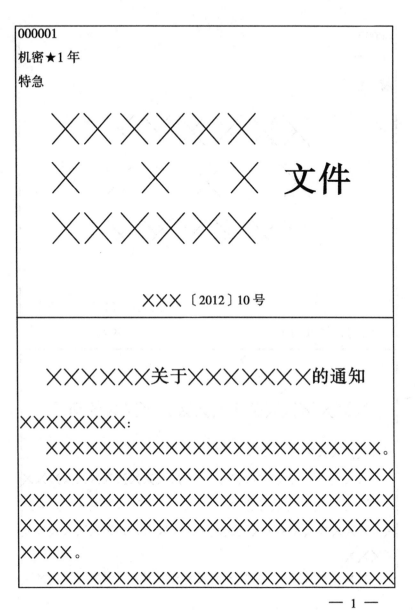

图3 联合行文公文首页版式1

注:版心实线框仅为示意,在印制公文时并不印出。

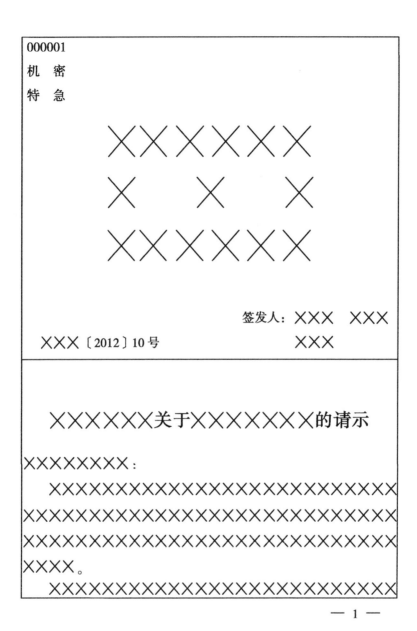

图4　联合行文公文首页版式2

注:版心实线框仅为示意,在印制公文时并不印出。

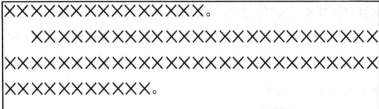

×××××××××××××。

×××。

2012 年 7 月 1 日

（×××××）

抄送：×××××××，××××××，×××××，×××××，×××××。

××××××××   2012 年 7 月 1 日印发

— 2 —

图 5 公文末页版式 1

注：版心实线框仅为示意，在印制公文时并不印出。

XXXXXXXXXXXXXX。
　XXXXXXXXXXXXXXXXXXXXXX
XXXXXXXXXXXXXXXXXXXXXX
XXXXXXXXX。

　　　　　　XXXXXXXXXX
　　　　　　2012 年 7 月 1 日

（XXXXX）

抄送：XXXXXXXX，XXXXXX，XXXXX，XXXXX，
　XXXXX。

XXXXXXXX　　　　　　2012 年 7 月 1 日印发

图6　公文末页版式2

注:版心实线框仅为示意,在印制公文时并不印出。

XXXXXXXXXXXXXXX。
　　XXXXXXXXXXXXXXXXXXXX
XXXXXXXXXXXXXXXXXXXXX
XXXXXXXXX。

2012 年 7 月 1 日

（XXXXX）

抄送：XXXXXXXX，XXXXXX，XXXXX，XXXXX，
　　XXXXX。

XXXXXXXX   2012 年 7 月 1 日印发

图 7　联合行文公文末页版式 1

注：版心实线框仅为示意，在印制公文时并不印出。

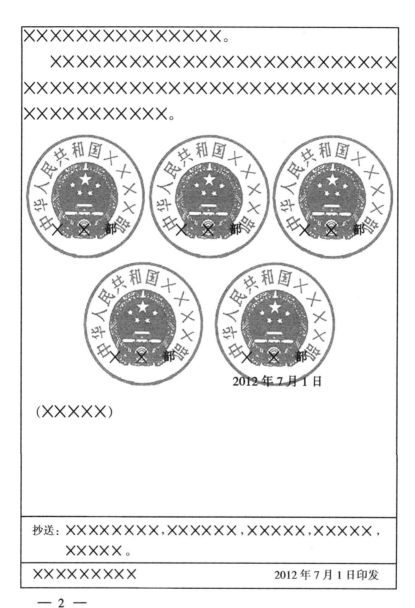

图 8　联合行文公文末页版式 2

注:版心实线框仅为示意,在印制公文时并不印出。

×××××××××××××。
　　××××××××××××××××××××××
××××××××××××××××××××××××
××××××××××。
　　附件：1.　××××××××××××××
　　　　　　×××××
　　　　　2.　×××××××××××

　　　　　　　　　　　　×××××××
　　　　　　　　　　　　×　×　×　×
　　　　　　　　　　　2012 年 7 月 1 日
（×××××）

抄送：××××××××,××××××,×××××,×××××,
　　×××××。

××××××××　　　　　　　　　2012 年 7 月 1 日印发

— 2 —

图 9　附件说明页版式

注：版心实线框仅为示意,在印制公文时并不印出。

图 10　带附件公文末页版式

注：版心实线框仅为示意，在印制公文时并不印出。

中华人民共和国×××××部

000001   ×××〔2012〕10 号

机 密

特 急

×××××关于×××××××的通知

×××××××:

  ×××××××××××××××××××××××
×××××××××××××××××××××××××
×××××××××××××××××××××××××
××××××××××××××××××××××××。
  ×××××××××××××××××××××××
×××××××××××××××××××××××××
×××××××××××××××××××××××××
××××××××××××××××××××××××。
  ×××××××××××××××××××××××
×××××××××××××××××××××××××
×××××××××××××××××××××××××
×××××××××××××××××××××××××
×××××××××××××××××××××××××
×××××××××××××××××××××××××
××××××××××××××××××××××××。

图 11 信函格式首页版式

注:版心实线框仅为示意,在印制公文时并不印出。

【相关链接】

公文的特定格式

1. 信函式格式

发文机关标志使用发文机关全称或者规范化简称，居中排布，上边缘至上页边为30 mm，推荐使用红色小标宋体字。联合行文时，使用主办机关标志。

发文机关标志下4 mm处印一条红色双线（上粗下细），距下页边20 mm处印一条红色双线（上细下粗），线长均为170 mm，居中排布。

如需标注份号、密级和保密期限、紧急程度，应当顶格居版心左边缘编排在第一条红色双线下，按照份号、密级和保密期限、紧急程度的顺序自上而下分行排列，第一个要素与该线的距离为3号汉字高度的7/8。

发文字号顶格居版心右边缘编排在第一条红色双线下，与该线的距离为3号汉字高度的7/8。

标题居中编排，与其上最后一个要素相距二行。

第二条红色双线上一行如有文字，与该线的距离为3号汉字高度的7/8。

首页不显示页码。

版记不加印发机关和印发日期、分隔线，位于公文最后一面版心内最下方。

2. 命令格式

发文机关标志由发文机关全称加"命令"或"令"字组成，居中排布，上边缘至版心上边缘为20 mm，推荐使用红色小标宋体字。

发文机关标志下空二行居中编排令号，令号下空二行编排正文；在正文（或附件说明）下空二行右空四字加盖签发人签名章，签名章左空二字标注签发人职务，以签名章为准上下居中排布。在签发人签名章下空一行右空四字编排成文日期。

联合行文时，应当先编排主办机关签发人职务、签名章，其余机关签发人职务、签名章依次向下编排，与主办机关签发人职务、签名章上下对齐；每行只编排一个机关的签发人职务、签名章；签发人职务应当标注全称。

签名章一般用红色。

3. 纪要格式

纪要标志由"×××××纪要"组成，居中排布，上边缘至版心上边缘为35 mm，推荐使用红色小标宋体字。

标注出席人员名单，一般用3号黑体字，在正文或附件说明下空一行左空二字编排"出席"二字，后标全角冒号，冒号后用3号仿宋体字标注出席人单位、姓名，回行时与冒号后的首字对齐。

标注请假和列席人员名单，除依次另起一行并将"出席"二字改为"请假"或"列席"外，编排方法同出席人员名单。

纪要格式可以根据实际制定。

【练习与实训】

一、指出下面发文字号的错误并予改正。

1. ×燃煤(09)第 169 号

2. ×政办字[2008]15

3. [2009]×电办第 8 号

4. ×商办[2009]十一号

5. ×政发[二○○九]字第 9 号

二、指出下面成文日期写法的错误并改正。

1. 二○一四年六月一日

2. 2013 年七月二十日

3. 一○年一○月一三日

4. 贰零壹肆年伍月拾玖日

5. 14 年 10 月 3 日

三、指出下面公文标题的错误并改正。

1. ××公司关于招收退休退职职工子女就业,进行合理安排,确保社会稳定的通知

2. ×市人民政府关于转发〈××省人民政府关于加快畜牧养殖业发展的通知〉的通知

3. ××县政府写给××市政府的《关于企业改制问题的请示》

4. ××分公司关于申请解决更换一台锅炉并大修一台锅炉的报告

5. 关于对张××进行欺骗伪造病假条错误的通报

6. ××县政府办公室关于批转××市长在××会议上讲话的通知

四、请按照公文的格式要求,为下面一份公文拟制完整的格式。

××省政府办公厅转发省财政厅关于促进农村

金融改革发展若干政策意见的通知

各市、县人民政府,省各委、办、厅、局,省各直属单位:

省财政厅《关于促进农村金融改革发展若干政策意见》已经省人民政府同意,现转发给你们,请认真贯彻执行。

附件:省财政厅《关于促进农村金融改革发展若干政策意见》

××省政府办公厅

2013 年 5 月 10 日

五、请按照公文的格式要求,为下面一份公文拟制完整的格式。

××公司关于增拨技术改造资金的请示

××局领导:

正当我公司技术改造处于关键阶段,资金告罄。前次所拨资金原本缺口较大,加之改造过程中出了新的技术难题,需增新设备,以致资金使用超出预算。由于该项技术是我局所属大部分企业所用的核心技术,如改造不能按期完成,势必拖延全部技术更新的进程,

进而影响各单位实现全年预定生产指标和利润。缺口资金如能及时到位,我们保证该项技术改造按期完成。现请求增拨技术改造资金××万元。

以上请示当否,请批示。

××公司(盖章)

2014 年 7 月 9 日

任务二　公告　通告

【任务描述】

1.某国有银行为了提供更加丰富和优质的金融产品及服务,将于近期在四川省、云南省、贵州省、西藏自治区、重庆市五家分行进行银行系统升级。升级期间,该行企业网银将暂停服务,网上银行企业服务部分功能也将受到影响。该银行需要提前把相关信息及业务安排告知各界。

请代为起草一份关于银行系统升级期间网银(BOCNET)企业服务相关安排的公告。

2.2010 年春节即将到来,一年一度的春运又拉开帷幕。为了应对节前的大客流,确保旅客出行安全、顺畅,铁路部门推出了多项举措。××铁路局将大量增开临时客车,优化组织候车方案纳入整个运输组织方案之中。××铁路局提前 10 天将增开的临时客车在各售票点公布出来。

请你根据情况,代××铁路局写一份增开临客通告。

【任务分析】

要写好公告与通告,不但要了解公告与通告的概念、特点、分类等文种常识,还必须了解公告与通告的区别及各自的适用范围。在 15 种公文中,公告与通告的结构最为典型,标题一般都采用三要素的形式,正文都是"发文缘由＋事项＋结尾",关键是理解它们之间的区别,在具体公务中正确选用文种。

一、公　告

(一)文种常识

1.**公告的概念**　公告适用于向国内外宣布重要事项或者法定事项。属公布性公文,面向国内外社会公开发布。

公布性公文主要采用公开张贴或通过电台广播、电视播发、报刊登载等形式公开发布,但也有少量公告作为下行文,采用文件格式下发。

2.**公告的特点**

(1)公开性。公告是公开发布重要事项或法定事项,具有让尽可能多的人知道的目的性,不像其他文种有保密性或一定范围的知晓性,公告的发布范围广泛,既可以面向国内,又可以面向国外。

(2)重大性。公告所发布的内容是国家重要事项或者法定事项,内容庄重严肃,能在国内外产生一定的影响。若非"重要"与"法定"事项,不可使用公告。

(3)权威性。公告的发文机关级别较高,通常是国家权力机关、监督机关、政府有关职能部门或其授权机关等。一般企事业单位、社会团体以及个人不能使用公告发布事项。

3.公告的种类

(1)重要事项公告。主要指国家政府机关的重要决策,需要向国内外周知的重要事项的公告。

(2)法定事项公告。是按照法律、法令规定向国内外发布法规政策等法务事项的公告。

(二)写作技法

公告一般由标题(+编号) +正文 +落款和成文日期构成。

1.标题　　完全式标题:发文机关 +事由 +文种,且三部分通常不能有所省略。如《审计署关于汶川地震抗震救灾资金物资审计情况公告》。

省略式标题:发文单位 +文种,省略主要内容。如《商务部公告》《××集团公司公告》。还可以省略发文单位:主要内容 +文种,如《关于进一步加强域名注册信息审核工作的公告》。

2.编号（发布文号）　　在公告标题下居中标示"第×号"。有些公告可以没有编号。公告编号的常用形式有:

流水号:依次编排号码,可写为:第 1 号、(第 1 号)、第一号、(第一号)。

年份 +流水号:以年为单位依次编排号码,用括号标注,可写为:2010 年 1 号、(2010年 1 号)或 2010 年第 1 号。

公文常规发文字号:公告一般不用常规发文字号,除非该公告采用正式行政公文下发形式。如汕头市国土资源局 2008 年 8 月 13 日发布的《汕头市国土资源局公告》,发文字号是:汕国土资公〔2008〕11 号。

无编号:多用于刊登或张贴的公告。

3.正文　　公告正文由发文缘由 +公告事项 +结尾构成。

发文缘由:发布公告的背景、目的、意义或根据,之后以"特此公告如下"等承启语过渡到公告事项,也可以省略发文缘由。

公告事项:是公告的主体部分。因每篇公告的内容不同,在结构安排上因文而异,可采用贯通式(一段)、多段式或条款式。总之,这部分要求条理清楚,表述明白、准确。

结尾:正文结束时,有时要用"现予公告""特此公告"等结束。有时以"本公告自×××年××月××日起实施(执行)"作结,有的是提出希望、要求或其他说明,也可以秃尾,公告事项结束即正文结束,干净利落。

4.落款和日期　　在正文下,居右空 4 字,书写成文日期并加盖发文机关印章。

【范文评析】

〔例文一〕

中华人民共和国财政部公告

2014 年第 26 号

根据国家国债发行的有关规定,财政部决定第二次续发行 2014 年记账式附息(四期)国债,已完成招标工作。现将有关事项公告如下:

一、本次国债计划续发行 280 亿元,实际续发行面值金额 285.9 亿元。

二、本次国债续发行部分起息时间、票面利率等要素均与 2014 年记账式附息(四期)国债相同,即起息日为 2014 年 3 月 13 日,票面年利率为 3.66%,按年付息,每年 3 月 13 日(节假日顺延,下同)支付利息,2017 年 3 月 13 日偿还本金并支付最后一次利息。经招标确定的续发行价格为 99.96 元,折合年收益率为 3.9%。本次国债续发行部分从招标结束后至 5 月 12 日进行分销,从 5 月 14 日起与原发行部分 560 亿元合并上市交易。

其他事宜按《中华人民共和国财政部公告》(2014 年第 1 号)规定执行。

特此公告。

中华人民共和国财政部

2014 年 5 月 7 日

简评:这是重要事项公告,采用发文缘由 + 公告事项 + 结尾的写法,条理清楚,结构完整。

〔例文二〕

中华人民共和国工业和信息化部公告

2014 年第 27 号

为落实《节能减排"十二五"规划》和《大气污染防治行动计划》,促进大气污染防治,减少汽车尾气排放,保护消费者权益,我部定于 2014 年 12 月 31 日废止适用于国家第三阶段汽车排放标准(以下简称国三)柴油车产品《公告》,2015 年 1 月 1 日起国三柴油车产品将不得销售。请各生产企业积极做好产品排放升级生产准备,合理安排国三柴油车产品库存销售,做好车辆生产一致性管理工作。

特此公告。

中华人民共和国工业和信息化部

2014 年 4 月 14 日

简评:这是法定事项公告。采用发文缘由与公告事项贯通式写法,前一句写明制发本公告的理由及事项,后一句为事项说明与要求。

【写作实训提示】

1. 不能滥用公告

由于公告有向国内外发布的功能,所以,发布机关多为较高级别的国家行政机关或权力机关,公告的发布机关具有资格限制,例如,全国人民代表大会、国务院、各省、市人民政府及人大等,也可由法定的有关职能部门来制发。一般的企事业单位、社会团体在未经授权的情况下不能随意使用公告发布事项。一般性的周知事项诸如"校庆""降价""开业"等应使用"启事",而不能用"公告"。

2. 行文庄重,内涵清晰,文字简短

公告发布的是重要事项或法定事项,内容具有严肃性,行文语言需庄重,表达应简洁、清晰、严谨。

二、通　告

(一)文种常识

1. 通告的概念　通告适用于在一定范围内公布应当遵守或者周知的事项。属公布性、知照性公文。是各级机关、团体常用的具有一定约束力和知照性的下行文。使用比较宽泛,高级机关可以使用,一般行政机关、人民团体、企事业单位也可使用。

通告主要采用公开张贴或者通过电台广播、电视播发、报刊刊登等形式发布。也有少量通告作为下行文,采用文件式格式下发。

2. 通告的特点

(1)专业性。通告内容的重要程度一般比不上公告,大多数是业务工作方面的,内容具体,业务性强,因此,通告的使用频率要比公告高得多。

(2)针对性。公告的告知对象是广泛的,是"向国内外宣布";通告的告知范围就小得多,仅面向国内社会各有关方面,有时只限于一个行业、系统、部门甚至是单位内部,行文对象具有限制性和针对性。

(3)广泛性。通告的内容是一般事项,所以发文单位比较广泛。党政机关、企事业单位、人民团体都可根据其职权限定范围发布通告。公告的发文机关级别较高,多由国家机关发布。相比之下,通告的发文机关要比公告广泛得多。

3. 通告的类型

(1)周知性通告。即公布社会各有关方面应当周知事项的通告。如停电通告、停水通告、电话升位等。这些事项虽然不具行政约束力,但对社会各有关方面具有普遍意义。

(2)制约性通告。即公布一些令行禁止类事项的通告,其内容如查禁黄色网站、收缴非法枪支、加强交通管理、查处违禁物品等。

(二)写作技法

通告与公告均属于公布性公文,一般不采用眉首、版记形式,也不写主送机关。

通告由标题(+编号)+正文+落款+成文日期构成。

1. 标题　标题的写法有四种：

(1)发文机关＋事由＋文种。如：北京市公安局关于9月5日国庆庆典演练活动的交通管制通告。

(2)发文机关＋文种。如：中国农业银行××分行通告。

(3)事由＋文种。如：关于税收财务大检查实行持证检查的通告。

(4)只写文种。

2. 编号（发布文号）　在通告标题下居中标示"第×号"。有些通告可以没有编号。

3. 正文　通告的正文包括发布缘由、通告事项、结尾三部分。

发布缘由：说明发布通告的背景、根据、目的、意义。然后用"现通告如下"，引出通告事项。

通告事项：即通告的具体事项或规定。内容比较简单、单一的，可不分条写；如果内容比较多，则应分条列项地写。

结尾：也叫结语，一般为"特此通告"或"本通告自××××年××月××日起实施(执行)"之类的用语，以示强调，提起注意。有些通告不用结语，干净利落。

4. 落款和日期　标题已有发文机关，并在标题下署上了日期的，可不用落款；如果标题没有发文机关，也没有日期，则落款处必须署上发文机关名称和日期。

【范文评析】

〔例文一〕

黄河路大桥工程指挥部通告

因黄河路大桥工程建设需要，大梁路与黄河路交界处路面工程于2014年3月20日至2014年10月20日施工。经市公安局批准，上述时间内，该处临时封闭，请过往行人绕道行走。

特此通告

黄河路大桥工程指挥部

2014年3月15日

简评：这是一则道路禁行方面的周知性通告，发文单位为黄河路大桥工程指挥部。其正文明确写出通告的内容、通告事项的要求和实施措施，语言简明准确，符合通告的写作要求。

〔例文二〕

2013年郑开国际马拉松比赛期间交通管制通告

2013年郑开国际马拉松比赛将于3月31日(星期日)8时30分举行，比赛线路是郑开大道—大梁路—西门大街—御街—午朝门广场，开封段共19.195公里。为确保郑开国际马拉松比赛的顺利进行，根据《中华人民共和国道路交通安全法》有关规定，郑开马拉松

比赛期间,在部分道路实行交通管制。现将有关事项通告如下:

一、管制时间:2013年3月31日6时至14时。

二、管制区域和措施:

1.郑开大道、大梁路、西门大街、御街、龙亭环湖东路、龙亭环湖西路全段,除持有2013郑开国际马拉松赛车辆通行证的车辆外,禁止一切机动车通行。其中,郑开大道一至十二大街路口9时前允许车辆南北穿行,大梁路与集英街、夷山大街、黄河路、西环路交叉口和金明广场路口9时30分前允许车辆南北穿行,其余路口在管制时间内禁止一切车辆南北穿行。

2.龙亭北路、金耀路、东京大道(黄河大街至金明大道路段)以南,晋安西路、晋安路、向阳路、丁角街、省府西街、省府前街、鼓楼街、寺后街以北,解放大道(龙亭北路至学院门)以西区域内,交通管制期间非本区域办公和生活车辆禁止驶入。

请广大群众详细了解道路交通管制情况,提前选择好绕行路线和出行安排。管制期间带来的交通出行不便,请给予理解和支持。

特此通告

开封市人民政府

2013年3月25日

简评:这是制约性通告。本文首先说明发文的目的意义,而后陈述根据,为陈述通告事项做好了铺垫。事项部分为条款式,对不同地区、不同路段、不同的时间和车辆分别提出不同的要求,清楚明白,公众容易接受,结尾以惯用语"特此通告"收束。

【写作实训提示】

1.注意"通告"与"通知"的区别

"通告"与"通知"虽然都属于告晓性公文,但其特点、作用和受文对象都不相同,不可乱用。

2.发文目的要明确

发布通告的目的或原因,一般要在缘由部分扼要地交代清楚,让人们一看就知道为什么要发此通告。

3.通告语言要通俗简洁

通告是一种周知性公文,多用张贴和登报的方式发布。因此,写通告要注意语言的通俗和简洁,应简单明了,一看就懂,篇幅也不宜过长,以便于张贴和阅读。

【相关链接】

公告与通告的区别

1.发文内容不同。公告旨在宣布重要事项和法定事项;通告的内容则是公布应当遵守或周知的事项,而且业务性强。

2.行文范围不同。公告的告晓对象范围广泛,面向国内外人士;通告的告知对象限制在一定范围内,即国内各有关方面和人员。

3.制发单位级别不同。公告的发文机关级别高,一般由国家一级机关发布;通告的发文机关级别较低,多由业务主管部门发布。一般来说,制约性通告,多由政府机关发布;周知性通告、办理性通告则是任何行政机关、团体、单位均可发布。党务机关一般较少发布公告、通告。

4.发布方式不同。公告一般由新闻媒体用登报、广播的方式发布;通告可用文件形式印发,也可登报、广播或张贴。

【练习与实训】

一、根据下列情况,拟出公文标题。

1.中国人民银行公布发行国库券的具体事项。

2.某土地被征用,告知搬迁山坟的具体事宜。

3.××市人民政府告知进行防空防灾警报试鸣的事项。

4.某公司因迁往开发区,特在报纸上发布信息告知各界。

二、指出下文存在的错误,并进行修改。

豫开化工有限责任公司公告

自 2008 年 10 月 1 日起,我公司由山西省煤炭集团接管,更名为××化工投资控股集团有限责任公司,原化工有限责任公司经理现任××化工投资控股集团有限责任公司总经理。是中国 500 强企业山西晋煤集团在山西省境外设立的第一家煤化工子公司。

特此公告。

豫开化工有限责任公司
2008 年 9 月 10 日

三、请根据下列材料,代××市人民政府写一份公文。要求:

①根据指定内容写作;②文种选用正确;③不足材料可自行补充。

为适应社会经济和人民生活发展的需要,××市决定改建××路段,原公路两旁的有关居民住房按市政府有关规定须限期拆迁,原经这里行走的车辆也要改道行走。

四、请根据下列材料,代上海海事局写一份公文。要求:

①根据指定内容写作;②文种选用正确;③可自行增删材料。

为了提高工作效率,方便航运单位及船方办理船舶签证手续,上海海事局要增设一个"五好沟签证点",地址选在浦东新区庙车公路 1060 号,在工作日的每天 8:30—16:00 时办公,此处的联系电话是(021)58632765,该签证点从 2009 年 12 月 1 日 08:00 时起开始对外办公。海事局在 2009 年 11 月 17 日对各有关单位发布这一事项。

任务三　通　知

【任务描述】

2009 年,全省电力企业及广大干部职工认真贯彻落实省委、省政府和国家电监会关于安全生产的各项工作部署,扎实开展"安全生产年"活动,全力做好电力供应保障和安全生产工作,为保持全省电力安全生产持续稳定局面做出了积极贡献。为进一步提高全省电力安全管理水平,××省电力公司将组织开展安全生产考评工作,并评选出年度安全生产管理工作先进单位和先进个人。

2009 年 12 月 10 日,公司领导要求办公室起草《关于开展 2009 年电力安全生产考评和先进单位及先进个人评选的通知》,在 12 月底完成考评和评先工作。公司将在 2010 年召开的全省电力企业安全生产工作会议上,表彰安全生产工作先进单位和先进个人。

【任务分析】

通知具有适用范围广泛、使用频率高、种类多等特点。要写好通知,必须了解通知的概念、特点、分类等文种常识,根据具体事项确定选用何种通知,根据通知类型拟定标题、主送机关,在撰写正文时,既要说明发通知的缘由,更要写清通知的事项,必要时还要提出相应的要求。

一、文种常识

(一)通知的概念

通知适用于发布、传达要求下级机关执行和有关单位周知或者执行的事项,批转、转发公文。

通知是行政公文下行文中适用范围最广、使用频率最高的一个文种。

(二)通知的特点

1. **广泛性**　通知适用面宽,应用广泛。从内容看,布置工作,传达指示,交流信息,知照一般事情,批转、转发,发布规章,传达事项,任免聘用干部等都可使用;从制发单位看,一切机关与社会组织均可使用,不受机关性质与级别层次的限制。

2. **告知性**　通知是把需要知晓、办理或执行的事项告知有关单位和人员,有的还可以通过新闻媒体播发。

3. **中转性**　它可以用于批转下级机关的公文,转发上级机关和不相隶属机关的公文。

(三)通知的种类

根据通知的内容与作用,可以分为以下几种:

1. **指示性通知**　上级机关就某一项工作做出指示和安排时使用的通知。例如《国务院办公厅关于春节期间严禁铺张浪费、请客送礼的通知》。

2. **发布（印发）性通知**　适用于向所属下级机关发布有关行政法令和规章制度。有些规章制度单独不能生效执行，需要由通知将其颁发后才能执行。例如《中共中央办公厅　国务院办公厅关于印发〈党政机关公文处理工作条件〉的通知》。

3. **批转性通知**　是对下级机关报送的公文如报告、意见等加批语后转发给其他下级机关的通知，例如《国务院批转国家医药管理局关于进一步加强中药管理工作的报告的通知》。

4. **转发性通知**　将上级的、不相隶属机关的文件加转发语后转发给其他机关。例如《国务院办公厅转发财政部关于加快发展我国注册会计师行业若干意见的通知》。

5. **告知事项通知**　为了便于工作，有必要将某些事项、信息传达和告知给有关单位和人员知晓。这类通知只起知照作用，如设置机构通知、启用印章通知、会议通知等。例如《国务院关于废止部分外事外经贸、公交城建、劳动人事和科教文卫法规的通知》《××公司关于举办劳资干部培训班的通知》。

6. **任免通知**　主要用于任免或聘用下级机关领导人和需要下级机关知道的上级机关人事任免情况。公文中可以任免干部的有命令、决定、公告等，通知任免的多为一般干部。例如《××公司关于任命×××为销售科长的通知》。

7. **一般性通知**　机关单位里经常要处理一些例行事务，如节假日放假、安全问题、夏季防暑降温工作、作息时间变更、干部值班问题等，也都用通知来处理。

二、写作技法

（一）一般通知的构成模式

标题＋主送＋正文（＋附件）＋落款和成文日期。

1. **标题**　常用的标题有两种类型：

（1）完全式标题。发文机关＋事由＋文种，如《国务院关于进一步精简会议和文件的通知》。

（2）省略式标题。由事由＋文种组成，如《关于春节期间值班的通知》。

标题中的事由如果十分重要或非常紧急，可在文种前加上"重要""紧急"等词语；如果是两个及以上机关联合行文，加"联合"；若是对不久前发的文件内容进行补充，则在文种前加"补充"二字。

值得注意的是批转、转发通知的标题通常采用四元素，这将在下文介绍。

2. **主送机关**　主送机关应为具有隶属关系的下一级机关，要写全称，普发性通知的主送机关可以使用概称，如"各省、自治区、直辖市人民政府""各分公司"等。

3. **正文**　一般由发文缘由、通知事项、结尾三部分构成。

发文缘由：即通知的开头，包括发文的背景、目的、意义、根据等，要交代清楚为什么制发该通知，一般写得简洁明了。之后往往用过渡语"现通知如下""现将有关事项通知如下""现就有关问题通知如下""特作如下紧急通知"等。

通知事项:是通知的核心部分。如果通知事项内容单一,可以篇段合一,不分条款;如果事项较多,则要分条列款地写作。

结尾:提出执行要求或希望。常用"请认真贯彻执行""自××××年××月××日起执行"等。

4. **附件**　通知如有附件,应在正文下空一行左空两字标识"附件",后标全角冒号和附件名称,附件原文附于通知后。批转、转发、印发通知后都带有文件,这些文件居于附件位置,但仍应将其视为正件的组成部分。

5. **落款和日期**　在正文下,居右空4字,书写成文日期并加盖发文机关印章。

(二)不同类型通知的写法

1. **批转、转发性通知**　批转性通知与转发性通知在标题与正文写作方面基本一致。

(1)标题。四元素标题:批转(转发)机关+原发文机关+事由+文种,如《国务院批转财政部、国家计委关于进一步加强外国政府贷款管理若干意见的通知》《国务院办公厅转发环保总局等部门关于加强重点湖泊水环境保护工作意见的通知》。这里的"国务院""国务院办公厅"分别是"批转机关"和"转发机关","财政部、国家计委""环保总局"分别为"原发文机关"。

三元素标题:可以省略"原发文机关"或"批转、转发机关"。如《国务院批转卫生事业发展"十一五"规划纲要的通知》,略去了原发文机关"卫生部"。《批转市教委关于进一步做好外来务工人员子女义务教育工作意见的通知》略去了批转机关名称。

(2)正文。批转通知正文结构:批语+转发语(+意义+执行要求)。

转发通知正文结构:转述批语+转发语(+意义+执行要求)。

批转、转发性通知一般先说明批转或转发什么单位的什么文件,表明批转、转发单位的意见(批语),接着是转发语,一般用"现批转(转发)给你们,请认真贯彻执行"作结。有些批转、转发性通知还会另段写"意义"与"执行要求"。

2. **发布(印发)通知**

(1)标题。发布(印发)机关+事由+文种。如《国务院办公厅关于印发医药卫生体制五项重点改革2009年工作安排的通知》《国务院办公厅关于发布〈国家行政机关公文处理办法〉的通知》。

(2)正文。发文缘由(背景、意义、根据)+印发语(+执行要求)。与一般通知的正文结构类似,但发布(印发)通知的"通知事项"是印发语,写法较固定。有些发布(印发)通知省略发文缘由,直接写明发布(印发)语,有的还写有"执行要求"。

3. **会议通知**

(1)标题。与一般通知标题形式相同。

(2)正文。发文缘由+通知事项+结尾,与一般通知结构形式相同。

发文缘由:写召开会议的背景、根据、目的、意义等。

通知事项:一般要写明会议名称、议题、时间、地点、与会人员、会议议程、要求、需准备的材料及会议安排、费用、联系人、联系办法等。

结尾：提出希望、要求或其他说明。也可以是秃尾。

（3）附件。常有参会回执表或报名表、交通路线图、相关文件等。

【范文评析】

〔例文一〕

国务院关于清理国务院部门非行政许可审批事项的通知

国务院各部委、各直属机构：

《中华人民共和国行政许可法》公布实施后，根据当时有效管理的需要，国务院于2004年决定保留部分属于政府内部管理事务的非行政许可审批事项，同时明确随着社会主义市场经济体制的逐步完善，对这些非行政许可审批事项要逐步取消或作必要调整。此后，国务院在开展行政审批制度改革过程中，陆续取消和调整了一批非行政许可审批事项。但一些部门通过各种形式又先后设定了一批非行政许可审批事项，其中既有属于政府内部管理事务的事项，还有以非行政许可审批名义变相设定的面向公民、法人或其他组织的行政许可事项。这些审批事项，设定和实施不够规范，不利于激发市场活力、增强发展动力。按照行政审批制度改革工作要求，国务院决定对各部门现有非行政许可审批事项进行清理，现就有关工作通知如下：

一、清理对象和工作目标

此次清理对象是已向社会公开的国务院各部门行政审批事项汇总清单所列非行政许可审批事项。根据审批对象的不同，这些事项包括面向公民、法人或其他组织的审批事项和面向地方政府等方面的审批事项。

清理工作要按照统一要求，分类处理，分步实施，该取消的一律取消，该调整的坚决调整，最终将面向公民、法人或其他组织的非行政许可审批事项取消或依法调整为行政许可，将面向地方政府等方面的非行政许可审批事项取消或调整为政府内部审批事项，不再保留"非行政许可审批"这一审批类别，规范行政管理行为，促进依法行政，推进政府职能转变。

二、取消面向公民、法人或其他组织的非行政许可审批事项

各部门面向公民、法人或其他组织的非行政许可审批事项，要于本通知印发后一年内予以取消。确因工作实际需要，且符合《中华人民共和国行政许可法》第十二条、第十三条规定的事项，有关部门要按照《中华人民共和国行政许可法》和《国务院关于严格控制新设行政许可的通知》（国发〔2013〕39号）的规定，依法履行新设行政许可的程序。今后，任何部门或单位不得在法律、行政法规和国务院决定之外，设定面向公民、法人或其他组织的审批事项。

三、取消和调整面向地方政府等方面的非行政许可审批事项

各部门面向地方政府等方面的非行政许可审批事项，凡与地方政府之间能够协商处

理的,或者直接面向市、县、乡政府的,或者由地方政府管理更方便有效的,或者不适应经济社会发展要求的,要于本通知印发后一年内予以取消或下放。

确因工作实际需要保留的,实施部门要在一年内送交国务院审改办审核,并报国务院批准后,统一调整为政府内部审批事项。同时,实施部门要根据精简效能的原则,对政府内部审批事项加强规范管理。要优化审批流程,简化办事程序,提高办事效率。要明确政府内部审批的权限、范围、条件、程序、时限等,严格限制自由裁量权,并建立健全岗位责任制,切实加强机关效能建设,提高审批效率。

四、工作要求

清理工作自本通知印发之日起实施。各部门要从政治和大局的高度,深刻认识做好这项工作的重要性和必要性,切实加强领导,认真抓好落实,具体清理工作方案要于2014年5月底前送交国务院审改办审核后实施。地方各级人民政府要根据本通知的要求,结合各地实际,组织开展本级政府部门非行政许可审批事项的清理工作。国务院审改办负责指导和督促非行政许可审批事项清理工作,并依据清理结果,及时对国务院各部门行政审批事项汇总清单进行更新。监察机关要加强监督检查,对违反规定的要严肃追究相关部门和人员的责任。

国务院
2014 年 4 月 14 日

简评:这是一篇非常典范的指示性通知。开头"通知缘由"部分,首先说明发文背景,接着阐述发文目的及依据,然后用"现就有关工作通知如下"过渡到通知事项部分。

通知事项部分紧紧围绕"清理对象和工作目标"这一主旨作出了指示,进而提出工作要求。在写法上,采用了条款式的结构方式,使行文条理清晰,眉目清楚,便于领会、理解和执行。

〔例文二〕

**国务院批转发展改革委等部门
关于深化收入分配制度改革若干意见的通知**

各省、自治区、直辖市人民政府,国务院各部委、各直属机构:

国务院同意发展改革委、财政部、人力资源社会保障部《关于深化收入分配制度改革的若干意见》,现转发给你们,请认真贯彻执行。

收入分配制度是经济社会发展中一项带有根本性、基础性的制度安排,是社会主义市场经济体制的重要基石。改革开放以来,我国收入分配制度改革不断推进,与基本国情、发展阶段相适应的收入分配制度基本建立。同时,收入分配领域仍存在一些亟待解决的突出问题,城乡区域发展差距和居民收入分配差距依然较大,收入分配秩序不规范,隐性收入、非法收入问题比较突出,部分群众生活比较困难。当前,我国已经进入全面建成小康社会的决定性阶段,按照党的十八大提出的千方百计增加居民收入的战略部署,要继续深化收入分配制度改革,优化收入分配结构,调动各方面积极性,促进经济发展方式转变,维护社会公平正义与和谐稳定,实现发展成果由人民共享,为全面建成小康社会奠定扎实基础。

我国仍处于并将长期处于社会主义初级阶段,当前收入分配领域出现的问题是发展中的矛盾、前进中的问题,必须通过促进发展、深化改革来逐步加以解决。解决这些问题,也是城乡居民在收入普遍增加、生活不断改善过程中的新要求新期待。同时也应该看到,深化收入分配制度改革,是一项十分艰巨复杂的系统工程,不可能一蹴而就,必须从我国基本国情和发展阶段出发,立足当前、着眼长远、克难攻坚、有序推进。

深化收入分配制度改革,要坚持共同发展、共享成果。倡导勤劳致富、支持创业创新、保护合法经营,在不断创造社会财富、增强综合国力的同时,普遍提高人民富裕程度。坚持注重效率、维护公平。初次分配和再分配都要兼顾效率和公平,初次分配要注重效率,创造机会公平的竞争环境,维护劳动收入的主体地位;再分配要更加注重公平,提高公共资源配置效率,缩小收入差距。坚持市场调节、政府调控。充分发挥市场机制在要素配置和价格形成中的基础性作用,更好地发挥政府对收入分配的调控作用,规范收入分配秩序,增加低收入者收入,调节过高收入。坚持积极而为、量力而行。妥善处理好改革发展稳定的关系,着力解决人民群众反映突出的矛盾和问题,突出增量改革,带动存量调整。

各地区、各部门要深入学习和全面贯彻落实党的十八大精神,充分认识深化收入分配制度改革的重大意义,将其列入重要议事日程,建立统筹协调机制,把落实收入分配政策、增加城乡居民收入、缩小收入分配差距、规范收入分配秩序作为重要任务。各有关部门要围绕重点任务,明确工作责任,抓紧研究出台配套方案和实施细则,及时跟踪评估政策实施效果。各地区要结合本地实际,制定具体措施,确保改革各项任务落到实处。要坚持正确的舆论导向,引导社会预期,回应群众关切,凝聚各方共识,形成改革合力,为深化收入分配制度改革营造良好的社会环境。

国务院

2013 年 2 月 3 日

关于深化收入分配制度改革的若干意见

发展改革委　财政部　人力资源社会保障部

为贯彻落实党的十八大提出的“实现发展成果由人民共享,必须深化收入分配制度改革”要求,深入推进“十二五”规划实施,完善收入分配结构和制度,增加城乡居民收入,缩小收入分配差距,规范收入分配秩序,现提出以下意见:

一、充分认识深化收入分配制度改革的重要性和艰巨性

(以下略)

简评:这是一份批转通知。标题由四要素构成,正文部分首先表明对被批转文件的态度;其次强调阐述了批转该文件的重要性和必要性;最后,提出了贯彻执行的希望和要求。整篇通知内容集中而又明确,结构严谨而又完整。这是批转或转发性通知的一般写法。

〔例文三〕

中共中央办公厅　国务院办公厅
关于印发《党政机关公文处理工作条例》的通知

各省、自治区、直辖市党委和人民政府,中央和国家机关各部委,解放军各总部、各大单位,各人民团体:

《党政机关公文处理工作条例》已经党中央、国务院同意,现印发给你们,请遵照执行。

中共中央办公厅

国务院办公厅

2014 年 4 月 16 日

(此件发至县团级)

党政机关公文处理工作条例
第一章　总　则

第一条　为了适应中国共产党机关和国家行政机关(以下简称党政机关)工作需要,推进党政机关公文处理工作科学化、制度化、规范化,制定本条例。

(以下略)

简评:这是一份印发通知。由于"工作条例"属于事务性应用文,因而需要借助"通知"的名义进行发布,于是就形成了"主件(通知)——附件位置(《工作条例》)"的外在结构模式,其中"通知"起到"文件头"的作用,是形式上的主件,只担负将《工作条例》"发布"出来的任务,而《工作条例》则是实质上的主件,是行文的目的所在。

〔例文四〕

关于召开 2013 年全国粮食财会工作会议的通知

各省、自治区、直辖市、计划单列市及新疆生产建设兵团粮食局:

为认真学习贯彻党的十八大精神和李克强总理在国家粮食局视察指导粮食流通工作时的重要讲话,落实全国粮食流通工作会议部署,研究做好 2013 年粮食财会工作,我局决定召开 2013 年全国粮食财会工作会议。现将有关事项通知如下:

一、会议内容

(一)总结交流 2012 年各地粮食财会工作情况。

(二)会审汇编 2012 年度国有粮食企业会计决算报表,通报全国粮食系统会计报表和财务分析工作考核结果。

(三)研究布置 2013 年财会工作。

(四)讨论新形势下如何充分发挥财会职能、服务于"粮安工程"的实施;研究提出进一步完善粮食增值税政策的建议;了解《国家粮食局中国农业发展银行关于进一步加强合作推进国有粮食企业改革发展的意见》(国粮财〔2012〕205 号)执行情况,研究缓解基层粮食企业贷款难措施;研究建立国有粮食企业改革发展工作考核评价机制等。

二、参加会议人员

各省、自治区、直辖市、计划单列市及新疆生产建设兵团粮食局分管财会工作的局领导、财会处长和会计报表工作人员各1名。

三、会议时间和地点

会议时间:2013年4月1日报到,2—3日开会,会期1天半。

会议地点:福建外贸中心酒店(地址:福建省福州市五四路73号,电话:0591-63388888)

四、其他事项

(一)请与会单位和人员按照会议通知要求,认真准备书面材料,做好各项与会准备工作。会计报表人员须携带笔记本电脑和本省(区、市)决算报表数据(含分户数据)。

(二)请于2013年3月28日前将参会人员的姓名、性别、民族、单位、职务,以及到达车次一并告知福建省粮食局。

国家粮食局财务司联系人:王××

联系电话:010-×××××××,134×××××××

福建省粮食局财会处联系人:陈××

联系电话:0591-×××××××,135×××××××

国家粮食局办公室

2013年3月21日

简评:这是一则会议通知。正文写作规范,会议时间、地点、参加人员及有关事项等各要素齐全,语言简明扼要。

【写作实训提示】

1.要讲求实效,切忌滥发通知

要特别注意发布通知的必要性,讲求实效,严禁随意滥发。

2.要把握内涵,切忌越俎代庖

由于通知具有多功能的特性,因而在实践中往往出现超越本单位职权范围,向不相隶属机关或个人滥发通知的现象。如用"通知"代替"函""意见"或"通告",甚至有些本来应用"启事""声明"之类的日常应用文也随意用"通知"行文。

3.要明确无疑,切忌含混不清

发布通知是为了解决实际问题并且需要贯彻执行的,因此,在写作时必须做到主旨明确,结构严谨,语言流畅,令人一目了然。

【相关链接】

通知与通告的区别

1.受文对象不同。通知的对象是所属下级机关,通告的对象是社会公众。

2.行文内容不同。通知用于批转、转发公文,传达与任免事项,通告用于宣布遵守或周知事项。

3.发文范围不同。通知仅限于本机关单位内部,有直接的上下级关系,通告要告知社会公众。

【练习与实训】

一、根据下列提示,拟写通知标题。

1.交通运输部、发展改革委、财政部、农业部、商务部、工商总局《关于推动农村邮政物流发展的意见》已经国务院同意,现转发给你们,请认真贯彻执行。

2.兴和公司为了加强职工安全生产意识发文作出具体规定,要求全体职工周知并遵守。

3.公司为提高公文处理工作效率和质量,现将《电力公司公文管理规定》印发给你们,请认真贯彻执行。

4.为严厉打击网络淫秽色情违法犯罪,铲除淫秽色情网站利益链条,公安部、中宣部、中央外宣办、工业和信息化部、卫生部、国家工商总局、广电总局、国家食品药品监管局、银监会联合发文,自2009年8月至10月,在全国范围内组织开展打击整治网络淫秽色情专项行动。

二、病文修改。

1.指出下文存在的错误,并进行修改。

关于收取2010年报刊订阅费的通知

各单位:

2010年报纸杂志订阅费发票及清单已邮寄给你们,请务必将款项汇入我们账户。

账户名称:大河报业集团财务部

开户银行:中国工商银行大河支行

大河报业集团
2009年12月10日

2.指出下文存在的错误,并进行修改。

××公司关于印发"关于公司办公用品的管理办法"的通知

各部门:

公司领导已经讨论了办公室起草的"关于公司办公用品的管理办法",认为这些办法切实可行,请各部门结合实际情况认真执行。

附件:关于公司办公用品的管理办法

××公司办公室
2010年2月12日

三、根据案例材料拟写通知。

兴和集团公司兹定于2010年1月20日至22日在快捷宾馆召开一年一度的股东大会,1月5日发出会议通知。要求兴和集团公司及各分公司的每位股东于会前3天向会务组交来上年度工作总结及2010年工作计划等相关工作材料,会务费自理。会议的内容是:

一是总结上年度工作,交流经验;二是研究决定公司今年的工作计划。会期为 3 天,报到和开会地点均在快捷宾馆。

四、根据案例材料为广东省春运办拟写一份《关于做好应对冰冻雨雪极端天气的紧急通知》。

中新社广州 2 月 9 日电(记者邓卓明 郭军)广东春运目前已进入节前客流高峰,未来几天如又遭遇冰冻雨雪极端天气,届时将会给其带来严峻的考验。

根据中央气象部门预报,未来 3 天,全国大部分地区将迎来明显降水,雨雪天气将会对广东春运造成一定的影响。目前,广东省春运已进入节前旅客返乡的最高峰,各主要客运站点和公路已处于超负荷运转状态,旅客和车辆高度集中。

为有效防范冰冻雨雪极端天气对春运工作的影响,确保广东春运安全顺畅和旅客顺利返乡,广东省春运办近日印发《关于做好应对冰冻雨雪极端天气的紧急通知》(简称《通知》)。《通知》要求,各地、各有关单位要牢固树立"安全第一,预防为主"的思想,加强安全管理,要及时通报交通运输信息及发布气象信息,要根据相关应急预案要求,做好启动应急响应的各项准备工作。

针对冰冻雨雪极端天气,铁路部门将加强对机车、车辆、线路、接触网等设备的技术检查,确保行车设备正常使用;加强运输组织指挥工作,严格执行恶劣天气行车办法,确保旅客列车行车安全;加强应急值守,保证足够应急力量,遇有雨雪大风等恶劣天气时,立即启动相关应急预案,及时妥善应对,尽快恢复运输秩序,确保运输通畅。

任务四 通 报

【任务描述】

2009 年 12 月 10 日,××省电力公司向各部门下发了《关于开展 2009 年电力安全生产考评和先进单位及先进个人评选的通知》,通过个人述职、民主测评、部门推荐、公司考核等方式,在 12 月底完成了考评和评先工作。共评选出安全生产工作先进单位 10 家,安全生产工作先进个人 20 名。公司将在 2010 年 1 月 20 日召开的全省电力企业安全生产工作会议上颁发奖金和荣誉证书,并在总公司范围内进行通报表彰。

公司领导要求办公室起草一份对先进单位和先进个人的表彰性通报。

【任务分析】

通报是各级行政机关、企事业单位、社会团体均可使用的公文。要写好通报,必须了解通报的概念、特点、分类等文种常识;掌握通报的结构和写作要求,能根据具体情况拟写出格式规范、事实真实具体、分析准确中肯、态度明确的通报,能切实对下级机关的工作起到指导作用。

一、文种常识

(一)通报的概念

通报是表彰先进,批评错误,传达重要精神和告知重要情况的公文。

通报由上级机关下发给下级机关,一般指向具有普遍意义的典型事例、成功经验和失败的教训。各级行政机关、企事业单位、社会团体均可使用。

(二)通报的特点

1.真实性　通报的任何情况、事实、数据都必须是真实的,不能有差错,更不能编造假情况。在分析事实时,既不能拔高被表彰者,也不能贬低被批评者。

2.知照性　通报就是要将有关情况告诉读者。知照大家或学习先进,或吸取教训,或获取信息和情报。

3.时效性　通报要及时反映新情况、新问题与新经验,以使先进经验得以推广,不良苗头及时引起人们的警觉并尽快予以制止。

(三)通报的种类

1.表彰性通报　用于表扬先进人物和先进集体的事迹,总结成功的经验,宣传好的典型,树立榜样,推动工作。

2.批评性通报　用于批评错误,通报重大的事故或反面典型,警戒教育有关部门或人员,以防患于未然。

3.传达性通报　主要用于传达上级重要指示精神、重要的会议精神,传达需要下级机关知晓的情况。

二、写作技法

通报的构成模式:标题＋主送机关＋正文(＋附件)＋落款和成文日期。

通报的主送机关、附件、落款、成文日期的写法与通知相同,我们在此主要介绍标题与正文的写法。

(一)标题

1.完整式标题　发文机关＋事由＋文种。如《××省电力公司关于表彰2009年度电力安全生产先进单位与先进个人的通报》。

2.省略式标题　事由＋文种。如《关于表彰2009年度电力安全生产先进单位与先进个人的通报》。

(二)正文

通报正文结构:发文缘由＋通报事项＋事实评析＋决定＋要求。

1.发文缘由　一般要写出发文的背景、意义、根据或事项提要。之后常用"现将有关情况通报如下"等承启语过渡到通报事项。

2.通报事项　这是通报的基础和核心,是正文的主体部分。或写表彰事迹,或写错误事实与事故经过,或写重要精神、情况。写作时要简明扼要地叙述事实的基本情况,对主要情节进行客观叙述,注意把人物、时间、地点、事件、结果写清楚。

通报事项有两种写法,一是直述式,另一种是转述式。

直述式是将通报事项作为正文的方式;转述式则是以某种文件或材料为基础进行叙述的方式,其通报事项不在正文,而在附件中,所以,转述式通报均有附件。附件应具有事项的详细记载,转述式通报一般只提明转发的附件名称即可。

3. **事实评析**   采用议论对通报事件进行分析。这一部分是对通报事件的理论评价,在通报中起定调作用。分析的内容主要是通报事件产生的原因,通报事实的性质和产生的影响。分析通报事件一要做到中肯,二要抓住要害,三要多用结论、判断句式,不要展开剖析论证。

4. **决定**   决定是对表彰先进或批评错误作出的嘉奖或惩处的决定措施,传达通报一般无决定内容,所以,不需设置决定部分。

5. **要求**   它是由通报事实引申出来的结论,是通报的最后落脚点。对通报事项的当事者和有关单位都要分别提出要求。传达通报要提出指导性意见。

【范文评析】

〔例文一〕

国务院关于表扬全国"两基"工作先进地区的通报

各省、自治区、直辖市人民政府,国务院各部委、各直属机构:

在党中央、国务院正确领导下,经过各地区、各部门和全国人民的共同努力,2011年我国全面实现九年义务教育,青壮年文盲率下降到1.08%。这是我国教育改革发展的重大成就。在实施"两基"(基本普及九年义务教育、基本扫除青壮年文盲)巩固提高和"两基"攻坚过程中,各地党委政府认真贯彻落实教育法律法规和方针政策,坚持教育优先发展,突出"两基"重中之重地位,加强组织领导,广泛宣传动员,上下一心,扎实工作,许多地区作出了显著成绩,创造了丰富经验。为表扬先进,激励和动员全社会进一步重视、关心、支持教育事业,推动义务教育工作迈上新的台阶,国务院决定,对北京市顺义区等80个"两基"工作先进地区予以通报表扬。

希望受到表扬的先进地区再接再厉,开拓进取,改革创新,把本地区的义务教育提升到一个新水平,开创教育改革发展新局面。各地区要向受到表扬的先进地区学习,坚持以科学发展观统领教育事业全局,坚持把义务教育摆在重中之重的位置,深入贯彻落实《国家中长期教育改革和发展规划纲要(2010—2020年)》,努力办好人民满意的教育,推动教育事业在新的历史起点上科学发展,为全面建设小康社会和中华民族伟大复兴作出新的更大贡献。

附件:全国"两基"工作先进地区名单

国务院
2012年9月5日

简评:这是一则表彰性通报。本文是对先进地区进行集中通报表彰,行文中采用夹叙夹议的方法,概述了通报背景和主要事实,这是表彰性通报的事实依据。然后写出表彰决定和表彰内容,最后提出希望和要求。正文后将先进地区名单以附件的形式发布出来。

〔例文二〕

关于查处××技能教育学会违规举办培训发证活动的通报

各省、自治区、直辖市劳动和社会保障厅(局),国务院有关部门(行业组织、集团公司)劳动保障工作机构:

×××年12月17日,我部接到群众举报,反映××技能教育学会在青岛市举办高级心理咨询师职业资格培训并颁发国家职业资格证书活动。对此,我部请山东省劳动保障厅协助调查处理。山东省劳动保障厅立即委托青岛市劳动保障局协助调查。青岛市劳动保障局高度重视,由青岛市职业技能鉴定中心和劳动保障监察支队组成调查组,依照劳动监察执法程序进行了调查。经查,此次培训和发证活动由××技能教育学会与北京××文化交流有限公司合作在××大学国际学术交流中心违规举办,在青岛市的培训和考试由北京××文化交流有限公司组织。该培训班在青岛市共招收高级心理咨询师学员149人,违规收取培训费63万多元(还有部分学员培训费直接电汇到北京××文化交流有限公司账户未计算在内),并对学员承诺春节前颁发国家劳动保障部职业资格证书。

××技能教育学会和北京××文化交流有限公司未经劳动保障部门批准,擅自举办职业培训并承诺颁发国家职业资格证书的行为,严重影响了国家职业资格证书制度的严肃性和权威性。为此,根据国家和山东省职业培训和职业技能鉴定有关规定,青岛市劳动保障局依法作出如下处理决定:责成北京××文化交流有限公司全额退还149名学员的培训费用,同时对北京××文化交流有限公司的违法违规行为处以5万元罚款。山东省劳动保障厅在全省范围内对××技能教育学会和北京××文化交流有限公司违规举办高级心理咨询师职业资格培训发证活动进行了通报。

希望各地、各行业部门要高度重视,借鉴山东省劳动保障部门的经验做法,进一步加强职业培训和职业技能鉴定质量管理,规范各类培训机构办学活动,对职业技能鉴定违规行为,要发现一起,严肃查处一起,切实维护国家职业资格证书的严肃性和权威性。

中华人民共和国劳动和社会保障部

×××年××月××日

简评:这是一则批评性通报。通报首先简明扼要地说明事项提要,包括时间、地点、事件,之后陈述××技能教育学会的违规事实,然后分析其错误行为及造成的后果,在此基础上,自然提出处理决定,最后一段提出希望要求并表明领导机关查处违规行为的决心和态度。叙述简洁清楚,处理决定和提出要求等内容层次清晰,语言表述肯定、有权威性。

〔例文三〕

关于2013年度交通运输标准化技术委员会秘书处考评情况的通报

各省、自治区、直辖市、新疆生产建设兵团交通运输厅(局、委),天津市市政公路管理局,天津市交通运输和港口管理局,交通运输行业相关标准化技术委员会,部属有关单位,部内有关单位:

按照《交通运输标准化技术委员会秘书处考评工作(试行)》有关规定,我司开展了2013年度交通运输标准化技术委员会秘书处(以下简称"标委会秘书处")的考评工作,对交通运输领域的18个标委会秘书处的工作进行了考评,现将主要情况通报如下:

一、考评工作简况

标委会秘书处考评内容主要包括组织开展标准制修订、复审、宣贯实施、年会的情况,以及秘书处承担单位支持情况等方面。考评人员由18个标委会的全体委员、16个部业务司局和34个地方交通运输主管部门组成。具体事宜由交通标准审查组承担。

二、考评得分情况

从考评结果(见附件)看。考评得分在90分以上的标委会秘书处有4个,在60~89分之间的有14个。按照得分,全国港口标准化技术委员会、全国汽车标准化技术委员会客车分技术委员会、全国道路运输标准化技术委员会和交通运输部信息通信及导航标准化技术委员会等4个评为优秀标委会秘书处。

三、工作成绩及存在问题

2013年各标委会秘书处积极开展标准化工作,在标准制修订、复审、宣贯实施等方面取得了一定成绩。

——加强了标准制修订的过程督促和管理,共完成234项行业标准和国家标准的审查和报批,完成率为71.8%;

——对所归口的到期应复审项目及部分未到复审期限的行业标准和国家标准共计691项进行了梳理;

——与标委会委员密切联络和沟通,从标准立项到标准审查的各阶段以多方式向全体委员广泛征求意见。2013年有12个标委会召开了年会,2012年有8个标委会召开了年会,其中连续两年召开年会的标委会有7个;

——14个标委会秘书处组织召开了标准宣贯会,参与宣贯的人员达到2 000余人次,有效促进了广大用户对标准的了解和应用,并有利于提高标准制修订质量。

存在的主要问题:一是部分标委会的标准制修订工作量完成率较低。2013年度标准制修订项目的按期完成率总体是71.8%,但是有的标委会完成比例为0;二是标准的有效性、适用性还有待加强。标委会在提出标准制修订计划时还需要更加贴近行业发展的需求,并广泛征求意见;三是存在部分标委会秘书处人员对标准文本质量及标准化工作的管理水平较低的现象;四是与部业务管理部门和地方交通运输主管部门的沟通有待进一步加强。

2013 年度考评为试考评,考评结果不参与后续使用。希望各有关标委会秘书处对照此次考评结果,找出工作中存在的问题和差距,不断改进,进一步提高工作效率,提升标准化服务能力和水平。希望各有关单位对此次考评中存在的仍需改进的地方提出宝贵意见和建议并反馈我司,便于我们进一步完善,使考评内容更合理、更具有可操作性,并能够充分反映标委会秘书处的工作情况。

交通运输部科技司
2014 年 5 月 6 日

简评:这是情况通报。先写发文缘由(背景),再写通报事项(活动的开展情况)。事项部分采用条款式,按照考评总体情况——考评结果——成绩与存在问题及对今后工作的要求逐层展开,结构合理,条理清楚,概述简明。起到了沟通信息、交流情况、指导工作的作用。

情况通报的目的是使下级机关了解情况,以指导工作,而不需要写"决定"。

任务五 报 告

【任务描述】

2 月 10 日近午时,中国北方最大的小商品集散中心——石家庄南三条市场床上用品商城突燃大火。起火的南三条市场地处石家庄市中心商业繁华区,与该市火车站只有公交车一站地距离。该市消防支队 12 时 04 分接警,出动了近 40 部消防车,河北省及石家庄市有关领导第一时间赶赴火灾现场,组织人力进行全力扑救。据消防部门有关负责人介绍,火灾由现代床品百货城三层某展厅引发,经过近三个小时全力扑救,火势已基本控制。

石家庄市政府要求南三条市场把这次火灾情况、造成的损失及事故处理情况报告上来。

【任务分析】

石家庄市政府要求南三条市场把这次火灾情况报告上来,也就是要他们写出这次火灾事故的情况报告。

要写好报告,必须了解报告的概念、特点、分类等文种常识,根据具体事项确定报告的类型。因为不同种类的报告在写法上也有不同,在撰写报告时,要根据报告的类型确定汇报的中心。还要注意报告与请示的区别。

一、文种常识

(一)报告的概念

报告是向上级机关汇报工作、反映情况、答复上级机关的询问时使用的文种。

"报告"是陈述性的上行文种,属于备案性质,不需要批复。主要用于下情上达、汇报工作。

(二)报告的特点

1. **陈述性**   报告是陈述性公文,属于备案性质。主要运用叙述、说明等方式将本单位的工作或情况一一陈述清楚。

2. **汇报性**   报告制发于工作任务完成或问题解决之后,下级机关把工作情况向上级汇报,便于上级机关掌握下级机关工作的进展情况,以便作出正确的判断,有的放矢地指导下级的工作,科学地对有关问题作出决策。

3. **真实性**   报告中的情况要真实、准确、具体,以叙述、说明为主要表达方式,不能采用描写、抒情等方式,只要把具体事实写清楚即可。

(三)报告的种类

1. **按报告的性质,可分为综合性报告和专题性报告**

(1)综合性报告。是反映一个地区、一个部门全面工作或几个方面工作情况的报告。其内容具有全面性和综合性的特点。

(2)专题性报告。是反映某项工作或某方面情况的报告,其内容具有单一性和专门性的特点。

2. **按报告的内容,可以分为汇报工作报告、反映情况报告、答复询问报告**

(1)汇报工作报告。是在工作进行到一定阶段时,将前一阶段的工作状况、成绩经验、教训、存在问题、今后打算等向上级机关或业务主管部门汇报时使用的一种报告。汇报工作包括工作中的成绩经验、做法、困难和教训等。

(2)反映情况报告。是向上级机关或业务主管部门反映工作中遇到的特殊情况,发生的意外事情或出现未曾预料的新问题、新现象的报告。

(3)答复询问报告。答复上级机关或业务主管部门询问事项的报告。答复询问报告是被动行文,针对上级询问的事项回答。

二、写作技法

报告的构成模式:标题 + 主送机关 + 正文 + 落款和成文日期。

(一)标题

既可以用完全式标题,也可使用省略式标题。

(二)主送机关

主送机关为有隶属关系的上一级领导机关或上一级业务主管机关,主送机关应只有一个,如还需呈送其他上级机关,应采用抄送形式。

(三)正文

正文由开头、主体和结尾组成。

1. **开头**   概括报告的发文缘由,一般包括报告的背景、意义、根据或事项提要,然后用"现将××情况报告如下"等承启语转入下文。

2. **主体**   即报告事项部分,一般包括两方面内容:一是工作情况及问题;二是进一步开展工作的意见。

在不同类型的报告中,正文的主体部分可以有所侧重。

汇报工作报告的主体一般由基本情况、成绩和经验、问题与不足、改进办法等内容构成。又分两种情况:一是专题性工作报告,可先写工作的基本情况,接写取得的成绩或经验体会,再写存在的问题与不足,最后写改进的办法或今后的打算。这种写法常用于完成了某项工作后向上级写的工作报告。二是综合性工作报告,可依工作的主次顺序,将每一项工作作为一个部分依次叙述。在写一项工作的基本情况的同时,写出成绩与体会、存在的问题与不足、解决的办法等。也可以先将各事项集中有序地陈述,然后再综合写成绩、经验体会、存在的问题以及改进办法等。这种写法,常用于完成了某一阶段的工作之后,向上级机关写的工作报告。

本部分内容一般较多,宜采用条款式。

反映情况报告的正文一般由情况或问题发生的经过、原因、责任分析、处理意见、应吸取的教训等部分构成。通常按以上部分依次撰写。撰写时要围绕报告的主题,对情况作出实事求是的记叙,并进行客观具体的分析,提出切实可行的措施。

答复询问报告的正文由报告的原因、回答询问两部分构成。首先要写明什么时候接到上级机关提出的什么问题或者询问的事项,然后针对上级提出的问题或询问的事项作出回答。答复时,上级机关问什么,答什么,以示负责,避免借题发挥。

3. **结尾**　有三种写法:一是提出今后工作的意见或建议;二是总结经验或问题,再者是使用结束语作结,如"特此报告""专此报告""请审阅"等。

(四)落款和成文日期

在正文后右下方,居右空4字,书写成文日期并加盖发文机关印章。

【范文评析】

〔例文一〕

××市人民政府关于2009年节能减排工作的报告

××省人民政府:

今年以来,为全面贯彻落实科学发展观,加快资源节约型、环境友好型社会建设,中央和省将节能减排工作作为调整经济结构、转变发展方式的突破口和重要抓手,作为宏观调控的重点,出台了一系列促进节能减排的政策措施。市政府按照省政府节能减排工作的总体部署和要求,通过及时传达、精心部署、强化服务和加强监管、督促检查等各项工作措施,全市节能减排工作取得了新的进展。根据省政府要求,现将我市2007年节能减排工作报告如下:

一、节能减排工作目标及完成情况

(一)工作目标

节能目标:2009年,全市规模以上工业万元增加值能耗比2008年下降6%。列入国家

"千家企业节能行动"的1户企业实现节能3 500吨标准煤以上,列入省"239重点节能"的6户企业实现节能15 864.7吨标准煤以上。关闭或整合企业1户(××公司),淘汰落后工艺装备企业2户(××公司、××公司)。

减排目标:(略)

(二)完成情况(略)

二、落实节能减排工作的主要措施

(一)及时传达,精心部署(略)

(二)加强领导,制发文件(略)

(三)细化目标,落实责任(略)

(四)注重监管,增强实效(略)

(五)搞好循环,综合利用(略)

(六)狠抓宣传,强化服务(略)

三、节能减排工作中存在的问题

(一)节能减排的意识有待进一步提高(略)

(二)节能减排形势依然严峻(略)

(三)节能减排空间缩小(略)

(四)产业结构不合理(略)

(五)节能减排投入不足(略)

(六)节能减排体系不完善(略)

四、下一步工作措施

(一)进一步强化节能减排工作认识

节能减排是党中央、国务院作出的重大决定部署,是"十一五"时期的一项约束性指标,是一条不可逾越的红线。我们将进一步统一思想,认真贯彻落实党的十七大精神,牢固树立抓节能减排就是落实科学发展观、转变经济发展方式的理念,充分认识节能减排工作的长期性、艰巨性和复杂性,切实增强节能减排工作的责任感和紧迫感,采取强有力的措施,千方百计确保实现国家和省政府下达我市的节能减排目标任务。

(二)进一步落实节能减排目标责任制(略)

(三)进一步调整和优化工业经济结构(略)

(四)进一步加强清洁生产和循环经济(略)

(五)进一步加强重点企业节能减排工作(略)

(六)进一步加强节能减排监察(略)

(七)进一步加强节能管理队伍建设和宣传教育工作(略)

特此报告,请审阅。

××市人民政府

××××年××月××日

简评:这是一份专题性的汇报工作报告。发文缘由部分概述了背景和根据,同时又对一年来的节能减排工作情况作了概括。主体部分采用递进式的结构形式,首先说明节能减排工作目标及完成情况,然后介绍主要做法;接下来指出工作中存在的主要问题;最后顺理成章表明今后应采取的措施。这种结构形式,条理清楚,层次分明,读后给人一种非常自然的感觉,毫无牵强附会之感。

〔例文二〕

国务院煤电油运和抢险抗灾应急指挥中心
关于抢险抗灾工作及灾后重建安排的报告(节选)

国务院:

现将雨雪冰冻灾情、抢险抗灾工作进展情况以及下一阶段工作安排意见报告如下:

一、我国经历了一场历史罕见的低温雨雪冰冻灾害

从1月10日到2月2日,我国南方地区先后出现四次大范围低温雨雪冰冻过程。这次灾害性天气正值春运高峰,持续时间长、影响范围广、危害程度深,多数地区为50年一遇,部分地区为百年一遇。全国有19个省(区、市)不同程度受到影响,其中湖南、贵州、江西、广西、湖北、安徽、浙江7省(区)最为严重。持续低温雨雪冰冻天气造成多种灾害并发,给人民群众生命财产和工农业生产造成重大损失,正常生产生活秩序受到极大影响。

(一)电力设施严重损毁。全国有13个省(区、市)电力系统运行受到影响,170个县(市)停电。

(二)交通运输一度严重受阻。由于倒塔断电,北京至广州、上海至昆明两大主要铁路干线部分区段运输受阻。长江中下游14个机场一度关闭,大批航班取消或延误,大量旅客滞留机场。

(三)电煤供应告急。由于电力中断和交通受阻,加上一些煤矿提前放假和检修等因素,煤炭供应受到严重影响。部分电厂电煤库存急剧下降,19个省(区、市)拉闸限电。

(四)农业生产遭受重大损失。

(五)灾区工业企业大面积停产。停电及交通运输受阻等因素导致灾区的工业生产受到很大影响,其中湖南省83%的规模以上工业企业、江西省90%的工业企业一度停产,有的至今尚未恢复。

(六)灾区群众生活受到严重影响。……

二、抗灾救灾斗争取得重大的阶段性胜利

面对突如其来的罕见灾害,在党中央、国务院正确、坚强、具体的领导和指挥下,各地区、各部门广大干部群众紧紧围绕"保交通、保供电、保民生"的总体要求,顽强拼搏,奋起抗灾;各级领导干部深入一线,靠前指挥;共产党员不畏艰险,冲锋在前;人民解放军、武警官兵迅速出动,全力以赴;社会各界同舟共济、众志成城,全力投入抗灾救灾攻坚战。目前,抗灾救灾取得了重大的阶段性胜利。

(一)在"保交通"方面,抢通道路攻坚战取得决定性胜利,全国交通运输恢复正常。(略)

（二）在"保供电"方面，抢修电网和抢运电煤攻坚战取得重大进展，节前灾区居民用电基本恢复的目标如期实现。（略）

（三）在"保民生"方面，受灾群众生活得到及时安置，灾区市场基本稳定。灾区各级人民政府和国务院有关部门及时启动应急预案，全力开展救助工作。（略）

（四）在"保交通、保供电、保民生"的工作中，人民解放军、武警部队和广大公安民警做出了重大贡献。……

（五）在抢险抗灾应急保障方面，有关部门和单位发挥了重要作用。……

（六）在抢险抗灾对内对外宣传报道方面，把握了正确的舆论导向。……

三、全力做好下一阶段恢复重建工作

全国抢险抗灾工作取得了重大的阶段性胜利。但是，……救灾和灾后恢复重建的任务仍十分繁重，思想丝毫不能麻痹，工作丝毫不能放松。下一阶段，抗击雨雪冰冻灾害斗争将由应急抢险抗灾转入全面恢复重建工作，要早谋划、早部署、早启动，统筹人力、物力、财力，尽快恢复重要基础设施，尽快恢复工农业生产，尽快……为实现全年经济社会又好又快发展创造条件。重点做好以下工作：

（一）抓紧修复基础设施。

灾后基础设施修复的重点是加快电网恢复重建。现在尚未修复的 500 千伏和 220 千伏主网架线路，大多架设在海拔较高的山区，施工条件差，物资运送困难。随着气温回升，要全面展开受损高压网架修复工作。……电网修复重建工作要严格遵守操作规程，确保施工质量。

（二）尽快恢复农业生产。农业部门要加强指导，地方各级人民政府要组织农民开展生产自救，促进农业生产尽快恢复，力争灾后有一个较好的收成。

（三）加强煤电油运保障。随着生产生活秩序的逐步恢复，用电负荷和成品油需求将逐步增加，要继续做好煤电油运的保障工作。

（四）妥善安排受灾群众生活。一是保障受灾群众基本生活。二是做好春荒救助工作。三是重建倒塌房屋。对灾情较重的省份，中央财政要给予重点支持。对农村危房改造要摸清底数，制订规划。

（五）着力防治次生灾害。灾区各级人民政府要高度重视长时间低温、雨雪冰冻可能引发的次生灾害，切实加强地质灾害、环境污染、公共卫生、基础设施、交通运输等方面的安全防范工作。

这次灾害造成的损失巨大，灾后重建任务十分繁重。灾区各级人民政府要继续加强领导，进一步核实受灾情况，科学编制灾后恢复重建规划，精心组织实施。国务院有关部门要认真履行职责，加强指导。要继续发挥人民解放军和武警部队在灾后重建中的重要作用。应急指挥中心要加强协调，督促检查。灾后恢复重建资金要通过企业自筹、银行贷款、保险赔付、财政支持等多渠道筹集。坚持自救为主、政府支持，地方为主、中央补助。中央财政重点支持重灾地区、重点领域和生活最困难的群众。

各地区、各部门都要认真反思这次持续低温雨雪冰冻灾害暴露出的矛盾和问题，总结抢险抗灾的经验教训,不断提高突发事件的应急处置能力。

国务院煤电油运和抢险抗灾应急指挥中心

××××年××月××日

简评:这是一份反映情况报告。开头省略发文缘由,开门见山,直奔主题。把2008年初我国南方遭受的低温雨雪冰冻灾害及抢险抗灾工作情况报告给国务院。主体部分分三个层次,全文有条不紊、层次分明。

【写作实训提示】

1.要注意结构、层次的合理安排。报告动辄数千上万字,篇幅长,要特别注意结构层次的合理安排,否则会使整篇报告结构混乱、眉目不清、繁杂拖沓。

2.要善于抓住事物的本质。报告篇幅长、内容多,写作时常有无从下手的感觉。针对这一特点,写报告应首先分析一下,什么材料、什么数据、什么事例最能阐明、表达行文的主旨,然后将那些最典型、最突出、最能反映事物本质的材料筛选出来。

3.要注重时效。向上级汇报工作、反映情况必须及时迅速,不能拖沓。

【练习与实训】

一、指出下文中的错误并进行修改。

××市人民政府关于治理××河水质污染的问题的报告

××省人民政府:

省政府转来的报告,经市委市政府研究,对报告中提出的有关问题及解决方案报告如下:

一、解决××河水质污染问题的关键是尽快建成××区污水处理厂。(略)

二、热电厂的分煤炭也是污染源之一。解决方案(略)

三、市委市政府拟成立治理污染工作小组,请批示。

××市人民政府

2010年2月2日

二、请你代你学校团委向学校党委写一份开展×××活动的报告。

三、根据下面提供的材料,请以××市商务局的名义向××省商务厅起草一份报告。

1.××××年2月20日上午9点20分,××市××百货大楼发生重大火灾事故。

2.事故后果:未造成人员伤亡,但烧毁三层楼房一幢及大部分商品,直接经济损失792万元。

3.施救情况:事故发生后,市消防队出动15辆消防车,经4个小时扑救,大火才被扑灭。

4.事故原因:直接原因是电焊工××违章作业,电焊火花溅到易燃货品上引起火灾,但也与××百货公司领导及员工安全思想淡漠,公司安全制度不落实,许多安全隐患长期得不到解决有关。

5. 善后处理:市商务局副局长带领有关人员赶到现场调查处理;市人民政府召开紧急防火电话会议;市委、市政府对有关人员视情节轻重,作了相应处理。

任务六　请　示

【任务描述】

2010 年的这个春天,中国西南地区正遭受历史罕见的大旱。旱灾已使广西、重庆、四川、贵州、云南5 省(区、市)5 000 多万人受灾,人畜饮水困难、农作物减产减收、旅游服务等相关产业受波及,直接经济损失逾百亿元。部分地区秋冬春三季连旱,旱情已达特大干旱的程度,且仍在加剧。西南大旱牵动着亿万中国人的心。

2 月底,娃哈哈集团有限公司接到云南分公司发来的关于支援云南旱灾的请示,3 月中旬,公司又接到贵州销售分公司的紧急请示,请求支援贵州 11 万瓶娃哈哈纯净水。

请你以娃哈哈集团有限公司云南分公司或贵州分公司的名义,起草一份请示。

【任务分析】

要写好请示,必须了解请示的概念、特点、分类等文种常识,根据具体事项确定请示标题、主送机关,在撰写请示正文时,既要说明请示的原因,更要写清请示的事项,结尾还要使用恰当的请求语。

一、文种常识

(一)请示的概念

请示是向上级机关请求指示、批准时使用的公文。

请示的使用非常广泛。如对党和国家的有关方针、政策、法律、法令不甚了解,有待上级明确批示的问题;工作中发生了重大问题或原无规定、无依据难以处理,希望上级给予指示的问题;本单位职权范围内不能解决和解决不了、有待上级批准的问题;建立机构、增加编制等需要向上级机关、主管部门请求指示、批准的问题等,都要使用"请示"行文。

(二)请示的特点

1. **求复性**　请示的目的是请求上级指示、批准,解决具体问题,要求做出明确批复。

2. **超前性**　请示必须在事前行文,等上级机关作了批复之后才能付诸实施,不能先斩后奏。

3. **单一性**　请示的内容要一文一事,即一份请示只能提出一个请示事项,解决一个问题,以便于领导机关批复。

(三)请示的种类

1. **求示性请示**　对国家的有关政策、法律法规或上级机关的有关规定、决定、意见有不明确或不理解的地方,请求上级机关予以解释答复时进行请示。

2. 请准性请示　在工作中遇到本机关无权、无力、无法解决的事项,请求上级予以批准、解决时使用的请示。

二、写作技法

请示的构成模式:标题 + 主送机关 + 正文(+ 附件) + 落款和成文日期 + 附注。

(一)标题

请示通常使用完全式标题,即发文机关 + 事由 + 文种。如《××市自来水有限责任公司关于调整自来水价格的请示》。

(二)主送机关

请示的主送机关必须是直属的上级领导机关或直属的上级主管业务部门,且主送机关只能有一个。

(三)正文

请示的正文由三部分组成:发文缘由、请示事项、结尾。

1. 发文缘由　写明请示的理由、意义和根据,有的还需要说明背景。因为请示的目的是希望上级批准、同意、解决有关问题的,为达到这一目的,就必须将要求批准、同意、解决的原因陈述清楚,以求得上级的理解和认同。这一部分要求写得充分而又简明。

2. 请示事项　这一部分是请求上级指示、批准的内容,往往字数不多,却是关键。请示事项应当写得具体、明确,具有可行性与可操作性,为了有利于上级审批,还可进一步提出切实可行的办法、措施与建议。如果请示内容较多,也可以分条写。

3. 结尾　向上级机关提出肯定性要求。应根据请示的不同类型、不同目的选用恰当的结尾用语。请示常用的结尾语有:

求示性请示:"以上请示当否,请批复""妥否,请批复""请指示"等。

请准性请示:"当否,请批准""以上要求,请予审批"等。

(四)落款与成文日期

在正文之后的右下方,标注发文机关名称。在落款下,写成文日期。

(五)附注

在成文日期下 1 行居左空 2 字,加括号注明请示机关联系人的姓名和电话号码,以备上级询问。

【范文评析】

〔例文一〕

××房地产开发有限公司

关于水系工程被拆迁人房屋补偿价格的请示

××市房屋土地管理局:

根据市规划委《关于进一步做好水系工程项目工作的通知》(×政〔2014〕56 号)精神,

我公司拟就开发建设我市重点建设项目水系工程进行拆迁工作。该项目涉及规划河道内所有住宅户和非住宅户。被拆迁户共有569户,拆迁房屋建筑面积50 000余平方米。具体拆迁范围为西门大街以北,玉皇庙街以东,原××中学以西,××西路以南。为了在占地面积上顺利进行拆迁工作,现特向市房屋土地管理局申请该地区被拆迁人使用权补偿价格(区位价)。

　　请批示。

××房地产开发有限公司

2014年10月9日

(联系人:×××,联系电话:×××××××)

　　简评:这是一份求示性请示。篇幅虽短,但信息量大,表意明确。开头首先引据规划委的56号文件,陈述拆迁依据,并说明请示的缘由,在介绍项目范围、表明请示的目的后,提出请示的具体事项。结尾用"请批示"作结,符合"求示性请示"的特点。

〔例文二〕

××公司关于增拨技术改造资金的请示

××局:

　　正当我公司技术改造处于关键阶段,资金告罄。前次所拨资金原本缺口较大,加之改造过程中出了新的技术难题,需增新设备,以致资金使用超出预算。由于该项技术是我局所属大部分企业所用的核心技术,如改造不能按期完成,势必拖延全部技术更新的进程,进而影响各单位实现全年预定生产指标和利润。目前我公司全体技术人员充分认识到市场经济的机遇和挑战,正齐心合力,刻苦攻关。缺口资金如能及时到位,我们保证该项技术改造按期完成。现请求增拨技术改造资金××万元。

　　以上请示当否,请批准。

××公司

2014年5月6日

(联系人:王××,联系电话:×××××××)

　　简评:这份请示属于请求帮助的请准性请示。针对"增拨技术改造资金"的理由作了较详尽地陈述:原拨资金缺口大,并出现了新的技术难题;该技术是××局的核心技术,影响全年的生产指标和利润……充分地说明实际困难,向领导诉之以理,使之能够尽快作出批复。

【写作实训提示】

　　1.牢记三个"一",即一文一事一个主送机关。写请示要坚持一文一事,即一份"请示"只能向上级请示一个问题,以便上级机关及时、专一地进行处理。

　　请示的主送机关只能是一个,不能多头、越级请示。受双重领导的单位,在请示问题时,应当本着谁有权力批准这一问题就主送给谁,如果请示内容涉及主送机关以外的其他单位,通常采用抄送形式处理。

2.请示不可同时上报下发。请示的问题属于未定的,必须等上级正式批复后才能办理或执行。

3.要把握"请示"的内在逻辑。一份"请示"不论文字长短,其内在逻辑均是由"为什么要请示"和"请示什么问题"两大层次组成。所谓"为什么要请示",通常包括请示的依据、背景和缘由;所谓"请示什么问题",即要求上级机关为我们解决什么问题及怎样来解决,意见要明确。

【相关链接】

请示与报告的区别

1.行文目的不同。请示的目的是请求上级机关给予指示、批准;报告的目的是下情上达,让上级掌握了解情况。

2.行文时间不同。报告通常是事后写作,而请示则是事前完成。报告是对以前工作、情况的总结、回顾,请示则是对以后工作向上级提出要求和请示,请示不允许事后行文、先斩后奏。

3.内容含量不同。请示内容单一,必须坚持一文一事,才能保证工作效率;报告容量可大可小,可以是一文一事,也可一文数事,可以是专题报告,也可以是综合报告。

4.公文处理不同。请示属办件,收文机关必须及时批复;报告多数是阅件,除需批转的建议报告外,上级机关对其余各类报告可以不予答复。

【练习与实训】

一、指出下文中的错误,并进行修改。

关于组织县委办、县政府办有关人员及乡镇办公室干部赴南方考察的请示

县委、县人民政府:

县委办、县政府办已于7月份组织两办有关人员及乡镇办公室干部赴深圳、珠海等南方经济发达地区进行一次考察活动,时间8天。所需费用乡镇自行解决,两办人员请县财政专项解决。

特此报告,恳请批准。

中共××县委办公室

××县人民政府办公室

2010年8月9日

二、根据下列材料,拟写一份请示,要求格式规范,要素完整,内容明确。

××职业技术学院将承办2010年第×届全国水利高职院校"黄河杯"技能大赛。大赛要求使用的设备种类繁多,而该学院现有的设备无法满足比赛要求,亟待改善和添置设备,向省教育厅申请拨款经费××万元。并附有全国水利高职院校"黄河杯"技能大赛设备经费预算表。

三、请以大兴街道办事处的名义,向龙亭区政府写一份请求拨款安装健身器材的请示。

2010年5月6日,大兴街道办事处向龙亭区政府请示,要求在街道办事处前的广场上及辖区公共场所安装健身器材,以丰富居民的业余生活,并有利于开展全民健身活动。

四、根据"任务描述"材料,为娃哈哈集团有限公司云南分公司写份请示。

任务七　批　复

【任务描述】

2010年的这个春天,中国西南地区正遭受历史罕见的大旱。西南大旱一直牵动着亿万中国人的心。2月底,一份关于支援云南旱灾的请示从娃哈哈集团有限公司云南分公司发来,了解了灾区情况后,总公司同意云南分公司的请求并立即要求由娃哈哈慈善基金会出资援助云南。

请你以娃哈哈集团有限公司的名义,起草一份同意云南分公司支援灾区的批复。

【任务分析】

要写好批复,必须掌握批复的概念等文种常识,理解批复针对性、指导性等特点,能根据具体事项确定批复的类型,撰写批复时,要态度明确,语言准确严谨,不能模棱两可。

一、文种常识

(一)批复的概念

批复是上级机关答复下级机关请示事项的一种公文。在机关的日常行文中,使用批复的先决条件是下级机关上报"请示"。因此,没有下级机关的请示,则批复无由而发。

(二)批复的特点

1.**被动性**　批复必须依赖请示而存在,不能主动制发。先有请示后有批复,任何一份批复都是针对请示行文。

2.**针对性**　批复内容是由请示的内容来决定的,下级机关请示什么,上级机关就批复什么。批复的针对性还体现在批复的主送单位只能是请示的单位,如需其他机关知道,可以采用抄送形式。

3.**权威性**　批复表现的是上级领导机关的意志,对下级机关具有行政约束力。下级机关必须执行上级机关的批复意见。

4.**指导性**　批复内容对下级机关工作具有指导意义,它对下级机关"请求指示、批准"的事项给予指导性意见。

(三)批复的类型

1.**肯定性批复**　同意下级机关提出的请示事项的批复。

2. 否定性批复　不同意下级机关的请示事项,给下级机关否定的答复。

3. 解答性批复　针对下级机关请示中询问的事项给予明确答复的批复。

二、写作技法

批复的构成模式:标题 + 主送机关 + 正文 + 落款和成文日期。

(一)标题

批复的标题与其他文种的标题有所区别。具体写法有以下几种:

1. 五元素标题　发文机关 + 表态用语 + 请示机关 + 事由 + 文种,如"国务院办公厅关于同意吉林省撤销江源县设立白山市江源区的批复"。

2. 四元素标题　发文机关 + 表态用语 + 事由 + 文种,如"国务院关于同意将江苏省南通市列为国家历史文化名城的批复"。

3. 三元素标题　发文机关 + 事由 + 文种,如"××省政府关于××市城市总体规划的批复"。

表态用语 + 事由 + 文种,如"关于同意××学院人文社科系举办校外××班的批复"。

发文机关 + 原件标题 + 文种,如"佛山市人民政府《关于请求市领导裁决河滨路 2 号住宅楼产权争议的请示》的批复"。

发文机关 + 发文字号 + 文种,如"国家工商行政管理总局关于对陕工商字〔2010〕168 号请示的批复"。

(二)主送机关

主送机关是报送请示的下级机关,也就是原发文机关。

(三)正文

正文一般包括引语、批复事项和结束语三个部分。

1. 引语　是引述来文作为批复依据的开头用语。《办法》规定,引用公文,应当先引标题,后引发文字号。常用引语的模式是:你单位 + 请示标题 + 发文字号 + 收悉。如:"你局《关于……的请示》(×发〔2009〕×号)收悉。"

在引语后,常用"现批复如下"等承启语过渡到下文批复事项部分。

2. 批复事项　即针对请示中提出的问题,给予明确具体的答复。

如果完全同意,就写上肯定性意见。一般要求复述原请示主要内容后才表态,不能只笼统写上"同意你们的意见"。这样写,就不会与受文单位请示的具体内容脱节。

如果有的同意,有的不同意,就要写明同意的内容及不同意的理由(同意的不用写理由)。

如果不予批准,就明确给予否定性答复,还要在否定性意见后面写明理由,以进行解释和疏导。

3. 结束语　可以提出执行要求,也可以直接用"此复""特此批复""专此批复"等收束用语作结,也可略去不写。

(四)落款与成文日期

在正文之后的右下方,标注发文机关名称。在落款下,写成文日期。

【范文评析】

〔例文一〕

<h3 style="text-align:center">国务院关于同意福州市科技园区更名为
福州高新技术产业开发区的批复</h3>

福建省人民政府:

你省《关于恳请将福州市科技园区更名为福州高新技术产业开发区的请示》(闽政文〔2013〕233 号)收悉。现批复如下:

同意福州市科技园区更名为福州高新技术产业开发区。

国务院
2014 年 3 月 5 日

简评:这是针对请批性请示给予的肯定性批复。标题采用四元素形式,正文虽短分两部分,一是规范的引语部分,二是批复事项,结尾为秃尾。简洁明快,言简意赅。

〔例文二〕

<h3 style="text-align:center">国务院关于晋陕豫黄河金三角区域合作规划的批复</h3>

山西、陕西、河南省人民政府,发展改革委:

发展改革委《关于报送晋陕豫黄河金三角区域合作规划(送审稿)的请示》(发改地区〔2014〕169 号)收悉。现批复如下:

一、原则同意《晋陕豫黄河金三角区域合作规划》(以下简称《规划》),请认真组织实施。

二、《规划》实施要以邓小平理论、"三个代表"重要思想、科学发展观为指导,深入学习领会党的十八大和十八届三中全会精神,贯彻落实党中央和国务院的各项决策部署,深入实施西部大开发战略和促进中部地区崛起战略,以实现合作共赢、共同发展为目标,以整合区域优势资源、创新区域合作机制、协调区际利益关系为重点,以共建承接产业转移示范区为抓手,着力加快基础设施互联互通,着力促进产业分工协作,着力加强生态环境共保共治,着力推动基本公共服务共建共享,着力推进改革开放,全面提升整体经济实力和协调发展水平,努力把晋陕豫黄河金三角建设成为中西部地区新的经济增长极和欠发达地区实现一体化发展、跨越式发展的示范区。

三、山西、陕西、河南三省要切实加强组织领导和统筹协调,落实工作责任,完善合作机制,合力解决区域合作中的重大问题。要根据《规划》要求制定具体实施方案,编制实施重点领域专项规划,落实区域合作协调推进机制,抓紧推进重点工作和相关项目实施,探索实施推动一体化发展的绩效考核和奖惩激励措施。完善社会监督,定期向社会公布《规划》实施进展情况。《规划》实施中涉及的重要政策和重大建设项目要按规定程序报批。

四、国务院有关部门要按照职能分工,切实加强工作指导,在专项规划编制、项目安排、体制创新等方面给予必要支持,协助解决晋陕豫黄河金三角区域合作发展中遇到的困难和问题。发展改革委要加强综合协调和督促检查,会同山西、陕西、河南三省人民政府开展《规划》实施情况评估,总结推广好经验好做法,研究解决新情况新问题,重大事项及时向国务院报告。

推动晋陕豫黄河金三角地区合作发展,是深入实施西部大开发战略和促进中部地区崛起战略的重大举措,对于探索省际交界地区合作发展新路径、推动我国欠发达地区加快发展、推进区域一体化进程具有重要意义。各有关方面要提高认识、紧密合作、扎实工作,共同推动《规划》的落实,努力实现晋陕豫黄河金三角地区经济社会持续健康发展。

国务院

2014 年 3 月 31 日

简评:这也是针对请批性请示给予的肯定性批复。与例文一不同的是,在表明态度后,国务院给予了一些指导性意见,意见同样显示出鲜明的观点,体现出权威性与指导性。

〔例文三〕

华盛科技有限公司关于海天分公司变更营业场所的批复

海天分公司:

你公司《关于海天分公司变更营业场所的请示》(海分司〔2014〕96 号)收悉。经研究,现批复如下:

不同意你公司营业场所由现丽水广场南路 36 号变更为天龙大厦 C 座 19 栋。

丽水广场南路交通便利,近年来已形成商务圈,人气旺盛,非常有利于营业场所进行商务活动。你公司在丽水广场南路的营业场所已具规模,拥有了稳定的客户群。如变更场所,会对你公司的工作造成较大影响。

如确需变更,可再进一步论证。

请你公司做好干部职工的思想工作,确保业务工作正常进行。

特此批复。

华盛科技有限公司

2014 年 6 月 5 日

简评:这是针对请批性请示给予的否定性批复。引语部分与例文一、二相同,批复事项部分分为两段,一是表明不同意的态度,二是说明不同意的理由,以使下级单位心服口服,便于接受执行。结尾提出要求,并用"特此批复"作结。

【写作实训提示】

1. 内容的单一性。与请示"一文一事"一样,批复也要"一文一批复"。

2. 态度的鲜明性。批复的内容要简单、明确。对请示的事项哪些同意,哪些不同意,有什么具体要求,都要在批复中讲清楚,不能含混不清,也不能避而不答。

3. 强烈的时效性。批复要及时,避免贻误下级机关的工作。因此,批复的撰写和制发都要快速。

【练习与实训】

一、根据下列材料，分别拟写五元素、四元素、三元素标题。

材料一：

住房城乡建设部：

你部《关于成立保障性安居工程协调小组的请示》（建保〔2009〕113号）收悉。现批复如下：

同意成立保障性安居工程协调小组。协调小组不刻制印章，不正式行文，请按照国务院有关文件精神认真组织开展工作。

材料二：

安全监管总局：

你局《关于调整煤矿整顿关闭工作部际联席会议召集人和成员的请示》（安监总煤监〔2009〕17号）收悉。经国务院领导同志同意，现函复如下：

根据工作需要和国务院机构设置及人员变动情况，同意对煤矿整顿关闭工作部际联席会议成员单位及成员作出调整。调整后的煤矿整顿关闭工作部际联席会议成员名单如下：（略）

二、指出下文中的错误，并进行修改。

××市兴和电器有限公司

关于第一分公司请求给予王××行政记过处分的批复

第一分公司：

你公司报来关于给王××行政记过的请求已收悉。

王××，男，28岁，2007年参加工作，现任第一分公司生产科副科长。王××于2009年11月5日值班期间，玩忽职守，导致生产过程中出现事故，给公司造成一定的损失。

关于王××玩忽职守，造成生产事故的问题，经公司办公会议讨论决定：同意你分公司意见，给予其行政记过处分，并免去其副科长职务，扣发当月奖金。

2009年11月20日

三、针对"任务六"的二、三、四题完成的请示，分别拟写批复。

任务八　函

【任务描述】

兴和公司为了进一步提高办公室人员的办公自动化能力，更好地推进业务发展，公司拟请黄河大学信息管理学院开办办公室自动化培训班，费用由公司按学院要求支付。培训内容、学员管理等具体事项双方将择日协商。公司要求秘书起草一份商洽函,与对方进行初步的交流与沟通。

黄河大学信息管理学院接到兴和公司的函后,经领导研究并征求主讲教师的意见,同意在暑假期间为兴和公司开办培训班,学院要求秘书写一份复函。

【任务分析】

函是13种公文中唯一的平行文,格式较灵活,种类较多,适用范围广。要写好函,必须了解函的概念、特点、种类等文种常识,掌握函的写作技巧,能根据具体事项确定函的类型,在撰写函时,要注意不相隶属机关的平等关系,学会用不同的语气进行协商。还要掌握函的特定格式。

一、文种常识

(一)函的概念

函是不相隶属机关之间相互商洽工作、询问和答复问题,向有关主管部门请求批准和答复审批事项时所使用的一种公文。

"不相隶属机关"是指在行政组织系统上没有领导与被领导关系,在业务系统上没有管辖与被管辖关系。"不相隶属机关之间"不论级别高低,都不存在职权上的指挥与服从关系,都是平等的,它们之间的行文只能用函。

"有关主管部门"是指职能部门,即它是此项工作的执法管理部门,不管其级别如何,只要这项工作归它管,要开展此项工作,就必须得到它的批准,它的批准具有法律效力,要请求得到它的批准,就必须用函行文。

(二)函的特点

1.**沟通性** 函对于不相隶属机关之间相互商洽工作、询问和答复问题,起着沟通作用,充分显示平行文种的功能,这是其他公文所不具备的特点。

2.**灵活性** 表现在两个方面:一是行文关系灵活。函是平行公文,但是它除了平行行文外,还可以向上行文或向下行文,没有其他文种那样严格的特殊行文关系的限制;二是格式灵活。除了国家高级机关的主要函必须按照公文的格式、行文要求行文外,其他一般函,比较灵活自便,也可以按照公文的格式及行文要求办。可以有文头版,也可以没有文头版,不编发文字号,甚至可以不拟标题。

3.**多属性** 函的主体内容不同,其性质就不同。有的函具有请示性质,可以"请求批准"事项;有的函具有批复性质,可以"答复审批"事项;有的函具有通知、通报性质,可以告知事项、传达情况;有的函具有意见性质,可以协商事项。

(三)函的分类

1.**按文面格式** 可以分为公函和便函两种。公函用于机关单位正式的公务活动往来,使用国家标准信函式格式行文;便函则用于日常事务性工作的处理。便函不属于正式公文,没有公文格式要求,只需要在尾部署上机关单位名称、成文时间并加盖公章即可。

2.**按行文方向**　函可以分为发函和复函两种。发函即主动提出公事事项所发出的函。复函则是针对来函所提出的问题或事项,被动答复的函。

3.**按内容和用途**　可分为商洽函、询问答复函、请批、批答函三种类型。

(1)商洽函。主要用于平行机关或不相隶属机关之间商洽工作、联系有关事宜的函。如商调干部函、联系租赁函、洽谈业务函等。

(2)询问答复函。主要用于不相隶属机关之间互相询问、答复处理有关问题的函。

(3)请批、批答函。不相隶属机关间请求批准和答复审批事项的函。

二、写作技法

函的构成模式:标题 + 主送机关 + 正文 + 落款和成文日期。

(一)标题

1.**发文机关 + 表态用语 + 事由 + 文种**　如《国务院办公厅关于同意成立广州2010年亚洲残疾人运动会组委会的复函》。

2.**发文机关 + 事由 + 文种**　如《省物价局省财政厅关于核定省国家税务局部分普通税务发票工本费的函》。

3.**事由 + 文种**　如《关于租用贵校教室用于青年干部培训的函》。

(二)正文

正文一般由发函缘由、事项、结尾组成。

1.**发函缘由**　如果是去函,一般要求概括交代发函的目的、根据、原因等内容,然后用"现将有关问题说明如下"等过渡语转入下文;若是复函,则先引叙来文的标题、发文字号或时间,再交代处理解决的根据,以说明发文的缘由。然后用"现将有关事项函复如下"转入下文。

2.**事项**　这是函的核心内容部分,主要说明致函事项。由于类型不同,写法上各有侧重。

告知函:把某一事项、活动函告对方,或请对方知道明了,或请对方参加,或请对方选购(商品)等,近似于通知。

商洽函:事项是商洽函的主体,是商洽的内容所在,要讲清楚需要商洽的具体事项,希望对方如何协助、办理。结尾提出予以复函或予以办理的具体要求。如主体部分已有这些要求,可以不写结尾。

询问函:询问函所问的问题是本机关职责范围内应予以解决但又无据可查或难以解决的问题。被询问的机关可以是与此问题有关的平级机关或不相隶属机关。

答复函:也称复函,它具有明确的针对性,即针对询问函而作的答复。答复一定要依据本机关的职责范围、本机关的客观条件和能力去解答。复函不能越职越权去处理或解答问题。

请求批准函:这是向有关职能部门请求批准的函。这种函代行请示职能,主管部门收到这种函,应视同请示。

3.结尾　通常应根据函询、函告或函复的事项,选择运用不同的礼貌性语言。商洽函常用:"恳请协助""不知贵方意见如何,请函告""敬请大力支持为盼"等。询问函常用:"请速回复""盼复""即请复函""请予复函""特此函询"等。请批函常用:"请审查批准""当否,请审批"等。答复函、批答函常用:"此复""特此函复""专此谨复""专此函告"等。

有的函也可以不用结束语。

(三)落款和成文日期

在正文之后的右下方,标注发文机关名称。在落款下,写成文日期。

【范文评析】

〔例文一〕

关于租用贵校教室用于青年干部培训的函

××大学:

我市为进一步贯彻国家公务员制度,拟对全市机关单位的青年干部进行不脱产培训。因培训人员较多,场地不够,所以想租用贵校教室。时间是今年9—10月份的所有双休日,每天上午8时至下午6时。教室数目是8间,每间可容60人。有关租借费用,我局将协商后如数支付。这次培训,关系到提高我市在职干部的素质,希望能得到你们的支持。

敬请函复。

××市人事局
2014年7月6日

简评:这是商洽函中的发函。发函方就租用教室原因、目的、使用安排等方面提出了商洽意见。语气平和委婉,结尾用语恰当规范。这类函在平行机关或不相隶属机关之间相互协商或联系工作时使用。

〔例文二〕

××省人民政府办公厅
关于商请近两年新接收军转干部登记审批的函

省人事厅:

2013年省政府办公厅共接收军转干部9名,其中办公厅机关安置6名,省接待办公室安置2名,省决策咨询委员会办公室(参照公务员法管理事业单位)安置1名。2014年办公厅共接收军转干部5名,其中办公厅机关安置3名,省接待办公室安置1名,省政府政务信息化办公室(参照公务员法管理事业单位)安置1名。近日,上述14名干部已正式定岗定职,按规定可进行登记。现将登记有关材料报上,请审批。

附件:1.公务员(参照管理单位工作人员)登记表;

2.登记人员清单;

3.军转干部介绍信、任职文件等材料。

××省人民政府办公厅

2014年5月11日

简评:这是请批、批答函中的请批函。发函方与收函方为不相隶属机关,虽然是请批事项,也要用"函"行文。文中发函方介绍了事项背景及具体做法,然后在结语中提出请求。

〔例文三〕

国务院办公厅关于云南大理经济开发区
升级为国家级经济技术开发区的复函

云南省人民政府、商务部:

你们《关于云南大理经济开发区升级为国家级经济技术开发区的请示》收悉。经国务院批准,现函复如下:

一、国务院同意云南大理经济开发区升级为国家级经济技术开发区,定名为大理经济技术开发区,实行现行国家级经济技术开发区的政策。

二、大理经济技术开发区规划面积仍为5.93平方公里,区域范围为国务院有关部门公布的开发区审核公告确定的四至范围。

三、要深入贯彻落实科学发展观,加快转变经济发展方式,深化改革、扩大开放,按照先进制造业与现代服务业并重、利用外资与境内投资并重、经济发展与社会和谐并重的要求,致力于提高发展质量和水平,致力于增强体制机制活力,促进国家级经济技术开发区向以产业为主导的多功能综合性区域转变,充分发挥窗口、示范、辐射和带动作用。

四、必须严格实施土地利用总体规划和城市总体规划,按规定程序履行具体用地报批手续;必须依法供地,以产业用地为主,严禁房地产开发,合理、集约、高效利用土地资源。

五、商务部要会同有关部门加强指导和服务,促进大理经济技术开发区健康发展。

国务院办公厅

2014年2月18日

简评:这是请批、批答函中的批答函。发文缘由写法与批复开头写法相同。事项部分分条款告知,态度明朗,表述精当。

【写作实训提示】

1.注意辨别文种

请批函和请示都可用于请求批准,批答函和批复都可用于批答事项。因此,在实际工作中,经常出现混用、错用现象。

请示是具有直接隶属关系的下级机关向上级机关行文,请批函是向没有隶属关系的主管部门行文。

批复是具有直接隶属关系的上级机关向下级机关行文,批答函是主管部门向没有隶属关系的机关行文。

2. 开门见山，直叙其事。函是一种比较简便的行政公文，讲究快捷，所以，函一般写得很简短。行文开门见山，直接写出办文的事项和目的，不说空话、套话。

3. 措词得体，平等待人。函的语言表达非常讲究，必须礼貌、谦和、态度诚恳，一般不用"必须""应该""注意"等指示性语言。

【练习与实训】

一、指出下文中的错误，并进行修改。

关于催要"分度头"的函

黄河金属加工厂：

你们今年 5 月 20 日来函催要铣床所用"分度头"一事已收讫。内情尽知。情况是这样的：上次你厂买我厂生产的铣床附件"分度头"1 件，交来 10 件的钱，我厂开了 10 件的发票，发了 10 件的货，你们却说少了 1 件，只收到 9 件，我们销售科查了查所有单据，没出错，没我厂责任。

别不多谈，就此搁笔。

××机床附件厂（印章）
2010 年 6 月 15 日

二、根据"任务描述"材料，为兴和公司起草一份商洽函。

三、根据"任务描述"材料，为黄河大学起草一份复函。

任务九　纪　要

【任务描述】

2010 年 1 月 10 日，兴和公司总经理主持召开了年度第一次办公会议，与会人员有全体常务副总经理、各部门经理、总经理助理、总公司办公室主任等。总经理做了 2009 年工作总结，会议讨论了 2010 年工作计划。会后，由秘书起草本公司 2010 年度第一次办公会议纪要。

【任务分析】

会议纪要与会议记录容易混淆，因此，要写好会议纪要，必须了解会议纪要的概念、特点、种类等文种常识，分清会议纪要与会议记录的区别，掌握会议纪要的写作技巧。在撰写会议纪要时，注意掌握会议纪要的特殊格式。

一、文种常识

（一）纪要的概念

纪要是用于记载会议情况和议定事项的一种公文。

纪要可以多向行文,可以上行报告会议精神,下行指导工作,平行与不相隶属机关之间交流情况,还可以作为附件来补充、说明正件。

(二)纪要的特点

1. **纪实性**   纪要须如实反映会议的内容和议定事项,才能起到传达会议精神、为有关单位提供工作依据、指导有关工作开展的作用。因此,纪实性是纪要的基本特点。

2. **概括性**   纪要是会议的要点,不是会议记录,不能有闻必录,而是必须对会议繁杂的情况和内容进行综合、概括性的整理,即概括出主要精神,归纳出主要事项,体现出中心思想,以利于传达。

3. **约束性**   纪要一经下发,便要求与会单位和有关人员遵守、执行。

(三)纪要的类型

按照不同的标准,纪要可以分为多种类型。

按会议的类型分,有多少种会议就有多少种会议纪要,如办公会议纪要、座谈会议纪要、专题会议纪要、综合会议纪要、工作会议纪要、学术会议纪要等。

根据《条例》对纪要的适用规定,可分为情况会议纪要与议定事项会议纪要。

二、写作技法

纪要的构成模式:标题 + 成文日期 + 正文

(一)标题

1. **会议名称 + 文种**   如《兴和商贸有限公司办公会议纪要》。

2. **发文机关 + 纪要内容 + 文种**   如《兴和商贸有限公司关于引进高级人才会议纪要》。

3. **会议的主要内容 + 文种**   如《关于引进高级人才会议纪要》。

4. **双行式标题**   正题阐述会议的主旨、意义,副题交代会议名称、文种。如《与时俱进,探索创新——人事改革研讨会议纪要》。

(二)成文日期

1. **写于标题下,居中排布**   如果是会议通过的纪要,注明会议名称与通过日期,形式是:××××年××月××日××××会议通过。

2. **写于文末**   与其他公文相同。

(三)正文

一般包括会议概况、会议内容和结尾三个部分。

1. **会议概况**   一般写出会议的名称、时间、地点、与会人员、主持人、会期、主要议程安排等组织情况以及会议主要的成果、意义等,然后用"现将会议内容纪要如下"等承启语过渡到下文。

2. **会议内容**   这部分是会议纪要的核心部分,主要记载会议情况和会议结果。写作时需写出会议讨论的事项、研究的问题、形成的决议、提出的要求、今后的指导思想以及具体措施等方面。对于会议上有争议的问题和不同意见,也要如实予以反映。

常用的表述方式有:概述式、条款式、发言式。

3. 结尾 可酌情提出贯彻落实会议精神的具体要求,或是对会议作出一些基本估价,也可发出特定号召、提出有关希望。根据情况,有时也可省去这一部分。

一般会议纪要不需要署名。会议纪要可以不加盖公章。

【范文评析】

××省公路桥梁工程总公司设备管理公司
2010年第一次经理办公会议纪要
(2010年4月8日)

2010年4月3日,为全面总结公司前期工作,进一步完成各项工作任务,设备管理公司在经理办公室召开了2009年第一次经理办公会议,会议由公司经理龚辉同志主持并进行工作安排,设备公司、物资公司联合党支部副书记兼设备公司副经理符强及付陆、郭江华、温树琴、张建华等部门负责同志参加了会议。

会上,龚经理认真听取了各部门负责同志对前阶段工作开展情况的汇报后,针对目前工作中存在的相关问题,结合各部门工作实际,明确了工作思路,对相关工作作出了具体安排和部署。符强同志传达了总公司2009年3月17日召开的"贵州路桥学习实践科学发展观活动总结大会暨2009年安全生产纪检监察工作会议"精神,并结合设管司工作实际,提出了工作要求。现将会议纪要如下:

一、会议明确

(一)会议讨论通过了《贵州路桥设备管理公司公务车管理办法(试行)》,要求正式行文印发。

(二)对停放在新添寨基地的26辆公务车,会议同意公司综合科提出的处理意见,待行文报请总公司批复后,再作报废处理。

(三)对扎佐、新添寨两基地设备进出场收费问题,总公司内部租赁设备出场一律收取上车费,收费标准由郭江华、张建华两位同志根据同行标准尽快制订(要明确总公司内外标准系数),回场设备不再收取卸车费。

二、会议决定

(一)为保证行车安全,规范公务车管理,同意设备科、特种设备科两部门使用的公务车各聘用一名专职驾驶员,驾驶员由两个部门自行推荐,报公司经理同意后聘用,综合科负责建档签订合同,其聘用工资标准按每人2 000元/月执行,其公务车由公司综合科统一管理。

(二)为提升公司形象,会议讨论通过,为公司机械操作人员、维修工定做工作服,具体工作由综合科负责完成:

1. 每位人员配冬装2套、短袖衬衫2件,费用控制在200元/人以内;

2. 要求每位操作手、维修工工作时间内一律穿工作服上班,并随时保持整洁完好。为强化管理,公司收取押金100元/人,若2年内无故丢失、破损,公司将扣取该押金。

(三)总公司承建厦蓉高速项目所租用公司的设备,其租赁费用按正常标准核算并完善相关手续,具体收取形式由公司经理向总公司领导请示。

三、会议要求

(一)一个月时间内,综合科全面完成好劳务合同签订工作,并按政策规定交纳社保费用:单位交纳部分由单位承担,个人交纳部分由公司代交后从其工资中扣除。

(二)为进一步加强扎佐基地周转材料管理,暂调新添寨基地材料管理员到扎佐基地负责周转材料管理,并继续负责原新添寨基地相关工作。

(三)为进一步完善好机械设备进出基地交接手续,规范交接程序,会议要求由符强同志牵头制作相关流程图,郭江华同志配合完成。

(四)为保证总公司试验室能尽早进入扎佐基地装修,确保正常工作,龚辉经理负责催促扎佐基地甲方尽快搬迁其库存材料。

最后,会议讨论确定,建立公司经理办公会议制度。即:从本月开始,每月第一个礼拜五的下午14点经理主持召开一次经理办公会议。每次会议前,各部门负责人要安排好工作(出差)时间,认真总结上个月各项工作完成情况,对当月工作进行计划性汇报,并结合公司夯实基础、加强管理、促进经营发展等各个方面工作提出实实在在的意见和建议。办公会上,公司经理将针对公司生产经营情况作工作安排和部署,并负责督促、检查和指导。

简评:这是办公会议纪要,又是议定事项会议纪要。标题采用会议名称＋文种的常见写法。开头介绍会议概况,之后用"现将会议纪要如下"转入会议议定事项。事项部分采用条款式,把会议明确的问题、决定的事项及会议要求逐项概述,将会议内容全面而细致地归纳出来,层次分明。

【写作实训提示】

1. 掌握会议的全部情况。写作会议纪要首先要弄清楚会议的目的、任务、内容和形式,掌握会议的所有文件材料,参加会议的全过程,并认真做好记录,特别要注意阅读会议的主体文件和材料、领导同志的发言,掌握会议的主要精神。

2. 如实反映会议内容。会议纪要的本质是纪实性。要客观、真实地记下会议的有关情况,如实反映会议的主要内容,不能在会议纪要中妄加评论。

3. 抓住要点,突出会议主题。会议纪要虽然是会议情况和结果的反映,但不能面面俱到,照搬会议记录,而应该围绕会议主题,抓住要点,突出重点,把会议的主要情况简明扼要地反映出来。

4. 掌握会议纪要的习惯用语。在说明会议情况时常用"会议介绍了""会议听取了""会议讨论了"等用语;在阐述会议精神时常用"会议认为""会议指出""会议提出"等;在介绍会议决定事项时常用"会议通过了""会议决定"等。

【相关链接】

会议纪要与会议记录的区别

1. 性质上。会议纪要是法定行政公文;会议记录是机关、单位内部用于记录会议发言的事务性文书。

2.内容上。会议纪要是经过整理加工的会议上达成一致的认识,是会议内容的要点;会议记录是会议发言的原始记录,基本上要做到有言必录。

3.形式上。会议纪要基本上按照行政公文的规范格式;会议记录没有统一的格式,多是各单位自定。

4.发布方式上。会议纪要按公文发文程序发,但没有主送和抄送机关;会议记录仅作为内部资料保存,绝不公开发布。

【练习与实训】

一、根据下面材料,写一份会议纪要

12月24日,静安区江宁路社区百余家企业提前与员工签订2009年劳动合同。社区内104家企业联合倡议:"自觉履行社会责任,尽最大可能不裁减员工,尽最大可能不降低员工的薪酬,尽最大可能不降低福利。"

市委副书记、市长韩正12月24日下午主持召开市政府常务会议,听取关于本市就业形势分析及其应对措施的情况汇报,研究制定本市进一步促进创业带动就业有关政策措施。韩正强调,就业是当前和明年上海经济社会发展全局工作的重点之一,市区两级政府必须把就业作为明年民生工作的重中之重来抓,细化措施、落实责任,以创业带动就业、帮助企业克服困难稳定就业岗位、进一步完善就业援助体系、加强政策储备,真正做到帮企业、保就业、促稳定。

会议指出,当前国际经济金融危机对企业的影响正在加深,部分企业生产经营遇到了暂时的困难,就业压力越来越大。当前,上海要按照中央的统一部署,紧密结合自身实际,全面推进以创业带动就业工作,加快细化实施"鼓励扶持创业三年行动计划",进一步明确目标,落实责任,动员全社会各方促进创业带动就业。

会议要求,必须千方百计帮助企业克服暂时的困难,使企业能够稳定现有就业岗位,争取吸纳新增就业。要完善欠薪保障机制,让外来务工人员拿到足额工资回家过年。要进一步完善就业援助体系,细化推进稳定岗位、职业培训、就业援助"三项特别计划",通过政策扶持,加大对特殊困难群体的就业援助。要发挥包括群众组织在内的社会各方作用,加强劳资纠纷仲裁调解,妥善化解劳动争议。各职能部门要进一步加强对就业形势的跟踪、分析、评估,抓紧政策储备。

会议还研究了其他事项。

市委常委、常务副市长杨雄,市委常委、副市长屠光绍,副市长唐登杰、胡延照、艾宝俊、沈骏、沈晓明、赵雯出席。

二、根据一次主题班会或团支部会议的材料写一份会议纪要。

任务十　决　定

【任务描述】

5月27日凌晨1点多,公司保卫部职工王康在公司综合料场值班时,发现两个正盗窃钢板的窃贼。王康见状果断采取措施对其实施抓捕,在与窃贼搏斗中头部受伤,他不顾伤痛英勇地将一歹徒制服。而在不到8个小时前,王康刚刚在市里为支援四川灾区献了400 cc血。王康是才到××公司工作的一位新职工,还处于试用期。王康为了保护公司财产、奋不顾身、不怕流血、勇擒窃贼的先进事迹,受到公司领导和全体职工的一致好评。

经公司领导研究决定,在全公司广大党员、团员青年中广泛深入开展向王康同志学习的活动。同时,鉴于王康为保护公司财产的英勇行为,公司决定给予其物质奖励并提前结束其试用期转为正式职工。

请为该公司拟写一份决定。

【任务分析】

根据《办法》的规定,决定可以分为安排性决定、奖惩性决定、变更性决定。其中,奖惩性决定很容易与表彰性通报、批评性通报混淆,因此,要写好决定,必须了解决定的概念、特点、种类等文种常识,分清奖惩性决定与表彰性(批评性)通报的区别,掌握决定的写作技巧。在撰写决定时,决定事项要明确突出,语言要准确、决断。

一、文种常识

(一)决定的概念

决定适用于对重要事项作出决策和部署,奖惩有关单位及人员,变更或者撤销下级机关不适当的决定事项。

决定是各级行政机关、企事业单位、社会团体均可使用的决策性公文。企事业单位、社会团体使用决定时,其内容应为本机关中相对重要的事宜。一般来说,只有事关全局、政策性强、任务艰巨、执行时间较长的重要工作,才适合使用"决定"行文。

(二)决定的特点

1.**强制性**　决定是下行文,一般由领导机关制发,比较集中地体现了上级领导机关对重要事项和重大行动的指挥意志、处置意图和倾向,要求下级机关无条件执行。有的决定是法规的延伸和补充,具有强制性和行政约束力。

2.**稳定性**　决定的稳定性主要表现在内容上。某个问题一旦经党政领导机关作出决定,就要求在相当长时期内贯彻执行。

(三)决定的类型

根据《办法》的规定,决定可以分为安排性决定、奖惩性决定、变更或撤销性决定。

1. **安排性决定**　是对重要事项或者重大行动作出安排的决定。这类决定政策性强，着眼于指挥部署，对下级机关具有较强的行政约束力。

2. **奖惩性决定**　是奖惩有关单位及人员的决定。包括对具有突出业绩的先进单位、个人进行的奖励决定和对具有较大错误或过失的单位、个人进行的惩罚决定。

3. **变更或撤销性决定**　指对下级机关不适当的决定事项或有关事项做变更或撤销处理的决定。

二、写作技法

决定的构成模式：标题＋主送机关＋正文（＋附件）＋落款和成文日期。

（一）标题

1. **发文机关＋事由＋文种**　如《兴和公司关于进一步加强产品质量工作若干问题的决定》。

2. **事由＋文种**　如《关于表彰第一分公司的决定》。

有的标题下面标明"××××年××月××日×××会议通过"字样，并用括号括住。

（二）主送机关

具有隶属关系的下一级机关。

（三）正文

决定正文包括：发文缘由＋决定事项＋结尾。

决定的写法注重对缘由和事项写作的详略处理。主要有三种写法：

1. **略写缘由，详写事项**　这是决定的一般写法。

2. **详写缘由，简写事项**　这种写法要求把情况写清楚，尽可能详细，因为它是决定事项的依据、前提。

3. **不写缘由，只写事项**　有些缘由是法定的或众所周知的，可略。缘由省略与否，以是否影响决定事项的权威和效用为依据。

安排性决定正文的写作，一般简写发文缘由（背景、意义、根据等），重点写决定事项，结尾提出希望与要求。其决定事项往往采取分条列项式写法，把复杂的事情、众多的问题写得条理分明，眉目清楚，使下级机关易于把握，便于执行。

奖惩性决定的正文，发文缘由部分对先进事迹或错误事实进行提要性概述，接下来，表彰决定主要写被表彰者的身份、事迹，对被表彰者的评价，表彰的决定事项，结尾提出希望与号召等；处理决定针对人和事，先要把错误的事实说明，并分析其性质、根源、责任及后果，而后要交代被处理人对所犯错误有无认识和悔改表现，再写处理决定，最后还要指出教训、提出希望，起到警戒作用。

变更或撤销性决定的正文，一般只要写明变更或撤销有关事项的原因、依据和决定事项即可。

结尾还可以公布施行日期或其他说明。如"本决定自2010年1月1日起施行。""本决定自公布之日起施行。"

(四)落款和成文日期

如果标题已有发文机关名称,落款处则一般不再写发文机关名称。

决定的日期是写公布此项决定的年、月、日,其位置通常写在标题下的小括号内。如果是会议通过的决定,需要在标题下的小括号内写明这一决定通过的时间及会议名称。

【范文评析】

〔例文一〕

国务院关于进一步深化化肥流通体制改革的决定

各省、自治区、直辖市人民政府,国务院各部委、各直属机构:

1998 年以来,各地区、各有关部门认真贯彻落实《国务院关于深化化肥流通体制改革的通知》(国发〔1998〕39 号)精神,积极稳妥地推进化肥流通体制改革,化肥产业得到持续快速发展。为进一步深化化肥流通体制改革,调动各方面参与化肥经营的积极性,不断提高为农服务水平,满足农业生产发展需要,现作出如下决定:

一、放开化肥经营限制

取消对化肥经营企业所有制性质的限制,允许具备条件的各种所有制及组织类型的企业、农民专业合作社和个体工商户等市场主体进入化肥流通领域,参与经营,公平竞争。申请从事化肥经营的企业要有相应的住所,申请从事化肥经营的个体工商户要有相应的经营场所;企业注册资本(金)、个体工商户的资金数额不得少于 3 万元人民币;申请在省域范围内设立分支机构、从事化肥经营的企业,企业总部的注册资本(金)不得少于 1 000 万元人民币;申请跨省域设立分支机构、从事化肥经营的企业,企业总部的注册资本(金)不得少于 3 000 万元人民币。满足注册资本(金)、资金数额条件的企业、个体工商户等可直接向当地工商行政管理部门申请办理登记,从事化肥经营业务。企业从事化肥连锁经营的,可持企业总部的连锁经营相关文件和登记材料,直接到门店所在地工商行政管理部门申请办理登记手续。

二、规范企业经营行为

化肥经营者应建立进货验收制度、索证索票制度、进货台账和销售台账制度,相关记录必须保存至化肥销售后两年,以备查验。化肥经营应明码标价,化肥的包装、标识要符合有关法律法规规定和国家标准。化肥生产和经营者不得在化肥中掺杂、掺假,以假充真、以次充好或者以不合格商品冒充合格商品。化肥经营者要对所销售化肥的质量负责,在销售时应主动出具质量保证证明,如果化肥存在质量问题,消费者可根据质量保证证明依法向销售者索赔。化肥经营者应掌握基本的化肥业务知识,并应主动向化肥使用者提供化肥特性、使用条件和方法等有关咨询服务。

三、鼓励连锁集约经营

国家鼓励大型化肥生产、流通企业以及具备一定实力和规模的社会资本通过兼并重组等方式,整合资源,发展连锁和集约化经营。对建设和完善区域性化肥交易市场以及化肥储备、经营与现代物流设施的,各级政府要积极予以扶持。化肥交易市场要建立健全化肥产品质量管理制度,不断完善交易规则,有效保护客户的合法权益。

四、强化市场监督管理

各地区和有关部门要切实加强对化肥经营放开后的市场监管工作。农业部门应当定期对可能危害农产品质量安全的肥料进行监督抽查,并公布抽查结果。质检部门要加强化肥生产源头质量监管,加强检查,严厉查处有效含量不足、掺杂使假、标识欺诈、计量违法等行为。工商部门要加强化肥经营主体监管,加大对销售假冒伪劣化肥、虚假广告等坑农害农行为的查处力度,督促经营者建立和完善购销台账、索证索票制度,开展化肥市场信用分类监管,推进化肥市场信用体系建设。价格部门要加强对哄抬价格、串通涨价、价格欺诈以及不按规定明码标价等行为的查处。海关系统要严厉打击化肥走私。各有关部门要加强信息共享,协同开展农资打假,提高行政效能。要大力普及化肥知识,提高农民群众维权能力,畅通举报投诉渠道。要建立健全有关法律法规,依法加强监督管理工作。地方各级人民政府要维护公平竞争的市场秩序,坚决破除地方保护主义。

国务院

××××年××月××日

简评:这是安排性决定。安排性决定着眼于工作部署,具有权威性和指挥性。本例文就是国务院对进一步深化化肥流通体制改革所作的部署与安排。第一段发文缘由主要阐述背景与意义,以"现作出如下决定"过渡到决定事项,事项部分从四个方面阐述了化肥流通体制改革的政策措施与要求。全文庄重严肃,表述严谨,有利于下级机关理解执行。

〔例文二〕

国务院关于2013年度国家科学技术奖励的决定

各省、自治区、直辖市人民政府,国务院各部委、各直属机构:

为全面贯彻党的十八大和十八届二中、三中全会精神,大力实施科教兴国战略、人才强国战略和创新驱动发展战略,国务院决定,对为我国科学技术进步、经济社会发展、国防现代化建设作出突出贡献的科学技术人员和组织给予奖励。

根据《国家科学技术奖励条例》的规定,经国家科学技术奖励评审委员会评审、国家科学技术奖励委员会审定和科技部审核,国务院批准并报请国家主席习近平签署,授予张存浩院士、程开甲院士国家最高科学技术奖;国务院批准,授予"40K以上铁基高温超导体的发现及若干基本物理性质研究"国家自然科学奖一等奖,授予"大样本恒星演化与特殊恒星的形成"等53项成果国家自然科学奖二等奖,授予"大型结构与土体接触面力学试验系统研制及应用"等2项成果国家技术发明奖一等奖,授予"基于生物敏感膜的便携式传感器关键技术及应用"等69项成果国家技术发明奖二等奖,授予"两系法杂交水稻技术研究与应用"等3项成果国家科学技术进步奖特等奖,授予"上海光源国家重大科学工程"等24项成果国家科学技术进步奖一等奖,授予"近海复杂水体环境的卫星遥感关键技术研究及应用"等161项成果国家科学技术进步奖二等奖,授予法比奥·洛卡等8名外国专家中华人民共和国国际科学技术合作奖。

全国科学技术工作者要向张存浩院士、程开甲院士及全体获奖者学习,继续发扬求真务实、勇于创新的科学精神,坚定不移走中国特色自主创新道路,为加快建设创新型国家、全面建成小康社会和实现中华民族伟大复兴的中国梦做出新的更大贡献。

国务院

2014 年 1 月 6 日

简评:这是奖励性决定。第一段发文缘由阐述了目的意义,第二段先说根据,再具体介绍奖励事项,清楚明白,振奋人心。最后提出希望和号召。本决定对于弘扬科教兴国、科教创新具有巨大的促进作用。

【写作实训提示】

1. 使用决定要慎重。决定是一种指令性下行文,其内容应为本机关中相对重要的事项。如果不是"对重要事项或者重大行动做出安排",所奖惩的单位及人员不具有较大影响,不属于"变更或者撤销下级机关不适当的决定事项",均不使用决定。

2. 决定事项要明确突出。决定的内容,主要是陈述决定的事项、制定的办法、采取的措施、提出的要求等,表达一定要准确、周密,尤其是所决定的事项,一定要明确突出,以利于贯彻执行。

3. 语言要准确、决断。决定的语言必须郑重、准确、严谨、精练,富有决断性,而又分寸适宜,切忌模棱两可,含混不清。

【练习与实训】

一、根据"任务描述"材料,拟写一份决定。

二、阅读下列例文,回答文后问题。

各省、自治区、直辖市人民政府,国务院各部委、各直属机构:

2005 年全国民族团结进步表彰大会以来,全国各族人民在党中央、国务院领导下,积极投身改革开放和社会主义现代化建设的伟大实践,各地区、各行业涌现出一大批认真贯彻执行党和国家民族政策,为巩固和发展平等、团结、互助、和谐的社会主义民族关系,促进少数民族和民族地区经济社会发展做出重要贡献的模范集体和模范个人,他们是推进我国民族团结进步事业的优秀代表。为彰显模范集体和模范个人的先进思想和模范事迹,促进我国民族团结进步事业的发展,进一步激励全国各族人民为夺取全面建设小康社会新胜利、开创中国特色社会主义事业新局面而努力奋斗,国务院决定授予 739 个集体全国民族团结进步模范集体荣誉称号,授予 749 人全国民族团结进步模范个人荣誉称号。希望受到表彰的模范集体和模范个人,珍惜荣誉,再接再厉,继续在改革开放和社会主义现代化建设中发挥模范表率作用,为民族团结进步事业做出新的更大贡献。

全国各族人民要以民族团结进步模范为榜样,学习他们热爱祖国、维护民族团结和国家统一的崇高品质,学习他们和睦相处、和衷共济的优良品德,学习他们积极进取、甘于奉献的高尚风格,学习他们求真务实、开拓创新的奋斗精神。要更加紧密地团结在以胡锦涛同志为总书记的党中央周围,高举中国特色社会主义伟大旗帜,以邓小平理论和"三个代表"重要思想为指导,深入贯彻落实科学发展观,紧紧围绕"共同团结奋斗,共同繁荣发展"的民族工作主题,全面贯彻执行党和国家的民族政策和民族法律法规,坚持和完善民族区域自治制度,开拓进取,扎实工作,为夺取全面建设小康社会新胜利,实现中华民族的伟大复兴而努力奋斗。

国务院
2009 年 9 月 26 日

1. 本例文属于决定的哪种类型?
2. 为例文拟制标题。
3. 分析本文正文结构。

任务十一　意　见

【任务描述】

随着我国经济的快速发展,人们生活水平得到迅速提高,旅游市场也随之出现了繁荣的景象,尤其是假日旅游迅猛发展。青年旅行社就假日旅游的有关问题向市旅游局提出了如下意见:一、进一步发展假日旅游规模;二、加强组织协调工作;三、尽快完成旅游景区点的扩容工作;四、加快旅游产品的开发生产;五、加强社会服务系统的协作配合。

请你代青年旅行社拟写这份意见。

【任务分析】

根据《办法》的规定,意见具有多向性和多属性,不同类型的意见具有不同的办理程序与不同的语气。因此,要写好意见,必须了解意见的概念、特点、种类等文种常识,能根据具体情况,确定意见的类型与属性,写作时把握好恰当的语气。

一、文种常识

(一)意见的概念

意见是适用于对重要问题提出见解和处理办法的公文。

意见是具兼容特性的文种,各级行政机关、企事业单位、社会团体都可以使用,但要适用于"重要问题"。就发文机关来说,上级机关可以表明主张,阐明处理问题的办法和要求;下级机关可以提出见解和建议;平行机关可以提出与对方协商的参考性意见。

(二)意见的特点

1. **广泛性**　意见既可以对工作做出指导,提出要求,又可以对工作提出建议,或者对工作做出评估,提出批评。这些功用,决定了它既可用于党政领导机关,也可用于人民团体、企事业单位;上级可用,下级甚至基层组织也可用。

2.多向性 意见既可以用作下行文,表明主张,做出计划,阐明工作原则、方法和要求,报送下级机关;又可以用作上行文,提出工作见解、建议和参考意见报送上级机关;还可以作平行文,对平行的或者不相隶属机关的有关专门工作做出评估、鉴定和协商。

3.多属性 当意见上行时,具有请示性质;当意见下行时,具有批复性质;当意见平行时,具有函的性质。多属性决定了其功用也是多方面的。

(三)意见的类型

按照性质和用途的不同,可将意见分为:

1.指导性意见 是上级机关为了解决某些重要问题,对下级机关提出的工作原则、具体措施、执行要求等指导性意见。它同决定、通知等文种一样,对下级有一定的规范作用和行政约束力,但有别于决定和通知的是它具有较突出的指导性。

2.建议性意见 是提出工作建议、思路、设想的意见。它又可分为呈报性建议意见和呈转性建议意见。

呈报性建议意见是向上级机关提出某方面工作的建议,以供上级决策参考。

呈转性建议意见是有关单位就开展和推动某方面的工作提出初步的设想和打算,呈送上级机关审定后,批转有关方面执行的意见。意见一经上级机关批转,则代表了上级机关的意见,从而具有了行政约束力。

二、写作技法

意见的构成模式:标题 + 主送机关 + 正文 + 落款 + 成文日期

(一)标题

1.发文机关 + 事由 + 文种 如《国务院办公厅关于汶川地震抗震救灾捐赠资金使用指导意见》。

2.事由 + 文种 如《关于加强系团总支和系学生会工作协调的意见》。

(二)主送机关

上行、平行意见通常写一个主送机关,下行意见有时是一个,有时是多个主送机关。

(三)正文

一般由发文缘由 + 意见事项 + 结尾组成。

1.发文缘由 包括制发意见的背景、意义、根据、事项、提要等。之后常用"现提出以下意见"或"特提出以下意见"等承启语过渡到意见事项部分。

2.意见事项 可以采用条款式安排结构,也可采用小标题形式布局。

指导性意见事项:主要是对下级机关提出工作原则、具体措施、方法和步骤等。指导性意见的事项具有行政约束力。

建议性意见事项:就有关问题或某项工作提出见解、建议或解决办法。

3.结尾 提出希望要求,不同类型的意见,采用不同的结尾语。

　　呈报性建议意见可用"以上意见供领导决策参考""以上意见供参考"作结;呈转性建议意见均用"以上意见如无不妥,请批转××执行"之类语句作结;指导性意见常用"以上意见,请结合实际情况贯彻执行"等语作结。

　　4.落款与成文日期　在正文右下方写明发文机关和成文时间。

【范文评析】

关于推动新闻出版业数字化转型升级的指导意见

各省、自治区、直辖市新闻出版广电局、财政厅(局),各计划单列市新闻出版广电局、财政厅(局),新疆生产建设兵团新闻出版广电局、财务局:

　　面对数字化与信息化带来的挑战与机遇,传统新闻出版业只有主动开展数字化转型升级,才能实现跨越与发展。开展数字化转型升级是进一步巩固新闻出版业作为文化主阵地主力军地位的客观需要,是抢占未来发展制高点、参与国际竞争的重要途径。经过几年的探索和积累,目前新闻出版业已经具备了实现整体转型升级的思想基础、技术基础、组织基础和工作基础,但还存在资源聚集度不高、行业信息数据体系不健全、技术装备配置水平较低、对新技术与新标准的应用不充分、市场模式不清晰、人才不足等问题。为贯彻党的十八大关于加快文化与科技融合的精神,落实《国家"十二五"时期文化改革发展规划纲要》关于"出版业要推动产业结构调整和升级,加快从主要依赖传统纸介质出版物向多种介质形态出版物的数字出版产业转型"的要求,推动新闻出版业健康快速发展,特制定本意见。

　　一、总体要求

　　(一)指导思想

　　深入贯彻落实党的十八大、十八届三中全会精神,充分发挥市场机制作用,通过政府引导、以企业为主体,加速新闻出版与科技融合,推动传统新闻出版业转型升级,提高新闻出版业在数字时代的生产力、传播力和影响力,为人民群众的知识学习、信息消费提供服务,为国民经济其他领域的产业发展提供知识支撑,更好更多地提供生活性服务与生产性服务,推动新闻出版业成为文化产业的中坚和骨干,为把文化产业打造成国民经济支柱性产业做出积极贡献。

　　(二)主要目标

　　通过三年时间,支持一批新闻出版企业、实施一批转型升级项目,带动和加快新闻出版业整体转型升级步伐。基本完成优质、有效内容的高度聚合,盘活出版资源;再造数字出版流程、丰富产品表现形式,提升新闻出版企业的技术应用水平;实现行业信息数据共享,构建数字出版产业链,初步建立起一整套数字化内容生产、传播、服务的标准体系和规范;促进新闻出版业建立全新的服务模式,实现经营模式和服务方式的有效转变。

　　(三)基本原则

　　改革先行、扶优助强、鼓励创新、示范推广。优先扶持已完成出版体制改革、具备一定数字化转型升级工作基础的新闻出版企业,鼓励新闻出版企业在数字化转型升级进程中大胆创新,探索新产品形态、新服务方式、新市场模式,形成示范项目并进行推广。

分步启动、并行实施、迭加推进、市场调节。优先支持已经先行启动转型升级项目的企业,对不同支持方向的转型升级项目并行推进,正确处理政府与市场关系,充分发挥财政资金引导示范作用,培养企业市场风险意识,提高企业市场应对能力。

二、主要任务

(一)开展数字化转型升级标准化工作

支持企业对《中国出版物在线信息交换(CNONIX)》国家标准开展应用。重点支持图书出版和发行集团。包括:支持企业研制企业级应用标准;采购基于 CNONIX 标准的数据录入、采集、整理、分析、符合性测试软件工具,开展出版端系统改造与数据规范化采集示范;搭建出版、发行数据交换小型试验系统,实现出版与发行环节的数据交换;开展实体书店、电子商务(网店)、物流各应用角度基于 CNONIX 标准的数据采集、市场分析、对出版端反馈的应用示范。

支持企业对《多媒体印刷读物(MPR)》国家标准开展应用。……

支持企业面向数字化转型升级开展企业标准研制。……

(二)提升数字化转型升级技术装备水平

支持企业采购用于出版资源深度加工的设备及软件系统。以实现出版资源的知识结构化、信息碎片化、呈现精细化为目标,支持企业采购出版资源专业化的深度加工服务;支持部分专业出版单位采购专用的扫描设备、识别软件等资源录入设备及软件。

支持企业采购用于出版业务流程改造、复合出版产品生产与投送的软件及系统。……

支持企业采购版权资产管理工具与系统。……

(三)加强数字出版人才队伍建设

支持出版企业与高校、研究机构联合开展基础人才培养,开展定向培养。支持、鼓励高校设立专业课程,联合研究机构,培养面向出版企业数字化转型升级的专业人才,定向输送出版与科技专业知识相融合的基础性人才。

支持相关技术企业与高校、研究机构联合开展数字出版业务高级人才培养。……

(四)探索数字化转型升级新模式

支持教育出版转型升级模式探索。重点支持部分以教育出版为主的出版企业开展电子书包应用服务项目。……

支持专业出版转型升级模式探索。重点支持部分专业出版企业按服务领域划分、联合开展专业数字内容资源知识服务模式探索。……

支持大众出版转型升级模式探索。重点支持出版企业在关注阅读者需求、引导大众阅读方向的模式创新。……

三、保障措施

(一)加大财政扶持。加大财政对新闻出版业数字化转型升级的支持力度,将新闻出版业数字化转型升级项目作为重大项目纳入中央文化产业发展专项资金扶持范围,分步实施、逐年推进。发挥财政资金杠杆作用,推动重点企业的转型升级工作,引导企业实施转型升级项目。

(二)充分利用新闻出版改革与发展项目库。进一步完善新闻出版改革与发展项目库建设,征集符合本指导意见并具有较强示范带动效应的新闻出版业数字化转型升级项目,加强对重点项目的组织、管理、协调、支持和服务。

(三)加强组织实施。各级新闻出版广电行政部门、财政部门要按照本意见要求,在党委、政府的领导下,结合本地区实际,切实加强新闻出版业数字化转型升级工作的组织领导,同时加强跨地区、跨部门协作,确保各项任务的执行和落实。

国家新闻出版广电总局 财政部

2014 年 4 月 24 日

简评:这是指导性意见。发文缘由阐述了发文的背景、意义,后以"特制定本意见"转入意见事项部分。事项部分从"总体要求、主要任务和保障措施"等方面提出了明确意见。全文规范得体,语气果断,指导性强。

【写作实训提示】

1. 目标明确,主题集中。意见具有多属性,因此,制发意见前应明确目标,要知道是针对什么问题,达到什么目的。写作时,应围绕一个主题,将一项工作、一个问题的目的意义、性质特点、措施要求等阐述透彻明白,切忌漫无边际,主题分散。

2. 角度准确,语言得体。由于意见具有多属性,写作前,找准行文角度就显得很重要。若是上行文意见,就按照请示的要求来写,语言得体,语气平和谦恭;若是下行的指导意见,就要提出具体可行的政策措施要求,语气坚定果断,但避免指令性词语和口气;若是向同级单位发的意见,则应以协商的态度和语气,阐明处理问题的意见和主张。

3. 结构合理,条理清晰。意见大多篇幅较长。为了达到良好的表达效果,写作时必须合理安排结构,做到层次分明,条理清晰。或采用条款式,或适当设置小标题。

【练习与实训】

一、阅读下文,完成文后问题。

各省、自治区、直辖市、计划单列市及新疆生产建设兵团商务主管部门:

近期,部分地方商务主管部门询问,获得直销经营许可的企业是否即可从事直销经营活动。现答复如下:

依据《直销管理条例》第十条第二款、《商务部关于答复涉及直销业有关问题的函》(商资函〔2005〕98 号)及《商务部关于加强管理直销企业从事直销活动有关问题的通知》(商建发〔2006〕115 号)的有关规定,获得直销经营许可的企业,应自批准文件下发之日起6 个月内,按其上报的服务网点方案完成服务网点的设立,并向出具服务网点方案认可函的商务主管部门申请核查。核查结果在商务部直销行业管理信息系统备案后,直销企业方可从事直销经营活动。因此,仅取得直销经营许可的企业尚不能从事直销经营活动,只有完成服务网点核查备案后方可从事直销经营活动。企业备案情况可通过商务部直销行业管理信息系统查询。

中华人民共和国商务部办公厅

2007 年 5 月 16 日

1.本例文属于意见的哪种类型?

2.为例文拟制标题。

3.分析本文正文结构及语言特点。

二、根据下面材料,以广东省人们政府办公厅名义拟写意见。材料可酌情增减。

为切实做好限产限售限用塑料购物袋工作,经省人民政府同意,广东省人民政府办公厅要向"各地级以上人民政府,各县(市、区)人民政府,省政府各部门、各直属机构",发布《广东省人民政府办公厅关于限制生产销售使用塑料购物袋的实施意见》。主要内容包括:一、广泛宣传限产限售限用塑料购物袋的重要意义;二、强化塑料购物袋生产环节的管理;三、加强对公共场所销售使用塑料购物袋的管理;四、切实抓好废塑料回收利用工作;五、加强领导,确保我省限产限售限用塑料购物袋工作顺利实施。

三、根据"任务描述"材料,以青年旅行社的名义拟写意见。

【写作综合实训】

〔实训一〕病文诊治。

一、指出下面通知的错误,并就格式和内容进行修改。

关于加强自检,坚决刹住企业吃喝风的通知

各处室、直属部门:

局财经纪律检查组本次年底大检查,发现局一些机关年底宴请频繁,名目繁多的请客送礼,导致很大浪费,广大职工对局机关干部这种腐败现象极为不满,广大党员对此极为不满。为加强各单位廉政建设,维护局机关的形象,所以局办公会议研究决定,各部门必须成立纪检小组。通过加强自检,并在一个月内,将自检报告上报给局办公室。

特此通知。

×× 市建设局

2010 年 8 月 18 日

二、评析下面的公文有何错误。

关于××县民政事业费管理使用问题的通报

××县任意挪用、占用和滥用民政事业费的问题,是非常严峻的。民政事业费是体现党和国家对广大优抚、救济对象生活疾苦的关怀,任何人挪用、侵占和占用民政事业费必须限期如数追回,为了严明党纪国法,对挪用、占用民政事业费的有关人员,要按党纪政纪严肃处理,减少××县问题再度发生。

2010 年 7 月 6 日

三、对下面这篇请示进行修改。

关于购买复印机的请示

因工作需要,我科急需购买复印机一台,请批准调拨经费××元。

另:我科尚缺打字员××名,请在制定明年人员编制时一并考虑。

上述意见与要求如无不妥,请批复。

此致

　敬礼!

××县政府办一科

2010 年 6 月

〔**实训二**〕阅读案例材料,按要求写作。

近年来,随着国民经济持续快速增长,钢铁、煤炭等重点工业都保持了快速增长势头,但同时也导致部分企业盲目追求经济效益而不同程度地忽视了安全生产工作。××钢铁公司在加快企业建设发展、保持良好效益水平的同时,始终把安全生产工作放在首位,本着"安全第一,预防为主,综合治理"的工作方针,认真落实各项安全规章制度,不断建立完善安全生产责任制,并创新安全管理模式,安全工作取得了长足进步。

公司的安全工作方针:以人为本,安全第一;科学管理,持续改进;遵章守法,文明生产;全员参与,保障健康。

安全工作思路:抓目标管理,强化安全责任;抓制度建设,强化依法管理;抓宣传教育,强化安全意识;抓观念创新,强化安全文化;抓基础工作,建设长效机制。

安全生产工作的主要特点:认真落实安全生产责任制;狠抓落实,深入开展各项安全生产活动;科学管理,不断健全完善安全规章制度;强化素质,大力开展安全知识教育培训;未雨绸缪,建立并实施突发事故应急预案;创新思维,大力开展安全生产文化建设。

公司开展的安全教育培训有:

公司领导认为,广大干部职工安全管理理论知识薄弱,应该加强系统知识培训。公司于 2010 年 4 月 5 日邀请了国内安全著名学者、中国地质大学××教授举办安全管理知识讲座,要求公司 200 余名安全管理人员参加,从国家安全形势、法律法规、安全生产管理理论、安全事故的防范处理和管理者责任意识等诸多方面进行了培训。使广大干部职工对"安全也是生产力""安全也是效益"和"安全发展"等理论有全新的认识,整体安全管理水平也有了显著提高。(对不重视安全法规学习的班组进行通报批评)

要提高广大干部职工的安全意识,必须进行广泛的、形式多样的安全培训。因为目前岗位操作中普遍存在着习惯性违章现象,开展岗位安全规程的培训十分必要。公司利用新版《炼铁安全规程》《炼钢安全规程》和《轧钢安全规程》的颁布实施及有关单位安全规程修订的时机,重点组织了"三大规程"培训学习。去年共培训班组长 1 135 人;举办了"质量安全讲座"培训班,培训管理人员 320 人;开办了 11 期安全培训班,培训人员 3 651 人。

按照特种作业人员持证上岗的要求,公司加强了特种作业培训。健全了 14 个工种

8 558名特种作业人员的总台账,建立了持证上岗、长期培训、证书到期及时复审的良性机制。继 2008 年完成 9 个工种 2 897 人的取证任务后,2009 年公司又举办起重、电工、焊工等培训班44 期,取证 1 864 人,复审 3 277 人,实现了公司所有特种作业人员全部持证上岗的目标。

近几年生产岗位青年职工增多,公司召开了由各二级单位团委书记、安全科长及青安岗职工参加的公司青年安全工作现场推进会。与会人员通过观摩热力厂亲情交接班、学背用规程和设备点巡检以及五万煤气柜防反事故演习等活动,极大地提高了青工的安全意识,促进了公司安全管理工作实现重心下移。

公司大力开展安全生产文化建设,打造特色的安全文化保障体系。如为了突出警示教育,开展了"以案说法"活动。公司收集、整理工伤案例 131 例。对这些工伤事故案例进行分析总结,并广泛发动职工充分利用班前班后会、周五安全活动进行认真学习、讨论,引导职工剖析事故发生的根源和危害,找出工伤事故发生的规律和应吸取的教训。

为进一步发挥安全文化在提高职工安全意识、营造安全生产浓厚氛围中的重要作用,公司工会、公司安全环保部联合开展了 2010 年度的"安康杯"竞赛活动,召开了经验交流会,焦化厂、热力厂等单位介绍了一些好的经验和做法。通过工会系统积极发挥监督作用,使广大职工切实提高了安全保护意识,逐渐形成了"安全时刻在身边,人人事事保安全"的工作局面。

转变观念,实施亲情化管理。从制度的"冷"与亲情的"热"两方面下手,推行列队安全亲情交接班、各班组对口汇报和检查等活动,以亲情文化为载体,促进职工安全意识的提升,使职工由"要我安全"的应对心理转变为"我要安全"的主动需求。

截至 2009 年底,××钢铁公司连续 5 次获得市安全生产先进单位,并获得了省安全生产先进单位和省国资委系统安全生产先进单位荣誉称号。

××钢铁公司的安全生产先进经验不但在本省大力推广,也引起了国内多家兄弟单位的重视。近来,兴和煤业集团等多家单位发函联系,希望到××钢铁公司学习考察,借鉴其经验。该公司领导研究认为,这正是相互交流学习、互相促进的好机会。公司复函欢迎兴和煤业集团来公司交流。

1. 根据案例内容,以公司名义发一份 2010 年 4 月 5 日举办的安全生产培训通知,所需材料可在案例基础上自行增加,但需合理。

2. 根据案例内容,以公司名义发一份通报,批评那些不参加安全法规培训、不重视安全法规学习的班组(可虚拟)。

3. 根据案例内容,以公司名义起草本公司安全生产工作报告,所需材料可在案例基础上自行增加,但需合理。

4. 根据案例内容,以公司工会、公司安全环保部名义联合向公司请示关于举办 2007 年度"安康杯"竞赛活动事宜。

5. 根据案例内容,以公司名义写一份同意举办 2007 年度"安康杯"竞赛活动的批复,并对竞赛内容、时间安排、所需经费以及有关注意事项等提出要求。

6.根据案例内容,以兴和煤业集团的名义向××钢铁公司发份函。以××钢铁公司的名义写份复函。

〔**实训三**〕阅读案例材料,按要求写作。

新华网杭州4月5日电(记者潘海平)5日上午7点12分,浙江省宁海县扑灭一场持续了将近20小时的山林大火。救火过程中,一名农林干部壮烈牺牲,两名乡镇干部严重烧伤,生命危在旦夕。

据浙江省林业厅防火办介绍,大火发生在宁海县一市镇行者山村黄土岭一带,从4日中午12时左右开始,一直持续到5日清晨,过火面积1 000亩左右。火灾发生后,宁波、宁海以及一市镇有关领导迅速赶赴现场,组织干部群众上山救火。浙江省林业厅副厅长叶××也于4日晚午夜赶到现场坐镇指挥。最高峰时现场救火的干部群众达400多人。

据火灾现场人士介绍,火灾发生后,宁海县农林局干部潘××与一市镇干部曹××、童××、行者山村村民张贤江等人,携带风力灭火机和扑火把(一种救火工具)在行者山村黄土岭上奋力扑火。由于现场是一个靠近海边的山坑,下午1点左右,附近的海域上刮起一阵强大的逆向海风,黄土岭全山都被大火弥漫,火焰最高处有20多米,六名救火干部群众被大火吞灭。火势消退后,人们发现六人中潘××全身已被烧成焦炭,当场死亡;童××和曹××严重烧伤,另外还有三人受了轻伤。据了解,童××是一市镇农业办公室主任,烧伤面积达100%;曹××是一市镇纪委委员,烧伤面积85%,目前两人生命垂危。

据初步调查,火灾是清明上坟引发的,详细情况正在进一步调查之中。

根据案例材料,代浙江省宁海市林业局制作2份公文(提示:可以制作成通知、通报、决定或报告)。

要求格式规范,文种准确,行文条理清楚。

〔**实训四**〕阅读案例材料,为郑州市公安交警支队拟写一份告知性公文。

中国郑开国际马拉松赛是由中国田径协会、河南省体育局、郑州市人民政府、开封市人民政府共同主办的全程国际马拉松赛,现已成功举办3届,年度参赛选手上升到16 800人,参赛国家和地区达到26个。赛事规模位居全国前列,和北京马拉松、厦门马拉松形成了一北、一中、一南之势。

2010年中国郑州郑开国际马拉松赛将于3月28日上午在郑开大道举行,此次比赛将有中外运动员、志愿者、工作人员22 000余人参加,加上现场助威观看的市民群众,共有五六万人,为保证活动顺利进行,郑州市公安交警支队和开封市公安交警支队分别发文告知公众,从3月28日早上6点至中午13:30分,将对郑开大道(东四环路至郑州与开封交界处)实施临时交通管制,禁止一切机动车辆通行和南北方向穿行(含城际公交车)。(持有"2010年中国郑开国际马拉松赛车辆通行证"的车辆除外。)

项目三 拟写商务管理文书

【知识目标】

了解商务管理文书的概念、特点。

理解商务管理文书各文种的分类及写作要求。

掌握各文种的结构和写法。

【能力目标】

能根据内容恰当地选择文种,模拟写作,具备撰写商务管理文书的能力。

能够撰写符合规范的常用商务管理文书。

能够正确辨别不同文种之间的异同。

任务一 商务工作计划

【任务描述】

兴和股份有限公司在发展规划中,坚持以人为本,以业务培训为切入点,加强职工队伍培养,近期将启动 2010 年度职工业务培训计划,为公司发展提供优质的人才保障。

请你代兴和股份有限公司人力资源部拟写一份职工业务培训计划。

【任务分析】

要写好计划,必须了解计划的概念、特点、分类等文种常识,根据具体事项确定计划标题、内容。在撰写正文时,既要说明制定计划的依据、目的,更要写清做什么;在什么时间做;由谁去做;怎样做;还要写明实施中应注意的事项等。

一、文种常识

(一)计划的概念

计划是单位、部门或个人,为了实现某项目标和完成某项任务而事先做的安排和打算。

计划主要用于对未来的工作任务预先拟定目标,设想步骤、方法等,做到事先心中有数,减少盲目性。

计划是计划类文书的统称。根据计划涉及内容和时限的不同,计划还有不同的叫法,如规划、方案、安排、设想、打算、要点等。

(二)计划的特点

1. **明确性** 计划必须有明确的目的、任务、指标和要求,使执行者心中有数,才能顺利完成。

2. **预见性** 因为计划是在完成任务或做某种事情之前制定的,制定者必须对未来工作中可能出现的问题有充分的估计,并提出相应的、切实可行的措施,保证计划的顺利实现。

3. **可行性** 计划是要执行的,制定时必须注意措施和办法的可行性,要根据具体情况来制订具体可行的计划,从而保证计划的顺利实现。

4. **约束性** 计划体现着决策者的要求和意图,计划一经确定,就会对实际工作起到约束作用,因此,工作的开展、时间的安排等,都要按计划严格实施。

(三)计划的种类

1. **按内容分** 有综合性计划和专题性计划(单项计划)。

2. **按性质分** 有工作计划、生产计划、学习计划、科研计划、训练计划、军事计划以及各种会议活动计划等。其内容与各单位、各行业的业务工作有密切关系。

3. **按时间分** 有长期规划、短期计划、年度计划、季度计划、月计划、周计划等。

4. **按范围分** 有国家计划、部门计划、单位计划、个人计划等。

5. **按表达形式分** 有条文式计划、表格式计划和文表结合式计划。

二、写作技法

计划的构成模式:标题 + 正文 + 署名 + 成文日期

(一)标题

①单位名称 + 时限 + 内容 + 文种,如:《北京市同仁堂集团公司 2014 年工作计划》。

②省略单位名称,时限 + 内容 + 文种,如:《2014 年财务收支计划》。

③省略时限,单位名称 + 内容 + 文种,如:《北京市同仁堂集团公司销售工作计划》。

④省略单位名称和时限,内容 + 文种,如:《财务收支计划》。

有的计划对文本的成熟度与用途加以说明,常在标题尾部或下方注明草案、初稿、讨论稿、征求意见稿、送审稿等,并加写括号。

(二)正文

1. **条文式计划** 条文式计划的正文由三部分组成:前言、主体、结尾。

(1)前言。简要概述制定计划的指导思想、依据、意义、目标等。一般来说有两种写法:一种是依据式开头,即简要说明制定计划的根据;另一种属于比较重要或长远的计划,要在前言中对前一段工作的情况加以简要概述,然后写出制定此项计划的目的。

(2)主体。即计划的事项部分,应写清楚以下几个问题:目标任务(做什么)、措施办法

(怎么做)、步骤安排(什么时间做)。具体包括：

第一，做什么。简明扼要地写出总的奋斗目标，即要完成的目标、任务、预期效果等；第二，在什么时间做，即完成该项任务的起止时限；第三，由谁去做，即写明完成任务的部门或人员；第四，怎样做，即采取的措施、步骤和方法，包括对执行计划的检查、评比和奖惩的办法；第五，实施中应注意的事项等。

此部分要分条款写，先后顺序可根据具体情况灵活安排，数码要写得规范。

(3)结尾。结尾的处理一般有两种情况：一种是提出希望和要求；另一种是不另写结尾，计划事项写完后就自然结束。

2. 表格式计划　表格式计划以表格形式说明计划内容，可以省略前言和结尾。具体计划事项体现在表格中，一目了然。

3. 文表结合式计划　文表结合式计划由文字叙述与表格内容相结合。

(三)署名与成文日期

署名指制定计划的单位名称或个人姓名，可以位于正文下居右排布，也可以位于标题下居中排列。日期写在正文的右下方，年、月、日齐全，数字之间不能用"、"代替。

【范文评析】

〔例文一〕

××服装店××××年"双增双节"工作计划

国务院倡导开展"双增双节"活动。为开展好这项活动，我们决定将今年的工作重点调整为"双增双节"活动同深化企业改革一起抓，改善企业经营管理体制，发挥名牌特色产品优势，深入挖掘潜力，以提高经济效益。现根据我店的实际情况，确定××××年的工作计划如下：

一、目标

序号	类别	指标	同比
1	销售计划	1 600 万元	比去年的 1 552.8 万元增长 3%
2	周转天数	118 天	比去年的 122.9 天加快 4.9 天
3	平均流动资金	524.4 万元	比去年的 530.5 万元下降 1.15%
4	费用额	68.5 万元	比去年的 70.69 万元下降 3.1%
5	借款利息	19.3 万元	比去年的 20.8 万元减少 1.5 万元
6	削价损失	16.7 万元	比去年的 33.4 万元下降 50%
7	毛利率	19.79%	比去年的 18.79% 上升 1%
8	定制加工	5 460 件	比去年的 5 300 件增长 3%
9	上交税利	262.2 万元	比去年的 255.7 万元增长 2.6%
10	利润	218.9 万元	比去年的 208.5 万元增长 5%

二、措施和做法

（一）扩大商品销售，提高经济效益

1.抓好产品质量，扩大市场占有率。对产品定期抽样检查，力争正品率达到××%。其中××%的产品质量符合市优和部颁标准。

2.全面分析和预测市场上各型时装的生命周期，合理选择进货渠道，组织适销对路的原料，增加花色品种，妥善安排工作，做到款式新颖、高雅，并作好必要的储备，以满足市场需要。

3.开拓新产品，设计新品种，对库存商品不断更新换代，使产、销、调、存出现良好的运行状态。

4.采取门市销售、预约销售和集会展销等形式，扩大销量。

5.提高服务质量，引发顾客的购买兴趣，唤起消费者的潜在要求。结合创新风柜组活动，争取商店评上"精神文明""优质服务"的称号。

（二）抓好横向联系

1.在全国各地设立特约经销单位。以京、津、沪为核心，向四面扩展；上半年增设××、××、××等×个经销点，下半年再增设××、××、××等×个经销点，逐渐形成一个×××商品的销售网。

2.利用短期贷款，多生产质量优价格合理的产品，满足各地不同层次客户的需要。

3.加强横向联系，了解各地市场的风土人情，分析销售趋势；帮助横向联系单位改进柜台设计和商品陈列，扩大供应能力。

（三）压缩银行贷款，减少利息支出

1.加速资金周转，对库存商品不断进行清理、分类，及时处理冷、呆、残损商品，防止资金积压。

2.缩短生产流转的期限，加工产品及时回收，及时上柜，及时回笼资金，以压缩银行贷款，减少利息支出。

（四）降低成本，节约费用

1.紧密排料，减少损失，降低消耗。

2.合理调整库存，减少库存量。

3.紧缩旅差费，节约水电及文具办公费用。

（五）加强经营管理建设

1.健全财务报表体制，准确反映单位的经济情况，定期分析各项经济指标的完成情况，找出问题，及时处理。

2.加强管理环节，使进、产、销、存的管理系统化、科学化。

3.对原材料仓库场地、成品仓库场地、商品陈列室等进行合理的布局，对管理人员加以调整充实。

4.健全各项考核制度，做到"奖不虚施，罚不枉加"。

尽管今年的任务是艰巨的，但我们有一支热爱本职工作的的职工队伍，有信心完成我们的奋斗目标。

×××× 年 × 月 × 日

简评:本计划的正文导言,概述了制订计划的依据和工作思路。主体部分首先用表格表述奋斗目标。将每项指标与上年度实绩作比较,显示了"双增双节"的要求,明确、具体、简洁。然后用条文式写实现目标的五项措施和具体做法,可操作性强。结尾表明实施计划的信心。

本计划的一大特色是表格与条文能很好地结合。不足之处有两个:一是计划中没有写明落实措施和具体步骤,二是各项任务没有具体落实到由什么人做。

〔例文二〕

××水利电力工程建设公司2014年职工教育培训计划表

序号	培训内容	培训形式	培训人数	具体培训对象	计划培训时间	责任部门
1	QC小组活动骨干培训	外培	4人	皮×、袁××、徐×、王×	4月份	生技质安部
2	内审员培训	外培	7人	余×、皮××、高×、于××、王×、曾×、周×	5月份	生技质安部
3	晋升一级建造师	自学或外培	6人	杨×、黄×、邱×、余×、潘××、宋××	6—8月份	培训对象所在部门
4	申报造价师		1人	谢××		市场开发部
5	晋升高级技师		2人	章×、康××		培训对象所在部门
6	晋升高级工		2人	邓××、肖××		培训对象所在单位
7	晋升中级工		1人	金××		发电分公司
8	安全知识、规程培训	例会学习	55人	设备物资分公司生产一线人员	每月	设备物资分公司
9	重要设备的使用操作培训	以师带徒	3~5人	设备物资分公司重要设备操作手	全年	
10	票证记录培训	分公司培训	16人	检修人员,运行值班长	3月份	发电分公司
11	防汛预案演练培训	集训	35人	发电分公司各发电运行车间人员	4月份	发电分公司

续表

序号	培训内容	培训形式	培训人数	具体培训对象	计划培训时间	责任部门
12	安全生产知识培训	内培	111人	除已培训人员以外的所有职工	6—7月份	工会、人力资源部
13	配电工程安装	以师带徒	1人	陈××	全年	电力安装分公司
14	资料员培训		2人	黄××、宋×	半年	
15	二次线路控制安装		1人	周××	全年	
16	工程预算培训		1人	叶×	半年	

简评:这是表格式计划,没有前言和结尾,计划内容完全由表格体现。计划内容包括培训内容、培训形式、培训人数、具体培训对象、计划培训时间和责任部门等,计划内容清楚明白,一目了然,表格设计合理。

【写作实训提示】

1.任务的表述——具体明确,可行性强。

一是任务要明确。特别是总任务要讲清楚,围绕总任务,可以提出指导思想、工作原则、工作目标、工作思路。二是任务要具体。按照总任务的内涵,将任务分解为一项项具体工作或指标,并提出明确具体的目标要求。三是任务要可行。要本着实事求是、量力而行、努力可达、留有余地的原则,将任务表述为件件可落实的工作。

2.措施的表述——重点突出,周密完善,操作性强。

第一,要突出关键措施和主要措施,如必须创造哪些主要条件、采取哪些主要手段、运用哪些主要方法,克服哪些主要困难、排除哪些主要障碍等,要表达清楚。一般说来,应本着先主后次、主次分明的原则。第二,实现计划的措施多种多样,表述时要理清各项措施的关系,尽量做到周密完善。第三,措施应该是可操作的,表述时要讲清"如何做",不能太一般、太抽象、太原则化。

3.语言的表述——准确、简洁。

(1)准确包括两方面:第一,数字运用要准确。第二,选择修饰词语要注意分寸,如"非常""特别"等词语的运用。

(2)语言简洁明确:尽量少用或不用比喻、比拟的手法,更不要使用描写和抒情的表达方式。在表达手法上以叙述和说明为主。

【练习与实训】

一、评改下列计划的开头部分。

××汽车队八月份行政工作计划

认真贯彻省交通厅党委扩大会议和安全电话会议精神,以及省汽车公司第三季度重点工作安排,在本月内,除认真贯彻外,还必须以提高质量、保证安全为中心,进行比、学、赶、帮等形式的竞赛活动;掀起一个大搞标准化作业,大练基本功的高潮。把人员培训工作在现有基础上提高一步,要求达到生产技术过硬职工总人数的70%,在技术上出现一个新水平,以此实际行动为迎接冬季运输业务做准备。为完成上述任务,要注意以下几点工作。

二、在下列题目中任选一个,制定一份通过努力能完成的个人计划。

1.课外阅读计划;

2.锻炼身体计划;

3.在半年内进一步提高电脑操作技能的计划;

4.利用假期进行社会调查的计划;

5.学期工作或学习计划。

三、根据自己或本班、本社团的实际情况,制订一则条文式计划。

四、以校团委的名义,写一份下发给各班团支部的校团委本学期工作要点。

要求:①结构完整。②正文的第一部分明确指导思想和工作目标,第二部分讲清各项工作内容及要求。③注意语言的简明。

任务二　商务工作总结

【任务描述】

2013年12月,××房地产有限公司要求员工写一篇个人销售工作总结,全面回顾一年以来房产销售的情况,重点写取得的成绩和存在的问题,并从中总结出一些带规律性的东西。

领导把这一任务布置给了员工,请你代王磊写一篇2013年度个人销售工作总结。

【任务分析】

要写好总结,必须了解总结的概念、特点、分类等文种常识,根据具体工作确定总结标题,在撰写总结正文时,既要有工作中取得的成绩,同时还要指出存在的问题,总结工作中成功的经验和失败的教训,结尾还有对未来工作的展望和今后努力方向。

一、文种常识

(一)总结的概念

总结是对前一阶段的工作、学习、生活等各方面的情况进行回顾、反思和分析研究,从中提炼出规律性的经验,用来指导今后工作的一种应用文体。

计划是总结的前提和依据,总结是计划落实后的认识和评价。总结是在计划执行一个时期或完成以后写的,它要检查计划的执行情况,又要反过来作为今后修订或制定计划的依据。

(二)总结的特点

1. 客观性　即它是对已经做过的工作实事求是的总结,应该完全忠实于客观事实,它里面所用的所有材料,包括细节都必须是实际做过的,不能无中生有,不能添枝加叶。要实事求是,有一说一,有二说二。

2. 说理性　总结不是单纯的叙事性或说明性文体,不能只局限于罗列已经做过哪些工作,而是要在说明做了哪些工作取得了哪些成绩的基础上,对已经做过的工作进行深入分析并给予适当的评价。如果仅仅是"摆事实"而不"讲道理",不能从感性认识上升到理性认识,那只能是一篇"流水账"。

3. 独特性　总结是对某地区、某单位、某部门或某个人一定时期思想、工作或学习的总回顾、总检查、总评价。既然如此,那么每个人都有他自己的特点,每个部门都有它自己的特殊情况,总结也就应该具有个性及独特性。

(三)总结的类型

1. 按性质划　可分为工作总结、学习总结、思想总结、活动总结等。

2. 按时限划　可分为年度总结、季度总结、月份总结、阶段总结等。

3. 按范围划　可分为个人总结、班组总结、部门总结、地区总结等。

4. 按内容划　可分为全面总结、专题总结等。

全面总结,要求较全面地总结一个单位、部门或一个人各方面的情况。专题总结(单项总结),即针对某个时期的工作、问题进行专门总结,内容集中,针对性强,要求分析有一定深度,常用于总结经验等。

二、写作技法

总结的构成模式:标题 + 正文 + 落款 + 成文日期。

(一)标题

1. 单行标题　包括公文式标题和文章式标题两种。

公文式标题又叫陈述式标题,由"单位名称 + 时限 + 内容 + 文种"构成,如《××省审计局2009年度审计工作总结》。如果单位名称署于文末或标题下,时间概念也较明确,标题中就不再重复。

文章式标题又叫概括式标题,根据内容概括出题目,类似一般文章标题的写法,如《抓住五个主要环节,开展丰富多彩的爱国主义教育活动》《四川抗洪救灾的胜利说明了什么?》。

2. 双行标题(论断式标题)　由正、副两个标题组成,正标题概括总结的内容或基本观点,副标题标明单位名称、内容范围、时间和文种。如《售后服务是企业的命根子——万宝技术服务中心×××年工作总结》。

(二)正文

正文一般由前言、主体、结尾3部分组成。

1.前言 简要说明拟写总结的背景、意义、根据、指导思想或概括总结提要等。有以下几种方式:

(1)概述式。即概括介绍基本情况,简要交代工作背景、时间、地点和条件等。

(2)提问式。即提出问题,点明总结的重点,引起人们注意。

(3)结论式。即先明确提出总结结论,使读者了解经验教训的核心所在。

(4)对比式。即将前后情况进行对比,从而突出成绩。

2.主体 这是总结的核心部分,其内容包括取得的成绩或存在的问题与经验教训。

这一部分在写法上要求在全面回顾工作情况的基础上,深刻、透彻地分析取得成绩的原因、条件、做法以及存在问题的根源和教训,揭示工作中带有规律性的东西。回顾要全面,分析要透彻。做到观点鲜明,材料典型,叙议结合。

主体部分的结构形式有以下几种:

(1)纵式结构。即按照时间顺序、工作进程或事情发展的逻辑顺序来安排内容。采用这种结构方式,可以使全文脉络清晰,给人以完整的印象。

(2)横式结构。即将总结的内容归纳出几个并列的方面,按照其内部的逻辑关系来安排内容和层次。这种结构方式,逻辑关系清晰,便于抓住要点。

(3)纵横结合式结构。即按照材料间的逻辑关系,将内容分成几个方面,每一方面按照时间顺序来写;或者是按照时间顺序将整个工作分成几个部分,每一个部分再分别归纳出一些经验和体会,加上小标题,用以概括本部分的内容。这种写法条理清晰,一目了然。

3.结尾 一般写两层意思:一是今后努力的方向、今后的打算等。二是针对问题和教训,提出改进措施和设想。结尾要简短有力,能够鼓舞士气、振奋精神、坚定信心。

(三)落款与成文日期

在正文的右下方写上单位名称,注明成文日期。如果在标题中已有单位名称的,也可以不再署名,仅写成文日期即可。

【范文评析】

〔例文一〕

加强商品管理 提高两个效益

——××省××市花园菜场经验总结

花园菜场地处中原区闹市地带,是一个经营蔬菜、肉食、水产、禽蛋、干咸调味品、豆制品等商品的综合性菜场。现有职工300人,担负着附近15个居委会和80多个工厂、机关团体近6万人的蔬菜供应任务。蔬菜(包括肉食禽蛋)日销售量3万斤,全场年销售总额56万元。

近年来,他们根据蔬菜的经营特点,建立了商品管理制度,在 10 年的实践中,不断巩固、充实、完善,有效地加强了商品管理,提高了企业的经济效益和社会服务效益。

一、针对流转环节,建立商品管理制度

蔬菜具有季节性强、上市集中、鲜嫩易腐等特点,菜场对购进、销售、储存、亏损、变价以及销售收款等环节,都认真地制定了制度,加强管理,以促进蔬菜生产的发展,满足人民的生活需要,堵塞漏洞,减少损失,降低损耗,为国家实现合理积累。从二〇××年以来,连续 102 个月未发生亏损,上缴国家利润 96 万元,主要经济指标创全国同行业最好水平。

(一)进货检斤验质制度。……

(二)商品销售管理制度。……

(三)存货盘点制度。……

二、建立商品管理制度的好处

由于有一套完整的管理制度,在蔬菜经营的各个环节做到了进货笔笔验,销货账账清,存货天天盘,差错及时找,坚持了摊组核算日清日结,效果显著。

一是有利于增强职工主人翁责任感。

二是有利于密切农商关系。在"进货必验"中,他们坚持了"按质论价,低提高降,多退少补"的原则,改善了菜场同菜农的关系,兼顾了国家、企业和消费者利益。

三是有利于堵塞漏洞。由于实行了仓、零严格分开,日清日结,钱货要对,差错要找,有效地堵塞了管理上的漏洞。

四是有利于严格执行物价政策,维护消费者利益。在销货环节上,他们坚持加工整理,按质分等,拨货上摊,一货一价,不以劣充优,不抬级抬价,不消滞搭配,坚持了社会主义的经营作风。

三、加强领导,依靠群众,坚持商品管理制度

领导重视是关键,职工参加管理是基础。他们发动和依靠职工,从管理的基础工作抓起,坚持摊组核算,日清日结。

他们把执行商品管理制度的好坏同提成工资制紧密结合起来,对行业、业务组、摊组、营业员和核算员按照工作职责要求进行考核,执行好的适当增加提成工资额,执行不好的集体、个人要减发提成工资额。为了便于检查考核,他们于二〇××年下半年开始,在菜场门前设立了服务台,派专人每日代顾客复秤 30 笔以上,对复秤中发现的差错及时进行纠正,并逐笔做好记录,作为奖惩的主要依据之一,从而增强了职工执行商品管理制度的责任感。据统计,二〇××年 1—11 月,服务台代顾客复秤 14 688 笔,秤准量足的计 14 346笔,准确率达 98%。

二〇××年×月×日

简评:本例文采用双标题形式,正标题提示中心内容,副标题采用"单位名称 + 文种"形式。前言概述基本情况,概括介绍经验做法,主体部分用小标题的形式,分三个方面进行具体介绍,脉络清晰,重点突出。

〔例文二〕

<h2 style="text-align:center">××市2009年企业技术创新工作总结和
2010年企业技术创新工作安排(节选)</h2>

2009年,在"工业强省"和"工业强市"战略推进下,我市工业企业紧紧抓住全省强力发展工业,积极推动自主创新,狠抓技术进步等有利机遇,全面落实科学发展观,以工业结构战略调整为主线,用高新技术改造和提升传统产业,促进产业优化升级,走新型工业化道路,为实现全市工业经济振兴奠定了扎实的基础。

一、2009年××市企业技术创新完成情况

2009年我市工业企业紧紧依靠技术进步,大力实施技术创新工程,围绕"品种、质量、效益和扩大出口",以企业为主体,以高等学校和科研机构为依托,走产学研相结合发展之路,大力发展高新技术产业,在重点领域、优势领域实现了突破和跨越式发展,企业创新能力明显增强,企业整体素质显著提高。

1. 技术创新项目完成情况。2009年省下达我市技术创新项目34项,项目总投资61 875万元,其中:银行贷款32 003万元,企业自筹29 872万元。截至12月底有近18项已完工,共完成技术创新项目投资近4.3亿元,随着这些项目的完工,使得我市企业整体素质得到进一步提高,产品技术含量得到进一步提升,市场竞争能力明显增强。

2. 新产品开发情况。2009年我市共开发新产品、新技术近200项,获省级高新技术产品10项,南方实业公司与安徽工程科技学院联合研发"激冷型连续铸球生产线及智能控制系统"获9项国家专利。另有一批产品获国家及省名牌称号,其中:××环新集团帝伯格茨活塞环等三家企业产品获国家名牌,菱湖漆业公司白莲牌油漆等7家产品获省名牌,使得我市获国家名牌产品达6个,省级名牌达50个。

3. 企业技术中心建设情况。企业技术中心是企业技术创新体系的核心,是企业自主创新的重要平台。2009年根据省经委要求,我们会同有关部门对我市11家省级企业技术中心进行评价和认定工作,同时还积极组织企业申报省级企业技术中心,通过对企业技术中心评价、认定、申报及结果上报。2009年我市11家企业技术中心均得到省认定,其中:安徽霞珍集团企业技术中心为省优秀企业技术中心,其余均为合格企业技术中心,另安庆环新集团、安徽精科集团企业技术中心为省第十六批企业技术中心。

4. 产学研合作情况。2009年我市企业加大与高等院校和科研院所合作、合办、联建技术开发机构力度,通过与高等院校和科研院所的合作,既解决了企业技术难题,又运用了高校技术成果,使我市企业技术开发跃上一个新台阶。2009年全市实施产学研合作项目126项。华茂集团与东南大学研究开发高档纺织精品生产,安徽丹凤集团与南京玻璃纤维设计院研究开发电子级玻纤布可用于高新技术产品,安簧集团与合肥工业大学开发汽车钢板弹簧疲劳试验台开发等,还有其他一些企业与高校联合开发具有国内领先水平产品,通过依托高校和科研院所使我市企业产品档次和竞争能力明显得到提升。

5. 企业信息化建设情况。为加强我市信息化建设,增强企业竞争能力,真正做到以信息化带动工业化。2009年我们确定一批重点企业作为企业信息化示范和龙头,以点带面,

带动其他企业信息化工作开展。华茂集团与东南大学合作开发华茂集团信息管理系统初具规模,企业管理水平得到提升,并获国家项目补助。桐城鸿润集团建设 ERP 项目,安簧、环新、恒昌等一批机械制造企业也都加快信息化建设步伐。

6.企业技术创新服务体系建设情况。(略)

二、2009 年技术创新主要工作

2009 年,围绕企业技术创新,我们主要抓了以下工作:

第一,进一步明确目标,强化企业技术创新意识。当今企业的竞争,实质上是技术和人才的竞争,谁拥有产品核心技术,谁就能牢牢占据市场主动。2009 年,我们加大企业技术创新工作力度,年初按照省经委要求,我们对全市技术创新项目进行摸排,并按要求组织上报省经委,根据我市各企业上报技术创新项目,最后确定下达我市技术创新项目34项,围绕这 34 项技术创新项目,我们采取目标管理、落实责任、建立工作联系人制度,同时对项目实施提出具体要求,确保年终技术创新项目完工,从 12 月底完成情况看,这些项目均完成年初计划投资。

第二,加强技术创新工作督查,狠抓措施落实。(略)

第三,掌握技术创新政策信息,争取各级政府支持。(略)

第四,开展技术创新项目储备,确保技术创新发展后劲。(略)

第五,将技术创新根植于技术改造,增强企业技术改造活力。(略)

三、2009 年技术创新存在的问题

2009 年,我市企业技术创新工作取得很大成绩,但也存在一些问题,主要表现在:一是高新技术企业在技改企业比重不高;二是企业技术含量偏低,缺乏核心技术,抗风险性较差;三是技术创新资金匮乏,企业没有按要求提足相应技术研发经费;四是科技成果转化率低,有相当一些企业没有自己的技术中心和研发能力;五是人才缺乏,多数企业缺乏专业顶级人才。

四、2010 年技术创新主要工作

2010 年,我市企业技术创新工作指导思想:(略)

2010 年,技术创新主要目标:(略)

一要进一步提高对技术创新工作认识。(略)

二要进一步加强对企业技术创新工作的领导,强化目标意识。(略)

三要进一步加强运用高新技术和先进适用技术改造提升传统产业。(略)

四要进一步加强产学研结合,加强科技成果转化平台建设。(略)

五要进一步做大做强高新技术企业。(略)

六要进一步优化发展高新技术产业政策和技术创新环境。(略)

(选自 http://www.aqgyjw.gov.cn)

简评:本例文把上一年的总结与下一年的计划结合起来写。上半部分总结了企业技术创新的成就、措施办法及存在的问题,下半部分是 2010 年企业技术创新的工作计划。结构采用总分式,格式典型、规范。文中运用了大量数据,增强了本文的可信度与说服力。

【写作实训提示】

1. 态度端正,实事求是。总结是工作中的一个至关重要的环节,不能马虎了事,不能为了迎合某些上级部门的旨意而弄虚作假。所使用的材料必须准确无误,引用的文句要符合原文,列举的事实要核对清楚,叙述的事实要明白确凿。成绩不夸大,缺点不缩小,真正做到实事求是。

2. 全面评价,突出特色。撰写总结最大的弊病就是记"流水账",面面俱到,没有重点,没有特色。因此,在构思时就要认真研究材料,确立恰当而又有特色的主题。在全面评价的基础上,内容要有所侧重,详略得当,不可事无巨细,平分秋色。

3. 条理清楚,语言朴素。总结的篇幅一般来说都比较长,因此,要特别注意结构的严谨,条理的清晰,逻辑的严密。语言要平实,不要追求华丽的辞藻,空泛的抒情等。

【相关链接】

总结与计划的关系

计划是总结的前提和依据,总结是计划的检验和结果。在人们的社会实践中,总结与计划是沿着计划——实践——总结——再计划——再实践——再总结的螺旋式道路前进的,因此,二者的关系是相辅相成、相得益彰、缺一不可的。区别:

1. 时间上,计划是事前就完成某项任务提出的安排,总结则是事后对计划执行情况的总检查、总评价。

2. 内容上,计划主要回答在未来某一时期"要做什么,怎么做,做到什么程度",总结主要回答在过去某一时期"做了什么,怎样做的,做到了什么程度"。

【练习与实训】

一、指出下面这段文字中的问题并进行修改。

打工总结(节选)

第二天早晨,我很早起床,准备上路。在上车瞬间,我仿佛看到妈妈脸上的担心与不放心。我知道妈妈让我出去打工的用心。因为从没离家这么远,她的担心,我心里都知道,因此我一定要坚持下去,让妈妈为我高兴。还有什么比母爱更感人!

大约过了一个多小时,我到达了目的地。那里的领班给我安排好床位,领了工作服,带班便让我擦玻璃,不到五分钟,便擦完了。叫来领班检查,她看了看我说:"你觉得干净吗?"我摇了摇头,她便耐心地教我,我按照她说的做了起来,不一会儿,这块玻璃在阳光的照耀下,格外透亮,但我已满头大汗,不过心里格外愉快。

二、阅读下面这篇总结,按文后要求回答问题。

放手发展多种经营　努力增加农民收入

近年来,武昌县委、县政府在稳定发展粮棉油生产的同时,把突出发展多种经营作为增加农民收入的突破口,充分利用现有土地资源,依托近城优势,建设具有地方特色的城郊经济,显示出"服务城市,富裕农村"的战略效应。去年,全县人均纯收入达到 1 107 元,比上年

增加 310 元,增长 38.9%,成为全省农村人均纯收入增幅最高的县。我县的主要做法是:

(一)积极引导,鼓励发展。(略)

(二)因地制宜,发扬优势。(略)

(三)综合利用,立体种养。全县广泛运用食物链、生物链和产业链的理论,在种、养、加工方面创造出多种立体开发模式。根据植物相生、伴生、互生与序生规律,在林果基地间作套种粮、油、药、茶、瓜等,实行以短养长,取得最佳效果。全县 1993 年多种经营间作套种 13 万亩,亩平收入 500 元,有的高达 1 000 元。全县推广用农副产品加工的下脚料喂猪养禽,用畜禽粪便养鱼,最后用塘泥肥田,综合利用,极大地促进了畜牧业的发展。1993 年,全县生猪出栏达到 35.5 万头,家禽出笼 741 万只,鲜蛋产量 1.93 万吨,分别比上年增长 11%、40.3% 和 14.8%。

(四)大力发展乡镇企业和个体、私营经济。(略)

> ××县人民政府
> ××××年×月×日

1. 本文标题属_____式标题,其作用是_____。

2. 开头采用了( )等方式。

    A. 概述情况　　B. 提出结论　　C. 提出内容　　D. 做出设问　　E. 运用比较

3. 全文采用了( )结构形式。

    A. 分部式　　B. 阶段式　　C. 总分条式　　D. 贯通式

4. 主体部分主要写了( )。

    A. 做法、成绩与经验　　　　B. 问题与教训

    C. 设想与努力方向　　　　D. 以上三个方面

5. 本文显示主旨采用了( )的方法。

    A. 呼应显旨　　B. 开宗托旨　　C. 篇末点旨　　D. 转换揭旨

6. 本文主旨是_____。

7. 本文安排材料主要采用了( )的方法。

    A. 先亮观点,后举材料　　　　B. 先举材料,后亮观点

    C. 边举材料,边亮观点　　　　D. 既摆事实,又讲道理

8. 本文主体部分各条文都有_____句,其作用是_____。

9. 本文采用了_____等表达方式。

10. 本文大量采用了_____说明方法。

三、写一篇学期末的个人总结(标题自拟)。要求:全面回顾一学期以来自己各方面的情况,重点写取得的成绩和存在的问题,并从中总结出带规律性的东西。

四、参考下面的标题,写一篇在学习、生活或在活动中的总结。

1. 宿舍卫生总结　　2. 做志愿者总结　　3. 技能学习与考核总结

4. 实习实训总结　　5. 假期打工总结　　6. 系部、学生会活动总结

7. 学习经验总结　　8. 电脑技能总结　　9. 学练书法(或绘画)总结

任务三　商务工作简报

【任务描述】

内蒙古自治区项目办于5月21—23日对报名参加2007年西部计划的大学毕业生统一组织了面试考核工作,自治区项目办组织了62名专家成立了面试考评小组,在全区5个盟市设立了14个考场,参加面试者3 300余名。面试期间,自治区党委组织部听取了自治区项目办的专题汇报。经过学校项目办推荐、自治区项目办统一面试考核,共有632名大学生通过考试,进入笔试。笔试将于5月28日上午8:30—11:30在呼和浩特、包头市、通辽市三个考点(22个考场)集中进行。

全国大学生志愿服务西部计划项目管理办公室将于2007年5月26日编印第12期大学生志愿服务西部计划简报。请你代为编写这份工作简报。

【任务分析】

要写好工作简报,必须了解简报的概念、特点、分类等文种常识,掌握简报的格式,能根据具体内容确定简报标题。在撰写简报正文时,开头要开门见山,语言简洁,提纲挈领地概括全文,点明主题;主体部分情况和事实要写清楚;结尾或作出评论,或提出问题,或表明希望。

一、文种常识

(一)简报的概念

简报是党政机关、企事业单位、社会团体编发的一种单页或多页的内部文件,是一种以反映情况、交流经验、沟通信息为主要内容的简要报道。

"简报"不是一种文种的名称,而是一种形式。它是内部传阅的文字材料,也叫"反映""动态""简讯""要情""摘报""工作通讯""情况反映""信息通报""交流""内部参考"等。

(二)简报的特点

简报的特点可以用四个字概括:快、新、实、简。

1.**快**　指反应迅速及时。简报具有新闻性,追求时效性,要求发现、汇集情况快,撰写成文快,编印制发快。

2.**新**　指内容新鲜,有新意。简报要提出新情况、新问题和新经验。善于捕捉工作、社会生活中的"新",使简报具有更强的指导性和交流性。

3.**实**　反映情况要客观。即简报所反映的情况和问题要真实、准确,不能随意夸大或缩小。

4.**简**　指简短。文字少,内容精,开门见山,直接叙事,一语中的,尽可能为一事一议,少做综合报道。简报字数一般为几百字,至多不过千字。

(三)简报的种类

按时间分,有定期的简报、不定期的简报等。

按内容分,有综合简报和专题简报等。

按性质分,有工作简报、生产简报、学习简报、会议简报等。其中,常用的有:

1.工作简报　这是一种反映本地区、本系统、本部门日常工作或问题的经常性简报。它包含的内容较广,工作情况、成绩问题、经验教训、表扬批评,对上级某些政策或指示执行的情况、措施都可以反映。它常以定期的形式出现,在一定范围内发行。

2.会议简报　是会议期间反映会议情况的简报。它是一种临时性的简报,内容包括会议中的情况、发言及会议决定等。规模较大、时间较长的会议常要编发多期简报,以起到及时交流情况、推动会议的作用。小型会议一般是一会一期简报,常常在会议结束后,写一期较全面的总结性的情况反映。

3.动态简报　反映各部门、各领域的新情况、新动态的简报。如《市场动态》《学术动态》《文化信息》等。包括情况动态和思想动态。

二、写作技法

(一)简报的格式

简报有比较固定的、独特的外在撰写形式,分为报头、报体、报尾三部分。

1.报头部分　约占首页的三分之一,下面常用一条横线与行文部分隔开,它包括简报名称、简报期号、编发单位、印发日期、保密要求、编号。

(1)简报名称。一般用红色大号字,写在报头中央。如"工作简报""教学简报"等。

(2)简报期数。即年度期数+总期数组成,如"第一期(总第18期)",但也有一些简报不写总期数,如"财物大检查第2期"。

(3)编发单位。编发单位位置在期号下面左侧,一般写全称或规范的简称。

(4)印发日期。位置在期号下右侧,年、月、日都要写全。

(5)保密要求。位置在简报名称的左上端,分别标明"机密""秘密"或"内部刊物,注意保存"等。

(6)编号。位于简报名称的右上端。保密性简报才有编号,一般简报没有编号。

2.报体部分　由目录、按语、标题、正文、署名组成。

(1)目录(或要目)。有的简报包括多则文章,应当标识要目,指点读者阅读。

(2)按语。是简报编者对文稿的内容性质所写的说明性和评论性文字,具有说明、提示、指导的作用。可在标题之上,也可在其下。先写"按""编者按""按语"。字号大些,前空四格,以下空两格,以突出其地位。按语主要有3种类型:

提示性按语:说明编者的意图,提示读者重视稿件内容与精神。

说明性按语:介绍稿件来源、编发原因和发送范围。

批示性按语:根据领导的意见,提出简报的内容和借鉴的原则要求。

(3)标题。位置在报头横线之下居中排列。

(4)正文。简报的正文写法类似于新闻,包括导语、主体、结尾。

(5)署名。位置在正文右下侧,若作者是单位则不必署名。

简报版面格式图

密 级		编 号

简报名称

（第 × 期）

编发单位   印发日期

按　语

目　录

标　　题

正　文

报送:

分送:

抄送:

共印 × 份

3.报尾

(1)发送范围。给上级机关称"报",给下级机关称"发",给不相隶属的机关称"送"。

(2)印制份数。

(二)简报的写作

1.标题　简报的标题可以是单标题式的,如《花园路百货商场经营小商品经验好》等。也可以是双标题式的,正标题揭示报文的意义,副标题概括报文的内容,如《真情暖师心——中文系志愿者为教师送温暖》等。

2.正文　在简报正文部分,运用最多的文体是消息。这里以消息为例说明正文的写法。

(1)导语。即开头,用简洁的文字,准确地概括报道的内容,说明报道的宗旨,引导读者阅读全文。导语可分别采用叙述式、描写式、提问式、结论式等几种形式。

(2)主体。是简报的最主要部分,即用富有说服力的典型材料把导语的内容加以具体化。主体的内容,或是反映具体的情况,或是介绍具体的做法,或是叙述取得的成绩和经验,或是指出存在的问题,或是几项兼而有之。常用的方法:

①可以按照事件发生、发展的时间顺序来安排材料。这种方法比较适合单一事件的简报。②可以把所要反映的情况,分成并列的几个方面,每个方面加上小标题,以使文章结构清晰。这种方法适合内容较复杂的简报。③可以按事件的因果或递进关系安排材料。这种方法比较适合总结式、评述式的简报。

(3)结尾。简报的结尾可灵活处理,如果话已在正文说完,可不要结尾,全文自然结束。如果意犹未尽,需要结尾的,也要注意简报"简洁"的特点,用最概括的语言或作出评论,或提出问题,或表明希望,总之,以深化主题,加深印象。

【范文评析】

江西商务工作简报

(2009 年第 17 期)

江西省商务厅编　　　　　　　　　　　　　　　　　2009 年 7 月 31 日

要　目

★ 吴新雄省长、洪礼和副省长出席全省"百人服务团"动员会

★ 全省汽车以旧换新和搞活流通扩大消费工作会议在昌召开

吴新雄省长、洪礼和副省长出席全省"百人服务团"动员会

7 月 20 日,全省"百人服务团"动员会在南昌举行。省长吴新雄出席会议,副省长洪礼和作动员讲话,省政府秘书长谭晓林主持动员会。省政府副秘书长胡世忠,省商务厅领导伍再谦、刘翠兰、李文尧、陶莉萍和省直有关部门领导及全体"百人服务团"成员参加会议。

"百人服务团"是继组织"百人招商团"之后,我省支持开放型经济发展推出的又一重要举措。今年以来,受当前国际金融危机继续蔓延和深化影响,开放型经济发展面临着严峻挑战。针对严峻形势,根据吴新雄省长指示,组织成立"百人服务团",部门联合、省市联

动,对重点出口企业、重大招商项目挂钩结对帮促,做到八个落实:出口订单落实;流动资金落实;鼓励出口政策落实;洽谈项目落实,帮促到位;洽谈对象落实,帮促到位;洽谈工作方案落实,帮促到位;洽谈项目专人负责制落实,帮促到位;调度、帮促制度落实,帮促到位。

洪礼和副省长在讲话中强调,开展"百人服务团"活动是保持出口稳定增长的现实需要,是推进重大招商项目的重要手段,是服务企业发展的具体行动,也是机关效能年建设改进作风、提高效率的一次重大实践。他对"百人服务团"提出了四点要求:一要切实加强组织领导;二要密切协调配合;三要严格工作纪律;四要加强检查考核,确保"百人服务团"活动取得实效。"百人服务团"要认真开展帮促重点出口企业和重大招商项目活动,迅速掀起服务企业、服务发展的热潮,为保持我省开放型经济平稳较快发展,为实现江西崛起新跨越作出新的更大贡献。

"百人服务团"由省商务厅等省直有关部门、各设区市商务主管部门及重点开发区共130余人组成。

(对外贸易处 陈庆寿)

全省汽车以旧换新和搞活流通扩大消费工作会议在昌召开

7月24日,省商务厅、省发改委、省财政厅、省环保厅在南昌联合召开了全省汽车以旧换新和搞活流通扩大消费工作会议。会议由省商务厅副厅长李青华主持,省商务厅厅长伍再谦、省财政厅副厅长王斌、省环保厅副厅长罗来发出席会议并讲话。省直有关部门、各设区市商务、财政、环保主管部门和有关企业负责人共100多人参加了会议。

伍再谦厅长在讲话中深刻阐述了汽车以旧换新和搞活流通扩大消费的重要意义,并对做好汽车以旧换新工作提出了要求:一是切实加强组织领导。省市两级要成立汽车以旧换新工作协调小组,形成工作合力,商务主管部门要承担起牵头责任。二是切实加强政策宣传服务。汽车以旧换新是一项新政策,各设区市、各报废汽车回收拆解企业要通过多种方式、多种渠道进行广泛宣传和政策解读,让政策深入人心,打牢政策实施的群众基础。三是切实加强组织实施。各设区市要认真组织相关人员学习《江西省汽车以旧换新实施细则》,结合本地实际情况,进一步细化工作方案,出台配套措施。四是切实加强市场监管。各相关部门要在各自职责范围内,对汽车以旧换新政策实施、汽车报废和换购新车、资金发放、信息统计上报等进行跟踪检查和监督管理,确保资金安全、及时发放,用好补贴政策。

会上,我厅就汽车以旧换新政策背景、实施内容和步骤、保障措施、监督管理及需注意的几个问题等作了说明。

(市场体系建设处 郎进良)

报:××××政府
发:××××、××××

(共印120份)

简评:这是工作简报,定期编发。从内容看是综合简报,从编发数量看属多文简报。所以,本例文设置了"要目",向读者提示了本期简报的提要。

本例文是江西省商务厅的常务工作简报,定期编发。本期可说是"消息汇编",既有主要领导的活动报道,又有领导的主要讲话精神,同时还有会议简报。每篇冠以标题,各自独立。这是多文简报常采用的形式。

【写作实训提示】

1. 力求快、新、实、简。简报的突出特点就是简短。一份简报一般在千字左右,短的只需几百字。这就要求简报的主题必须单一,内容必须集中,一事一报,才具有新闻性、时效性,因此,简报中的信息应该是最新的、最近的。写作角度、立意也要追求新颖。简报还要强调快,快写、快编、快发是简报写作活动的要诀。

2. 情况和事实要清楚。情况和事实是简报的主要内容,首先要确保信息的真实准确。在这个前提下,要突出主要情况和重要事实,分清主次、轻重、详略,切忌面面俱到。

【练习与实训】

一、××市××局办公室拟编一份工作简报,题为《转变机关职能 大力发展第三产业》,编发时间为 2010 年 4 月 6 日,编号第 5 期,报送省××局、市委、市政府、市经委,印发各县市××局,本局各科室、各直属单位,共印 130 份。

请根据上述内容和简报的格式画出报头、正文和报尾。

二、根据下列材料,拟写一篇会议简报。

会议名称:××汽车公司、××职业技术学院等 4 所院校企合作会议

会期:2010 年 9 月 21 日至 23 日

1. 会议地点:××汽车公司

2. 主办单位:××汽车公司

3. 与会单位:××汽车公司、4 所职业技术学院代表

4. 与会人数:40 人

5. 会议宗旨:交流办学经验,建立校企合作新模式

6. 会议内容:工学结合、校企合作的人才培养模式是现阶段我国高职教育改革和发展的基本方向,也是高职教育人才培养模式改革的重要切入点。希望通过与××汽车公司的联系与合作,以实际行动推动高职院校与企业的深度融合,改进教育教学模式,提高人才培养质量,促进学生就业工作的开展。

三、评析下面的简报,使用规范的修改符号,逐条修改。

简 报

××市个体劳动者协会

2010 年 8 月 30 日

乱收费是"三乱"之一。制止乱收费现象,群众的呼声很高,党中央的决心很大,但收效却不尽如人意。原因何在?收费单位自我感觉良好,大概才是主要的。据 9 月 20 日孟州生活报披露:××市 140 多家行政事业性收费单位在自查报告中,大部分表示清白,不承

认有乱收费行为。看来,要坚决制止乱收费现象,需要在打破收费单位良好的自我感觉上大做文章。可实际上,市区个体户却担着除国家税收、工商管理费以外的18项"费"和"金"。

生病并不可怕,可怕的是患者陶醉在良好的自我感觉之中。明明是乱收费而浑然不觉,或拒不认账,就更值得警醒了。

四、请你代学生会写一份学校开展第二课堂活动的简报。

任务四　述职报告

【任务描述】

为了更全面、准确地了解干部的工作表现和实绩,对干部形成客观、公正的评价,激励干部不断开拓进取,勤奋工作,兴和股份有限公司决定于 2009 年 12 月 30 日对全体中层以上干部进行年度考核。年度考核以岗位职责和工作任务为依据,内容包括德、能、勤、绩四个方面,重点考核工作业绩。

每位中层干部都要全面总结德、能、勤、绩等方面的表现情况,要客观、准确、简练、实事求是地写出个人述职报告,于 12 月 30 日前交党委组织部。

请你以该公司办公室主任的身份,为自己写述职报告。

【任务分析】

要写好述职报告,必须了解述职报告的概念、特点、分类等文种常识,撰写述职报告正文时,既要概述基本情况,又要写述职者的工作实绩、经验教训和存在的问题及今后的打算、努力方向或表述自己恪尽职守,争任职位的决心。

一、文种常识

(一)述职报告的概念

述职报告是指担任一定领导职务的干部和专业技术人员,向本单位的人事部门、主管领导以及上级机关陈述自己在一定时期内履行岗位工作的成绩、问题等,这是一种自我评述性的应用文。

(二)述职报告的特点

1. **述职的自我性**　即自我评述,既要述(检查、总结自己的工作情况),又要评(解剖、评价自己的工作),总是用单数第一人称的口吻。因此,写述职报告要首先把握好述职的自我性特点,紧紧围绕"我"做了哪些工作,取得了哪些成绩,不能写成回顾整个单位或他人工作情况的工作总结、工作报告。

2. **论述的确定性**　写述职报告,是对自己在任职一定时期内所做工作的评述。这里有一个客观标准,就是岗位职责和一定时期的目标任务。写述职报告要依据这个标准去评价自己的工作,而一般的工作总结、工作报告的评价标准是不固定的,往往是以上级部门的工作部署和基本要求为依据。

3.内容的规定性　述职报告不像一般总结和报告那样,内容涉及面较广,而是根据当前组织人事部门考核领导干部的有关规定,要求对任职的一定时期的德、能、勤、绩四个方面来述职,尤其是绩(即政绩),是评价干部好坏的主要标志,述职报告要充分呈现述职人的工作政绩,应实事求是地写出来,不能夸大,也不能过于谦虚而缩小。

(三)述职报告的种类

根据不同的分类标准,述职报告可以分为不同的种类,但一般有以下两种:

1.晋职述职报告　即有关领导者或工作人员为晋升更高一级职务时,必须向主管部门和领导报告履行岗位工作的情况。

2.例行述职报告　即担任一定岗位职务的人员,定期向有关组织和群众汇报工作情况,接受组织的考核与监督。

二、写作技法

述职报告由标题、署名、称谓、正文和落款五部分组成。

(一)标题

标题写法有两种。

(1)直接用文种名称作标题,即"述职报告",这是最常用的一种标题形式。

(2)用全称标题或者省略某些要素。全称标题包括单位名称、职务、姓名、任职时间和文种,如《××财政厅×××任职期间的述职报告》,或者《××××年述职报告》《××公司×××述职报告》。

(二)署名

在标题的下方写上述职人的姓名,有时还需在姓名前冠以职务名。也可在正文的右下角写上:述职人:×××,下行写年月日。

(三)称谓

听取述职报告的对象,或是某个部门,或是负责人。向上级提交的"××××人事部","×××领导";如果是在一定的场合述职,则应用"各位领导""各位评委"等称呼。

(四)正文

正文由前言、主体、结尾三部分组成。

1.前言　陈述述职人的基本情况,一般包括两方面内容:

一是任职简介,说明自己从什么时间起任什么职、工作变动情况、背景情况、岗位职责、目标及对个人尽职的总体估价,并对述职的内容和范围作必要交代。

二是简要概括评价任职以来的工作情况。常用"根据××的要求,现将本人任职期间的情况报告如下"以此引领下文。

2.主体　这是述职报告的重点部分,包括工作实绩、经验和问题,主要陈述自己的工作实绩。如介绍政治学习、政治表现、职业道德等情况,更注重介绍工作主要成绩、工作量等情况。

对于核心内容的写作,多数是按性质不同分成几个方面(可列小标题)来写,每个方面可先写实绩,后写认识和做法;也可先写认识和做法,后写实绩。但不管怎么写,都要突出个人的工作能力和管理水平。在陈述业绩的基础上,适当地指出履行职责期间的一些不足的方面。

3.结尾　可用表态式,表明工作信心和努力方向。也可用"以上述职,请予审查""述职完毕,请批评指正"等语作结。

(五)落款

【范文评析】

××大学××学院办公室主任述职报告

各位领导、全体教师:

学校自2006年对全校中层干部实行试聘制,我被聘为××院办公室主任,任期三年。今年是聘期的最后一年,现将三年来的工作情况述职如下:

一、办公室和办公室主任的职责(略)

二、三年来办公室所做的重要工作

(一)文秘工作

1.制订工作计划,草拟各种制度,安排院内会议。(略)

2.维持公文的正常运转,截至今年12月中旬统计,全院共收到各种文件××件,各种资料××件,转出信件××件,以学院名义印发文件××件。

3.整理各种档案资料。去年学校迎接教育部本科教学水平评估,需要大量往年有关教学文件,办公室为此加班加点清查、归类、整理,共整理装订教学档案××卷、管理档案××卷,同时编写出××年档案专题目录及索引××余条,圆满完成评估待查工作。

(二)财务工作

主要抓了以下五项工作。(略)

(三)行政工作

主要抓了以下六项工作。(略)

三、办公室工作中存在的问题(略)

四、今后办公室工作的设想(略)

三年来,在院领导的关怀指导下,在全院教师的支持下,在办公室全体同志的勤奋努力下,我们的工作取得了一些成绩,其中,尽管我个人的作用微乎其微,但我恪尽职守,努力拼搏,较好地履行了办公室主任的岗位职责,我个人认为自己还是称职的。

汇报中可能有许多不当之处,请同志们批评指正。

谢谢大家!

××大学××学院办公室主任×××

2009年12月28日

简评:本例文标题由单位名称、任职人职务和文种构成。称谓,是听取述职报告的对象——学院领导及全体教师。正文,前言陈述述职人基本情况,语言简洁;主体部分主要陈述自己的工作实绩,包括工作职责、所做的重要工作、存在的问题及今后工作的设想等几方面;结尾表示自己将更加尽职尽责,做好本职工作的决心。

【写作实训提示】

1.陈述工作实绩要"一分为二"。不要把述职报告写成经验总结,或者以偏概全,对缺点轻描淡写,要真实客观地反映工作情况。肯定成绩的同时,也应指出不足。

2.要把集体的成绩与个人贡献区分清楚。在写作时,不要把个人的述职报告写成组织的工作报告。有些人写述职报告,容易把集体领导的成果都归功于个人工作的开展。应明白,述职人只是领导班子中的一员或工作集体中的一员,述职时只需讲清个人实际作用,而不应将集体功绩占为己有。

【相关链接】

述职报告与个人总结的区别

1.从陈述范围看。个人总结陈述的范围很宽泛,思想修养、业务进修、工作进展、为人处世等,只要是自己经历的,都可以写成总结,都可以单独成篇;而述职报告陈述的范围仅限于履行职责的情况。在陈述履行职责的情况下,也可能涉及思想修养、业务进修等,但那是为履行职责提供思想基础和业务能力基础的,不能独立成篇。

2.从陈述角度看。个人总结可以按照时间、空间不同,把工作分为几个阶段或几个侧面,从做法的角度写;也可以从整个工作实践中提炼出几个体会、几条规律,从体会的角度写。而述职报告只能从履行职责的情况着眼,落脚到干了哪些事,克服了哪些困难,取得了什么效果。述职报告中可以有体会,但不能以体会作思路,从体会的角度写。

3.从陈述内容看。个人工作总结,特别是工作经验总结,允许只讲成绩,只讲经验,至于缺点、不足可以一笔带过,也可以不谈;而述职报告要求成绩和不足并重,实事求是,对履行职责过程中存在的问题不能轻描淡写,更不能文过饰非。

4.从作者范围看。总结是谁都可以写的,普通学生可以写学习总结,普通农民可以写生产总结;而述职报告的作者仅限于有职有责者。

【练习与实训】

一、举例说明述职报告与工作总结的区别。

二、班级和学生会干部根据自己履行职责的情况写一篇述职报告。

三、根据自己的工作岗位职责要求,试写一篇述职报告。

任务五　规章制度

【任务描述】

××房地产有限公司创立于2001年,公司业务范围涉及中高端住宅、高级写字楼、零售物业、酒店式公寓开发、房地产销售及相关业务、物业管理、酒店及会所经营等。为了进一步深化企业管理,充分调动、发挥公司广大员工的积极性和创造性,切实维护公司利益和保障员工的合法权益,规范公司全体员工的行为和职业道德,××房地产有限公司决定制订一系列公司管理规章制度。

【任务分析】

规章制度是规约类文书的总称。要制定规章制度,必须了解规章制度的概念、特点、分类等文种常识,根据具体事项确定规章制度的标题,在撰写正文时,条文内容既要符合党和国家的方针政策、行政法规,也要切合本地区、本部门、本单位的实际情况。应把大家一致的认识、愿望、要求和约定共同遵守的事项写进条文,使员工觉得应该做到而且能够做到。条文应该有针对性,明确具体,简明扼要,一目了然。

一、文种常识

(一)规章制度的概念

规章制度是机关、团体、企事业单位为了建立正常的工作、学习、生产、生活秩序,依照国家法律,在自己的权限之内制发的具有法规性和约束力的事务文书。

规章制度是守则、制度、规程、章程、规定、办法、条例、须知、公约等的总称,是在一定范围内制定的具有法规性和约束性的文件,要求有关人员按章办事,共同遵守。

(二)规章制度的特点

1.**具有政策性、权威性**　规章性文书的政策性,主要体现在其内容要符合党和国家的政策、法律和法令,不可有任何随意性。有些规章制度只有具有法人资格的人才能制定,有的还需要在上级有关部门备案批准。而且生效日期、修改权、解释权也只属于制定该规章制度的撰写单位,其他人无权解释与修改。

2.**具有法规性、规范性和约束力**　规章性文书是作为行政法规起作用的。一旦正式公布,有关方面及人员必须遵照执行,以保障安定的秩序和良好的生产环境。否则,任意为之,则要受到某种程度的处分。

3.**具有严肃性、稳定性**　规章性文书的制定要严肃、认真,不能马马虎虎、草率行事。因此制定前要进行全面调查研究,草拟后要广泛听取大家的意见。要实事求是,切实可行。一旦确定下来,就应具有相对稳定性,不要朝令夕改,也不要有的条文执行,有的条文不执行。

4.横列式的主体结构　规章性文书主体部分的写作,总是围绕一个中心,以链环式的思维方式,将一项工作分成若干方面,并按其内在联系依次说明。

5.分条列目的写作格式　分条列目是规章性文书区别于其他文体的一个显著特点。条目层次,少则只用"条"(或项)一级;通常多用"章""条"两级或"章""条""款"三级;最多的用到六级,即章、节、条、款、项、目。

(三)规章制度的分类

根据其性质功能的不同,可以把规章制度划分为法归类(条例、规定、办法)、规章类(部门规章、政府规章)、章程类、制度类(制度、规则、细则、守则等)和公约类。

现将章程、条例、规定、办法、细则等分述如下:

1.章程　是对某政治集团、组织、团体等的性质、宗旨、组织机构、成员的权利和义务、活动规则等做出规定,如党章、团章、工会章程、××学会章程等。章程是一个组织、团体、学术机构或企业的组织纲领。它是在广泛征求意见的基础上,经相应的代表大会讨论正式通过。国家行政机关及其职能部门一般不用章程。

2.条例　是对某一方面的行政工作或活动作比较全面系统的原则性规定。制定机关级别较高,一般分为全国性条例和地方性条例。全国性条例,一般由国务院或全国人大、全国人大常委会制发;地方性条例,一般由省、自治区、直辖市人大及人大常委会制发。各地方政府及其行政部门制定的法规,一般不得称"条例";任何社会团体、企事业单位都不得超越法定权限随意制发条例。

3.规定　是政府机关、社会团体、企事业单位针对特定范围内的工作和事务或专门文体制定的要求和规范,它也是一种具有强制性和约束力的法规性文件。规定所规范的对象和范围比较集中,措施和要求也比较具体。规定比起章程、条例来,更多一点现实针对性,也相对少一点长期稳定性。

4.办法　是政府机关、社会团体、企事业单位针对某项工作或某一方面的活动制定的具体的要求与规范,它是一种具有强制性和约束力的规定性文件。办法与条例、规定都具有规定性,但办法所规定的内容比条例、规定都更具体。

5.细则　是政府机关、社会团体、企事业单位根据上级机关发布的有关条例、规定或办法,结合本地区、本部门、本单位的实际情况,制定的具有一定补充性、辅助性的详细的实施规则。它比条例、规定、办法显得更具体更明确。

6.规则　是国家机关、社会团体、企事业单位、权威机构为了有秩序地进行工作,或更好地完成某项任务,或者管理某项活动所制订的有关人员共同遵守的正式规定。

7.制度　是国家机关、企事业单位为加强对某项工作的管理而制定的要求有关人员共同遵守的行为准则。

8.公约　是一定范围(如某一机关、团体、单位、村)或行业的人民群众,为了共同的目的,在自觉自愿的基础上经过集体讨论制订的共同遵守的道德规范和行为准则。

9.守则　守则是国家机关、企事业单位、社会团体或代表大会制定的正面引导群众共同遵守的道德规范和行为准则。

二、写作技法

规章制度的结构一般由标题、正文、签署构成。

(一)标题

(1)单位名称＋事由＋文种,如《中华人民共和国价格管理条例》。

(2)事由＋文种,如《广告管理条例》。

(3)×××工作＋文种,如《档案管理工作条例》。

(4)单位名称＋文种,如《中国科学技术协会章程》。

如果规章制度在内容上还不够成熟,尚待进一步修改,可以在标题里标明"暂行""试行"等字样。

(二)正文

分条列出规章制度的内容,这是规章制度的主体部分。法规文件的内容可按篇、章、节、目、条、款、项来写。一般篇幅长、内容丰富的,多是以上七级全用。常见的是用三级:章、条、款或条、款、项。使用时应注意由高往低选用。

按内容的复杂程度正文又有两种写法。

1.比较复杂的条文,由总则、分则、附则等部分组成

(1)总则。常常是第一章,主要叙述制定本条例的缘由、意义、目的、对象以及总的原则和要求等。

(2)分则。是总则之下的各章(条)。这些章又分若干条款写明规章制度的内容。每章可用小标题标明内容。每条写一个具体内容,如果其中又包括几种情况或要求,可在一条之下再分列几款来叙述。

(3)附则。一般都安排在最后一章,说明本规章制度的制订权、解释权、修改权、批准权、监督权属于谁,以及生效日期和其他未尽事宜的处理办法等。附则可单列一章,也可不单列,只用几个条目写出,排在最后。

2.比较简单的条文　有两种写法:一种是把条文一条条地列出就可以了;另一种是在条款之前有一段"前言"代替总则。

3.签署　一般在标题下方,写明发布机关、会议日期和名称以及公布日期,并加括号。如果公布机关在标题中已署名,在括号中只写出发布日期即可。

【范文评析】

〔例文一〕

阅览规则

一、凡入室阅览者,一律凭本人身份证领取座位号对号入座。离室时,须交回座位号,如有遗失赔款伍角。

二、本室期刊、报纸分开架和闭架两种。开架报纸,读者可以自由取阅,每次只准取一册,阅后必须按排架号放回原处,不得乱扔乱放。

三、开架报纸每月换一次,凡下架散报不再借阅。

四、报纸合订本及内部资料,一律凭单位介绍信查阅,介绍信须写明查阅目的和要查找的报纸及内容。

五、本室闭架现期期刊和合订本期刊一般凭单位介绍信和本人工作证对口借阅,介绍信须写明查阅目的和查阅内容,一般情况下不予借阅。

六、本室所有报刊只准在室内阅览,一律不向外借阅;对未经管理人员许可而带出本室者,罚款伍元。

七、要爱护报刊资料,不准卷折、圈画、污损,更不准拆撕、剪裁,违者按报刊原价十至二十倍赔偿。

八、注意室内安静和卫生。不准大声喧哗,不准吸烟,不准随地吐痰和扔纸屑。

九、凡来本室的读者,必须遵守本馆、本室的制度,尊重和服从工作人员的管理。

××市图书馆

××××年×月×日

简评:这是内容简单的阅览室规则。标题由事由和文种组成。前言和结尾部分省略,主体部分采用条文式写法,分条叙述阅览规则。条文明确、扼要、具体,一目了然。

〔例文二〕

杭州市文明办网自律公约

按照中央提出的"积极利用、大力发展、科学管理,以先进技术传播先进文化,促进和谐文化建设"的要求,为进一步促进和繁荣我市网络宣传事业,促进互联网事业健康发展,推进网络文化建设和管理,依据《中华人民共和国宪法》和互联网相关法律规定,向全市互联网业界提出文明办网自律公约:

一、树立社会主义荣辱观,坚持文明办网。大力弘扬体现国家发展和社会进步的思想文化,弘扬杭州优秀历史文化,用先进的网络技术传播先进文化,倡导科学精神、弘扬社会正气、塑造美好心灵、促进和谐文化建设,形成共建共享的精神家园,营造积极向上、和谐文明的网上舆论氛围。

二、严格遵守宪法和互联网相关法律法规。坚持网站利益服从国家利益和公共利益,坚持社会效益高于经济效益,坚持依法办网,拒绝传播违反国家法律、影响国家安全、破坏社会稳定、伤害民族关系和宗教信仰的信息。

三、遵守社会道德规范,自觉抵制网络低俗之风。不在网站论坛、社区、新闻跟帖、聊天室、博客等栏目或板块中发表、转载或链接格调低下的言论、图片和音(视)频信息,不登载不健康和虚假广告,不开设不健康声讯服务。主动引导广大网民特别是青少年文明上网,积极营造健康文明的网络文化环境。

四、自觉维护消费者的合法权益。切实保障公民个人隐私权,不利用用户提供的信息从事任何与向用户作出的承诺无关的活动,不利用技术或其他优势侵犯消费者或用户的合法权益。

五、弘扬"敬业奉献、诚实公正、清正廉洁、团结协作、严守法纪"的职业精神,加强对网站从业人员的职业道德教育,积极参与社会公益事业,努力提高网站从业人员的社会责任感,不断增强从业人员的政治、文化素质。

六、加强自我约束和内部管理。自觉建立、健全网站内部管理制度,规范信息制作、发布流程,强化监督、惩处机制,自觉接受相关行业主管部门的管理,主动欢迎社会监管。

七、尊重网站的信息产权和知识产权,坚决抵制任何侵权、盗版行为。遵守诚实守信、公平竞争的原则,坚决抵制网站之间的恶性竞争,加强业界之间以及业界与社会各界的合作与交流,推动互联网行业健康可持续发展。

八、签约成员和谐相处、相互监督、互助共进。签约成员之间发生争议时,各方本着互谅互让的原则,以协商方式进行解决。

九、本公约自即日起施行,请社会各界予以监督。

签署单位:杭州市人事局

2008年5月1日

简评:标题是三要素齐全式标题,由适用范围、内容和文种组成。正文由引言、主体和结尾三部分组成。引言概括说明制定本公约的目的、依据;主体部分分条列项说明约定的内容。语言概括精炼,简明扼要;结尾强调施行日期。

【写作实训提示】

1.体式的规范性。规章制度在一定范围具有法定效力,因此在体式上较其他事务文书更具有规范性。规章制度用语简洁、平易、严密。在格式上,不论是章条式还是条款式,本质上都是采用逐章逐条的写法,条款层次由大到小依次可分为七级:编、章、节、条、款、目、项。最为常见的以章、条、款三层组成。

2.内容的严密性。规章制度需要人们遵守其特定范围的事项,因此其内容必须有预见性、科学性,就其整体,必须通盘考虑,使其内容具有严密性,否则无法遵守或执行。

【练习与实训】

一、拟写一份文明礼貌公约或寝室卫生公约。

二、拟写一份遵守学校作息制度的守则。

三、根据学校学生管理的有关规定和班级实际情况,制定一份包含思想素质、纪律、学习等内容的班级管理办法。

四、下面是一暂行条例开头部分的文字,请调整、理顺。

为了保障国家税收法规、政策,贯彻实施,确保国家税政收入,加强税收征收管理,促进经济体制改革和国家经济协调发展,充分发挥税收调节经济的杠杆作用,特制订本条例。

五、把下面的材料整理成一则公约。

网络文明公约:友好诚实交流,不欺诈他人。增强保护意识,不随意约会网友。有益身心健康,不沉溺虚拟时空。学习知识为重,不沉溺网络聊天。善于上网学习,不浏览不良信息。

六、某学校地处江边,近年来多次发生学生下水游泳导致的溺水事件,请你为该校拟写一份《关于禁止学生私自下河游泳的规定》。要求写明标题、发布时间和单位、条目内容(包括目的要求、规定事项、执行时间)等。

七、根据下列材料写一则规则。

学校在校内修建了一个小花园,买来铺地锦、剑兰、墨兰等花木种在园内,给校园增添了别致的景色。但是有不少同学不爱惜,随便进园践踏、打球、嬉耍,或乱扔杂物,甚至将垃圾倒入园内。为了绿化、美化校园,管理、维护好草坪,以供师生们观赏。

请以学校爱国卫生委员会的名义制定一份《草坪管理规则》,要求内容切合材料,注意惩罚规则等。

【写作综合实训】

〔**实训一**〕阅读案例材料,按要求写作。

为了系统巩固理论知识,综合强化实践技能,2009 年 11 月 15 日,××学院人文系 07级文秘专业学生进行了为期两周的专业实训。以班为单位,模拟公司运作情况,即每班学生分组成立 3 对互有业务关系的公司,每个公司设总经理 1 人,总经理秘书 1 人,销售经理1 人,生产经理 1 人,办公室主任 1 人,其他人员可以根据公司的性质和业务需要设置,每个实训项目结束后角色互换一次。

1. 根据案例内容,请你代该专业学生制订一份专业实训方案。

2. 根据案例内容,请你代其中某公司制订该公司的各种规章制度。

3. 实训活动结束后,请你以该班学生名义,写一份实训周活动总结。

〔**实训二**〕把下面这篇会议记录改写为会议简报。

××矿区行政办公会议记录

时间:2010 年 6 月 15 日

地点:矿区办公楼会议室

主持人:王建昌主任

参加人:矿区副主任刘明全,劳资科科长高金明,财务科科长王洪军,安全科科长宋平,人事科科长范树林,办公室主任张家树。

会议议题:

(1)二季度奖金发放办法;

(2)自然减员招工方案;

(3)有关人员的调动问题;

(4)对违反劳动纪律人员的处理。

会议决定事项:

(1)矿区二季度奖金按照××总公司××年×月制定的《奖金发放办法》(试行草案)第六条、第七条办。

(2)这次自然减员招工,招收×××年以前参加工作的职工子女,并实行文化统考,采取择优录取的办法(详细规定由劳资科负责制定)。

(3)同意孙伟同志以父母身边无人为理由,调往××容器厂工作。

(4)同意袁卫华同志与硫铁矿赵金明对调,解决其夫妻长期两地分居问题。

(5)对矿工盛永进无故旷工3天的行为,责成劳资科在全矿区给予通报批评,并扣发旷工日工资及当月奖金。

××矿区办公室(盖章)

2010年6月15日

〔实训三〕

公司规章制度是为进一步深化企业管理,充分调动发挥公司广大员工的积极性和创造性,切实维护公司利益和保障员工的合法权益,规范公司全体员工的行为和职业道德而建立的一套管理制度。为加强公司管理,××房地产有限公司特制订了一系列公司管理规章制度。

请你代办公室秘书张明起草一套公司各项管理规章制度。

项目四 拟写商务公关礼仪文书

【知识目标】

了解商务公关礼仪文书的概念等基本知识。

理解商务公关礼仪文书各文种的特点及适用范围。

掌握商务公关礼仪文书各文种的结构、写法和写作要求。

【能力目标】

能根据内容恰当地选择文种,模拟写作,具有撰写商务公关礼仪文书的能力。

能撰写符合规范的常用商务礼仪文书。

能够正确辨别不同文种之间的异同。

任务一　邀请函　请柬　聘书

【任务描述】

2010 年 10 月 30 日,××大学将迎来 80 华诞。为了充分展示该校 80 年发展的丰硕成果,继承和发扬学校的优良传统,进一步扩大社会影响,凝聚各方力量,促进建设发展,学校决定举办隆重而热烈的建校 80 周年庆祝活动。届时将邀请省部级有关领导出席本次庆典,邀请校友回校参观,邀请企业人员座谈。同时还要举行各种学术活动,聘请知名学者、行业专家为兼职教授、客座教授、访问学者等。

为此学校专门成立了校庆办公室,并将你借调到该处,现要求你针对不同对象写出数份邀请函、请柬、聘书。

【任务分析】

这三个文种都属于礼仪文书,要注意他们的区别。写作时不但要在格式、内容上符合要求,还要在措词上体现其严肃性、庄重性和礼仪性。写邀请函时,在注意礼貌、典雅、恭敬的同时,有时还必须考虑邀请对方参与的工作或活动内容的性质,并与之相统一。

撰写请柬,要注意用语的恰当,时间、地点具体,项目交代清晰,要做到简明、文雅、诚恳。撰写聘书,必须了解聘书的概念、特点、分类等文种常识,聘书虽然简短,但每个字都要字斟句酌,以严肃认真的态度写作聘书,是写作一份成功聘书的重要保障。

一、邀请函

(一)文种常识

1.邀请函的概念　邀请函,又称邀请书,是为了增进友谊,发展业务,邀请客人参加庆典、会议及各种活动时所使用的一种公关礼仪文书。邀请函实际上是一种比较复杂的请柬,它除了起请柬的作用外,还有向被邀请者交代有关需要做的事情的作用。

2.邀请函的特点

(1)礼仪色彩。邀请函要体现出对被邀请者的礼貌,表达尊重之意。

(2)书信体格式。邀请函用语上比请柬随意,而且要求有较详细的邀约内容,所以采用书信体的格式。

3.邀请函的种类　根据邀请对象来分,可分为个人对组织或个人对个人的邀请;组织对组织或组织对个人的邀请。

(二)写作技法

邀请函的构成模式:标题 + 称谓 + 正文 + 敬语 + 落款。

1.标题　邀请函的标题一般有两种方式:单独以文种名称组成,如"邀请书""邀请函";由发文原因和文种名称共同组成,如《关于出席×××研讨会的邀请函》。

2.称谓　第二行顶格写被邀请人姓名(或单位名称)、职务等。如"××大学""××主任"等。

3.正文　第三行空两格写正文,一般包括以下内容:

(1)说明邀请对方参加什么活动、邀请的原因是什么。

(2)将活动安排的细节及注意事项告诉对方。诸如时间、地点、参加人员、人数,做些什么样的准备及所穿的服饰等,若附有票、券等物也应同邀请书一并送给对方。

(3)若相距较远,则应写明交通路线以及来回接送的方式等。其他差旅费及活动经费的开销来源、被邀人所应准备的材料文件、节目发言等也应在正文中讲清楚。

(4)为了方便安排活动,如有必要,可注明请对方予以回复看看能否应邀出席及还有哪些要求等。

4.敬语　结尾处要求写上礼节性的问候语.如"敬候(恳请)光临""致以敬意"等。

5.落款　落款要署上邀请者的单位名称或个人姓名,署上发文日期,必要时可附上联系人、电话、地址、电子邮箱等,邀请单位还应加盖公章,以示慎重。

二、请　柬

(一)文种常识

1.请柬的概念　请柬又称请帖,是为了邀请客人参加某项活动而发的礼仪性书信。发送请柬是为了表示邀请者的郑重其事和对被邀请人的充分尊重,比起一般的书信更具庄重性。

2. 请柬的特点 一般情况下请柬具有以下四个特点:(1)礼节性;(2)庄重性;(3)公开性;(4)精美性。此外请柬的篇幅有限,书写时应根据具体场合、内容、对象,认真措词,行文应达、雅兼备。达,即准确;雅就是讲究文字美。

3. 请柬的种类 请柬一般有两种样式:一种是单面的,直接由标题、称谓、正文、敬语、落款构成。一种是双面的,即折叠式;一为封面,写"请柬"二字,一为里封,写称谓、正文、敬语、落款等。

(二)写作技法

请柬的构成模式:标题＋称呼＋正文＋结尾＋落款。

1. 标题 在封面上写"请柬"(请帖)二字,一般要做一些艺术加工,可用美术体的文字,文字的色彩可以烫金,可以有图案装饰等。

2. 称呼 内页顶格写出被邀请者(单位或个人)的姓名或名称,个人的姓名之后要注明职务、职称或"先生""小姐""女士"等称谓,并在其后加上冒号。

3. 正文 另起行,前空两格,写明活动的内容、时间、地点及其他应知事项。

4. 结尾 一般多以"此致——敬礼""敬(恭)候光临""请届时光临"等敬语作结,其中"此致"另起行,前空两格,再另起行,写"敬礼"等词,需顶格。

5. 落款 在正文右下方署明邀请单位或个人的名称,必要时可附上联系人、联系电话、地址、E-mail 等,并注明发柬日期。

三、聘 书

(一)文种常识

聘书的概念 聘书,是聘请书的简称。它是指机关、团体、企事业单位聘请某些有专业特长或有威望的人完成某项任务或担任某项职务时所发的邀请性质的专用书信文体。

(二)写作技法

聘书一般已按照书信格式印制好,中心内容由发文者填写即可。

聘书的构成模式:标题＋称谓＋正文＋结尾＋落款

1. 标题 在正中写上"聘书"或"聘请书"字样,有的聘书也可以不写标题。已印制好的聘书标题常用烫金或大写的"聘书"或"聘请书"字样组成。

2. 称谓 可以在开头顶格写被聘者的姓名称呼,然后再加冒号;也可以在正文中写明受聘人的姓名称呼。常见的印制好的聘书则大都在第一行空两格写"兹聘请××……"。

3. 正文 首先,交待聘请的原因和请去所干的工作,或所要去担任的职务。其次,写明聘任期限。如"聘期两年""聘期自××年×月×日至××年×月×日"。再次,聘任待遇。聘任待遇可直接写在聘书之上,也可另附详尽的聘约或公函写明具体的待遇,这要视情况而定。另外,正文还要写上对被聘者的希望。这一点一般可以写在聘书上,但也可以不写,而通过其他的途径使受聘人切实明白自己的职责。

4. 结尾 正文后另起一行空两格,一般写上表示敬意或祝颂的结束用语,如"此致——敬礼""此聘"等,后面不加标点符号,上级机关所发聘书往往在正文末尾写"特颁发此聘书"。

5. 落款 落款要署上发文单位名称(要写全称)或单位领导的姓名、职务,并署上发文日期,同时要加盖公章。

【范文评析】

〔例文一〕

单位邀请函

尊敬的用人单位:

为认真贯彻党的十七届四中全会精神,做好高校毕业生就业服务工作,促进水利、测绘、机电类及相关专业的毕业生充分就业,满足广大用人单位对各类专业人才日益增加的需求,同时增进高校与用人单位的沟通交流,××省高校就业指导服务中心、××大学定于 2009 年 11 月 19—21 日在××会展中心举办"××大学 2010 届毕业生供需洽谈会",诚邀贵单位参会。

现就有关事项函告如下:

一、时间地点

2009 年 11 月 19—21 日,××大学大礼堂。

二、报到时间、地点

1. 需要住宿的用人单位代表报到时间:2009 年 11 月 17 日下午。

2. 无须住宿的用人单位代表报到时间:2009 年 11 月 18 日下午。

三、会务服务与费用

1. 本次会议住宿、交通费自理,会务费 800 元(包括资料费、参会代表 19、20 日中餐、晚餐及 21 日中餐等),在报到现场交清。

2. 由于参会单位较多,每单位参会代表限 2 人,原则上不提供接站和预定返程车票服务。

3. 为每家用人单位免费提供 1 个标准展位(3.0 m×2.0 m),提供三份午餐及茶水。洽谈会共设展位 380 个,订完即止。

四、参会办法

1. 网上申请:http://www.job×××.com。

2. 现场或传真申请:参会单位可于 11 月 15 日前详细填写好《参会回执》,到活动主办单位或以传真、电子邮件方式向活动主办方申请参会。

3. 参会单位申请展位后,须传真经年检的单位法人资格证明材料(如企业营业执照副本、事业单位法人登记证、外派机构经有关部门审批的有效证件、办学许可证等)至主办单位,进行资质审核,确认展位。因故不能按时到会的,须于 11 月 16 日前以传真方式告知主办方,以便主办方进行协调安排。

五、联系方式

地址:×××

邮编:×××××

联系人:×××

电话:×××××××××

传真:××××××

电子信箱:××××××

×××大学就业办公室

×××年×月×日

简评:这是一则格式完备,内容较为详尽的邀请函,它除了要告知活动的主要信息和情况外,其主要目的是希望被邀请者能够报名参加此次洽谈会,因此内容还告知了会务服务及费用、联系地址等,语言精练,条理清晰。

〔例文二〕

×××学校成立80周年庆典请柬

×××先生:

兹定于10月30日上午9:30—11:30在××××校体育馆举行建校80周年庆典活动,届时敬请光临。

此致

敬礼!

×××学校办公室

二〇一〇年八月十日

简评:这是一篇某高校邀请有关人士参加80周年校庆所发的请柬。时间、地点和具体内容在短短的一句话中全部表达出来,显得简洁明确。

〔例文三〕

聘 书

兹聘请×××同志为×××集团维修部总工程师、主任,聘期自×年×月×日至×年×月 ×日,聘任期间享受集团高级工程师全额工资待遇。

此聘

×××集团(章)

×××年×月×日

简评:这是企业聘用专业人才以利于企业发展的聘书。这则聘书是由常见的印制好的聘书格式填写中心内容而形成的,交待了受聘者担任的职务及聘任期限。全文短小精悍,语言简洁明了、准确流畅,同时体现出发文者郑重严肃、谦虚诚恳的态度。

【写作实训提示】

1. 根据邀约活动的规模选择发请柬还是发邀请函。一般来说,活动规模较大,邀请的人较多,则发请柬;如较小或只是双方个人的会晤,则发邀请信。

2. 语言要精炼、准确,凡涉及时间、地点、人名等一些关键性词语,一定要核准、查实、书写清楚。

3. 语言要得体、庄重,措词文雅大方,态度热情、诚恳,要充分表现出邀请者的热情与诚意。

4. 聘书要郑重严肃,对有关招聘的内容要交待清楚。同时聘书的书写要整洁、大方、美观。

【练习与实训】

一、修改下面这份请柬,并说明理由。

×××先生(小姐):

在您的帮忙下,我公司生产的空调在今年全国质量评比中获奖。现在确定于 2010 年 7 月 2 日在中州酒店开个庆功会,邀您赴会!

王××总经理(签字)

2010 年 6 月 18 日

二、××酒店将于××年×月×日在××市××路×号开张营业,请代酒店张××总经理写一份请柬,邀请××公司李××总经理参加。

三、阅读下列材料,按要求写作。

××职业技术学院经济管理系为使该系的专业定位更加准确,课程设置、教学计划更加符合职业岗位的要求,在专业培养目标、专业定位、岗位能力的分解及课程设置上更能突出高职特色,特成立了专业建设指导委员会,并将于 2009 年 6 月 30 日(周四)上午 8:30—11:30 在××职业技术学院经管系 8408 会议室举办"电子商务"专业岗位能力与课程体系改革研讨会。为此,该系拟聘请××公司人力资源总监张××女士担任经济管理系专业建设指导委员会专家委员,并请其出席该研讨会。

根据案例内容,为××职业技术学院经济管理系起草一份邀请信。要求:格式规范,内容翔实,态度诚恳热情,300 字左右。

四、深蓝科技有限公司是××市一家从事计算机系统开发的公司,近期从××大学信息系聘用何××教授为该公司高级工程师。作为深蓝科技有限公司的一名秘书,请你为此写一份聘书。

五、阅读下列材料,请回答问题。

2008 年 6 月郭××被某单位聘用并发了聘书,聘期为三年。2010 年 7 月,该单位领导调整,新任领导告诉郭××说聘书不是合同,让其回家休息。郭××找主管部门领导,迟迟得不到答复。郭××又到当地劳动仲裁委员会申诉,仲裁委员会也以聘书不是合同为由不予受理。最后郭××又起诉到法院,法院称没有劳动争议仲裁决定,法院也不能受理。

　　问:1. 聘书能否视为合同?

　　　　2. 如果你是郭××,应如何解决此问题?

任务二　欢迎词　欢送词　答谢词

【任务描述】

　　1. 2010 年 5 月 1 日,上海世博会开幕,世界各地的人们络绎不绝来到上海,参加继北京奥运会之后中国举办的又一盛会。请你以东道主的身份写一份欢迎词。

　　2. 2008 年 8 月 24 日,北京奥运会在全世界数十亿双眼睛的关注下顺利地落下了帷幕,16 天的喧闹和狂欢过后,中国给世界交了一份漂亮的答卷,世界也给中国投来了称羡的目光。请你以东道主的身份起草一份欢送词。

　　3. 经过数年寒窗奋斗,你如愿考上理想的重点大学,亲朋好友纷纷前来祝贺,请你撰写一份答谢词,感谢他们多年来对你的关心和支持。

【任务分析】

　　这三种礼仪文书在一般的社交活动和涉外活动中使用频繁。要写好欢迎词、欢送词、答谢词,必须了解它们的概念、特点、分类等文种常识,掌握不同文种的写作要求。撰写欢迎词之前,做好充分的调查,获取关于背景、参加人员等各方面的信息,有针对性地表达欢迎之意。撰写欢送词要感情真挚,这样才能表达出惜别之情。撰写答谢词时要注意呼应欢迎词的内容,这可以体现出对欢迎词致词者的尊重。

一、文种常识

(一)欢迎词、欢送词、答谢词的概念

　　欢迎词是在迎接宾客莅临的正式场合,东道主对宾客或会议代表的光临表示热烈欢迎的致词。

　　欢送词是东道主在公共场合欢送好友团体回归或亲友出行时的致词。

　　与欢迎词、欢送词相对应,答谢词是宾客在临别之前由宾客发表的对主人的热情接待或对他人曾给予的帮助表示感谢的致词。

　　这三种礼仪文书在涉外活动和一般的社交活动中使用频繁,其主要作用是能活跃社交气氛,交流宾主感情,密切相互关系,从而给宾主留下深刻而良好的印象。

(二)欢迎词、欢送词、答谢词的种类

　　(1)从表现形式上分,均可分为现场讲演致词和报刊发表致词两种。

（2）从社交的公关性质上分，又可分为私人交往致词和公事往来致词两种。

（三）欢迎词、欢送词、答谢词的特点

1.**欢愉性** 中国有句古话"有朋自远方来，不亦乐乎"。欢迎、欢送现场要营造出一种热烈、喜庆的气氛，致词人应当有一种愉快的心情，感情要真挚，言词用语应富有激情，要表现出致词人的真诚。

2.**口语性** 欢迎词、欢送词、答谢词都是当面向宾客口头表达的，所以口语化是其文字上的必然要求，在遣词用语上要运用生活化的语言，既简洁又富有生活的情趣。口语化会拉近主人同来宾的亲切关系。

3.**简短性** 欢迎词、欢送词、答谢词是礼节性的外交或公关辞令，一般不涉及具体的细节问题，重在表示热情友好的交往态度，所以，这三个文种都是内容精要，篇幅短小精悍，不宜长篇大论。

二、写作技法

欢迎词、欢送词、答谢词的构成模式：标题＋称谓＋正文＋落款

（一）标题

一种是单独以文种命名，如"欢迎词""欢送词"等。

另一种是由活动内容和文种名共同构成，如《在××××会上的欢迎词》等。

第三种是致词场合和文种名，如"在××大学的答谢词"。

第四种是由致词人、致词场合和文种名构成。

但是，在致词时，即使有标题，致词人也不念出标题。

（二）称谓

要求写在开头顶格处。称谓有专称和泛称两种：专称要写明宾客的姓名，前面加上职衔和表示尊敬、亲切的词语，如"尊敬的××市长""亲爱的……阁下""敬爱的……殿下"等；泛称有"女士们""先生们""朋友们""同志们"等，如"尊敬的先生们、女士们""亲爱的××各位同仁"，用以表示对所有到场者的尊重。

（三）正文

正文是针对欢迎、欢送的对象，将自己最想表达的欢迎之情、欢送之意写出来。一般可有开头、主体和结尾三部分构成。

1.**开头** 欢迎词开头说明现场举行的是何种仪式，致词人代表什么人向哪些来宾表示欢迎。欢送词开头说明此时在举行何种欢送仪式，发言人是以什么身份代表哪些人向宾客表示欢送的。答谢词的开头对主人的热情接待表示由衷的感谢。

2.**主体** 欢迎词一般要阐述和回顾宾主双方在共同的领域所持的共同的立场、观点、目标、原则等内容，较具体地介绍来宾在各方面的成就及在某些方面做出的突出贡献，同时要指出来宾本次到访或光临对增加宾主友谊及合作交流所具有的现实意义和历史意义。

欢送词在这一部分要回顾和阐述双方在合作或访问期间在哪些问题和项目上达成了

一致的意见,取得了哪些突破性的进展,陈述本次合作交流中双方的合作和交流给双方所带来的益处及其深远的历史意义。对于私人欢送词还应注意表达双方在共事合作期间彼此友谊的加深以及分别之后的想念之情。若为朋友送行,还要加上一些勉励的话。

答谢词回顾欢聚的美好时光,对主人的盛情款待表示衷心的感谢,对访问取得的收获给予充分肯定,热忱真诚地向主人表示感谢。

3. 结尾 欢迎词通常向对方表示良好的祝愿或与对方继续合作的良好意愿,在结尾处再次向来宾表示欢迎。

欢送词通常在结尾处再次向来宾表示真挚的欢送之情,并表达期待再次合作的心愿。亲朋远行尤其要表达希望早日团聚的惜别之情。

答谢词再次表示衷心感谢和良好的祝愿,使举行的仪式充满祥和友好的气氛。

(四)落款

落款要署上致词单位名称、致词者的身份、姓名,并署上成文日期。用于讲话的欢迎词无须署名。若需刊载,则应在题目下面或文末署名。

【范文评析】

〔例文一〕

酒店开业,集团董事长致欢迎词

尊敬的××副部长、××区长,尊敬的各位来宾,女士们、先生们、朋友们:

大家上午好! 值××酒店开业之际,我谨代表开封××公司,向今天出席开业仪式的领导、嘉宾和所有朋友表示衷心的感谢和热烈的欢迎!

我们××公司自成立以来,一直受到部局领导、属地各级政府和社会各界朋友的关心和支持。正是有了这些关心和支持,××才从无到有,不断发展壮大,在业务领域中不断取得良好的业绩。在此,我代表××同仁向所有关心和支持我们的朋友表示最诚挚的谢意!

我××正处于跨越式发展阶段,显现出强劲的发展势头。近年来,我们实施人才战略、品牌战略和科技产业化战略,为促进业务发展方式和管理方式的根本性转变,孜孜以求,奋力拼搏,业务发展呈现崭新的局面,职能优势、结构优势、局部优势逐渐向技术优势、综合优势和体系优势转化,为事业创新进步构建了良好的发展舞台。在这个发展过程中,我们积极倡导"友谊、竞争、交流、合作"的共事理念,全力塑造团结奋进的知识团队,为人才的成长创造了富有活力而又宽容祥和的人文环境。××酒店,正是我们顺应时代要求,不断提高人才创业环境水平,适应国内外学术交流活动频繁的形势,以人文关怀为目的,以拓展服务水平为目标,竭诚为专家学者创造的一个交流场所。它的建立和开业,使××集团的功能更加完善,使高新技术、人文关怀与环境生态更好地融为一体,它将与××有机结合,成为旅游开发区的一个标志性建筑和开展对外交流活动的一个窗口,为开封未来的旅游业增添新的色彩。

今天，我很高兴地看到××酒店能够顺利开业！在此，我真诚地感谢为它付出辛勤汗水的各级领导和各界朋友。也真诚地期盼，在未来的日子里，各级领导和社会各界朋友，特别是部局领导、属地各级领导和朋友，能一如既往地关心和支持我们，扶持和帮助××酒店不断发展壮大，共创辉煌未来！

最后，我预祝××酒店开业庆典圆满成功，也衷心地祝愿它能拥有一个灿烂的明天，为旅游开发区的繁荣昌盛竭尽所能，贡献自己的力量！

谢谢大家！

×××年×月×日

简评：这则欢迎词一是强调了各级各部门领导和社会各界朋友的关心与支持，二是介绍了酒店建立和开业的背景及条件，三是期盼今后各级领导和社会各界朋友能一如既往地关心与支持。层次分明，思路清晰，内容详实。

〔例文二〕

欢送词

尊敬的女士们、先生们：

首先，我代表×××，对你们访问的圆满成功表示热烈的祝贺！

两天来，我们本着平等互利的原则，经过认真协商，为今后双方的合作和发展打下了良好的基础。明天，你们就要离开了，在即将分别的时刻，我们依依不舍。大家相处的时间是短暂的，但我们之间的友好情谊是长久的。我们之间的合作才刚刚开始，中国有句古语："来日方长，后会有期。"希望我们加强合作，不断往来，欢迎各位女士、先生在方便的时候再来××做客，相信我们的友好合作会结出丰硕果实！

祝大家　一路顺风，万事如意！

致词人：×××

×××年×月×日

简评：这篇欢送词先对来访者访问的成功表示祝贺，接着主要介绍来访取得的收获，表达分别时的依依不舍的心情，对双方今后的合作表示良好祝愿。最后表达一路顺风，万事如意的祝愿。

〔例文三〕

在接受救灾粮仪式上的答谢词

亲爱的××领导，远道而来的客人们：

今天，我们怀着无比激动、无比振奋的心情，在这里迎接给我们县师生捐赠救灾粮的××红十字会全体成员。

今年7月以来，我国遭受了百年未遇的大旱灾。7、8、9三个月，炎阳连天，滴雨不下，池塘干涸，溪河断流，田地龟裂，禾苗枯死，真是赤地千里！虽经我们奋力抗灾，但自然灾害的肆虐，使10多万人饮水困难，30多万亩田颗粒无收。我们县的中小学生，就有1万多名因受灾辍学,还有几万名同学靠教师、亲属的接济度日。然而,党和政府没有忘记我们,兄弟县市的乡亲没有忘记我们,省市领导多次亲临,视察灾情,组织救援,市县国家干部职工争相解囊,捐粮捐钱。今天,我们又接到了你们无私捐助的大批救灾粮食。"一方有难,八方支援",团结互助,无私奉献,只有在今天优越的社会主义制度下,只有在我们伟大的社会主义中国才能办到!

谢谢你们,远方的亲人!我们全县中小学生、全县人民,一定从你们的援助中吸取力量,奋发图强,重建家园,努力学习,奋勇登攀,以崭新的成绩,来报答党和人民的关怀,报答你们的深情厚谊!

×××

××××年×月×日

简评:这则答谢词对受灾和困难情况作了简要、概括性介绍,为后文作了铺垫;对各方无私的援助进行了恰到好处的评价,升华了主题;最后表示奋发图强、重建家园、努力学习、报答社会。全文虽短,但内容全面,语言简练,境界高远,情真意切。

【写作实训提示】

1.看对象说话。欢迎词、欢送词、答谢词多用于对外交往。在各社会组织的对外交往中,所迎送的宾客可能是多方面的,如上级领导、检查团、考察团等。来访目的不同,迎送、答谢的情由也应不同。致词时要有针对性,看对象说话,表达不同的情谊。同时称呼要用尊称,感情要真挚,要能较得体地表达自己的原则立场。

2.分场合说话。迎送的场合、仪式是多种多样的,有隆重的欢迎大会、酒会、宴会、记者招待会,还有一般的座谈会、展销会、订货会等。欢迎、欢送和答谢都要看场合说话,该严肃则严肃,该轻松则轻松。

3.热情而不失分寸。欢迎、欢送、答谢均应出于真心实意,热情、谦逊、有礼。语言应亲切,饱含真情,注意分寸,不亢不卑。要注意措辞,文雅大方,勿信口开河,同时要注意尊重对方的风俗习惯,应避开对方的忌讳,以免发生误会。

【练习与实训】

一、修改下面这份欢迎词,并说明修改的理由。

××学院管理系的部分师生去××宾馆参观学习,宾馆总经理在欢迎仪式上致词。欢迎词如下:

欢迎词

尊敬的各位教师、各位同学们:

在此谨代表本宾馆的全体员工欢迎阁下同志们光临××宾馆。

××宾馆坐落于风景秀丽的南湖岸边,三面环水,环境幽雅。具有岛国风情,是××市委、市政府接待和开放的窗口。希望我们的服务能够让阁下有宾至如归的感觉,在此将宾馆内设备及服务向你们作一介绍。

我们将忠诚地为阁下服务效劳,并希望你们能够提出宝贵意见。

××宾馆
总经理谨致

二、2010 年 5 月 1 日,上海世博会开幕,世界各地的人们络绎不绝来到上海,参加继北京奥运会之后中国举办的又一盛会。请你以东道主的身份起草一份欢迎词。

三、你所在的学校将举办建校百年庆典,请你代为起草一份欢迎词,用以在校庆开幕式上欢迎前来道贺的领导、嘉宾。

四、2008 年 8 月 24 日,北京奥运会在全世界数十亿双眼睛的关注下顺利地落下了帷幕,16 天的喧闹和狂欢过后,中国给世界交了一份完满的答卷,世界也给中国投来了称羡的目光。请你以东道主的身份起草一份欢送词。

五、试评析下面这份答谢词,并说明理由。

新郎新娘致答谢词

各位亲朋好友,各位领导、各位女士、各位先生:

人生能有几次最难忘、最幸福的时刻,今天我才真正从内心里感到无比激动,无比幸福,更尤比难忘。今天我和心上人×××小姐结婚,有我们的父母、长辈、亲戚、知心朋友和领导在百忙当中远道而来参加我俩婚礼庆典,给今天的婚礼带来了欢乐,带来了喜悦,带来了真诚的祝福。借此机会,让我俩再一次地特别是要真诚地感谢父母把我们养育成人,感谢领导的关心,感谢朋友们的祝福。

请相信我,我会永远深深爱着我的妻子,并通过我们勤劳智慧的双手,一定会创造美满的幸福家庭。

最后,请大家与我们一起分享这幸福快乐的夜晚。

祝大家万事如意、梦想事成。

谢谢!

新郎:×××　新娘:×××

六、你所在的院系最近参观访问了××大学××学院,受到该大学及学院的热情接待,临别之际,请你代为起草一份答谢词。

任务三　感谢信　慰问信

【任务描述】

2008 年 5 月 12 日,我国四川汶川发生了里氏 8.0 级地震,这场地震灾害夺去了许多人的宝贵生命,造成了极为严重的损失。面对灾难,中国政府和人民众志成城、奋勇抗灾,表现出不屈不挠的英勇气概,在抗震救灾中涌现出许许多多令人感动的一幕幕,其中也包括大量的外国友人。

1. 请你以汶川××中学生的名义,写一份感谢信,感谢为抗震救灾及恢复重建工作中伸出援助之手的各界友人。

2. 请你代表某单位或社会团体,向汶川灾区发一份慰问信。

【任务分析】

感谢信和慰问信都是传达感情的社交礼仪文书。撰写时,在掌握其概念、特点、分类等文种常识的前提下,应突出其情真意切的特点。撰写感谢信时,叙事要简洁,内容要真实,有关要素必须交待清楚,评价和颂扬对方要恰当。

撰写慰问信要掌握慰问信的要点,把握写作时机,只有在正确的写作时机才能撰写出符合要求的慰问信。

一、感谢信

(一)文种常识

1. 感谢信的概念　感谢信是指以单位或个人的名义向对方表示感谢的书信,它是单位或个人为感谢对方对自己的关心、帮助、支持而书写的。感谢信不仅有感谢的意思,而且有表扬之意。它可以直接寄给对方个人或单位,也可以在报刊、电台上刊登、广播。

2. 感谢信的特点

(1)确指性。被感谢者是特定的单位或个人,内容具有明确的特指性。

(2)事实性。缘由为已成事实,人物、时间、地点和事项真实。

3. 感谢信的种类

(1)根据对象的不同,可以用于个人对个人、个人对组织的感谢,也可用于组织对组织或组织对个人的感谢。

(2)根据发布形式的不同,可以是公开信件的方式,也可以是私人信件的方式。

(二)写作技法

个人间的感谢信形式一般与普通书信相同,是不公开的。

公开的感谢信的构成模式:标题＋称谓＋正文＋敬语＋落款

1. 标题　感谢信标题的写法一般有三种形式:单独由文种名称组成的,如"感谢信";由感谢对象和文种名称共同组成的,如"致×××的感谢信";由感谢双方和文种名称组成的,如"××街道致××剧院的感谢信"。

2. 称谓　开头顶格写被感谢的机关、单位、团体或个人的名称或姓名,并在个人姓名后面附上"同志"等称呼,然后再加上冒号。

3. 正文　感谢信的正文从称呼下面一行空两格开始写,要求写上感谢的内容和感谢的心情。应分段写出以下几个方面:

(1)感谢的事由。概括叙述感谢的理由,表达谢意。

(2)对方的事迹。具体叙述对方的先进事迹,叙述时务必交待清楚人物、事件、时间、地点、原因和结果,尤其重点叙述关键时刻对方给予的关心和支持。

(3)揭示意义。在叙述事实的基础上指出对方的支持和帮助对整个事情成功的重要性以及体现出的可贵精神。同时表示向对方学习的态度和决心。

4. 敬语 写感谢信结束时表示敬意的话、感谢的话。如"此致敬礼""致以最诚挚的敬礼"等。

5. 落款 感谢信的落款署上写信的单位名称或个人姓名,并且署上成文日期。

二、慰问信

(一)文种常识

1. 慰问信的概念 慰问信是以组织或个人的名义,向在某方面作出特殊贡献、取得优异成绩或遭遇巨大灾难、蒙受重大损失的集体或个人表示安慰、问候、同情、关怀和致意的一种专用书信。有的慰问信是用电讯来传达的,也叫慰问电。慰问信可以面交或邮寄给收信人,也可以刊登在报刊上。

2. 慰问信的特点

(1)公开性。由于慰问信具有社交礼仪的性质,有关方面会根据需要将之公布于众,发挥它的公共关系的作用。

(2)鼓舞性。慰问信要给人以发扬成绩,乘胜前进的信心,给人以不畏艰难,努力工作的力量。

3. 慰问信的种类 按其内容的不同,慰问信(电)大致分为三种:

(1)业绩慰问。即对取得重大成绩的集体或个人表示慰勉,鼓励他们戒骄戒躁,继续前进。

(2)灾难慰问。对由于某种原因而遭到暂时困难和严重损失的集体或个人表示同情、安慰,鼓励他们战胜暂时的困难,加倍努力,迅速改变面貌。

(3)节日慰问。在节日之际对有贡献的集体或个人表示慰问。

(二)写作技法

慰问信的格式除可带标题外,其他跟一般书信相同。慰问信的构成模式:标题 + 称谓 + 正文 + 落款

1. 标题 慰问信的标题通常有三种写法:一是单独使用文种名称,如"慰问信";二是由慰问对象和文种名称构成,如"致×××的慰问信";三是由慰问和被慰问的双方和文种名称构成,如"×××致×××的慰问信"。

2. 称谓 标题下空一行,顶格写上被慰问的单位名称或个人姓名,然后加冒号。称谓对象如果较多,应该一一写明。写给个人的,要在姓名的前边加上"敬爱的""尊敬的"等字样,后边加上"同志""先生"等字样。

3. 正文 正文一般由开头、主体、结尾构成。

(1)开头。该部分要开宗名义,交代清楚谁向谁表示慰问。

（2）主体。主体的写作要根据慰问对象和慰问目的不同来确定。不论哪一类慰问信，一般应包括两方面内容：一是写慰问信的原因。具体陈述被慰问者所取得的成绩、所遭遇的困难以及所欢度的节日等；二是希望与感受。具体表明对慰问对象的钦佩、问候、希望、同情、鼓励以及关切等。

（3）结尾。结尾另起一行空两格写，用一句表示希望、祝愿、鼓励的话作结，或表示共同的愿望和决心。接着写祝语，如"祝你们取得更大的成绩"等。祝语也可另起一行。

4.**落款**　落款要署上发信单位（集体）的名称或发信个人的姓名，如果写慰问信的单位或个人不只一个，则需全部写进去。最后，另起一行右下方写发信日期。

【范文评析】

〔例文一〕

感谢信

为灾区积极筹款的水利系统各单位：

人们将永远铭记历史的这一个时刻：2010年4月14日上午7时49分，一场灾难突降我省玉树州玉树县，7.1级的强烈地震瞬间夺去了众多生命，举世为之震惊，万众为之落泪。

然而，地震无情、大爱无疆！在灾难发生后，我们水利人立即加入到抗震救灾的行列中，怀着百倍的信心和努力，迅速投入到救灾的各项工作中。应急机制迅速启用，专业救援力量全力以赴，爱心款物纷至沓来。值得称颂的是贵单位的领导及员工纷纷用自己最真挚的感情、最纯朴的爱心、最积极的行动，谱写了一曲曲众志成城、感人肺腑的动人乐章。这是对灾区人民的热忱关心和真诚关怀，充分体现了对我省各族人民的深厚情谊，并将极大地鼓舞灾区干部群众奋力抗震救灾、重建家园的信心和决心。

这种慷慨相助的义举，青海各族人民不会忘记！我们代表玉树的同胞们向你们表示最衷心的感谢和最深切的敬意！

温家宝总理指出："互相关心，互相帮助，团结一致，并肩作战，这是我们克服困难的希望所在。"我们坚信，在党中央国务院的坚强领导下，有全国人民万众一心、众志成城，迎难而上、百折不挠的抗灾精神，我们一定能够夺取抗震救灾斗争的全面胜利！

此致

敬礼

青海省水利厅

二〇一〇年四月十九日

（选自青海省水利厅 http://www.qhsl.gov.cn）

简评：这则感谢信首先交代背景，其次赞扬了水利工作者在灾难到来后的积极救助和爱心奉献，并对这种精神给予高度评价，然后表达了玉树人民的真挚感谢。最后，进一步表达抗震救灾的决心。全文格式规范，语言简练，情感真挚。

〔例文二〕

公司慰问信

公司全体员工、离退休职工及职工家属：

　　值此新春佳节来临之际，我代表公司经理班子向大家致以节日的祝贺和亲切的慰问！向节日期间依然坚守在工作岗位上的同志们致以衷心的感谢和崇高的敬意！

　　刚刚过去的 2009 年，是公司发展史上经营形势十分严峻、承受压力异常巨大、工作业绩较为突出的一年，是公司实现"成百、上千、过亿"跨越历史里程碑的一年。这一年，我们在自治区党委政府的坚强领导下，积极应对负荷下降、发供电矛盾突出等困难，科学安排电网运行方式，加强设备隐患排查治理，圆满完成国庆 60 周年等重大保电任务，保证了区内各族人民的可靠供电和供热安全；这一年，我们不断创新投资模式，多渠道筹措资金，科学安排电网建设项目，突出投资重点，确保了电气化铁路等自治区重点工程项目按期投产，确保了区内新增负荷的及时供电；这一年，我们认真贯彻自治区保增长、保民生、保稳定的决策部署，大力实施电力多边交易，推动区内电力负荷稳步回升，积极开展网间交易，年售电量突破 1 000 亿千瓦时大关；这一年，我们不断创新管理机制，出台多项降本增效、堵漏增收的措施，深入开展"增收节支、降本增效"活动，努力压缩可控费用和非生产性支出，加强业扩报装和线损管理，细化指标，堵塞漏洞，强化考核，取得增收节支 5 亿元的突出业绩，成功实现扭亏为盈；这一年，我们按照整体推进、重点突破的思路，逐步推行企业改革方案，圆满完成呼兴电网划转、呼和浩特抽水蓄能电站以及乌兰水泥集团重组等改革任务，努力解决了多个历史遗留问题。

　　回首 2009 年公司取得的累累硕果，我们不会忘记抢工期、保进度、不辞劳苦、如火如荼的电建工地，我们不会忘记披星戴月、忙碌而有序的检修现场，我们不会忘记节假日中变电站坚守岗位与设备为伴的运行值班员和走街串巷汗湿衣衫的抄表工，我们不会忘记在我们身后默默支持和关注着公司的离退休职工和职工家属，我们更不会忘记历任电力领导班子带领全体员工为电力事业发展奠定的基石……公司所有成绩都凝聚着全体干部员工的心血和汗水。过去一年取得的成绩，充分显示了公司上下勇于开创新局面、不断实现新突破的强大凝聚力，充分证明了我们拥有一支高素质、能打硬仗、值得信赖的员工队伍。

　　展望 2010 年，随着自治区经济发展中的积极因素不断增多，区内电力市场呈现稳步回升态势，公司经营形势和内外部环境逐步改善，必将迎来新一轮快速发展。在年初"两会"上，我们进一步明确了内蒙古电网的发展定位：用三至五年的时间，努力打造数字化、智能化、现代化省级电网的样板，努力打造全国省级电网企业精细化管理的样板，努力打造国有企业体制创新和完善监督制衡机制的样板，努力打造国有企业现代企业制度管理的先进典范。按照自治区发展要求，努力建设一流省级电网，努力建设大型送端电网，努力建设坚强智能电网。实现这一目标，需要我们集思广益，群策群力，求同存异，努力解决制约公司及电网发展的一系列矛盾和问题；需要我们紧跟自治区经济社会发展步伐，加快电网建设，完善电网功能，努力提升内蒙古电网安全可靠供电水平；需要我们全面强化内部管理,深入落实"增收节支、降本增效、堵漏增收"的各项措施,努力提升公司经营管理水平和可持续发展能力;需要我们立足当前,着眼长远,积极协调和寻求社会各方面支持,加快外送通道建设,努力实现区内风电、火电、水电打捆外送的战略构想;需要我们进一步解放思想,兴利除弊,全力推进企业改革,加快机制体制创新,为实现公司科学发展注入新的动力。

2010年,是公司实现"十一五"战略目标的决胜之年,也是公司各项事业承前启后、继往开来的重要一年。在新的一年里,我们一定要团结务实,开拓创新,更好地服务于自治区经济社会发展大局,为自治区经济快速增长提供坚强的电力支撑;我们一定能够创造出更加优秀的工作业绩,让自治区2 400万人民感到满意,让电力老前辈们感到欣慰,让职工家属感到骄傲,让我们的员工感到自豪;我们将切实履行和兑现公司工作会上关于提高职工收入及离退休同志福利待遇、落实职工休假及体检制度等方面的承诺,关心、关爱我们的每一位员工,让大家共享公司改革发展的成果。

同志们,兴伟业仍须牛劲,展宏图更壮虎威。我们坚信,只要我们上下同心、群策群力、努力拼搏,一定能再创辉煌。日出江花红胜火,春来江水绿如蓝,这是电力发展史上的又一个春天,这是自治区民族团结、边疆稳定、社会和谐、经济又好又快发展的春天,让我们张开双臂,热烈地拥抱这个春天吧!

电力公司总经理　张××
二〇一〇年二月十日

简评:这是节日慰问信,内容丰富。首先表达节日问候,主体部分回顾2009年取得的成绩和硕果,展望新的一年的前景,最后表达希望和祝愿。文章一气呵成,层次分明,全文格式规范,语言简练,情感表达真挚,具有很强的鼓动性。

【写作实训提示】

1.叙事要简洁,内容要真实,有关人物、事件、时间、地点、原因等要准确、精炼地叙述清楚,而且要予以议论和评价,揭示其深刻意义。

2.评价和颂扬对方良好的行为及品德,要有高度,又要适度,语言要热情洋溢,感情要真诚朴素,评价要恰如其分,不可漫无边际地空发议论。

3.感情要真挚,语言要亲切。慰问信的写作一定要流露出充沛真挚的感情,语言要亲切、生动,为此在慰问信中要适当地运用抒情的表达方式。另外,语言还要尽量朴实,以尊重对方。

【相关链接】

感谢信与表扬信的区别

1.表扬信可以由受益者写,也可由旁观者写;而感谢信由受益者写。

2.表扬信只写给被表扬者领导、单位或者报纸、电台等新闻媒介,一般不写给被表扬者个人;而感谢信可以写给被感谢者的单位、领导、报纸、电台等新闻媒介,也可写给个人。

3.一般表扬信的结尾要向收信者提出要求和建议,建议对被表扬者的行为或精神给予宣传、表扬;而感谢信无此要求。

【练习与实训】

一、在你的人生旅途中,许多人给过你或物质或精神上的帮助,给帮助过你的人写封感谢信以表达你的感恩之心。

二、根据下列材料,请以张××名义给大学生牛×写一封感谢信。

××市张××身患重病需做手术,而他的血型是罕见的 Rh 阴性血型,在我国只有0.3%的人群拥有该血型,为此,张××家人在市电视台及市报上刊登"重金求血启事",第二天上午,该市××大学女生牛×来到医院献出 600 毫克的 Rh 阴性血,当张××家人万分感谢并拿出 1 万元作为酬谢时,牛×拒收并说:"这是我应当做的",随之离去。

三、修改下面这份感谢信,并说明修改的理由。

感谢信

××出租汽车公司:

9 月 9 日下午,我公司经理张大山乘坐贵公司"×××××"号出租车时,不慎将皮包丢失。内有人民币 10 万余元、身份证一个、护照一本、空白支票三张及各种票据若干张。在我们焦急万分之时,贵公司司机×××先生主动将捡到的皮包送至我公司,使我公司避免了一次重大损失。为此,我们再三表示感谢并拿出 1 万元作为酬谢,×××先生却说:"这是我应当做的",表示不能接受。在此特致函贵公司,深表谢意。

步步高公司
×××年×月×日

四、根据下列材料,分别从不同的角度,以不同的身份给××部队的全体官兵写　封慰问信和感谢信。

青海玉树地震发生后,人民解放军和武警部队坚决响应党中央、中央军委和胡锦涛主席号令,闻风而动,紧急出征,展开一场与死神赛跑的生命营救壮举,把对党的无限赤诚、对人民的无限热爱,挥洒在三江源头、青藏高原。

地震发生不到 10 分钟,玉树军分区司令员吴勇、武警玉树支队支队长石华杰带领官兵从操场直接跑向废墟开展生命救援,震后 40 分钟,兰州军区就向所属部队发出了驰援灾区的预先号令。与此同时,军队和武警部队应急机制全面启动。

空军多架大型运输机从不同机场投入救援;总参、海军第一时间为部队提供了灾区的遥感影像;第二炮兵某基地官兵携带重型装备;新疆军区陆航旅、北京军区、济南军区、总后勤部的医护人员、武警青海总队和四川省军区的官兵及民兵预备役人员,分多路向灾区开进。……在党中央、中央军委和胡锦涛主席的指挥下,一支支劲旅和军队专业救援、医疗队伍从甘肃、四川、陕西、从北京、山东、江苏出发,千军万马向着同一个方向紧急开进。

面对废墟下生命的呼唤,12 000 多名救灾官兵不惜一切,在 72 小时内救出被压埋群众 1 200 多人。

为抢救生命,各部队紧急开设的多条通道和航线,编织成一张连接玉树的救生网络。

现在每天依然有数千名官兵和医疗队员,挺进结古镇之外的 16 个受灾乡村进行拉网式搜寻。18 支军队医疗队的 1 209 名医务人员也日夜奋战在救灾现场。截至今天,已累计诊治伤病员 27 743 人。

目前,一条条钢铁运输线确保救灾物资源源送到灾区;部队扎起的一顶顶绿色帐篷,为饱受惊吓的人们遮风避雨;野战炊事车在居民点铺开,给受灾群众送上热腾腾的饭菜;震后第七日,部队援建的帐篷学校传来朗朗读书声。

高原的春天来了。与这春天一起到来的,是党对灾区群众的殷殷关怀,是党和她领导下的人民军队为震后玉树播撒下的春天般的希望。

五、××地区暴雨成灾,大部分地区被淹,交通受阻,许多人的生命和财产受到威胁和损失。××公司员工因距离较远,不能前去抗涝救灾,决定捐些钱和衣物寄去。在寄钱和衣物的同时,还准备寄去一封慰问信。请你代为起草这封慰问信。

六、修改下面这份慰问信,并说明修改的理由。

致全体退休教师的慰问信

尊敬的退休老师们:你们好!

在第××个敬老日来临之际,请接受我们对你们的亲切慰问。

在过去的岁月里,你们把汗水洒在了哺育学生的讲台上,留下的经验和辉煌至今仍是我校引以为傲的财富。

莫道桑榆晚,为霞尚满天。衷心希望,老教师在科学安排好自己的晚年生活的同时,与时俱进,有所作为,继续发挥余热,多作些贡献社会、有益家庭、教育青年、促进稳定的工作。

祝节日快乐!

××学校
××××年×月×日

任务四　祝贺信

【任务描述】

你的母校即将举行建校百年庆典,此时你正在异国访学,不能亲临母校道贺,请撰写一份贺信,以表你的拳拳之心。

【任务分析】

撰写贺信,首先必须了解贺信的概念、特点、分类等文种常识,其次在撰写贺信时,要短小精悍,要基本上按照回顾过去努力的历程、预祝美好的未来这个思路来写作,注意语言要能够表达出真诚的祝贺之意。

一、文种常识

（一）贺信的概念

贺信指向有关单位或个人表示祝贺、赞颂的一种专用书信。有的贺信是用电讯来传达的，也叫贺电。

贺信常用于机关、团体、企事业单位或个人向取得重大成绩、做出卓越贡献的有关单位或人员表示祝贺或庆贺，或者对国际、国内发生的重大喜事表示慰问和赞扬，对一些重要会议、节日、庆典、开业、晋升、婚礼、寿辰等表示庆贺、祝愿的场合。

（二）贺信的特点

1. **时效性**　贺信、贺电逢时逢事而发，只在指定时间内生效，要赶在有关活动开始前送达，错过时间和场合，就失去了祝贺的意义。

2. **针对性**　无论贺信还是贺电，都有明确的祝贺对象，针对性很强。

3. **庆贺性**　贺信、贺电都用于祝贺，为对方增加喜庆气氛，因此语言表述方面热情洋溢，充满喜庆，以表达祝贺之情。

（三）贺信的种类

1. **工作方面的祝贺**　如工作取得突出成绩，圆满完成了某项重大任务，重要工程的开工、竣工，科研项目的完成以及商场的开业等。

2. **会议方面的祝贺**　如重要会议的召开或胜利闭幕等。

3. **节日的祝贺**　侧重叙述节日的意义和如何以实际行动来祝贺这一节日。

4. **日常生活中的祝贺**　如贺事业、贺婚、贺寿等。

二、写作技法

贺信的构成模式：标题＋称谓＋正文＋结语＋落款

（一）标题

标题通常有三种写法：一是正中直接写"贺词"作为标题；二是发信主体加文种，如"×××的贺词"；三是发信主体＋贺信接受者＋文种构成，如"×××致×××的贺词"。

（二）称谓

顶格写明被祝贺单位或个人的名称或姓名。

（三）正文

贺信的正文通常包括开头、主体和结尾：

1. **开头**　用简练的语言写出祝贺的原因或背景、意义，如"值此××之际，谨代表××向××表示热烈祝贺。"

2. **主体**　祝贺事项，具体说明所贺之事。对取得成就、做出贡献的单位或个人表示祝贺时，要充分肯定和热情赞扬对方取得的成就，写明取得成就的主客观原因和重大意义。对重大喜事表示祝贺时，要简述喜事内容。如祝贺单位召开重大会议，要说明会议内容，会议召开的背景、意义与影响等。对节庆表示祝贺时，说明节庆给对方带来的好处。祝贺寿诞时,要简述受文者的人生事迹、贡献、宝贵品质等。

　　3.结尾　写祝愿、希望、鼓励的话语表示热烈的祝贺,要写出自己祝贺的心情,由衷地表达自己真诚的慰问和祝福,提出希望和共同理想。

　　(四)结语

　　写上表示祝愿的话,如"祝取得更大的成绩""祝大会圆满成功""祝您健康长寿"等。结语要视不同情况而写:上级写给下级的,要多写希望、要求;下级写给上级的,一般要表示决心和行动;祝贺寿辰的,要写明祝贺健康长寿;祝贺大会的,要写祝大会圆满成功。

　　(五)落款

　　另起一行,在右下方写发信、发电单位或个人名称,署名下写上年月日。

【范文评析】

开业典礼贺信

各位来宾、朋友们:

　　大家好!

　　在新春佳节即将来临之际,深圳世纪海翔投资集团隆重开业了。在这美好的时刻,我谨代表中国有色金属工业协会表示最热烈的祝贺,祝深圳世纪海翔投资集团事业红红火火、财源滚滚而来、前程辉煌灿烂!

　　经过几十年的不懈努力,中国有色金属工业取得了长足的发展,近年来更是进入了发展的快车道。2002年,全国10种常用有色金属产量突破千万吨大关,2005年达到1600万吨,已连续四年位居世界第一。在这辉煌业绩里,凝聚着全国有色金属所有从业者的辛劳和贡献。目前,我国有色金属行业在结构调整、资本运营、产量、投资、效益等各方面都趋向科学化,逐步走向稳定、健康、和谐发展的道路。

　　21世纪头20年,是我国经济和社会发展的重要战略机遇期,也是有色金属工业飞速发展的重要战略机遇期。深圳世纪海翔投资集团处于改革开放的前沿,在开发和利用国内外两种资源、两种资金、两个市场、促进中国有色金属工业发展方面具有特殊的战略地位和优势,扮演着十分重要的角色。希望深圳世纪海翔投资集团以产业报国、做大做强中国有色金属工业为己任,在发展自己、实现光荣与梦想的同时,为中国有色金属工业的持续健康发展、全面建设小康社会作出更大的贡献!

　　再一次热烈地、盛情地祝贺深圳世纪海翔投资集团隆重开业!

　　再一次热烈地、深情地祝贺深圳世纪海翔投资集团这艘刚刚起航的航船,驶向更加美好的明天!

　　谢谢。

××××年×月×日

　　简评:这是一封公司开业庆典贺信。贺信首先向对方表达了真诚的祝贺,接着以概括的方式高度赞扬了该公司的辛劳和贡献,并对该公司提出了要求和希望。最后,再次向对方表示祝愿之情。文章简短明快,热情有力。

【写作实训提示】

1.内容要紧扣庆贺对象和庆贺事情,抓住重点,善于概括,充分揭示祝贺内容的意义。

2.感情要饱满、充沛。贺信要体现的是自己真诚的祝福,是加强彼此联系、增强双方交流的重要手段。所以,贺信要写得感情饱满充沛,给人以鼓舞。冷冰冰的陈述、说明是表达不出祝贺者的心愿的。

3.内容要实事求是。评价成绩要恰如其分,表示决心要切实可行,不可言过其实。

【练习与实训】

一、阅读下列材料,以新天地公司名义给绿叶计算机公司写封祝贺信。

今年十月一日是绿叶计算机公司成立十周年纪念日。该公司是一家注重自力更生、艰苦创业的公司,不但在计算机软件开发方面取得了重大成就,而且培养了大批人才。多年来,该公司曾为新天地公司培训了二十名技术人员。

二、你的母校要举办建校八十周年校庆活动,请写一封贺信表示祝贺。

三、试评析下面这份祝贺信,并说明你的理由。

××公司杨总并全体干部员工:

你们辛苦了！在这整整一年中,你们起早贪黑、夜以继日,只为早一天完成原厂改造;在杨总的带领下,你们破旧立新、转变观念,实行动态管理,以有限的人力、物力完成了这一艰巨的任务;你们以厂为家、忘我工作的精神可歌可泣。

值 GMP 认证提前完成并顺利通过之际,我谨代表公司董事局并以我个人的名义,向你们表示最热烈的祝贺和最衷心的感谢！并希望全体员工再接再厉,百尺竿头更进一步,站在新起点,争创新局面,为把××公司打造成一流的制药企业而奋斗！

任务五　求职信

【任务描述】

徐××为××大学应届毕业班学生,今年6月即将毕业,请为其起草一份求职信。

【任务分析】

撰写求职信,首先必须了解求职信的概念、特点、分类等文种常识;其次要实事求是,把握关键,突出重点,谦虚诚恳,用语得体,彰显个性,独具特色。

一、文种常识

（一）求职信的概念

求职信,是以个人的名义,向用人单位自荐谋求某一岗位或职务时所要表明的有关事宜的一种实用文书,又叫自荐信。

求职自荐信是自荐人与用人单位之间的桥梁,是用人单位见自荐人的第一"面"。通过自荐表达个人意愿,展示自身才能与深层品质,谋求就业机会,以实现理想与抱负。

(二)求职信的特点

1.针对性 针对用人单位对不同岗位、不同职务的从业人员的不同要求而发。

2.展示性 要充分展示自己的才能和以往的工作业绩,讲清楚"我是怎样的人""为何来此自荐""我能干什么"等问题,以期引起用人单位的兴趣。

3.真实性 求职自荐信要实事求是,不能夸大其词,言过其实。有多大才能讲多大才能,如没有什么特殊才能,可以避开不讲。

4.简明性 求职信只需简明地对本人的经历和特长等有重点地加以描述,或逐项列举即可,以使用人单位一目了然,很快认识求职者的优点。

(三)求职信的分类

根据诉求目标是否明确,求职信可分为自荐信和应聘信。

自荐信是谋职人根据自己的条件和意向,向目标单位主动发出的信件。

应聘信是求职者在已获知用人单位招聘信息后寄发给用人单位的信件。

二、写作技法

求职信的构成模式:标题 + 称谓 + 正文 + 致敬语 + 落款 + 附件

(一)标题

在信纸上方居中写上"自荐信""求职书""应聘信"等字。

(二)称谓

求职信的称呼与一般书信不同,书写时须正规。求职信若写给用人单位,称谓就直接写明用人单位名称;若写给用人单位的有关领导,则习惯是单位名称加职衔;若不知道姓名,则可写"尊敬的领导"。

(三)正文

求职信的正文一般包括以下几个方面:

1.个人基本情况 包括姓名、性别、籍贯、就读学校、专业、毕业时间、学历学位等。

2.自荐目的 要写清楚自荐干什么,有的可自荐某岗位、某职务,有的可自荐担任什么工作。自荐目的要明确、具体。

3.个人所具备的条件 说明自己的条件、能力、水平等,这是关系到求职成败的关键部分。可从两方面去写:一方面是业务素质,一方面是综合素质。

(1)业务素质包括所掌握的专业知识和专业技能。主要阐明自荐者求学期间所学习的主要专业知识及取得的成绩;所参加的专业技能训练及所具有的能力,如参加过的实习实训项目、专业技能比赛、所获得的职业资格证书、实习单位鉴定等。

(2)综合素质可从思想品德、兴趣爱好、课外进修、社会实践、在校担任过哪些职务、取得的各种荣誉、获奖情况等方面展示自己，令对方从阅读完毕之始就对你产生兴趣。

同时，除了结合用人单位需求予以介绍外，还要介绍人无我有、人有我优的条件，诸如特长、懂多种外语、发表的文章或发明创造（新）等。

4. 希望　是正文的结束语，多数是希望用人单位能予接纳、恳请对方给予回复或是同意面试等。

（四）致敬语

写上简短的表示敬意、祝愿之类的祝词，也可略去不写。

（五）落款

在信的末尾右下方写"自荐人：×××"，然后写上年、月、日。如用打印机打出，在自荐人姓名处最好使用亲笔签名。

（六）附件

求职信一般都要求同时寄一些有效证件，如学历学位证书、获奖证书、荣誉证书等复印件以及简历、近期照片等。因此，要在正文左下方一一注明。

【范文评析】

求职信

尊敬的领导：

您好！

我是××职业技术学院××系××级××专业学生，将于××年×月毕业。据悉贵单位将招聘应届毕业生。我非常希望到贵单位工作，故冒昧地给您写信。

在校期间，我充分利用学校优越的学习条件和浓郁的学习氛围，认真学习了××专业教学计划规定的内容，取得了优异的成绩，具备了一定的理论水平和实践能力。同时，我对计算机的应用有着特别的兴趣，曾获全国计算机等级考试二级合格证书，能够熟练使用计算机。

在学好文化课程的同时，我积极参加社会工作和暑期实践。无论担任班干部或进行市场调查、参加学生实践团、参加校篮球队等活动，我都积极投入，谦虚谨慎，团结同学，吃苦耐劳，很好地完成了任务，表现出较强的领导和组织能力、与人密切合作的能力和良好的环境适应能力。

由于我在各方面都能严格要求自己，在学习和工作中都取得了较好的成绩，所以多次获得奖励（奖励证书复印件附后）。

以上是我的一些简单的个人情况，在面临毕业的重要阶段，我希望自己能够迈好踏入社会的第一步，因此把贵单位作为我长远发展、努力回报的地方。我非常希望能凭自己的实力取得到贵单位工作的资格。

现奉上推荐表、个人简历、成绩表等资料，如还需要其他的证明材料，请您赐告，自当迅速奉寄。

热切期待您的回音。

我的通信地址：××市××路××号　邮编：××××××　联系电话：×××

此致

敬礼！

自荐人：×××

×××年×月×日

简评：这是应届毕业生求职信，首先交代了求职的缘由。主体分三部分：第一部分介绍自己学业情况，重点介绍了自己的学习成绩和能力；第二部分突出写自己注重参加社会实践，并介绍了自己的爱好、特长；第三部分用恳切的言辞表达了自己的求职愿望和决心。全文言辞恳切，谦恭得体，不卑不亢，可供借鉴。

【写作实训提示】

1.把握关键，突出重点。在求职信中要重点突出与所求职位有关系的内容，切忌长篇大论、面面俱到。求职信过长反而会影响用人单位的阅读兴趣，哈佛人力资源研究所的一份测试证明，一封求职信如果内容超过400个单词，其效度只有25%，即阅读者只会对其1/4内容留有印象。

2.谦虚诚恳，用语得体。求职是一个自我推销的过程，写求职信，只能搞"适度推销"，绝不可夸大其词。在求职信中应尽量避免使用"一定""肯定""最好""第一""绝对""完全可以""保证"等词。

3.彰显个性，独具特色。众所周知，现在的人才市场竞争激烈，就业压力大。一个岗位往往引来众多求职者，招聘单位往往收到很多求职信。在众多的求职信件中，只有个性突出，特色鲜明且能体现出专业水平的信件，才能引起招聘者的注意。

【相关链接】

简历的制作

一、简历的内容

1.基本情况：包括姓名、性别、出生日期、婚姻状况、联系方式及求职目标等。

2.教育背景：按时间顺序列出初中至最高学历、学校、专业、主要课程、所参加的各种专业知识和技能培训。学历建议从最高学历写起，依次往下推。

3.工作经历：按时间顺序列出参加工作至今所有的就业记录，包括单位名称、职务、就任及离任时间。这一部分要详写，尤其是所任每个职位的工作职责和工作性质。

4.其他：个人特长、兴趣爱好、其他技能等。

二、简历的格式

1.通用式：适用于应届毕业生，求职目标不是很明确。主要是按时间顺序来排列内容，不要遗漏。可将"工作经历"改为"实践经历"。通用式简历的适用范围不受申请职位的限制，缺点是针对性不强。

2.功能式:适用于行业或职业经验丰富的求职者,在简历开头即表明求职目标。简历内容的定位应尽可能地贴近招聘职位的要求,强调那些能够满足目标雇主需要的技能、能力和资质。一般在"工作经历"中加入"工作业绩"部分,便于突出自己的经验和优势。

【写作实训】

一、根据自己所学专业和自身的实际情况,为自己写一份求职信。

二、从媒体上找一则招聘信息,针对招聘信息,写一封求职信。

三、修改下面这份求职信,并说明修改的理由。

尊敬的女士/先生:

我是××大学计算机软件专业四年级学生×××,指导教授建议我到贵公司应聘高级程序员一职,并认为我符合贵公司的要求,能胜任这份具有开拓性和挑战性的工作。

我大学二年级始进入系实验室兼职,三年级通过高级程序员考试,并在指导教授的指导下负责完成多项任务,其中在××单片机中心,负责开发IC卡读写器、分布式出入门管理系统;在××网络中心负责开发办公室自动化系统;在××CAD实验室负责开发FPGA逻辑优化与工艺映射软件包。

四年大学生活,对我的帮助不仅仅是取得了优异的学习成绩和多次获得奖学金,更重要的是它培养了自己很强的自学能力和分析问题、解决问题的能力;多次承担项目负责人,更增加了我的责任心以及与人合作的能力,并锻炼了我的组织、协调能力,基于此我认为自己符合贵公司高级程序员职位的要求。

随信附有我的简历、有关证明材料及联系电话,希望在您方便的时候能得到与您面谈的机会。

任务六　商务活动演讲稿

【任务描述】

2009年2月13日下午,由××大学金融学院主办,×××股份有限公司协办的"2009××经济学界新春论坛"在××大学举行。来自××省经济学界的数十位专家学者在共庆新春的同时,就"国际金融危机的影响及中国经济发展的走势"这一焦点话题进行了研讨。而你也在发言之列,请针对该会议主题撰写一份演讲稿。

【任务分析】

撰写商务活动演讲稿,首先必须了解商务活动演讲稿的概念、特点、分类等文种常识,其次在撰写商务活动演讲稿时,要做到见解精辟,表达确切,概念明确,判断恰当。

一、文种常识

(一)商务活动演讲稿的概念

商务活动演讲稿是指在商务交往中,演讲者在会上或其他公开场合就各方所关心的问题阐述自己的观点、见解和主张,提出对策和解决措施所形成的文稿。

(二)商务活动演讲稿的特点

1.**现实性**　商务活动演讲稿是演讲者针对当前的商务活动现状、存在问题、发展趋势和未来前景等阐明自己的观点和态度。这个观点和态度一定要与当前现状及问题紧密相关。它讨论的应该是目前商务活动中存在的并为人们所关心的问题。它的观点要来自身边最真实、最全面的数据、材料,是为了解决目前的问题而提出和讨论的。

2.**独特性**　就是对商务活动存在的某些问题要有独特的发现和独到的见解。要在他人共识的基础上有新观点、新见解。

3.**逻辑性**　商务活动演讲稿在分析现状、提出问题、预测未来的过程中,要显示出无懈可击的逻辑力量,只有这样才能使自己的论述有说服力,才能赢得听众的理解和支持。

4.**口语性**　商务活动演讲稿是一种书面化的口语,因此,要"上口""入耳"。它一方面是把口头语言变为书面语言,即化声音为文字,起到规范文字、有助演讲的作用;另一方面,要把较为正规严肃的书面语言转化为易听易明的口语,以便演讲。因此,常常把长句改成短句;把倒装句改为常规句;把单音节词换成双音节词;把生僻的词换成常用的词。

二、写作技法

商务活动演讲稿的构成模式:标题 + 称谓 + 正文

(一)标题

一般有三种写法:一种是文种标题法,如"演讲稿";一种是公文标题法,由演讲者和文种构成,如"关于×××的演讲";还有一种是文章标题法,可用单行标题拟制,也可采用正副标题形式,如"经济全球化挑战与企业决策——董事长关于×××的演讲"。

(二)称谓

根据受听对象和讲演内容需要决定称呼,常用"同行们""朋友们"等。

(三)正文

正文由开头、主体和结语三部分构成。

1.**开头**　常用的开场白有点明主题、交代背景、提出问题等。不论哪种开场白,目的都是使听众立即了解演讲主题、引入正文、引起思考等。

2.**主体**　也是整篇演讲的中心内容。主体必须有重点、有层次、有中心语句。演讲主体的层次安排可按时间或空间顺序排列,也可以平行并列、正反对比、逐层深入。由于演讲材料是通过口头表达的,为了便于听众理解,各段落应上下连贯,段与段之间有适当的过渡和照应。

3.**结语**　商务活动演讲稿的结尾没有固定的格式,可根据演讲的需要、自己的特长进行选择。一般常用总结全文,加深印象;提出希望,给人鼓舞;表示决心、誓言;照应题目等方法结束全文。

【范文评析】

广州销售演讲稿

尊敬的领导、物流界的同行们:

非常高兴今天能和大家一起相聚在广州,非常感谢中石化广州销售公司,我谨代表茂名中远物流有限公司出席本次大会并探讨一些心得。

随着国内市场对化工产品需求的增加和中国石化生产能力的提升,中国石化化工产品的销售量持续上升,我公司有幸参与并成为华南地区众多物流服务商佼佼者之一,分享化工销售项目成果。在这里,我也诚挚的希望能借此机会简单地介绍一下我公司的情况。

作为粤西地区最大的物流商,茂名中远经过十五年的发展,借助中远系统的人才、设备、网络和技术资源优势,在粤西、海南及周边地区建立起自己独特的品牌和服务优势,综合影响力在粤西及周边地区首屈一指。我们是实力雄厚、业务娴熟的公共货运服务商。公司作为湛江、茂名海关在茂名地区唯一实施 A 类管理的专业货运代理企业,与中国石化国际事业公司、茂名石化、海印永业、茂名擎海运动器材等全国特大型企业集团、上市公司和当地大型进出口企业建立了长期稳定的合作伙伴关系。

在集装箱、散货海上运输方面,我司与本地驳船公司合作经营往返香港、深圳至茂名港的定期航班运输,目前集装箱和散货两用船 5 艘(350TEU,5400 吨),茂名港与香港之间每周 4 个航次,茂名港与深圳之间每周 2 个航次,结束了茂名口岸多年来没有定期航班的历史,每年为茂名及周边地区客户承运超过 13 000TEU 货量,占 85% 的市场份额;同时利用自身优势,开展广东、广西、海南、福建沿海的国内货物运输业务。

作为第三方物流服务商,我公司是茂名地区唯一一家具备提供现代综合物流服务的企业,主要包括工程物流、产品物流两大板块业务。工程物流服务方面,我们依托中国远洋运输集团(COSCO)强大的运输能力和中远物流完善的国内外服务网络及全国五分之二的大件运力优势,在粤西及周边地区成功完成了包括茂名石化 100 万吨/年乙烯改扩建项目、茂名大亚木业等在内的大型建设工程物流运输项目。产品物流服务方面,我们以人为本,依靠公司为中心,立足华南,整合区域内集装箱和散货海上运输、陆路汽运、铁运、仓储等配送资源,为公司提供以多种运输方式结合、优化物流方案为标志的产品综合物流服务。液体散货船运输,具有多年油船经营经验,可控制和使用的油品、化工品运输船舶运力达 4.5 万吨,公司设立专门的船舶总调度室,选用中远具有丰富海运经验的总船长作为技术、安全总负责人,承担了中石化茂名炼油厂、中石化海南炼油厂油品、化工品经海上运输配送的相关航线的主要运输任务,年运输总量超过 200 万吨。

此外,我公司还打算建设 30 000 平方茂名化工品物流园区,力争成为茂名市最规范的现代化物流配送中心以及网上交易平台。我们坚信,物流供应链像一道美丽的桥梁,它的组成部分并非一成不变。与时俱进、顺应需求、适度超前,是物流发展的要求,也是社会资源配置高效化驱动的必然。正是在这些理念指导下,我们创造了工程物流、融资物流等全新的领域。

广州销售分公司致力于为国内不断增长的市场需求提供产品和服务,同时也努力优化与国际市场的资源配置。而我们,则立足于华南,不断提升物流综合竞争力,向客户提供最优质的服务,促使内部产业链充分发挥协同效应,实现经营效益、公司价值和股东回报最大化。我们在为您提供服务的过程中,从没有感到过轻松和简单,但我们始终为能与您合作而感到骄傲,因为我们在为您服务的过程中尽情享受着人与人之间的快乐、真诚。我们将在今后的合作中不断提升整体服务水平,以满足贵公司发展需求的步伐。

“做最强的物流服务商、做最好的船务代理人”是我们的目标,公司依托中远集团雄厚的海上运输等整体实力,延伸和完善物流供应链管理,以其独特的项目管理和服务赢得客户的信赖。

2007 年,中国远洋 A 股上市。作为中国远洋的物流板块,上市不仅为我们带来更雄厚的资金,也为我们带来更广阔的市场前景、更丰富的机遇。

最后我想说:选择中远,就是选择骄傲。

我的发言结束! 谢谢大家!

简评:这是一篇商务活动演讲稿,正文实事求是地介绍了公司的情况和业绩,重点谈了物流业未来现状、发展前景及公司今后的发展趋势,最后表明致力于物流事业、提供优质服务的决心。观点鲜明,内容充实,语言通顺,情感真挚。

【写作实训提示】

1. 根据商务活动的目的来确立主题,根据主题来选择典型、真实准确、新颖生动的材料。此外应该尽量选择自己十分熟悉、透彻理解的事物,最好是亲身经历、目睹耳闻的材料。这样,才能有精辟的见解,感人的效果。

2. 运用富有特色的语言。

(1)口语化是演讲语言的基本要求,要做到通俗易懂。

(2)要用形象化的语言化抽象为具体,化深奥为浅显,化枯燥为有趣。

(3)使用一些排比句,增强语言的声音美,使声调和谐,节奏鲜明。

【练习与实训】

一、假设自己是 IT 行业一家公司总经理,即将出席以“ARM 开发的前景分析”为主题的研讨会并发言,请准备一篇演讲稿。

二、试评析下面这份商务活动演讲稿,并说明你的理由。

关于 2008—2009 年中国中小银行市场分析及发展战略研究

尊敬的女士们、先生们:

我很荣幸今天能和大家一起相聚在上海,非常感谢××集团为我们提供此次良机,让我们能够在本次大会上探讨问题并获得许多心得,能参加本次商务对话。

我国中小银行在银行体系中竞争力依然不容乐观,今年我国中小银行包括股份制银行12家,城市商业银行124家,城市信用社42家,农村信用社8 348家,农村商业银行17家,农村合作银行113家,村镇银行19家。

从目前的情况看,中小银行是中国银行体系中的弱势群体。对于中小银行来说,它们不能和工农中建四大行比规模、无法与上市银行比公司治理,也不可能与外国银行的在华分支机构比科技水平比人才吸引力,因此,最明智的选择就是根据自身的地方化、信息比较充分、服务效率有较大提升空间的相对比较优势确定差异化市场战略。

总体上看各中小银行不良贷款的总额和增长率都有所下降,但2008年三季度以来,关注类、可疑类贷款规模有所回升。尤其是房地产及资本市场的调整对商业银行的资产结构调整带来较大影响,在已经形成的不良贷款中,房地产贷款占较大份额。中国宏观经济走势趋缓、房地产市场下行趋势确立、出口型的中小企业经营困难、中国金融政策的波动、大型银行对中小银行生存空间的挤压等,中小银行生存空间日益狭小,在此DHD金融咨询中心认为中小银行应积极调整信贷结构,加强混业经营和提高中间业务的占比,以应对经济周期下行的影响。

……

非常荣幸能在今天和大家坐在一起讨论这些不成熟想法。很高兴能与诸位同仁分享此次会议的收获,谢谢大家!

【写作综合实训】

〔实训一〕阅读案例材料,按要求写作。

黄河水利职业技术学院位于历史文化名城、中国优秀旅游城市开封,始建于1929年,至今已有80年办学历史。在长期发展过程中,学院积累了丰富的办学经验和深厚的文化底蕴。所培养的7万余名毕业生活跃在祖国的大河上下、大江南北,特别是在黄河水利委员会所属机构,80%左右的技术骨干和管理干部来自黄河水院。水利部原部长杨振怀赞誉学院为"黄河技干摇篮"。现任黄河水利委员会主任李国英在视察学院时曾说:"没有黄河水院,就没有黄河50多年的岁岁安澜。"

学院与中国水利水电工程集团公司、西门子自动化驱动集团、河南黄河河务局、黄河中上游管理局等500多家企事业单位合作,成立专业建设委员会、产学合作委员会,形成了校企合作、工学结合的长效机制,为毕业生就业提供了广阔的舞台。2003年以来,学院毕业生就业率一直在90%以上,多次获得"河南省大中专毕业生就业工作先进集体"荣誉称号,2008年,学院被评为全国就业率十强高职院校和全国高职院校就业"星级示范校"。

黄河水利职业技术学院为了做好2010届毕业生就业工作,为用人单位和毕业生提供更方便的交流和选择平台,决定于2009年11月19—21日在黄河水利职业技术学院新校区(开封市东京大道西段)举办"黄河水利职业技术学院2010届毕业生供需见面会",届时省内多所大中专院校近万名毕业生将供用人单位选择。

为了开好2010届毕业生供需见面洽谈会,黄河水利职业技术学院有关部门做了周密细致的准备工作。联系了开封市开元名都(开封市郑开大道×号,电话:××××××)作为报到和住宿地点,统一安排食宿,费用自理,每人交会务费800元。提前一个月向全国各地有关单位发出了邀请函,特邀请各单位领导在百忙之中光临黄河水利职业技术学院。并请与会单位在11月15日前将会议回执、需求计划及本单位有关宣传资料传真至×××××××,或邮寄至黄河水利职业技术学院就业指导中心(开封市东京大道西段),学院将按照有关单位的要求免费制作彩色喷绘展板。

报到时间:2009年11月18日,需接车(机)的代表,还请将车(班)次及到达时间提前告知会务组。

会务组联系方式:××××××

联系人:×××

联系电话:××××××传真:××××××手机:××××××××××××

学院地址:河南省开封市东京大道西段　邮编:475003

1.根据案例内容,请你为黄河水利职业技术学院起草一份邀请信。

2.根据案例内容请你写一份请柬,邀请河南省教育厅有关领导出席本次招聘会开幕式。

3.根据案例内容,请你为黄河水利职业技术学院起草一份招聘会开幕式欢迎词。

4.根据案例内容,请你为黄河水利职业技术学院起草一份欢送词。

5.根据案例内容,请你以河南省教育厅名义为黄河水利职业技术学院成功召开此次招聘会起草一份祝贺信。

6.根据案例内容,你作为参加本次招聘会的应届毕业生,为自己写一份求职信。

〔实训二〕阅读案例材料,按要求写作。

××职业技术学院管理系主任带领该系酒店管理的部分师生到北京天盛酒店参观学习,受到了酒店领导和员工的热情欢迎和款待。天盛酒店在师生到来时召开了欢迎会,临别时召开了欢送会,期间还就"高职院校酒店管理专业实习存在的问题及对策"进行了积极的探讨。

1.根据案例内容,请你为酒店总经理写一篇欢迎词。

2.根据案例内容,请你为酒店总经理写一篇欢送词。

3.根据案例内容,请你为管理系主任写一篇答谢词。

4.根据案例内容,请你为管理系主任写一份演讲稿。

项目五 拟写商务会议文书

【知识目标】

了解商务会议文书中常用的种类。

理解商务会议文书各文种的概念、特点、种类等基础知识。

掌握各文种的写作格式、规范及适用范围。

【能力目标】

能依据内容进行模拟写作,具备撰写商务会议文书的能力。

能根据不同场合需要撰写格式规范、内容恰当的常用商务会议文书。

任务一 开幕词 闭幕词

【任务描述】

1.某省交通便利,物产丰富。为了进一步招商引资,扩大本省与世界各国及港澳地区的经济技术合作和贸易往来,增强对外经贸事业的发展,继 2009 年 10 月庆祝对外贸易中心落成暨首次贸易洽谈会后,某省对外贸易总公司与当地政府协商将于 2010 年 10 月再次在对外贸易中心举办国际技术合作和出口商品洽谈会。

作为办公室秘书,请你为本次洽谈会起草一份开幕词。

2.第二届中国经济年度论坛暨亚洲企业领袖年会即将成功闭幕。××投资集团副总裁于×将在闭幕式上致闭幕词。

请起草一份闭幕词。

【任务分析】

要写好开、闭幕词,首先必须了解开、闭幕词的概念、特点及种类。撰写正文时,注意行文规范,要准确把握会议的指导思想、主要内容及其精神意义。结尾还要根据开、闭幕词的不同需求表达感谢的同时提出希望、要求,或提出任务,作出评价,发出号召。

一、文种常识

(一)开幕词、闭幕词的概念

1.开幕词是指在大型会议或重大活动开幕时　由组织召开会议的主要领导人向参与人员所作的讲话或文稿。其内容主要是阐述会议的指导思想、宗旨、重要意义,向与会者提出开好会议的要求,并对会议的成功表示祝愿。

开幕词是大中型会议或活动正式开始的标志。它以简洁明快、热情生动且富于口语化的语言阐明宗旨、性质、目的、任务、要求等,对会议或活动有着重要的指导性意义。

2.闭幕词与开幕词相对应　是会议或活动结束时由主要领导人向参与人员所作的总结性讲话或文稿。其主要内容是对会议或活动作以概括性的评价和总结,并向参与者提出贯彻落实大会精神的要求,或提出奋斗目标和希望等。

闭幕词要求篇幅简短,语言生动明了,常要对会议或活动作出正确的评估和总结,充分肯定会议或活动所取得的成果,并强调主要的精神和影响,激励相关人员,宣传会议或活动的精神实质和贯彻落实有关的决议或倡议。

(二)开幕词、闭幕词的特点

1.宣告性　开幕词宣告会议或活动开始,闭幕词宣告会议或活动结束。

2.简明性　开闭幕词要求短小精悍,简洁明了,忌长篇累牍。

3.口语化　语言应通俗上口,生动明快,适合口头表达。

此外,闭幕词还具有总括性、号召性的特点。闭幕词应对会议或活动的内容、精神、进程、取得的成果及意义等作出高度的概括性总结。同时,为激励参与会议或活动的成员能够完成会议提出的各项任务,增强参与者贯彻执行会议精神的决心和信心,闭幕词的行文还要充满热情,语言坚定有力,富有号召性和鼓动性。

(三)开幕词、闭幕词的种类

按内容可分为侧重性开幕词、闭幕词和一般性开幕词、闭幕词。

1.侧重性开幕词、闭幕词　主要对会议或活动举行的历史背景、重大意义或中心议题等作重点阐述,其他问题则一带而过。

2.一般性开幕词、闭幕词　只对会议或活动的目的、议程、基本精神、来宾等作简要的概述。

二、写作技法

开幕词、闭幕词的构成模式:标题(注明开会时间 + 宣读人姓名) + 称谓 + 正文。

(一)标题

标题主要有两种形式:

1.会议名称 + 文种　如《2008 年北京奥运会开幕词》。标题下面的括号内注明开会时间,在下面写明宣读人姓名。

2.**致词人+事由+文种** 宣读人姓名可放于会议全称之前或之后,如《××同志在世界××大会上的开幕词》或《在世界××大会上××同志的开幕词》。

3.**采用复式标题** 正题揭示会议的宗旨、中心内容,副标题与前两种标题的构成形式相同,如《我们的文学应该站在世界的前列——中国作家协会第四次会员代表大会开幕词》;也有的只写文种《开幕词》。

(二)称谓

称谓应另起一行,顶格写,多种称呼可叠加。如"主席先生、女士们、先生们、朋友们"。

(三)正文

正文由三部分组成:开头、主体、结尾。

1.**开头** 开幕词的开头一般是宣布会议或活动开幕。也可以对会议、活动的背景、宗旨、规模等作简要介绍,并对参与者表示欢迎、祝贺。

闭幕词的开头一般则是肯定会议、活动圆满完成,并简述取得的成绩或收获或进行概括评价。

2.**主体** 开幕词主体部分所包含的主要内容有:会议或活动的指导思想、特点、主旨、议程和任务、希望及要求等。

闭幕词主体部分的主要内容包括会议或活动进行情况的概述,会议活动的收获、意义及影响。在全面准确掌握会议情况的基础上,注意写明:会议通过的主要事项和基本精神;会议、活动的重要性和深远意义,并有针对性地给予恰当评价;贯彻落实大会精神的要求和希望。

3.**结尾** 开幕词的结尾通常是表达祝愿、希望,如"祝愿××活动圆满成功"。

闭幕词的结尾一般则是宣布会议胜利闭幕或活动圆满结束;也可以对会议有关事项略加说明,对保证大会顺利进行的有关单位及服务人员表示感谢。

【范文评析】

〔例文一〕

××对外贸易洽谈会开幕词

女士们、先生们,同志们:

值此××省国际经济合作和出口商品洽谈会开幕之际,我代表××省人民政府、××市人民政府、××省对外贸易总公司,向远道而来的五大洲各国来宾、港澳同胞、海外侨胞表示热烈的欢迎和良好的问候!

×年×月,在庆祝××对外贸易中心落成典礼时,我们曾在这里举办过一次洽谈会。今年这次洽谈会,规模和内容比上一次洽谈会更加广泛和丰富。这次洽谈会,将进一步扩大我省同世界各国及港澳地区的经济技术合作和贸易往来,增进相互了解和友谊。

××省是我国沿海经济比较发达的省份之一,幅员辽阔,物产丰富,人力资源充足,工农业生产和港口、交通均有一定的基础,对外经贸事业的发展有着广阔的前景。目前,我省已同世界上130多个国家和地区建立了贸易往来和经济技术合作关系,这种合作关系正在日益巩固和发展。

本次洽谈会,我们将提出200多种对外经济合作项目,包括轻工、纺织、机械、电子、化工、冶金、建材、水产及食品加工等,供各位来宾选择。所展出的商品不少是我省的名牌产品和新发展的出口产品。欢迎各位来宾洽谈,凭样订货。

今天在座的各位来宾中,有许多是我们的老朋友,我们之间有着良好的合作关系。对于你们的真诚合作精神,我们表示由衷的赞赏和感谢。同时,我们也热情欢迎来自各国各地区的新朋友,为有幸结识这些新朋友感到十分高兴。我们欢迎老朋友和新朋友到××地观光游览,发展相互间的友好合作关系。

最后,预祝××省国际技术合作和出口商品洽谈会圆满成功!

谢谢!

简评:这是工商业活动领域的一篇比较典型的开幕词。标题采用了会议全称加"开幕词"的形式。称谓为多种称呼的叠加。开头对洽谈会的规模、与会者的身份作简要介绍,对会议的召开表示祝贺。主体简要总结了上次活动的成绩,提出了会议的主要任务,阐明会议的意义和作用并作出了预示性的评价,对与会者提出了希望和要求等。结尾表示祝愿。

例文结构严谨,条理清楚,具有强烈的号召力和鼓动性。

〔例文二〕

2007 中国经济年度论坛暨亚洲企业领袖年会闭幕词
××集团副总裁　×××

尊敬的各位领导、各位来宾,女士们、先生们、朋友们:

大家好!

2007 中国经济年度论坛暨亚洲企业领袖(××)年会取得了圆满成功。我受深圳××投资集团董事长××先生的委托,代表作为承办单位之一的××集团,向各位代表致以最崇高的敬意!

××山水风情茂,群英荟萃良策多。本届亚洲资本论坛(××)年会,是一次共襄盛举、共谋发展的历史性大聚会。两天来,各位专家学者、企业精英在××温泉度假村的青山绿水间谋发展、论策略、展鸿图,向五湖四海传递着年会的信息和来自××的时代强音。这次论坛暨年会将强力助推××集团加快发展、提升实力。在此我代表××集团向各位表示诚挚的谢意!

××集团作为一个拥有40多家旗下公司的国际化发展的多元化企业集团,将以此为契机,依托自身经营实力,不断开拓未来,为中国的经济腾飞,为亚洲乃至世界的经济发展尽一份微薄之力。

今日相逢,意犹未尽。我相信,这次的交流与合作,必定会成就明天的发展与腾飞。在此,我们诚挚地邀请各位嘉宾常来××走一走、看一看,多来××领略淳朴的潮客风情。

最后,我再次代表××集团感谢各位的到来。

祝大家身体健康,心想事成!

谢谢大家!

（资料来源:http://business.sohu.com/s2007/jieyang/）

简评:这是一篇典型的闭幕词。标题采用了会议名称加文种的形式。正文开头即以简明的语言说明了此次会议的圆满成功;主体部分总结了会议的概况,恰当地评价了该公司在此次会议的收获、意义等。结尾则对与会者表示祝愿和感谢。

【写作实训提示】

1.开幕词与闭幕词相互照应。开幕词、闭幕词如同会议的序曲与尾声,是大中型重要会议的两个重要环节。两者在形式、内容等方面相互对应,起到了宣传、鼓动的作用,并增强会议的气氛。

2.内容的概括性与语言的简明性。开幕词、闭幕词均具有高度概括性的特点。无论是明确会议的指导思想、主要议程,还是总结会议的成果,阐明基本精神,都应注意内容的高度概括性,不必加以阐释。在语言的使用上,应注意简洁明快,富有鼓动性,以适当调动会议的气氛。

【练习与实训】

一、举例说明开幕词、闭幕词的写作特点及二者的区别。

二、××学校电影艺术节开幕在即,请根据以下材料拟写一份艺术节开幕式上的开幕词。

为提高当代大学生的人文素质修养,丰富校园文化,××大学联合××影院举办首届电影艺术节。此次电影艺术节将为全校师生放映中外影片××部,并从中评选出最受学生欢迎的中外影片、男女演员以及导演、编剧、音乐等十大奖项。此次活动,在丰富大学生校园生活的同时,也能够进一步提高学生的审美文化素养,帮助他们确立良好的人生观、世界观。

三、根据下列材料,拟写一份闭幕词,要求格式规范,要素完整,内容明确。

××公司第十七届职工代表大会即将顺利闭幕。这次大会得到了×党委的高度重视,党委书记王××同志作了重要讲话。讲话中,他动员广大干部群众就如何认清形势、统一思想、坚定信心、扎实工作,努力开创各项工作新局面,为实现公司三步走发展战略提出了具体要求,并号召广大职工群众要立足本职,发挥作用,为完成公司提出的各项工作任务,开创××经济发展的新局面而努力奋斗。

会议期间,与会代表们认真听取并审议通过了行政工作报告,这个报告对××公司的经济工作进行了总结,还精辟地分析了当前××公司所面临的严峻形势,具体部署了今后一个时期的工作。代表们一致认为,报告对××公司目前状况的认识是客观公正的,对今年的工作任务所确立的目标是明确的,措施也很具体,具有较强的操作性。会后,代表们一致表示,要以"报告"精神为动力,动员和带领广大职工群众,为实现党委"一一四"工作思路和×××"一六"工作目标,促进××公司的全面发展而努力奋斗。此外,大会还认真审议并通过了其他有关报告和议案,评议了企业领导干部,签订了《集体合同》和"双文明"建设责任状。

四、根据材料拟写一份开幕词。

首届中国(××省××市)国际动漫论坛即将开幕。此次论坛汇集了国内外的众多动漫产业界颇具影响力的人物以及动漫产业界的精英。与会嘉宾129人,其中境外嘉宾51位,他们分别来自美国、英国、法国、日本、韩国、澳大利亚、西班牙等12个国家。××省××市的领导参加了此次开幕式,××省人大常委会副主任××将致开幕词。

任务二　讲话稿

【任务描述】

××数码公司是上海××大学的长期合作伙伴和赞助商。在××大学举办的"挑战自我"大学生创业竞赛设计活动启动之际,校方正式邀请了××数码公司的领导参加活动启动仪式并发表讲话。

公司秘书要为领导起草一份讲话稿。

【任务分析】

要写好令人满意的讲话稿,必须了解讲话稿的概念、特点等文种常识,把握写作的要点,根据讲话者不同情境的需要写出切合实际要求又有新意的讲话稿。

一、文种常识

(一)讲话稿的概念

讲话稿是指在特定场合或较为隆重的集会或会议上发表讲话的文稿。这是广义的讲话稿。狭义的讲话稿通常指领导讲话稿,即各级领导在各种会议上所发表的带有宣传、指示、总结性质的讲话文稿。

(二)讲话稿的特点

1.针对性　讲话稿的内容必须根据商务会议的主题与讲话者的身份来确定。因而,在写讲话稿之前,必须要较全面地了解会议的相关情况:如会议的主题、性质、议题,讲话的场合、背景,领导者的指示、要求,听众的身份、背景情况、心理需求和接受习惯,等等。

2.得体性　在篇幅和语言方面讲话稿都应注意得体。讲话都是有时间限制的,因此,在篇幅上讲话稿应适当得体,不能不顾具体情况而长篇大论。在语言方面,为了便于讲话者的表达和听众的理解,讲话稿的语言既要通俗生动又要简洁得体。另外,讲话的现场性也决定了撰写讲话稿时应提前考虑和把握现场气氛和场合,以免引起尴尬。

（三）讲话稿的种类

1. 工作会议类讲话稿　领导在各种会议上所发表的以对现有工作情况（如成绩、经验、缺点等）进行归纳总结,并对未来工作目标、任务、重点、措施等进行研究部署为主要内容的讲话稿。

2. 庆祝、纪念会议类讲话稿　在重大庆典或具有纪念意义的会议活动上所发表的讲话稿。

3. 表彰会议类讲话稿　以表彰奖励为主要内容的讲话稿。

二、写作技法

讲话稿的构成模式:标题＋正文（开头＋主体＋结尾）

（一）标题

一般分为两种:一种由讲话人的姓名、职务、事由和文种构成,如《×××董事长在××会议上的讲话》,《××首席经济学家在×××经济会议上的讲话》;另一种由主标题和副标题组成,主标题一般用来概括讲话的主旨或主要内容,副标题则与第一种形式相同。如《"拥抱企业家精神"——马云在亚洲协会上的讲话》。

（二）正文

讲话稿的正文由三部分组成:开头、主体、结尾。

1. 开头　首先应根据与会人员的情况给予相应的称谓和问候。然后开宗明义表明主题,概述讲话的主要内容或重点,说明讲话的意图。接着转入正文主体部分。

2. 主体　应阐明讲话的中心问题,围绕主题展开论述。可以围绕主题逐层论述,也可以分项阐述。应注意根据讲话的对象、场合等不同情境的需要选择论述的方式,并做到主次分明,重点突出。

3. 结尾　总结全篇,照应开头,通常发出号召,或者表达希望、祝愿等,并对与会者表示感谢。

【范文评析】

马云在阿里巴巴 10 周年庆典大会上的讲话稿①

感谢大家,其实我还没有从刚才的表演中恢复过来,从来没有想到自己可以在万人体育场表演,表演之前呢,紧张了至少十天,但是表演了两分钟就不肯下来,所有刚表演完下来的阿里巴巴高管都特遗憾,我们只有这么一点时间,所以一激动我们在后面聊了很长时间。接下来我跟大家分享阿里巴巴十年的经历。

---

① 原文标题为《阿里巴巴10周年庆典马云演讲全文实录》,文章有所删改。标题为编者根据内容添加。

为今天晚上我大概准备了十年，十年以前我设想过，十年以后我会如何对我们的员工讲话，如何对我们的客户讲话，如何对我的朋友讲话，讲些什么？离十周年越来越近的时候，我心里面越来越亢奋，越来越希望讲，但是到这几天，我居然晚上都睡不着觉，因为我不知道自己要讲什么。刚才在来之前，看到那么多阿里巴巴的人，那么多的阿里巴巴亲朋好友，我其实不需要讲什么，十年来所有阿里巴巴人的行为已经告诉我们了，感谢大家！

十年以前，在我的家里，我还有其他17位的同事，我们描绘了一个图，我们认为中国互联网会怎么发展，中国电子商务会怎么发展，我们讲了两个小时，从此就走上了这条路。十年下来，没有任何理由我们会活下来，有无数的原因，无数次的坎坷，无数次的情况会让阿里巴巴一蹶不振，甚至消失在互联网世界。我们自己也在问是什么让我们活了下来，并且越来越强大……所以我讲，从第一天起到现在，阿里巴巴一直充满了感恩之情，要感谢的人非常多。

我想我首先要感谢我17位同事，17位创业者，无论发生任何事情，他们总是坚定地站在我后面。我也感谢在座的所有的阿里巴巴同事，是你们的坚强精神让我们走到今天，感谢大家。

我感谢所有阿里巴巴的客户，他们帮我们成就了阿里巴巴的梦想……

我也相信，不管任何原因，我们今天活了下来，但是我们还有92年要走，这92年，我们凭什么再走下去，前十年阿里巴巴只有两大产品，第一个产品就是我们员工，第二个产品就是我们的客户……

我们坚持专注，我们专注电子商务，前十年我们专注电子商务，后十年还是专注电子商务，我们前十年专注中小企业，未来十年我们还是专注中小企业，因为只有专注中小企业，专注电子商务，才能让我们长久，因为中小企业需要我们，因为中国电子商务和全球电子商务需要我们。今天阿里巴巴十周年，看到大家的激情，我从来没有那么担忧过，因为今天是前一个十年的结束，我们后面92年刚刚开始。从昨天晚上到今天早上，我们收到了18个阿里创始人的辞职信，我们所有的18个人辞去了自己创始人的职位，因为我们知道，从9月11日开始，阿里巴巴将进入一个新的时代，进入合伙人的时代，我们18个人不希望背着自己的荣誉去奋斗，我们今天晚上将是睡得最香的一个晚上，因为今天晚上我们不需要说因为我是创始人，我必须更努力，因为今天我们辞去了创始人，明天早上我们将继续去应聘、求职阿里巴巴，我们希望阿里巴巴再度接受我们，跟任何一个普通的员工一样，我们的过去一切归零，未来十年我们从零开始。

……最近一两年来，纠结阿里巴巴管理层的是，未来十年我们阿里巴巴怎么走，我们需要变成一个什么样的公司。我想不是我们想变成一个什么样的公司，而是世界需要什么样的公司，在21世纪我们需要有21世纪理念的公司，我们希望更懂得开放，更懂得分享，更懂得全球化的公司。我相信互联网之所以发展那么快，是因为互联网懂得开放、懂得分享、懂得承担责任，有全世界的眼光。今天任何一家企业，假如想在21世纪活好，必须学会开放、分享、责任、全球化，阿里巴巴就是希望成为这样的一家公司。

……

我相信,一千万家中小企业,一亿个就业机会,10亿个消费者,一定会引来很多的非议、嘲笑、讽刺,没关系,阿里人我们习惯了。我也相信世界也许一定会忘记我们,因为我们不是追求别人记住我们,我们追求的是别人使用我们的服务,完善自己的生活,促进社会的发展。各位阿里人,92年的路非常之长,来到阿里巴巴不是为了一份工作,而是为了一份梦想,为了一份事业。我这儿想分享一下不断激励我自己,也是想激励大家的,我讲了N多遍今天还想讲一遍的话:今天很残酷,明天更残酷,后天很美好,绝大部分人死在明天晚上,看不到后天的太阳,阿里人必须看到后天的太阳。

所有阿里人记住,毛主席曾经讲过,自信人生两百年,会当击水三千里,世界给了我们这个舞台,全球给了我们这个机会,动用所有的智慧,所有的勇气,一切的努力去帮助一千万家企业生存,创造就业机会,为10亿人真正提供价廉物美的平台。谢谢大家!

(资料来源:http://tech.163.com)

简评:这是一篇典型的庆祝、纪念会议类讲话稿。文章标题是编者事后添加的,采用了"讲话者+事由+文种"的形式。此篇正文较长,由开头、主体、结尾构成。

例文结构严谨,语言使用得体、灵活,颇具感召力,便于引起听众的共鸣。

【相关链接】

讲话稿与发言稿的区别

发言稿是指发言人在公众场合代表自己或代表部分群体发表意见、观点或汇报思想、工作情况而事先准备好的文稿。在非规范文种中,讲话稿与发言稿两者容易混淆。因为两者在内容、形式、写法、适用场合等方面都具有相同之处。二者的不同则主要表现在:

第一,体裁不同。讲话稿是属于会议上领导者使用的体裁;而发言稿则是属于被领导或其他非领导人使用的体裁。

第二,认识问题的角度不同。讲话稿是从整体出发,具有一定的原则性、政策性、权威性的特点;发言稿则主要从微观方面考虑和认识问题,具有局部性、务实性的特点。

第三,主题的侧重点和语气的不同。讲话一般是领导者代表组织或领导者个人对下属所作的具有提出希望、要求、安排之类的意见,因而其体现主题的侧重点一般是阐述应当做什么,如何去做。发言稿一般是发言人代表个人或部分群体在公共集会上向与会者或领导所作的工作、思想等方面的汇报,因而其体现主题的侧重点一般是阐述现有的客观情况和工作情况,今后怎样做得更具体、更好。这种特点也决定了讲话一般使用表示期望、交待、勉励(大家)、关心、慰藉等的语气;发言则一般使用陈述、恳请、自勉、表示决心一类的语气。

【写作实训提示】

1.要"对路"。所谓"对路",是指讲话稿应针对不同会议的情境和要求,根据听者的接受度以及讲话者的自身特点起草确定。现代社会商务会议种类繁多,会议的内容、目的不尽相同,讲话的对象也因其职业、行业等社会角色的不同而各具特点,因此,依据具体情况,讲话的角度、讲话的重点、语言表达方式等都应做到得体。另外,由于讲话者本身具有特定的思维习惯、表达方式等,写作时应关注领导在工作等各个方面的综合特点和要求,广泛征求各方意见,完成一篇合格的讲话稿。

2.要有所创见。一篇好的讲话稿,能够做到有一两个观点、一两句话让听众得到启发、受到震撼、印象深刻是很不容易的。这就要求写作者在坚持好的文风的基础上,结合实际,在观念、思路、语言表达等各个方面有所创新。

【练习与实训】

一、根据讲话稿的不同种类,拟写不同形式的标题。

二、在公司年终会议上,你将作为先进新星代表发言,请根据需要为自己拟定一份发言稿。

三、根据以下材料,拟写一份讲话稿。

根据 2008 年中国资本市场论坛观点,在未来 20 年内,人民币将取代美元,成为世界主要货币;A 股市值将达到 80 万亿,成为全球最大的股市;中国的资本市场将会成为规模最大、流动性最好、最具有投资价值的全球金融中心。在资本市场的发展和完善过程中,××证券紧抓机遇,夯实基础,通过先进务实的内部管理和积极有效的市场开拓等行为提升行业定位,不断谋求新的发展。

××证券股份有限公司是在××省原三家信托投资公司证券业务重组的基础上,由××集团、××省开发投资公司、国家开发投资公司等国内知名企业共同发起设立的全国性综合类证券公司。自 2002 年成立以来在公司全体员工辛勤努力下,各项业务取得飞跃性发展:2006 年 10 月,该公司通过证监会创新试点类证券公司客户资金独立存管评审;2007 年 5 月,该公司成为××地区第一家创新试点类证券公司;2007 年 6 月该公司又正式启动 IPO 上市工作。应公司发展的需要,2010 年公司客户营销中心招收了一批新员工,并即将开始他们为期三个月的入职培训。在入职培训的第一天,该证券公司的领导要发表讲话。

四、根据所提供的材料,为×××建委处长拟写一份讲话稿。

××国际重工股份有限公司为推广新产品即将举行一次商务会议。会议邀请了该公司所在市的×××建委处长参加并讲话。

××国际重工股份有限公司的前身是××汽车股份有限公司。该公司是 1997 年 7 月 27 日,经过××市政府批准成立的一个由近百个法人股东组建成的具有现代企业制度的汽车股份有限公司。经过八年的努力,该公司由一个初期生产轻型卡车的企业,成长为一个能够生产 3~35 吨全系列的卡车企业,2009 年共生产各类汽车达到了 37 万台,并实现了销售收入 143 亿元,实现利润 4.4 亿元,成为振兴该地区制造业的十大企业之一。2009 年 11 月该公司与××××集团等 40 家法人单位共同组建了××××重工股份有限公司,并将总部设在了××市。××××重工股份有限公司以钻石的造型以及惊人的速度聚集了全国乃至世界上优秀的人才,并且自己生产××品牌,制造出了 6~8 立方混凝土搅拌车,16～25吨汽车吊,5～8吨的随车起重机。此次会议上,该公司将展示自己所生产的混凝土搅拌车、混凝土泵车、随车吊、装载机、挖掘机、推土机等产品及一系列的建筑工程机械产品。

五、请根据要求完成练习。

大家好!转眼间,2009年又过去了,这一年,是公司在各方面不断完善、稳步发展的一年。在这一年里,我们各位员工都能融洽相处。工作上我们互相帮助、互相指点、共同探讨,愉快地开展了一项又一项的工作。

我们曾为了完成共同的目标而一起努力过,就像展销会期间,为了能让公司取得更优越的成绩,为了提高公司的对外形象,我们曾一起加班,财务部加班结算,办公室加班签合同,而销售部则加班为客户办理定购手续。与此同时,各位经理也陪伴着我们,同大家一起加班,一起吃饭,直到我们完成工作为止。那一刻是多么的温馨。

当我们在工作上遇到困难时,总会团结一致,群策群力,解决难题。而遇到急于处理的问题时,其他同事都是不分彼此,主动地帮助做一些复印、打印、抄写或装订等工作。在我们的办事员出去办事时,其他同事会帮他接听电话、接待客人、签订合同,等等。我们就是在这样一个团结一致、互相帮助的氛围下完成了一项又一项的工作。

在这一年里,公司组织过烧烤、户外生存挑战野炊、男女篮球联谊赛等文娱活动,公司还举办了英语培训班,激发了各位员工学习外语的兴趣,为各位员工提高自身素质创造了机会。通过这些活动,我们各位员工的生活变得更丰富、更多姿多彩,同时增进了各位员工之间的友谊。公司时时刻刻都关心着我们的生活,关心我们的健康,为我们安排了体检,为我们统一购买预防感冒的药物,还安排食堂为我们煲凉茶等,使大家觉得公司就像一个温暖的大家庭。

一切的一切,都是与公司决策层的英明领导和全体员工的通力合作分不开的。在此,谨代表全体员工感谢总经理××及各位经理,感谢公司。

最后祝各位同事新年快乐,身体健康!

1.此篇文稿是发言稿还是讲话稿?若存在不完善之处,请修改。

2.请根据需要将此份文稿改写为一篇合格的总经理讲话稿。

任务三　会议工作方案

【任务描述】

××保险有限公司第一分公司准备安排一次为期两天一晚的2009年度年终总结会。公司高层希望在总结过去、展望未来的同时,能够激励更多的年轻人以饱满的热情投入到今后的工作中。

公司秘书需要拟定一份会议工作方案。

【任务分析】

　　拟定会议工作方案是做好商务会议准备工作的重要内容之一。要拟定出符合需要的会议工作方案，就必须掌握会议工作方案的含义、结构、特点等方面的知识，根据具体事项确定会议工作方案的标题；在撰写正文时，不仅应写明会议工作的宗旨、规模、议题等内容，而且要确定会议工作的重要环节；结尾则根据会议工作方案的性质使用恰当的用语。

一、文种常识

(一)会议工作方案的概念

　　会议工作方案是一种为大型的或重要的会议工作所做的预设方案。会议工作方案要在会议召开前，对会议工作的预期、日程、议程等做出安排，以便使会议工作能够顺利进行并取得圆满的结果。

(二)会议工作方案的特点

　　1. 预想性　会议工作方案是对会议工作的目的、各个环节及程序等作出的预想性安排。

　　2. 程序性　会议工作方案要对会议名称与内容、会期、会议的规模、日程与议程、会议的开法、宣传报道、经费预算等各个程序做出具体明确的安排；包括会议的组织领导、会议文件的准备、食宿安排；保卫和保密工作等都要在会议工作方案中有明确的安排。

　　3. 规定性　会议工作方案有一定的规定性。主要表现在两个方面：一方面，会议工作方案要根据会议工作的目的、要求、相关内容及单位的实际情况来制定，而不能随意拟定；另一方面，会议工作方案一旦拟定并确定后，相关人员就要按照方案组织实施。

二、写作技法

　　会议工作方案的构成模式：标题 + 正文

(一)标题

　　1. 完全式标题　由公司或单位名称、事由、文种三要素构成，如《××集团新产品推介会议工作方案》。

　　2. 简明式标题　由事由、文种二要素构成，如《年终表彰会议工作方案》。

(二)正文

　　正文的基本内容一般包括：会议名称、会议的时间与地点、主办或承办单位、组织形式及规模、与会者情况、主要内容、会议主要议程、会议材料准备、会议主要负责人等，有些活动还需要说明经费预算、宣传报道、食宿安排、保卫和保密工作等内容。可根据具体情况对不同会议的需要拟写工作方案的内容。

　　正文中，可根据需要加写引言，引言要求简明扼要地交代预案或方案制订的目的、意义和依据，一般是以"为了……根据……"的常用形式来表述。有时此类引言也可省略。

【范文评析】

兴和公司成立20周年老照片回顾展工作方案

一、目的

通过真实记录兴和公司成立、发展、壮大过程中的重要人物、重大事件的老照片,再现兴和公司新老员工艰辛的创业、发展之路,怀念过去,憧憬未来,激励员工振奋精神,开拓创新,再铸新辉煌。

二、组织机构

组委会主任:×××、×××

副主任:×××、×××

委　　员:×××、×××、×××、×××

展览办公室设在8408,负责搜集、遴选有关图片、文字、领导人题字及影音资料工作,并与专业展览公司联系,共同完成展览的策划、内容和形式设计、制作布展。

三、展览形式及规模

展览采取图片、实物及影音资料相结合的形式,以时间为主线,用珍贵的历史图片和相关领导人视察时的录像,生动、直观地回顾兴和公司的发展历程。

四、展览内容

第一部分　历史沿革

主要展示兴和公司成立、发展过程中的重要人物、重大事件的老照片。

第二部分　亲切关怀

主要展示历届相关国家、省市级领导人、社会知名人士出席兴和公司重大活动(会议)的图片,视察兴和公司的图片和录像,以及为兴和公司题字等。

第三部分　辉煌成就

主要展示能够反映兴和公司在为经济社会发展服务、为促进××行业发展方面所取得的巨大成绩的图片,包括反映兴和公司日新月异的变化,兴和公司新老员工们创业、拼搏、奉献的精神等。

第四部分　展望未来

主要展示兴和公司今后一段时期的发展规划、奋斗目标。

五、活动实施

(一)资料征集

以兴和公司成立10周年画册内容为基础,从2010年8月开始,向公司及分公司员工、离退休员工及合作公司征集图片、胶片、数码文件、音像资料、文献资料等,数量不限。

(二)稿件接收

2010年8—11月,展览办公室接收来稿,由专人进行相关资料的登记、整理、扫描、拷贝、建档等工作。在建档后,根据著作人或提供人意见,将原稿存档或退还。

（三）遴选参展图片

2011年1月中旬,展览办公室遴选参展图片,并报组委会审议。

（四）展览制作、展出

3月底前,撰写、论证、审定展览大纲。

4月中下旬,设计展览小样,喷绘、制作画面。

5月初,布展。

六、费用预算

……

七、联系方式

联系人:×××,×××

电　话:×××××　　　传　真:×××××

地　址:

邮　编:

简评:这是一份较为详细的展会工作方案。拟定者开宗明义地指出了此次活动的目的,随后将组织机构、展览活动的主要内容及规模、活动实施的具体时间、步骤及预算和联系人等情况一一列出。明确目的与相关负责人与联系人,使工作能够顺利开展;简要阐述展览的内容使展览材料的搜集工作更容易展开;活动实施的步骤则加强了此次展会的可操作性,费用预算使实行中的工作更加透明、具体。该方案内容清晰,行文张弛有度,语言简练得体,能够最大限度地确保此方案的顺利实施。

【写作实训提示】

1.明确目标是制订会议工作方案的重要环节。应将调查研究和预测把握相结合,准确地把握会议活动工作的总体目标和要求。

2.在拟制方案的过程中,通过多种途径和方法,掌握关键人物的意见和建议,考虑周全,尽量避免可能发生的问题,从而使方案更趋完善。

3.多分析,多比较,多鉴别。起草会议工作方案时,要广泛搜集资料和理论政策,进行质与量、点与面的分析,充分做好可行性研究。可以通过对各种草案的分析、比较、鉴别、评估,在多种方案的基础上,集众智于一体,做出最佳方案。

【练习与实训】

一、举例说明什么是完成一份会议工作方案的核心或关键点?

二、下文为某公司的一份春季展会工作方案。阅读材料,请评议此份方案是否合格,应如何修改为一份正式的会议工作方案。

某公司预备举行一次企业产品春季展。

此次会议以一系列的优惠回馈企业和个人。所有会展内的产品均以底价或极其优惠的价格回馈采购企业及个人,保证同等服务同等产品价格最优;凡参与会展调查和互动活动，均可获得公司提供精美小礼品一份，不限数额；凡成功预定并消费会展活动产品者将会免费体验拓展活动1次，并可获得免费周边旅游名额1个。通过此次活动，不仅增加产品的销售，也拉近企业与客户的距离。

三、请根据以下材料，起草一份产品推介会工作方案。

××集团是广东的一家大型家电生产企业，产品涉及彩电、冰箱等领域，公司通过了ISO 9001质量管理体系认证，在过去的五年里取得了长足发展，华东、华南市场占有率不断上升。

为了进一步推进公司发展战略的实现，××集团计划在新的一年里大力开拓华北市场。作为战略行动的前奏，公司准备在2010年1月在北京饭店召开一次产品推介会。公司拟邀请有关合作伙伴与客户参加，一方面介绍公司的发展规划并展示产品的特性，另一方面希望能够建立发展一些新的合作关系，为进一步的扩张奠定基础。

集团决定由企划部负责拟定此次产品推介会的工作方案。

四、请根据所提供的材料，拟写一份方案。

××××公司以组装中小型客车起家，十年间迅速成长为国内大型客车生产出口企业，产品销往非洲、欧洲、北美等地。适逢公司成立十周年之际，公司领导决定举办一场十周年庆典大型文艺晚会。拟邀请有关党政领导、国内外合作生产商、重要客户等参加。会上，还将为对公司十年发展做出突出贡献的员工、各项先进标兵颁奖。

企划部经理将此次晚会的工作方案交给你来起草。

任务四　会议记录

【任务描述】

××金属材料股份有限公司于2010年7月7日在公司开发区401会议室召开第8届董事会第3次会议。此次会议出席董事9人。会议由董事长张××先生主持，公司监事及高级管理人员将列席会议。会议主要听取××董事汇报公司第三季度产销情况，讨论如何采取措施进一步开拓海外市场，并就公司相关的修订章程进行审议。

作为高级秘书的高××将参加此次会议并完成一份会议记录。

【任务分析】

要做好一份高质量的会议记录，除了了解此文种的含义、内容、格式等基本知识外，更重要的是掌握记录的要点、写作的技巧，并根据不同会议的需求完成一份详略得当、条理清晰的会议记录。

一、文种常识

(一)会议记录的概念

会议记录是指将会议的基本情况、报告、发言、决议等内容记录下来所形成的以供备查的文字材料。

会议记录是为日后检查会议决议贯彻执行情况、下达与上报会议精神、分析研究与总结工作等提供依据的。因此,应重视会议记录完成的质量。

(二)会议记录的特点

1.**完整性**　会议记录应按照要求格式填写清楚,根据需要将会议内容尽可能地完整记录下来。

2.**真实性**　会议记录必须按照会议的真实情况如实地记录,不能随意增减或变动。

3.**快速性**　会议记录是在会议中完成的,因此必须快速地按照格式加以记录,并对会议的议题、发言报告等重点内容进行快速处理,以保证其完整性和真实性。

(三)会议记录的类型

根据表述的详略划分,会议记录一般可分为摘要式记录和详细记录两种,但这种分法只具有相对的意义。

二、写作技法

会议记录的构成:标题 + 会议基本情况 + 会议主要内容 + 署名

(一)标题

一般会议记录要写明标题。标题由会议名称与文种组成。如《××股份公司第×届×次董事会会议记录》《××公司客户商谈会会议记录》。也可以由事由 + 文种组成,如《关于房屋拆迁问题的会议记录》。

(二)会议基本情况

1.**会议名称**　应写明召开会议的单位或组织、会议年度时间或届次等。如《××公司第×届×次董事会会议记录》。

2.**会议时间与地点**　要写明会议开始的具体时间,有时需要注明上午、下午、晚上及具体时刻。写明开会的具体地点,必要时注明在什么会议室召开。

3.**出席人数、列席人数、缺席人数**　出席与列席人数不多的会议可以把姓名列出,并按出席人与列席人的职务级别排列。人数多的会议可只写出席与列席的人数或代表性人物的姓名。缺席人数亦是如此。某些重要的会议,出席对象来自不同单位,应设置签名簿,请出席者签署姓名、单位、职务等。

4.**主持人、记录人**　写明主持会议的领导的姓名、职务和记录人的姓名。

(三)会议主要内容

1.**会议议题**　即记录会议中心议题以及围绕中心议题展开的有关活动。

2.**会议报告**　记录上级或主管部门领导人的报告。

3. 会议发言 记录发言人的姓名和发言内容。关于发言内容的记录,可分为两种:一是详细记录。即尽可能详尽具体地记录发言者的原话,并标明发言时的语气、动作表情及与会者的反应,如鼓掌、惊讶,等等。此种记录主要用于比较重要的会议和重要的发言。二是摘要性记录。即有重点地记录会议讲话发言的要点和内容,多用于一般性会议。

4. 讨论过程 记录会议讨论、争论的焦点,各方的主要见解,讨论过程中所达成的共识及分歧,对会议产生较大影响的言论或活动。

5. 会议决议 记录会议表决情况。对于讨论的结果,与会者无异议时,应写明"一致同意"或"一致通过";若有异议者,必须详细记录不同意见,有弃权者也要如实记录。若留有提出的建议、问题等,也要记录在案。

6. 会议结束 另起一行写"散会"二字;如果中途休会,要写明"休会"字样。

(四)署名

主持人和记录人在正文结尾右下方签字,以示负责。

【范文评析】

〔例文一〕

××公司第一次总经理办公会议记录

时间:20××年××月××日×时

地点:公司办公楼五楼大会议室

出席人员:×××,×××,×××,×××,×××,×××

列席人员:×××,×××,×××,×××

缺席人员:×××,×××

主持人:×××总经理

记录人:×××

会议主要事项:研究讨论公司经济合同管理、资金管理办法等事宜。

会议发言记录:(略)

会议主要决议:经过研究讨论,会议决定:

一、关于公司经济合同管理办法

会议讨论了总经办提交的公司经济合同管理办法,认为实施船舶修理、物料配件和办公用品采购对外经济合同管理,有利于加强和规范企业管理。以上事项会议原则通过。会议要求,总经办根据会议决定进一步修改完善,发文执行。

二、关于公司资金管理办法

会议认为计财处提交的公司资金管理办法有利于加强公司资金管理,提高资金使用效率,保障安全生产需要。会议原则通过,计财处修改完善后发文执行。

三、公司相关部门要加强与运行船舶的沟通,建立公司领导每周上岗接船制度,完善部门管理员随船工作制度,增强工作的针对性和有效性。

散会

主持人:×××(签名)

记录人:××(签名)

(本会议记录共×页)

简评:这是一份典型的办公会议记录。详尽地记录了此次会议的基本情况,涉及时间、地点、出席人与列席人、缺席人和记录人等基本情况。之后,记录者分三个部分如实记录了会议的主要内容,即会议的主要事项、发言内容和主要决议。文末标明了"散会"字样,并再次由主持人和记录人签名确认,以示负责。为防止日后混乱,最后还写明了本次会议记录的总页数。

〔例文二〕

兴和股份有限公司第××届××次董事会会议记录

会议时间:2010 年××月××日

会议地点:在××市××区××路××号××会议室

会议性质:第××届××次董事会会议

出席会议人员:

主持人: 签名:

鉴于兴和股份有限公司经股东大会决议更换了公司董事,根据《公司法》和公司章程规定,召开本次第××届××次董事会会议。股东大会选举产生的新一届董事会全体成员×××、×××、×××、×××、××× 出席了本次董事会会议,会议由张×主持,一致通过决议如下:

一、决定免去王××的董事长职务,选举李××为公司新一届监事会的董事长;决定免去赵××的副董事长职务,选举刘××为公司副董事长。

二、继续聘任周××为公司经理(或者免去×××经理职务,聘用×××为公司经理)。

全体董事会成员(签字):

×××、×××、×××、×××、×××、×××、×××、×××

××××股份有限公司(盖章)

200×年××月××日

简评:这是一份典型的董事会会议记录。标题标明了具体的会议名称。此份会议记录中不仅包含了时间、地点、出席人员等会议基本情况,还如实记录了会议主要内容即此次会议通过的决议。根据会议的需要,记录者还对会议地点和会议性质做了详实的记录,并附有主持人的签名。这是很有必要的。董事会会议的合法性与权威性决定了此份会议记录末尾需要全体董事会成员对决议作签字确认并盖章。

【写作实训提示】

1. 牢记"快、要、省、代"的原则

"快"即记得快。字应写得小一些、轻一点，多写连笔字。

"要"即择要而记。应围绕会议议题、会议主持人和主要领导发言的中心思想，与会者的不同意见或有争议的问题、结论性意见、决定或决议等作记录。记录个人的发言时，应记其发言要点、主要论据和结论，论证过程可以略记或不记。记录一句话时，应记中心词，修饰语可以不记。

"省"即在记录中正确使用省略法。如使用简称、简化词语和统称。省略词语和句子中的附加成分，省略较长的成语、俗语、熟悉的词组；句子的后半部分，画一曲线代替；省略引文，只记下起止句或起止词，会后查补。

"代"即用比较简便的写法代替复杂的写法。常用方法为：可用姓代替全名；可用笔画少易写的同音字代替笔画多的难写字；可用一些数字和国际上通用的符号代替文字；可用汉语拼音代替生词难字；可用外语符号代替某些词汇，等等。应注意的是，在整理和印发会议记录时，必须按规范要求办理。

2. 忠实记录会议的内容和有关动态，重点突出

一般来说，会议的发言、讲话等内容均为记录的重点。多数一般会议只要记录发言要点即可，即摘要式记录。一些特别重要的会议或特别重要人物的发言，需要记下全部内容，可使用录音等设备帮助整理全文。

会议动态，如发言中的插话、笑声、掌声、临时中断以及别的重要的会场情况等，也应如实记录下来。

【相关链接】

会议记录与会议纪要的区别

会议记录有别于会议纪要。二者的主要区别在于：

第一，性质不同：会议记录是会议讨论发言的实录，属事务文书；会议纪要只记要点，是法定行政公文。

第二，功能不同：会议记录一般不公开，无须传达或传阅，只作资料存档；会议纪要通常要在一定范围内传达或传阅，要求贯彻执行。

第三，载体样式不同。会议纪要作为一种法定公文，其载体为文件，享有《中国共产党机关公文处理条例》《国家行政机关公文处理办法》所赋予的法定效力；会议记录的载体是会议记录簿。

第四，适用对象不同。作为公文的会议纪要，具有传达告知的功能，因而有明确的读者对象和适用范围；作为历史资料的会议记录，不允许公开发布，只是有条件地供需要查阅的人员查阅使用。

【练习与实训】

一、举例说明会议记录与会议纪要的主要区别有哪些?

二、学校将组织一次校级三好学生的评比会,要求你担任会议记录员。你认为需要注意哪些事项?

三、请你为班级或学生会的某次会议作会议记录。

【写作综合实训】

〔**实训一**〕

某石油集团所属的××公司首届文化节即将于 2010 年 11 月 1 日隆重开幕。所属集团公司副总裁、市委副书记等相关领导、准同公司现任领导、公司党委及其员工将参加此次文化节的开幕式。

本届文化节以"团结、拼搏、超越、发展"为主题。其意义就在于,在继承石油人团结拼搏、艰苦奋斗的优良传统的同时,发扬与时俱进、开拓发展的创新精神,并开拓团结协作、和谐发展的企业关系和企地关系。通过文化节,企业希望能够培育以人为主体、以价值为核心、以文化为引导、以规章制度为保证的现代企业文化,形成公司强大的凝聚力和原动力,从而树立起共同的企业追求与行为准则、共同的道德规范与责任感和荣誉感为内容的现代企业文化理念,营造公司协调发展的和谐环境。同时,公司党委希望通过举办此次文化节鼓舞士气,振奋精神,不断提高公司各族干部职工团结拼搏开拓创新的战斗力,激发全体职工超越发展、奋发向上的精神风貌。

××公司已有 10 年的历史。10 年来,公司上下齐心协力,先后发现了火烧山、玛庄、采南、萨南等油气田,实现产能达 200 万吨。在为新疆石油工业的发展创造一个又一个辉煌的同时,也为准噶尔东部石油的发展做出了巨大的贡献。经过努力,如今,一个拥有近两万人口的石油基地,在××石油人的建设下,正向着人文化、科技化、现代化的目标迈进。在企业改革、发展的道路上,公司虽然也有过迷茫、徘徊,但发展是大家永远不变的追求。在公司党委的正确领导下,2 000 多名各族干部职工迎难而上,团结协作,艰苦奋战,开拓拼搏,使公司从低迷、徘徊中走了出来,并使企业在生产、经营、管理、市场开拓等方面都取得了可喜的成绩,呈现出良好的发展态势。经过几年的改革与发展,职工思想观念有了根本转变,企业管理得到了进一步提升,市场份额也在不断扩大,经济效益逐步提高,职工收入也明显增加。精神文明建设和企业文化建设呈现出了一派生机勃勃、欣欣向荣的新气象。

1.集团公司副总裁将为此次开幕式致开幕词。请代为拟写一份开幕词。

2.企业所属地市的市委副书记将在开幕式上讲话。请代为拟写一份讲话稿。

〔**实训二**〕

某著名广告公司是一家集策划、创意、设计、制作、媒体发布、营销推广、市场调研及大型活动组办实施等行业技能为一体的广告制作代理公司。该公司要与江苏连云港某有限公司举行一次客户会议。

　　江苏连云港某有限公司为民办企业,前期从事海洋捕捞业,后转变为与食品加工业相结合。公司产品为"好食家"海洋食品,其特点为:口味鲜美,来自海洋,属半成品加工,食用方便,种类众多。该品牌食品出口量大,是国内同类产品出口最大的企业,国内销量2 000万左右/年,北京600万/年。企业现与众多快餐公司、配餐公司联合推出此类产品,产品已通过FDA认证。虽然"好食家"产品有一定的销量,但是大部分销量来自国外;另外,企业现与快餐、配餐公司联营。这两种行销模式,不能提高品牌的知名度和美誉度。为了有利于该品牌的发展与升华,企业预开设"好食家"饮食连锁店。一方面可以提高商品品牌;另一方面也为企业获取更大利润和更广泛的营销通路。目前,该企业的发展思路为建立"好食家"快餐连锁店(北京)。目的是重点突出"好食家"品牌,扭转此品牌的被动局面,日后通过尝试,如果效果满意,可以实行战略转移。于是,该公司找到此广告公司商谈有关事宜。

　　为了使双方能够全面地沟通和了解,该广告公司董事长谭××于2010年×月×日在公司商务会议室701召开一次客户见面会,并邀请客户公司的相关人员参加。会议拟围绕以下三个方面进行:1.客户企业人员介绍公司概况及行销思想;2.广告公司董事长谭××介绍公司经营理念;3.双方就观念、合作方式等有关问题进行探讨。

　　1.广告公司董事长将拟定此次会议工作方案的任务交给企划部完成。作为企划部负责人的你将拟定此份会议工作方案。

　　2.会议于2010年×月×日在公司商务会议室701如期进行。你作为记录员全程参加了此次会议,请根据材料拟写一份会议记录。

〔实训三〕

第一届全国水利高职院校"黄河杯"技能大赛在我院举行

　　12月4日至5日,第一届全国水利高职院校"黄河杯"技能大赛在我院隆重举行,来自全国21所水利高职院校的400多名学生,将围绕全站仪测量、CAD水利工程应用、工程图读图及预算编制、电子器件制作等四个项目,展开为期2天的技能比赛。

　　12月4日下午,我院校园被气球、拱门装扮得格外美丽,"就业靠竞争,上岗凭技能""赛场练兵强技能,技术比武展风采""以赛促学 掌握技能做合格的高技能人才"等标语让校园里到处洋溢着比赛竞技的气氛。

　　下午2点,在庄严的国歌声中,首届"黄河杯"技能大赛在风雨操场隆重开幕。

　　中国水利教育协会会长周保志,水利部人教司巡视员、中国水利教育协会副会长陈自强,水利部人才资源开发中心主任陈楚,中国水利教育协会副会长彭建明,水利部人教司劳资处调研员童志明,河南省教育厅高教处张大策,开封市人民政府副市长李留心,中海达测绘有限公司副总经理朱空军,中国水利教育协会副会长、我院院长刘宪亮,山西水院院长解爱国,浙江同济科技职业学院党委书记丁坚钢,河北工程高专副校长孙兴民等出席开幕式。

　　我院院长刘宪亮致欢迎词,代表承办方黄河水利职业技术学院,向诸位领导、专家以及远道而来的各位评委、指导教师和参赛选手表示热烈的欢迎。他说,第一届"黄河杯"技能大赛在我院举办,不仅仅是荣誉,更重要的是责任。学院将精心组织,做好各项准备工作,确保大赛顺利进行。希望通过专家、评委和参赛选手的共同努力,把本届竞赛办成大学生交流技能体验、相互学习提高的练兵场;办成积极营造创新氛围、推动水利高职教育事业蓬勃发展的盛会。刘院长还简要介绍了我院近年来的发展情况。

水利部人士劳动教育司巡视员、中国水利教育协会副会长陈自强在开幕式上讲话。他说,水利是国民经济的基础产业,在落实科学发展观构建和谐社会的进程中,水利工作者的使命更光荣、责任更重大。科技兴水,人才为本,为了进一步提高水利工作者队伍素质,水利部党组织提出了加强"四支队伍"建设的战略布局,把高技能人才队伍建设放在了重要的地位。水利高职院校是高技能人才培养的主要基地,为了在各水利高职院校之间搭建相互交流的平台,展示近年来水利高职院校改革发展的丰硕成果,中国水利教育协会决定主办这次技能大赛。希望通过这次大赛,能进一步激发水利院校学生培养技能的积极性和热情,推动水利高职教育教学模式的改革,促进水利职工的队伍建设。

河南省教育厅高教处张大策代表省教育厅向出席开幕式的各位领导、各位嘉宾表示热烈欢迎。他说,此次全国水利高职院校技能大赛的举办,是坚持以人才引领发展的应时之举,同时也是我省高职教育事业发展中的一件幸事。大赛得到了全国各水利高职院校的积极响应,希望各参赛院校能以此次竞赛为契机,进一步加强交流与合作,为我国水利和教育事业的发展做出更大的贡献。

企业代表、中海达测绘仪器有限公司朱空军等也在大会上讲话。

裁判员代表、参赛选手代表分别在大会上宣誓,总裁判长童志明宣布比赛纪律。

2点30分,原水利部副部长、中国水利教育协会会长周保志宣布技能大赛正式开始。

隆重而简短的开幕式结束后,选手们奔赴考场,参加了当天下午的理论课比赛。

本次技能大赛由中国水利教育协会主办,教育部水工专业教学指导委员会协办,黄河水利职业技术学院承办。旨在进一步贯彻落实《水利部关于大力发展水利职业教育的若干意见》和《教育部关于全面提高高等职业教育教学质量的若干意见》精神,积极探索水利高技能人才培养途径和方法,更好地为加强水利人才队伍建设服务。大赛分为预赛和决赛两个阶段,预赛由各院校按照职业标准、竞赛实施方案和技术文件组织进行。各院校选派竞赛项目成绩优秀的选手参加在我院举行的决赛阶段的比赛。

参加此次比赛的院校有浙江同济科技职业学院、沈阳农业大学高等职业技术学院、四川水利职业技术学院、福建水利电力职业技术学院、广西水利电力职业技术学院、山西水利职业技术学院、浙江水利水电专科学校、四川电力职业技术学院、湖北水利水电职业技术学院、河北工程技术高等专科学校、山东水利职业技术学院、黑龙江大学高等职业技术学院、重庆水利电力职业技术学院、丹江口职工大学、杨凌职业技术学院、长江工程职业技术学院、华北水利水电学院职业技术学院、湖南水利水电职业技术学院、安徽水利水电职业技术学院、广东水利电力职业技术学院、黄河水利职业技术学院。

1.根据案例内容,请你为刘宪亮院长起草一份欢迎词。

2. 根据案例内容,请你为中国水利教育协会副会长陈自强起草开幕式上的讲话稿。

3. 根据案例内容,请你为河南省教育厅高教处张大策起草讲话稿。

4. 根据案例内容,请你为企业代表、中海达测绘仪器有限公司朱空军起草讲话稿。

5. 根据案例内容,请你拟写本次赛事安排工作方案。

〔实训四〕

"黄河杯"技能大赛圆满落幕　我院获得团体第一

经过2天的紧张比赛,第一届全国水利高职院校"黄河杯"技能大赛于5日晚落下帷幕,我院代表队获得团体总分第一名的好成绩。另外,我院还获得CAD项目、识图预算2个项目的单项团体一等奖,5名同学获得一等奖,3名学生获得二等奖,7名学生获得三等奖。

晚上7点,大赛在风雨操场隆重闭幕。总裁判长、水利部人教司劳资处童志明宣布了获得大赛一、二、三等奖的学生名单。共有166名学生获得奖励,奖金总额为28 300元。

水利部人事劳动教育司巡视员、中国水利教育协会副会长陈自强宣读了获得团体奖的单位名单。黄河水利职业技术学院、福建水利水电职业技术学院等6家单位获得团体总分一等奖。在团体单项方面,工程测量项目一等奖由浙江水利水电专科学校、湖北水利水电职业技术学院、杨凌职业技术学院获得;CAD项目一等奖被黄河水利职业技术学院、广东水利电力职业技术学院、四川电力职业技术学院夺得;识图预算项目一等奖则由福建水利电力职业技术学院、安徽水利水电职业技术学院、黄河水利职业技术学院获得;电子制作项目上,长江工程职业技术学院、山东水利职业学院、沈阳农业大学高等职业技术学院夺得一等奖。另外,黄河水利职业技术学院、广东水利电力职业技术学院等16所院校获得优秀组织奖。

中国水利教学协会副会长彭建明在闭幕式上讲话。他说,本次大赛在中国水利教育协会、教育部水利水电工程专业教指委和黄河水院的精心准备、严密策划下,全国21所高职院校积极参与,取得了圆满成功。众多优秀选手参与比赛,保证了竞赛的质量与水平,展示了水利高职院校学生的技术水平和各院校的教育风采。同时大赛为水利院校互相交流、共同提高提供了平台,希望"黄河杯"技能大赛能够越办越好,成为水利高职院校之间的精品赛事。他还寄语参赛选手要树立"学水利、爱水利、干水利"的信念,为水利现代化建设施展自己的聪明才干。

中国水利教育协会会长周保志宣布了200×年全国水利高职院校技能大赛承办单位——杨凌职业技术学院。我院党委副书记王卫东与杨凌职业技术学院代表进行了赛旗交接。

1. 根据案例内容,请你为中国水利教学协会副会长彭建明起草在闭幕式上的讲话稿。

2. 根据以上两个案例,制作一份简报。

项目六　拟写商务告启文书

【知识目标】

理解商务告启文书各文种的概念、特点、分类及适用范围。

掌握各文种的结构、写法和写作要求。

【能力目标】

能根据内容恰当地选择文种,模拟写作,具备撰写商务告启文书的能力。

能撰写符合规范的常用商务告启文书。

能够正确辨别不同文种之间的异同。

任务一　启事、声明、海报

【任务描述】

中华出版总公司是一家国家级大型出版公司,公司资金雄厚,实力强大,出版了许多优秀作品,深受社会各界欢迎,成为国家表彰的"全国优秀出版社"之一。由于业务迅速发展的需要,各出版分社普遍反映人员紧缺,要求总公司招聘人才。

去年,中华出版总公司组织全国数十所重点中学富有经验的教师,编写、出版了一套全新的高考各科辅导丛书《高考加油站》;又组织全国十余所著名高校的数十位英语专家、教授,编写、出版了《最新考研英语辅导教材》。然后又通过张贴海报、专家讲座等形式宣传介绍这两套书。一时间这两套书成为畅销书,深受广大考生喜爱。但不久,在社会上就发现了纸质、印刷都较差的盗版书;另外,还有个别出版社出版、发行类似图书,这些图书不仅在内容上大量抄袭以上两套丛书,而且书名相似,封面设计上刻意模仿,故意误导读者。给中华出版总公司造成了巨大的经济损失。

为此,中华出版总公司在媒体上发表郑重声明,要求盗版和仿制他们图书的有关单位和个人必须立即停止侵权,如果他们一意孤行,他们将诉诸法庭,追究其法律责任。

请为中华出版总公司拟写一份招聘启事,拟写一份宣传海报,拟写一份声明。

【任务分析】

启事、声明和海报均属于告启类文书，在实际运用中容易混淆。因此，在写作这三个文种时，必须了解启事、声明和海报的概念、特点、分类等文种常识，真正理解各文种的内涵和写作目的，正确选用文种。

撰写启事时，既要说明发出启事的目的、原因，更要写清希望别人做什么、怎么做；结尾写告启人的希望、要求及某些承诺。撰写声明时，既要说明发表声明的原因，更要表明对该事的立场、态度、观点。撰写海报时要简单明了，时间、地点、内容三要素准确。

一、启　事

(一)文种常识

1.启事的概念　启事是单位或个人有需要公众了解的事项、协助解决的问题，公开向公众说明，以寻求参与、配合或帮助的文书。

2.启事的特点

(1)公开性。启事的发布对象是社会公众，发布目的是希望公众了解启事内容，没有"秘密"可言。

(2)单一性。启事事项单一，一事一启，不混杂多项内容。

(3)广泛性。无论单位还是个人，在日常生活中，只要认为需要公开申明的事情大都可以使用启事发布。

3.启事的种类

(1)寻领类启事。用于寻求、招领的启事。包括寻人、寻物、招领启事等。

(2)征招类启事。用于征求、招募的启事。包括招生、招聘、招工、招领、征稿、征婚、换房等；

(3)声明类启事。用于表态、说明的启事。包括遗失、作废、解聘、辨伪、迁移、更名、更期、开业、停业、竞赛、讲座等。

(二)写作技法

启事一般由标题、正文和落款三部分组成。

1.标题　一般有以下五种形式。

(1)直接用文种"启事"做标题。有的启事还在标题前加上修饰语，如《重要启事》。

(2)内容＋文种式。如《搬迁启事》《招领启事》《寻人启事》等。

(3)单位名称＋内容＋文种式。如《天海公信资产评估公司成立启事》。

(4)公文式。采用"关于××的启事"的形式，如《关于举办摄影爱好者学习班的启事》。

(5)简略式。即标题直接概括启事内容，如《诚聘》《寻求合租者》等。

2.正文　写要告启的事情。

(1)开头。首先写发出启事的目的和原因。

(2)主体。写清要求，即希望别人做什么，怎么做。必要时可分段写明。

（3）结尾。写告启人的希望、要求及某些承诺。

3. **落款**　写明告启者的名称、地址和联系方式等。

二、声　明

（一）文种常识

1. **声明的概念**　声明是有重要事项向社会公众作出公开说明并表明自己的观点、态度和立场，或说明事实真相的应用文，它主要用于较重要、严肃的事情。

2. **声明的分类**　一类是正式文件，这类声明往往是针对某重大事件、重要问题的外交专用公文。如《中华人民共和国政府和大不列颠及北爱尔兰联合王国政府关于香港问题的联合声明》（1984 年 12 月 9 日）。我们这里介绍的是另一类声明，即任何机关单位、团体、组织或个人都可以使用的事务性文书。

（二）写作技法

1. **标题**　一般有三种形式。

（1）只写"声明"。这种形式最多见。有的在"声明"前加修饰语"郑重"或"严正"，以示自己的严肃态度。

（2）事由＋文种。如《关于××事的声明》《遗失声明》等。

（3）发布者＋事由＋文种。如《天地公司关于授权张华律师为常年法律顾问的声明》

2. **正文**　简明扼要地写发表声明的原因、事情的真相和对该事的立场、态度、观点。

如果是因被他人侵权而发布的声明，须向对方提出警告、要求，说明为制止事态的继续发展将要采取的措施。包括要求对方立即停止侵权行为，采取一定形式（登报或通过广播、电视）公开道歉，限期在适当范围内消除影响，说明对侵权方保留追究法律责任的权利等。往往用"特此声明"结尾。

对于遗失重要凭证、证明类的声明，要写明遗失的物品及特征。支票要写明号码和银行账号；证件、执照要写明签发机关和编号，然后表示"声明作废"。

3. **署名和日期**　有的声明必须署名，如断交声明；有的署名以示郑重；有的不言自明，则不署名，如遗失声明。声明要刊登在报刊上或在广播、电视上发表，故可以不标日期。

三、海　报

（一）文种常识

1. **海报的概念**　海报属于一种宣传广告，大多用于向群众发布有关文娱、体育、举办展览或学术活动等专门消息。大多在放映或表演场所、公共场所张贴，一般不在报刊上发表。

2. **海报的特点**

（1）语言注重鼓动性。海报不具有强制性，但它却极力吸引公众关注其内容，因此在语言风格上追求艺术性。它以简明的语言、极具鼓动的效果，吸引人们关注。

（2）形式追求艺术性。海报是图文并茂的艺术作品，它常使用彩纸彩笔书写，字体非常注重艺术化处理，再配以图案、图画等内容，力求给公众较强的视觉冲击力。

(3)内容注重目的性。发布海报的目的,就是号召人们关注活动。

(二)写作技法

海报的格式一般不特别固定,许多都配以图片、插图等。但在文字上,一般都有标题、正文和落款三部分。

1.**标题** 可以用文种作标题,只写"海报"。也可以用内容如电影名、晚会名代替,如"进口大片《泰坦尼克号》"等。还可以用有吸引力的句子,如"著名歌星×××来我校演出了!"

2.**正文** 要写得简单明了。时间、地点、内容三要素准确、俱全即可,其他修饰、溢美之词可以根据情况随机发挥。

3.**落款** 正文如果已有明确的时间和主办单位,署名和时间也可省略。但较正式的海报仍不可以省略。

【范文评析】

〔例文一〕

搬迁启事

因营业需要,精益齿科诊所于 2010 年 5 月 1 日起搬迁到本所南行 500 米处,地址:××路××号(××电信大厦左侧)。请各位新老患者,前往新址就医。谢谢!

精益齿科诊所

2010 年 4 月 30 日

简评:本则搬迁启事。标题首行居中写,标明启事的主要内容与性质。正文,简洁交代搬迁原因、时间、新地址详细位置。最后署名和成文日期,清楚明白。

〔例文二〕

寻人启事

郭志强,男,10 岁,身高 1.5 米。东北口音,留平头,皮肤微黑,右耳后有一黑痣。穿白色背心、短裤,白色运动鞋。××年×月×日在前门大街走失,有见到或知情者,请与北京海淀区××胡同××号郭成华联系。电话:×××××××或 130×××××××联系。定有重谢!

简评:本则寻人启事,标题首行居中写,标明启事的主要内容与性质。正文详细写明被寻者体貌特征、衣着打扮、年龄及口音等特征。最后写明联系方式并注明"有重谢"。

〔例文三〕

遗失声明

××市××区××镇江河白灰厂采矿许可证遗失,号码为××4000530012。

××区金山镇张××土地使用证丢失,证号为本平 2004—31 号。

××经销公司遗失转账支票一张,证号:123456763号

以上证件、支票声明作废

2010 年 6 月 6 日

简评:因重要凭据、证明文件丢失,为防止他人冒领使用,在当地报纸上刊登遗失声明。标题标明声明的内容与性质。正文具体写遗失物品及显著特征——编号,并"声明作废"。因正文中已有当事人或单位名称,结尾不再署名。

〔例文四〕

海　报

一个人的字就是他的第二张脸。脸是父母所赐,难以选择;字须个人用功,才能提高。练就一手好字,对于今后的求职、就业乃至生活,无疑都会有很大的益处。院书法协会特邀我市著名书法家、省书法协会秘书长李××先生前来讲学,欢迎同学们踊跃参加学习。

时间:5 月 20 日下午 2 点 30 分

地点:校礼堂

××职业技术学院学生会
2010 年 5 月 16 日

简评:本则海报标题首行居中写。正文用两组对偶句,形象生动地说明写好字的重要性,引出活动内容,激发参与兴趣。结尾写明活动的时间、地点。因是近期的校内活动,所以地点只写"校礼堂",时间省略年份,简洁清楚。

【写作实训提示】

1.启事的语言简练准确,对原因的陈述不宜过详,一两句话带过即可。而对特征、要求等重点内容则应写得准确清楚。

2.声明的写作态度要严肃认真,语言要严谨准确,观点要旗帜鲜明,一般不宜使用幽默诙谐的语气;不要滥用声明。

3.海报的标题要醒目、新颖、简洁,最好能马上把人的兴趣和注意力紧紧抓住,让人深深地被吸引,激起强烈的参与欲望。

【相关链接】

声明和启事的区别

1.重点、范围不同。声明重在表明观点、态度,用于较严肃郑重的事情;启事重在告知事项,使用范围较广。寻物、招领用"启事";遗失转账支票则常用"声明"告知作废。征婚常用"启事";离婚则用"声明"。办公地点迁址、招聘、启用新公章可用"启事";鉴于本厂商标遭侵权则用"声明"。

2.态度、措辞不同。声明的态度严肃慎重,措辞较强硬。启事则态度温和,语言谦和。声明常以"郑重声明""严正声明"等为标题,并常以"声明……"或"特此声明"一类的句式

作结语。启事一般没有专用的结语。

【练习与实训】

一、根据内容和事由,为下列事情选择恰当的文种。

1.寻找失物 2.征婚 3.商店出租 4.断绝关系 5.举办舞会 6.招聘 7.身份证遗失

二、李立同学在学院操场拾到装有钱财的手提包一个,交给了学校保卫处。请你代保卫处在学院公示栏上登出"失物招领启事",告知大家。

三、河南××职业技术学院党委宣传部在全院范围内举办主题为"我和我的祖国"的征文活动。请你拟写一则启事。

四、启事的用途十分广泛,在报刊上搜集10则启事,试比较它们在格式写法上与例文有何不同,看一看除了书中例文外,启事还可以用在哪些方面。

五、为防止居民身份证、户口簿遗失后受到侵害,公安机关建议居民到晚报、法制报等权威媒体刊登遗失声明。请为自己写一份拟刊登在《××晚报》上的身份证遗失声明。

六、海嘉公司生产的"家佳乐"牌系列家电产品很受消费者欢迎,为进一步在东北地区扩大销售,该公司欲在吉林寻求代理商。在吉林打开销路后,发现有人冒用公司的名义销售假冒产品。请选择适当文种,就此事为该公司拟文,告示公众,表明态度。

七、天地公司已经于2007年5月20日撤销了在××的办事处,但仍有人利用××办事处的名义招摇撞骗。请选用适当文种,代天地公司拟一文。内容是天地公司已经撤销了××办事处,提请广大消费者注意不要上当受骗,该公司对假冒者造成的一切后果概不负责,并在必要时追究其法律责任。

八、××学院××系学生在毕业之际,拟举办一次周末舞会,并欢迎其他年级的同学参加。请你代组织者设计一份海报。

九、××职业技术学院学生会邀请了著名企业家丁振宇先生来校做"创业历程"报告会,特贴出海报以达周知。请你拟写一份海报,告知大家。

十、指出下文存在的问题并进行修改。

失物招领启示

今天中午,本人在操场东边的双杠上拾到红色运动衣一件,衣袋里有黑色钱包一个,钥匙一串。钱包内有人民币78元,饭票9元6角。钥匙共6枚,三枚是铜制的,三枚是铝制的。

有丢失者速来认领。

拾　者
4月3日

任务二　广　告

【任务描述】

2010 年 3 月 31 日,美的洗衣机在全国 60 多个城市同步举行"滚筒普及美的先行——美的滚筒洗衣机全国降价普及风暴"新闻发布会,以美的逸尚、乐尚全系列滚筒产品强势出击推动"滚筒普及",并一举推出最低售价仅 1 499 元的滚筒洗衣机,同时在 4 月 1 日到 5 月 15 日期间,购买美的滚筒洗衣机产品还可获得"十年无条件包修"的品质承诺,在全国范围内掀起一场史无前例的滚筒洗衣机降价普及风暴。

滚筒洗衣机在中国市场历经 20 多年发展时间,尽管节能、环保、高洗净度等洗衣技术不断升级,但"价格坚冰"却一直高高在上,被大众消费者视为"高端高价高利"的奢侈产品。美的提出滚筒洗衣机波轮价,波轮洗衣机双桶价。

请你根据上述资料,为××商场拟写一份美的滚筒洗衣机降价促销广告。

【任务分析】

在社会经济生活中,广告扮演着一个举足轻重的角色。它不但是一种经济现象,而且还是一种文化现象。在进行这一文种的写作时,既要考虑到它的宣传功能,也要兼顾文学功能和审美功能。

要写好广告,必须了解广告的概念、特点、分类等文种常识,根据具体情况确定广告的标题,在撰写广告正文时,要依据商品的用途、特点、性能、产地以及消费对象有针对性地撰写。

一、文种常识

(一)广告的概念

广告即"广而告之",是指通过一定的媒体和形式向公众进行宣传、介绍或报道的一种宣传方式。我们通常所说的广告是指商业广告,它是以营利为目的,借助于一定的传播媒介,如广播、电视、报纸等,向公众介绍产品,报道服务或劳务信息,为生产和消费服务的一种宣传方式。

(二)广告的特点

1.传递性　广告的目的是为了促进商品或劳务销售,以取得利润。为此,必须通过文字、画面、影视形象,将商品的性能、特征、用法介绍给大众;将提供的劳务范围、项目、形式告诉给大众;成为沟通供需双方的桥梁。

2.灵活性　广告的灵活性表现在两个方面:其一是篇幅的长、短十分自由灵活。各类广告的说明文字长者可达几百个字,短的则只有十几个字。其二是运用文体十分自由灵活。广告可以用对联、诗词、相声、书信、新闻、记叙等多种体裁表达。

3. 说明性　宣传介绍是手段而不是目的,目的在于通过宣传介绍,引起人们对商品等产生购买的欲望,达到成交的目的。所以广告具有启发性。要想使经济广告有较强的启发说明性,就必须抓住产品的特点,讲清该产品与它产品相比较而独具的优势,同时还要了解不同消费者的心理特点,从而引起购买欲望。

(三)广告的类别

1. 按广告内容分　有商品广告、征招广告等。

2. 按传播媒体分　有报刊广告、橱窗广告、灯光广告、电视广告、通信广告、牌匾广告、车船广告等。

3. 按构成成分分　有物像广告、文字广告之分。

二、写作技法

广告由于种类繁多,传播途径不一,写法各异,往往没有固定的格式。我们这里只介绍文字类广告的一般结构,通常包括标题、正文、随文和标语四个部分。

(一)标题

1. 直接性标题　采用一语道破、开门见山的方式介绍广告中最重要的事实和情况。这类标题要求简明、确切。如《华宝空调带给您温馨的安乐窝》《金嗓子喉宝,入口见效》。

2. 间接性标题　即用含蓄委婉且饶有兴趣的词句反映所要推销的商品信息,以刺激人们的购买欲望。如某石油公司在汽车加油站为其汽油产品所作的广告标题为《一路等候,为您加油》。

3. 复合性标题　它是直接性标题和间接性标题的综合运用,通常表现为类似的双行标题或多行标题。

(二)正文

广告正文内容包括品名、产地、历史、声誉、商标、性能、质地、优点、规格、价格、用法、供求情况、优惠和售后服务等。其结构多种多样,没有固定的格式,但基本都是由开头、主体和结尾三个部分组成。

1. 开头　对产品或商品作简明扼要的说明。例如:"体积小、重量轻、省动力、效益高。为您提供小型冰淇淋机"。这则广告的开头即简明扼要地说明产品的名称及其适用的范围。

2. 主体　是广告的主干,用富有说服力的事实来证明产品或商品的质量和功用,以引起消费者的注意和购买兴趣。主体部分常用陈述体、问答体、证书体和文艺体等形式。

(1)陈述体。以陈述性的语言直截了当地介绍某一商品的名称、规格、用途、效果、价目等,为消费者认识和鉴别该商品提供必要的信息。

(2)证书体。借助有关权威部门的鉴定评语,商品的获奖及荣誉称号,或知名人士的赞扬和美誉,来证实广告内容的真实确切、产品或劳务的可靠有效。

(3)问答体。通过问答的对话或设问的方式,巧妙地说明商品的特性、用途等信息。

(4)文艺体。借助丰富多彩的文艺形式,如诗歌、散文等,生动形象地介绍商品。

3. 结尾　催促消费者购买。这部分文字要简短有力,并与广告标题相呼应。可以强调本商品的独到之处,公布本商品的优惠办法等。或者用广告标语结尾。

(三)随文

随文又称附文。主要传递与本企业有关的、一些必要的备查信息,具有与客户沟通联系、为业务往来提供方便的作用。随文一般包括企业与经销点名称、地址、网址、行车路线、邮政编码、电话、电报、电传、开户行、户头、账号、联系人与负责人姓名等。在文面上通常排在底部,也可列在正文一侧。

(四)标语

广告标语是一种简短有力、具有宣传鼓动作用的口号。对企业内部而言,它是一种号召、动员员工齐心协力去实现目标的手段;对受众而言,则是一种感染、吸引手段。如大印象(集团)有限公司的大印象减肥茶,其广告标语为"好味大印象,苗条新主张";阿尔卡特公司的"轻松一点通"手机系列,其广告标语为"男人可以不系领带,却不能没有自己的声音"。在文面上,标语在广告正文和画面的上部、中部、下部、左侧、右侧皆可放置;既可以横向排列,也可纵向排列,还可以斜排。

【范文评析】

〔例文一〕

当年的小女孩如今已变成……

每天清晨我都会给家里每个人冲上一杯牛奶。20 多年前,当我还是一个小姑娘时,第一次用完达山奶粉,那浓郁的奶香、一冲即溶的特点便深深留在我的脑海里……20 年过去了,时过境迁,家里的电视机换了,家具换了,当年天天吵着喝牛奶的小姑娘如今成了母亲,但是我每次买的奶粉仍是"完达山"。这不仅仅是因为"完达山"始终给我的质量信心,还是那对自己人生历程的回忆,就像那醇厚的奶香,让人久久回味……

不变的真情,完达山全脂奶粉!

地址:黑龙江省密山市××街××号

服务电话:0453-5085198

传　　真:0453-5451312

邮　　编:158307

联 系 人:×××

简评:例文采用间接性标题、设疑悬念式,给人以遐想。正文引言由设疑悬念引入主题,主段介绍了产品的历史、质量、特点,广告语激发人们对产品的情感及企业的服务宗旨。随文,不可疏忽,对消费者起购买指南作用。

〔例文二〕

<h3 style="text-align:center">儿童百服宁系列(找人篇)</h3>
<h3 style="text-align:center">她在找一个人(上)</h3>

那天在火车上,我孩子发高烧,他爸爸又不在,我一个女人家,真急得不知怎么办才好。

多亏了列车长帮我广播了一下,车上没找到医生,还好有一位女同志,给了我一瓶儿童用的百服咛,及时帮孩子退了烧,我光看着孩子乐,就忘了问那位好心女同志的名字和地址,药也忘了还她,你瞧这药,中美合资的产品,没药味,跟水果似的,能退烧止痛,并且对肠胃的刺激又小,在我最需要的时候,百服咛保护了我的孩子。

人家帮了这么大的忙,我和孩子他爸都非常感谢她,真希望能再见到她,给她道个谢!

王　霞

<h3 style="text-align:center">找到她了!(下)</h3>

王霞,听说你在找我,其实给你一瓶药,帮你的孩子退烧,只是一件小事。

那天在火车上,我一听到广播里说你孩子发高烧又找不到医生,正好包里有一瓶医生给我孩子退烧的药? 儿童用的百服咛,可以退烧止痛,肠胃刺激小,而且又有水果口味,孩子也乐意吃,所以就来给你救急了。那瓶药你就留着用吧,我家里还有,我孩子也常发高烧,家里总备几瓶,在最需要的时候,百服咛可以保护我的孩子。都是做妈妈的,你的心情我很了解。希望你以后带孩子出门,别忘了带施贵宝生产的儿童用百服咛!

张　虹

(选自《第五届全国优秀广告作品展获奖广告作品集》,上海奥美广告有限公司)

简评:这则广告文案从日常生活小事入手,采用设置悬念式写法,能够引起人们的好奇心理,立意新颖,创意独特,引人入胜。语言简练、朴实,形式活泼。

【写作实训提示】

1.商业广告一定要定位准确。商业广告要依据商品的用途、特点、性能、产地以及消费对象来撰写。商品的用途、性能是针对消费者的需要来宣传的,特点和产地是突出商品的品质特征来宣传。广告定位准确,对于广告的创作有重要影响。

2.商业广告的制作要符合承载它的媒体的要求。带图片、画面的广告力求用图像说话,语言部分力求简洁,起到画龙点睛的作用。广告口号要凝练整齐,琅琅上口。

【写作实训】

一、收集你认为好的广告标语10则,并分析其格式写法与特点。

二、根据下面的材料设计一则商品广告。

上海德众 GBC 装订机厂,在××区××路28号,联系人张先生的电话是139××××1234。请为德众 GBC 装订机设计一则广告,该产品快捷方便,仅在一分钟内就能将文件装订成册。装订厚度可达 50 mm,设计独特,美观耐用,操作简便。此装订机引进美国先进技术,装订成册的书看上去外观高雅、庄重,给人美好印象。

构思时使用的词语:正文开头称顾客为"阁下",用交换文件时一般装订机装订"粗糙""简陋"对比。主要内容介绍德众 GBC 装订机的优势。结尾出示厂家地址、联系电话。

三、为你所在的学校或专业拟一则广告口号。

四、对自己熟悉的商品进行图样和文字的设计,制作一则格式正确,文图美观的广告作品。

任务三　商品说明书

【任务描述】

广西宏达制药厂生产的十滴水每瓶 5 mg,有健胃、祛风的功能,可以治疗由于中暑引起的头晕、恶心、肚子疼、肠胃不适。这是因为它里面主要含有樟脑、小茴香、大黄等成分。一次喝半瓶到一瓶,小孩子适当少喝一些,但孕妇不能喝。平时要在见不着光的容器里封严实,搁在阴凉的地方。这种药的批准文号是桂卫药准字(2002)027002。

请代宏达制药厂写一份结构完整、语言简明、正文为条款式的商品说明书。

【任务分析】

要写好商品说明书,必须了解商品说明书的概念、特点、分类等文种常识,根据具体产品确定标题;在撰写商品说明书正文时,既要介绍产品的基本情况,还要介绍产品的使用方法。另外在尾部附带保修条款、有效期限等相关资料。

一、文种常识

(一)商品说明书的概念

商品说明书是用来介绍商品名称、性能、规格、构造、用途、使用和保养方法、注意事项等相关内容的文书,是使用范围很广的说明文。

(二)商品说明书的特点

1. **说明性**　商品说明书的作用,就是要把与产品有关的信息告诉读者,主要以说明的方式介绍商品的特征、性能、作用、使用方法、注意事项等知识。

2. **客观性**　在介绍、说明产品时,要本着实事求是、客观真实、对顾客负责的态度。尤其对产品的作用范围和使用效果,不能虚构、夸大,更不能掺杂个人好恶成分,以主观感情对其褒贬。

3. **科学性**　商品说明书是知识性文章,不论是介绍产品的性能与质量,还是说明产品的使用方法和注意事项,都应做到准确、科学。

(三)商品说明书的种类

(1)根据印制包装形式的不同,可将分为外包装式说明书和内装式说明书。

(2)根据表现形式的不同,可分为条款式说明书、短文式说明书和图片式说明书。

(3)根据写作目的的不同,可分为产品制作说明书和产品使用说明书。

(4)根据内容详略的不同,可分为简式说明书和繁式说明书(书本式说明书)。

二、写作技法

说明书的格式和写法没有一定格式,但一般都是由标题、正文、落款三部分构成。

(一)标题

通常由商品名称+文种组成,如《彩色液晶电视使用说明书》《西门子家用电冰箱使用说明书》等。

(二)正文

通常写明产品的基本情况,如产品的用途、性能、结构、技术指标等,还要介绍产品的使用方法等。当然,因说明书介绍的产品不同,其正文的写法也不一样。比如,药物说明书侧重于说明其成分、功能和用法;机械产品说明书侧重于说明其构造、操作方法和维修保养等方面的知识;家用电器则侧重于说明其使用方法、注意事项、保养常识和常见故障排除等。

(三)落款

又叫尾部,主要说明商品生产和经销企业的名称、地址、电话、E-mail等相关资料,以给消费者留下有关的线索,为商品的售后服务提供方便。有的还有其他一些标志,如商标、批准文号、荣誉标志、保修条款、有效期限等。

值得注意的是繁式说明书(书本式说明书)的结构:封面+目录+正文+附件+封底

【范文评析】

康必得(扑锌片)

——国家级抗感冒新药使用说明书

康必得是由扑热息痛、葡萄糖酸锌、盐酸二氧异丙嗪、板蓝根浸膏等组成的复方片剂,用于治疗各种感冒。该药除可以解除感冒等引起的鼻塞、流涕、发热、头痛、多痰、咳嗽等过敏性症状外,还具有较强的抗菌、抗病毒、提高人体免疫功能的作用。本药中西医结合,标本兼治,具有起效快、作用强、持续时间长、作用面宽等特点,增强了抗感冒作用,突破了一般感冒药的治疗效果。

经北京协和医院、白求恩国际和平医院、河北医学院第二医院等医院300多例临床观察,对各种感冒的治疗有效率达97.4%,而且无明显的毒副作用,是一种高效、安全的抗感冒新药。

主要成分:扑热息痛、葡萄糖酸锌、盐酸二氧异丙嗪、板蓝根浸膏粉。

功能:解热镇痛、抗过敏、抗病毒、增强机体免疫功能。

适应症:各种感冒引起的鼻塞、流涕、发热、头痛、咳嗽多痰等。

用法用量:口服。一日三次,每次四片。

副反应:少数患者可能有轻度嗜睡、口干、多汗等反应,一般均可耐受。

注意事项:本品有轻微镇静作用,司机和从事高空作业者慎用。

有效期:二年。

贮藏:避光。密闭保存。

河北恒利集团制药公司制造

地址:河北省沙河市栾卸工业开发区

电话:(03286)801288　　电挂:1630

传真:(03286)801288　　邮编:05409

简评:本说明书标题由正副标题组成,正题是商品名称,副题标明商品的性质、内容及文种名称。正文介绍产品的基本情况,清楚明白。尾部说明商品生产企业的相关信息,以给消费者留下有关的线索,为商品的售后服务提供方便。

【写作实训提示】

1. 实事求是地介绍产品。写商品说明书要遵守法律和法规,如实地反映产品的实际情况,准确地说明产品的使用和保养方法等。介绍时不估计推测,不夸大其词、随意捏造,坑蒙欺骗、误导消费者。

2. 抓住特征介绍产品。产品的种类繁多,性质迥异。写作商品说明书时要注意抓住重点,突出产品个性化特征。这样,才能揭示产品的本质属性,区分性质相近的产品,说明产品的客观信息。

3. 用语要精确、简明、通俗。商品说明书是对产品的科学的说明,用语一定要准确无误,恰如其分,而且要尽可能简明。商品说明书面向广大消费者,而读者文化水平参差不齐,因此,商品说明书的用词一定要浅显确切,适应广大读者的知识水平和接受能力。

【练习与实训】

一、请选择某种商品作为对象,写出该产品的说明书。

二、以下是"奥妙全自动洗衣粉"的[注意事项]部分,阅读后请将顺序调整恰当。

1. 若有容易褪色衣物,请分开洗涤。

2. 待洗衣粉充分溶解后,再将衣物放入浸泡。

3. 请认明衣物上的洗涤指示。

4. 请将本品存放于干燥场所及幼儿不易拿到的地方。

5. 使用任何清洁用品后,应将手冲洗干净。请勿用于清洁碗盘、蔬菜、水果及食物。

6. 万一不慎误食或误入眼中,请立即用大量清水冲洗。

三、将下面药品说明书按正确格式修改。

北京降压0号使用介绍

[注　　意]1.引起恶心、头胀、乏力、鼻塞、嗜睡等,减少用量或停药后即可消失。

　　　　　　2.胃与十二指肠溃疡患者慎用,活动性溃疡忌用。

[用法与用量]口服,常用量1次1片,一日1次。维持量1次1片,二至三日1次。

[性　　状]本品为薄膜衣片,除去薄膜衣后显黄色。

[作用与用途]抗高血压药。具有降压和轻度镇静作用,治疗轻、中度高血压,对重度高血压可与其他降压药合用。

[规　　格]每片含××0.1 mg,××××12.5 mg,×××12.5 mg,××××12.5 mg,×××3 mg。

[贮　　藏]遮光,密闭保存。

[批 准 文 号]京卫药准字(2006)第101419号。

任务四　招标书

【任务描述】

为了满足市场需求,兴和公司已获准在开发区第12大街建筑公司大厦,拟建面积4 500平方米。该项目已列入市年度计划,并获主管部门颁发的建筑许可证。经公司领导研究并报上级批准,决定采取公开招标方式,择优选定施工单位。招标公告将在有关媒体刊登。

请为该公司起草一份招标公告。

【任务分析】

招标、投标,是当今国际上广泛流行的一种经济活动方式。这种公开竞争方式在生产经营、科学研究、工程建筑、大宗物品采购、技术服务等方面得到广泛应用。

要写好招标公告,必须了解招标公告的概念、特点、分类等文种常识;了解招标项目概况、要求、招标程序,能够拟写出格式规范、语言准确、标准明确的招标书,在数量、质量、招标办法及要求、投标资格审查、投标时间等方面,为投标方提供清晰明确的信息;从而能够让投标者清楚、明白地作出应对。

一、文种常识

(一)招标书的概念

招标文书是招标方在招标过程中使用的各种文书,包括招标申请书、招标公告、招标邀请书、招标书(招标说明书)、标底书、招标章程、中标通知书、中标合同等。上述文书根据不同的招标情况可以相应合并或分开。本节主要介绍招标书(招标公告)的写法。

招标书,是招标单位用于公布招标信息,征招承包者或合作者而对招标的有关事项和要求做出解释说明的一种告知性文书。又称招标公告、招标通告、招标广告、招标启事等。

(二)招标书的特点

1.规范性　招标文书的制作过程和基本内容要符合《中华人民共和国招标投标法》的基本规定和要求。

2.公开性　招标是本着公开、公平、公正的原则进行的,招标文件必须公开发表或向所有投标者提供,整个过程具有透明性和公开性。

3.效益性　招标把竞争引入经济领域,以期选择最佳人选、最佳方案、最佳效益。通过公开招标,让众多的投标人进行竞争,从而以最低或较低的价格获得最优的货物、工程或服务,取得最佳的经济效益。

(三)招标书的类型

按时间划分:有长期招标书和短期招标书。

按范围划分:有面向国内招标、面向国际招标;有面向企业内部、系统内部的招标书和面向全社会的公开招标书,或本地区招标书和外地招标书等。

按性质和内容划分:有工程建设招标书、大宗商品交易招标书、选聘企业经营者招标书、企业承包招标书、企业租赁招标书、劳务招标书、科研课题招标书、技术引进或转让招标书等。

按形式划分:有条文式、表格式、条文与表格结合式招标书。

按招标方式划分:有公开招标书和有限(邀请)招标书。

公开招标书是招标单位通过报刊、广播、电视等新闻媒体公开发布的招标书,向社会公开招请承包商参加投标竞争;有限(邀请)招标书,是招标单位向事先经过选择的有承担能力的有限的若干个承包商发出的邀请函,通知其招标内容,邀请他们参加投标竞争。

招标单位若采取邀请招标的方式,邀请有关对象参加投标,则需写招标邀请书。

二、写作技法

招标书通常由标题、编号、正文、落款和日期组成。

(一)标题

(1)招标单位名称 + 招标事由(即承包工程或承包货物名称) + 文种,如《××市交通局××公路大桥建造工程招标通告》。

(2)招标单位 + 文种,如《××集团招标公告》。

(3)招标项目 + 文种,如《××大桥建造工程招标公告》。

(4)不写招标性质、内容和单位,只写文种名称,如《招标公告》《招标书》。

(二)编号

如果是招标公司发布的招标公告,还应在标题右下方写明编号,以便归档和查对。如:

中国技术进出口总公司招标通告
编号:CNTIC-J91055

(三)正文

正文一般应包括以下内容:前言+主体+结尾+落款+日期

1.前言　简要写明招标单位的基本依据和招标目的、项目或货物的名称和范围。也有的招标公告在开头部分写出招标项目的基本情况,让有意投标者对此有个大致了解。该部分的文字要概括简短,提纲挈领,开宗明义。

2.主体部分　是招标公告的核心部分,要详细写明招标的内容、要求及有关事项,并将有关事项逐项说明,有的还需要列表。具体包括以下几个方面:

(1)招标项目概况。项目的名称、性质等基本情况。

(2)招标项目的技术要求。包括各项技术指标、质量要求、竣工日期、承包方式,或货物名称、数量(重量)规格、交货地点等。

(3)对投标者的要求。包括招标范围,对投标人资格审查的标准,投标人应提供的有关资质证明文件和业绩情况,对中标者的要求等。

(4)招标安排。投标申请截止日期、领取(或购买)标书的时间和地点、应交费用;投标与开标时间、地点等需要公告的事项。

3.结尾　结尾要写清楚招标单位的名称、地址、联系人、联系电话、传真、邮编等,必要时还要写明开户银行及账号,以便投标者报送投标书,参加投标。如果是国际招标,还应该写明招标范围包括哪些国家、用什么货币、付款办法等。

(四)落款和日期

写明招标单位全称和标书制发日期。

【范文评析】

〔例文一〕

**××市鸿程房地产发展公司蓝盾住宅小区工程
总体规划设计方案招标文书**

本项目是经济适用房项目,位于××市××区石马河南桥寺,总占地近88亩。本项目进行总体规划设计招标,中标单位将签定合同,完成全套方案设计。

一、项目概况

1.项目位置:该项目(规划编号为大石坝组团E区2号地块、大石坝组团E标准分区1—8号地块),位于××区石马河南桥寺。(见附件一《规划红线图》)

2.项目性质:使用性质:商住。

3.项目的立项批号为:××计委投〔2008〕296号。

4.规划选址意见书文号为:×规选〔2008〕江字第0143号;×规选〔2009〕江字第0009号。

5.规划设计条件文号为：×规设〔2008〕江字第 0146 号；×规设〔2009〕江字第 0010 号。

6.规划红线图(见附件一)。

二、招标方式

本项目采用公开招标方式。

三、投标单位资质要求

1.具有甲级建筑设计资质,技术力量雄厚;

2.具有设计大型住宅小区的实践经验。

四、报名时应提供的资料

1.单位营业执照、资质证书复印件;

2.项目负责人简介和相关证书。

五、规划控制条件

(详见附件二《重庆市建设工程设计条件、要求通知书》)

六、规划设计及质量要求

七、规划设计按有关规定执行,户型 $80 \sim 150 \ m^2$,质量要求较高。

八、投标文件编制要求

投标文件使用中文,纸张 A4,图纸:3 号图幅,字号:仿宋体 4 号字。主要内容包含:

1.规划方案设计综合说明书(含主要经济技术指标);

2.规划方案设计图纸(总体布置图、立面图、效果图);

3.工程投资概算;

4.设计进度和设计报价。

九、评标方法

重庆市鸿程房地产发展公司拆迁还房项目部对投标方案进行评选,从中选出 1 种设计方案,中标方案的设计单位为中标单位。

十、拟签定合同的主要条款

1.主要事项:深化完成规划方案设计(深度做到初设)。

2.工作时间:自中标之日起 20 日内。

3.设计价格:按建筑面积计算,1.5 元/平方米。

4.方案阶段免费设计。

十一、其他

在收到各参赛单位的图纸及相关文件后,由专家评审,中标的单位将继续参与该项目的规划设计工作,凡未被选中的方案,委托方不再退还设计方案、图纸及配套文件,委托方有权对图中合理的相关内容进行吸纳、综合。

十二、招标日程安排

1.报名时间:2009 年 6 月 25 日下午 1:30,在××市鸿程房地产发展公司会议室。

2.招标文件答疑、踏勘现场的时间和地点:2009 年 6 月 28 日(星期一)上午 9:00,在重庆市鸿程房地产发展公司会议室举行答疑和踏勘现场。

3.投标文件送达的截止时间：2009年7月2日下午5:00。

4.开标时间和地点：2009年7月9日上午，在××市鸿程房地产发展公司会议室举行开标会。

十三、报名地点及联系人

××市××区望海一村1号1—1号 ××市××房地产发展公司 邮编：400120

联系人：曹××

手机：13500000000 电话：89888888 传真：89888888

附件

1.《规划红线图》

2.《××市建设工程设计条件、要求通知书》

××市××房地产发展公司

二〇〇九年四月二十六日

简评：该文书是一份建筑设计招标书。标题采用招标单位、招标项目加文种的形式；正文为条文式，并标有序码，这些条款对招标项目概况、招标方式、投标方资质要求、招标书发放、投标时间及地点等都有明确的要求；结尾写明了招标单位名称、联系人、联系电话等，便于投标者报送投标书。全文符合招标书的格式与内容要求。

〔例文二〕

招标邀请书

××××××（被邀请单位全称）：

××××××工程，是我省×××年重点计划安排的项目。经请示×××同意采取招标办法进行发包。

贵单位多年来从事×××工程建设，施工任务完成得很好。对此，我们表示赞赏。

随函邮寄"××××××工程施工招标书"一份。如同意，望于××××年×月×日光临××招待所×楼××号房间，领取"招标文件"，并请按规定日期参加工程投标。

招标单位：××省××厅××处招标办

地址：××省××市××路××号

联系人：×××

电话：××××××

邮政编码：××××××

××省××厅××处招标办

×××年×月×日

简评：这是一份工程建设招标书。标题采用简明形式；正文采用邀请函的方式，语言使用注意礼节性，应告知的内容清楚明白；结尾写明了招标单位名称、联系人、联系电话等，便于投标者报送投标书。

【写作实训提示】

1. 内容周密严谨,表述简明准确

招标投标是一件非常严肃的工作,招标投标文书,都是依照法律规定而撰写的,受法律的监督和保护。因而,写作招标书时,内容必须周密严谨,逻辑严密,用词必须准确,无论是定性还是定量说明,都应准确无误,要避免使用语义模糊和容易产生歧义的词语。

2. 质量标准明确、技术规格精确

招标文书中的技术、质量要求,是投标方编制投标文件的依据,也是以后与中标企业签订合同的依据。因此,招标文书应对将采购的物资设备或工程项目的质量标准明确规范,注明是国际标准、国家标准或部颁标准。如无通用标准,则应注明按图纸或样品为准。如投标企业所供物资设备或建设工程项目的质量标准和技术规格与招标文书要求允许有细微差异,其差异范围也要精确限定,标明允许误差的准确幅度。不能使用语义模糊的词语来表达,如"大概""近似"等。

【相关链接】

招标与投标的程序

1. 招标单位编制和报审招标文件,发表招标公告,出售标书。

2. 投标者购买或领取标书。

3. 招标单位组织投标者勘察设计现场,解答招标书中的疑点。

4. 投标者填写投标书,并向招标单位报送。

5. 招标单位对投标者的资格及信誉进行审查。

6. 招标单位按时召开揭标会议,当众开标,公布标底、标价,评定中标单位,并发出中标通知书。

7. 招标和中标单位签订合同,招标工作结束。

【练习与实训】

一、指出下文中的错误,并进行修改。

金耀大桥建造工程招标公告

为了加速我市公路建设,确保公路建设质量并按期完工交付使用,特邀请符合国家桥梁施工规定的投标者前来投标。

所有参加投标的单位,请于 2010 年 5 月 15—30 日到金耀大桥建造工程指挥部报名。

地址:开封市金耀路 45 号金耀大桥建造指挥部

联系人:张××

电话:0378-55555555

二、根据下列材料，写一份招标书（可自行补充必要的材料）。

为了满足市场需求，兴和公司已获准在开发区第 12 大街建筑公司大厦，拟建面积14 500平方米，10 层。该项目已列入市年度计划，并获主管部门颁发的建筑许可证。经公司领导研究并报上级批准，决定采取公开招标方式，择优选定施工单位。报名日期：2010年 5 月 11 日至 6 月 11 日。

三、××职业技术学院拟对 2010 年入学新生的生活用品进行公开招标，请代为起草一份招标书。

任务五　投标书

【任务描述】

省第四建筑有限公司成立于 1985 年，是国家特级资质建筑工程施工总承包大型企业。现有职工人数 2 000 多人，包括各类专业技术人员 1 800 人。公司拥有总资产超过 13 亿元。公司以严格的科学管理，精良的施工装备，先进的施工技术，在国内外建成了一大批知名工程。公司注重科研开发和技术创新，多项施工技术成果在国内领先、达到国际先进水平。公司连续 8 年获得"省优秀企业"的称号，一直是本省"重合同守信用企业"。公司还被全国总工会两次授予五一劳动奖状，被省文明委命名为"全国创文明行业先进企业"和"精神文明建设先进单位"。

第四建筑有限公司看到兴和公司的建筑工程招标书后，仔细研究了招标要求，了解了工程概况，组织专业人员结合本公司情况，对该项目进行了现场考察和充分论证，决定参加该项目的投标。

请为第四建筑有限公司起草投标书。

【任务分析】

要写好投标书，必须了解投标的程序和要求，了解投标书的概念、特点等文种常识，能根据具体事项制定规范的投标书，在撰写投标书时，要针对性强，语言准确严谨，表述明确，不能含糊不清。

一、文种常识

（一）投标书的概念

投标书，又称"投标申请"或"投标申请书"，是投标者按照招标文件的要求，结合自己的主观条件估价后，向招标单位提出承包工程项目或承买大宗商品、填报价格等所写的书面材料。

投标书经密封后邮寄或派专人送到招标单位，所以投标书又称标函。在招标文件中，只有标底是保密的,而标函的内容在正式开标前是全部保密的。这是一种竞争策略。

(二)投标书的特点

1.针对性 投标书必须针对招标文件中规定的标准和要求而编制,是对招标目的和需求的全面应对,因此,投标书具有极强的针对性。

2.竞争性 招标的目的是寻找最佳的合作伙伴。投标者要中标,投标书就要有极强的竞争力,可以说投标书是比实力、比技术、比条件、比能力、比价格等的市场竞争工具。

3.约束性 投标书一旦送达招标单位,投标人不得再更改投标书上的承诺内容。

(三)投标书的分类

(1)按投标人员组成情况分:个人投标书和单位投标书。

(2)按照招标项目的性质内容划分,主要有工程建设项目投标书、技术合作项目投标书、企业承包经营投标书、大宗商品交易投标书和企业租赁经营投标书等。

二、写作技法

投标书构成模式:标题 + 主送单位 + 正文 + 落款 + 日期

(一)标题

(1)投标单位名称 + 投标项目名称 + 文种,如《第四建筑工程公司承包兴和大厦工程投标书》。

(2)投标单位名称 + 文种,如《××公司投标书》。

(3)投标项目名称 + 文种,如《兴和大厦工程投标书》。

(4)有的只写文种名称,如《投标书》或《投标函》。

(二)主送单位

主送单位即对招标单位的称呼,在标题下隔行顶格写。

(三)正文

投标书正文可分开头、主体和结尾三部分。

开头部分:简要介绍投标者的基本情况,并表明投标的意愿。

主体部分:主体是投标书正文的核心,也是决定投标者能否中标的关键部分。主要包括以下几个方面的内容:

(1)说明投标者的现状。

(2)写明投标项目的具体指标。应明确质量承诺、标价、完成招标项目时间等。

(3)实现各项指标、完成任务的具体措施。

(4)对招标单位提出希望配合与支持的要求。

结尾:补充说明或联系方式。如投标单位(或个人)的名称、地址、联系人、联系电话等。

(四)落款与日期

投标单位(或个人)的名称并写明日期。

【范文评析】

〔例文一〕

××市2010年医疗机构药品集中招标采购投标函

（招标编号：XYZB2010—01）

××市新元招标咨询服务有限公司：

在审阅了所有集中招标采购文件后,我方决定按照招标文件的规定和作为药品购销合同一部分的投标报价表确定的药品及价格参与投标。我方保证提供的全部报价和其他资质证明文件的真实性、合法性,并愿赔偿招标代理机构因上述报价和资质证明文件的瑕疵所蒙受的全部经济损失。

如果我方药品中标(成交),我方将按照招标人的要求按时配送中标(成交)药品,确保药品购销合同的履行。

我方同意本投标函在招标公告规定的开标日期起30日内有效,并对我方具有约束力。我方投标在投标有效期期满前均有可能中标(成交)。

我方承诺,我方同本项目的招标代理机构没有产权关系,不会为达成此项目同招标人进行任何不正当联系,不会在竞争性投标过程中有任何违法违规行为。

在正式合同准备好和签字前,本投标函及贵方的中标通知书将构成约束我们双方的合同。我方理解贵方不一定要接受最低报价的投标或收到的任何投标。

我方联系方式如下,如我方提供的联系方式不对,造成一切损失,由我方承担。

单位名称：＿＿＿＿＿＿＿＿＿＿＿＿＿＿＿＿＿＿＿＿＿＿＿＿

邮编：＿＿＿＿＿＿＿＿＿　地址：＿＿＿＿＿＿＿＿＿＿＿＿

联系人姓名：＿＿＿＿＿＿　联系人手机：＿＿＿＿＿＿＿＿＿＿

传真：＿＿＿＿＿＿＿＿＿　办公电话：＿＿＿＿＿＿＿＿＿＿＿

投标人(盖章)：＿＿＿＿＿＿＿＿＿＿＿＿＿＿＿＿＿＿＿

法定代表人或委托代理人(签字)：＿＿＿＿＿＿＿＿＿＿＿＿＿

出具日期：＿＿＿＿＿年＿＿＿＿＿月＿＿＿＿＿日

简评:这是商品采购投标书。本文态度明确,语言表述严谨,条理清楚。

〔例文二〕

建设工程施工投标承诺书

招标人：＿＿＿＿＿＿＿＿

1.根据你方拟建工程新校区主体楼生化池施工工程的招标文件,遵照《中华人发共和国招标投标法》等有关法律的规定,经踏勘现场和研究招标文件的投标须知、工程建设标准和工程图纸说明及有关文件后,我方愿以人民币(大写)＿＿＿＿＿＿(小写

_____)元的投标报价承包三个生化池主体工程(除挖运土方外),并按图纸、工程建设标准和工程图纸说明等要求施工。

2.我方已详细阅读全部招标文件和图纸,包括澄清或修改文件。

3.一旦我方中标,我方保证在招标文件约定的时间内完成施工内容。

4.除非达成另外协议并生效,你方的中标通知书和本投标承诺书将成为约束双方的合同文件组成部分。

投　标　人:_____(盖章)

法定代表人:_____(签字或盖章)

单　位　地　址:_____

邮　政　编　码:_____电话:_____传真_____

日　　　期:_____年_____月_____日

简评:这是工程建设项目投标书。前言、投标事项、结尾俱全。全文条款明晰,语言表达简练。

【写作实训提示】

1.投标书同招标书一样,写作要求周密严谨。投标书不但是投标文件的一部分,而且一旦中标,即成为签订合同的依据,是合同的附件。所以,招标书和投标书应当是周密严谨的、具有法律效力的文件。

2.要实事求是。投标方必须在认真研究招标书的基础上,客观估计自己的技术、实力和相应的赔偿能力,经过专家的充分论证后,再决定是否投标,并实事求是地填写标单和撰写投标书,切不可妄加许诺、弄虚作假。因为一旦中标,就要在规定期限内与招标方签订合同,按合同办事。如不实事求是,将给国家、招标单位和本单位造成严重的经济损失,或承担法律责任。

3.内容要明确具体。对于投标书的具体内容,如目标、造价、技术、设备、质量等级、安全措施、进度等,都要详细写明,力求具体、明确,一目了然。如果交待不清,笼统含糊,无法使招标单位认可,那是难以中标的。

【练习与实训】

一、指出下文中的问题,并加以修改。

投标申请书

我方经仔细研究,在充分理解和完全同意《××市××区水利工程建设施工招标公告》及其附件的基础上,经我方法定代表人授权,由×××(委托代理人姓名)作为我方全权代表,并以×××(申请人的姓名)的名义,向你方提出投标申请。

我方愿意接受你方授权代表的查询或调查,以便核实我们递交的与此申请相关的报表、文件和资料。本申请书还将授权给我们的开户银行、客户以及相关的个人或机构的授权代表,按你方的要求,向你方提供与此申请有关的证明资料,以供你方核实我方在申请书中提交的有关报表、文件和资料。

我方在此声明,申请文件中所提交的报表和资料都是完整的、真实的和准确的。如出现不完整、不真实、不准确的资料,我方愿意承担由此引起的一切后果。

我方同意招标的各项要求和条件,并有能力胜任此项工程。

申请人名称:×××

法定代表人签名(公章)

授权代表签字:×××

二、针对任务四中第二题拟写的招标书,起草投标书。

三、针对任务四中第三题拟写的招标书,起草投标书。

【写作综合实训】

〔**实训一**〕阅读下列材料,完成文后写作任务。

2010 年 5 月 6 日下午 4 点,××学院经管系 2008 级学生王飞同学在校操场东侧捡到一个红色钱包,内装人民币 1 000 元,还有 1 300 元的存折一张,钥匙一串。他写了一则招领启事,寻找失主。后来根据广播电台播出的生物工程系 2008 级学生李玲的寻物启事,很快找到失主。李玲同学很感激,写了一封感谢信。

1. 根据案例内容,请代王飞同学写一份招领启事。

2. 根据案例内容,请代李玲同学写一份寻物启事。

3. 根据案例内容,请代李玲同学写一封感谢信。

〔**实训二**〕根据下面材料,写一份产品说明书。

北京北卫药业有限公司生产的感冒清热颗粒属于非处方药品,主要用于风寒感冒,头痛发热,恶寒身痛,鼻流清涕,咳嗽咽干等症状,具有疏风散寒,解表清热的功能。该药品主要采用荆芥穗、薄荷、防风、柴胡、柴苏叶、葛根、桔梗、苦杏仁、白芷、苦地丁、芦根等中草药精制而成,同时辅以糖粉和糊精。

在服用时,不能吸烟、喝酒,不可以吃辛辣、生冷、油腻的食物,同时,患有高血压、心脏病、糖尿病患者不宜服用。儿童应在成人的监护下服用,年老体弱的患者及小儿应在医生的指导下服用,其他严格按照用法用量服用。服药三天后症状无改善,或出现发热、咳嗽加重,并有其他严重症状如胸闷、心悸等时应去医院就诊。

因为本药为棕黄色,较为美观,而且味甜,所以极易被儿童误服,因此本药应放在儿童不易接触到的地方,同时为避免药品发生变化,本药应密封贮藏,本药一旦性状发生改变时应马上禁止服用。本药包装为盒式,每盒 10 袋,每袋 12 克,为方便患者,所有药品生产日期均写在包装盒上。

〔**实训三**〕阅读下列材料,按要求写作。

××职业技术学院对南校区学生公寓物业管理权进行公开招标,选定物业管理单位对南校区学生公寓物业进行管理。管理范围包括:学生公寓(3—14 层)28 776.5 m²;周边道路、运动场 6 704 m²;绿化面积 1 171 m²。招标内容按招标单位提供的《招标文件》。凡达到××市物业管理三级以上资质的物业管理公司或高校后勤服务公司(集团)均可参加投标。

　　兴和物业管理公司经营物业管理、水、电维修、花草树木的销售、家政服务、停车服务等。看到××职业技术学院的招标公告后,经过慎重的考虑和研究,决定参加投标。

　　1.根据案例内容,为××职业技术学院拟写一份招标公告。

　　2.根据案例内容,为兴和物业管理公司拟写一份投标书。

　　〔**实训四**〕阅读下列材料,按要求写作。

　　××职业技术学院××系学生在毕业之际,拟举办一场大型毕业庆典活动,包括大学时期校园生活图片(照片)展示,师生文艺晚会。需要向广大同学征集大学生活照片,邀请院系领导、老师参加,同时并欢迎其他年级的同学参加。

　　1.根据案例内容,代活动组织者拟写一份征集图片(照片)启事。

　　2.根据案例内容,代活动组织者拟写一份活动宣传海报。

　　3.根据案例内容,代活动组织者拟写一份邀请领导、老师参加活动的邀请信。

项目七　拟写商务传播文书

【知识目标】

了解商务传播文书的概念等基本知识。

理解商务传播文书各文种的分类及写作要求。

掌握商务传播文书各文种的结构及写法。

【能力目标】

能掌握商务传播文书的采写方法。

能撰写符合规范的经济消息、经济通讯、经济评论。

能在具体商务活动中正确选用商务传播文书。

任务一　经济消息

【任务描述】

最近,××市几家商场搞起了"清仓大热卖"促销活动。据了解,某家电商场自称这次为期两天的"大热卖"中,有万种家电商品降价甩卖:1元钱可购一部电话机,20元可购一只电饭煲,380元可购名牌50升电热水器,等等。但据顾客反映,商家降价的都是滞销产品,有作秀之嫌。

请你到正在促销热卖的其他几家商场采访,写一篇500字左右的经济动态消息。

【任务分析】

要写好经济消息,必须了解其概念、特点、分类等文种常识,根据具体内容拟好消息的标题,在撰写消息正文时,要写好导语、主体和结尾。经济消息的写作,一般要把时间、地点、人物、事件、原因、结果六大要素交代清楚,主体最常用的是"倒金字塔"结构。

一、文种常识

(一)经济消息的概念

经济消息是对新近发生的具有新闻价值的经济活动或重要经济工作事实的简要报

道。经济消息从反映的范围来说,是有关经济领域中的各种事情;从时间来说,是指近期出现的事情;从内容来说,一定要有价值,否则即使是刚发生的事也不一定成为经济消息。

(二)经济消息的特点

1. **真**　"真"是经济消息的生命。经济消息所报道的人物、事件、地点、时间及引述的数据都要反复核对,做到绝对准确可靠。否则,就成了蒙骗读者的虚假消息,有损党和政府的形象,甚至还会造成恶劣影响和严重后果。

2. **新**　俗语说"当日的新闻是金子,隔日的新闻是银子,过日的新闻是沙子"。经济消息讲究时效性。作者要在最短的时间内把事情报道出来,让读者充分了解经济消息的价值。

3. **短**　"短"是经济消息的突出特点,经济消息对内容只做概括简要的报道,而不做详尽的分析,即使是述评性消息,也只是提纲挈领地加以评论。

4. **快**　经济消息的传播常常争分夺秒。谁快,谁就掌握了新闻报道的主动权,赢得了读者。慢,则会影响其报刊的发行量及市场的占有率。

5. **活**　经济消息要吸引读者观众,还须写得生动活泼、引人入胜。在内容上,要抓住最新鲜、最精彩的事实;在形式上也要用最精彩的语言表述出来。

(三)经济消息的种类

依据报道的内容和写作特点,经济消息一般可分为以下几类:

1. **动态经济消息**　是对经济领域里正在或新近发生的重大事件或经济工作中的新风貌、新成就、新经验、新问题、新动向的报道。动态消息一事一报,简洁明快,篇幅短小,能迅速及时地把经济领域中的新情况反映出来。

2. **综合经济消息**　是综合反映某地区、某行业、某时期带有全局性的经济情况、问题、成就而写的消息。综合消息实质上也是动态消息,只不过综合消息报道的往往是带全局性的问题,它所包含的事实比动态消息要多,经历的时间较长。

3. **典型经济消息**　用来报道经济建设中的新典型、新经验,用典型推动一般,具有借鉴意义。

4. **评述经济消息**　就某一经济问题进行评述,说明其价值和意义,对人们关注的经济问题,及时地分析情况,总结经验,揭露矛盾,指明方向,促使经济沿着正确的方向发展。

二、写作技法

经济消息的构成模式:标题 + 导语 + 主体 + 背景 + 结尾

(一)标题

标题有三种写作形式:

1. **单行标题**　它要求鲜明、醒目、简洁、生动,具有高度的概括力,能反映出经济消息的主题。如:《3 月末我外汇储备余额 6 591 亿美元》。

2. **双行标题**　即由"引题加正题"或由"正题加副题"组成的两行文字的标题。所谓"引题",就是位于正题之前,起交代背景、烘托气氛或点明意义等作用,以引出正题。所谓

"副题",就是排在正题之后,通常用于补充交代消息的次重要事实,可起补充说明的作用,能够扩大效果。如:

规范纳米材料生产 提高传统产品档次(引题)

七项纳米材料国家标准4月1日起实施(正题)

跨国采购商对中国产品需求增大(正题)

中国企业国际化视野有待拓宽(副题)

3.**三行标题**　一般由引题、正题、副题三行文字组成。如:

商务部新闻发言人就美欧对华纺织品"特限措施"阐明中国政府立场(引题)

对美:坚决反对　　对欧:强烈反对(正题)

有关协会纷纷指出美欧行为有悖贸易自由精神(副题)

(二)导语

导语是经济消息的第一段或第一句话。它是一则消息里最具有新闻价值的内容的概述,是一则消息的"橱窗"。与经济消息"倒金字塔式"的结构相对应,导语要用简明、生动的语言把消息中最重要、最精粹、最新鲜的事实提炼、展示在消息的开端部分,以便先声夺人地引起读者的关注。导语常见的有以下写法:

1.**叙述式**　用叙述的方式,开门见山地概括出经济消息的主要事实,使读者先对这则消息有一个总体印象。

2.**评论式**　先对消息的内容进行评论,或评价其做法,或指出其原因,或说明其意义。

3.**问答式**　把问题鲜明地提出来,再用事实简要回答,引起读者注意。

4.**描写式**　以展示事物的形象和事件的场景为主要特征。描写时应简洁而传神、避免过分雕饰。根据描写对象的不同,一般可以分为人物描写式、事物描写式、现场描写式。

5.**引语式**　引用一两句生动、隽永或具有代表性的话,以增强导语的生动性或权威性。

6.**对比式**　通过前后对比或此事物与彼事物对比,来揭示主题或突出新闻事实。

(三)主体

主体是对消息内容的具体叙述。它要用具体、典型的材料来展开导语,使导语的内容得到阐释、补充乃至深化。主体的结构方式有三种:

一是纵式结构。即按照时间顺序安排材料。

二是横式结构。即安排材料不受时间限制,而根据内容的并列关系、因果关系、主次关系来安排层次,这种结构最常见。

三是纵横式结构。就是同时运用纵式和横式两种结构。需要指出:第一,消息一般篇幅较短小,不必用这种结构;第二,如果使用混合结构,绝不是两种结构的交叉混合,而是在大层次之间与大层次内部分别用两种结构。如大层次是并列,某一个层次内部可以按时间顺序安排,但要注意在安排材料时绝对不能出现逻辑混乱。

(四)背景

背景又称背景材料,即经济消息事实涉及的有关历史情况和环境条件。任何经济事实都不是孤立的,都有它发生、发展、变化的原因,都要和它周围的事物发生内在或外在的联系,也就是说,必然有其背景。写作经济消息时若能将背景材料反映出来,就可将所报道的事实表现得更加准确和全面,更利于揭示主题。背景并不是每一篇经济消息所必备,也不是消息结构中的独立部分,背景多数穿插在主体部分,也有的在导语或在结尾中点出。背景的文字不宜过长,以免喧宾夺主。常用的背景材料有注释性材料、说明性材料和对比性材料等。

(五)结尾

消息在主体完成之后,结尾可用"总结式""展望式""评论式"或"号召式"的文字来结束全文。

也有的消息主体完成之后,文章就戛然而止。是否需要写结尾要服从于全篇的需要。

【范文评析】

〔例文一〕

2007 年纳税百强公布　　电力热力行业企业居多

记者龙昊北京报道　二〇〇七年度中国纳税百强排行榜 11 日在京公布。按照《国民经济行业分类》标准,中国纳税百强排行榜上榜企业共涉及 15 个行业门类中包含的 65 个行业大类。

从行业集中程度来看,电力、热力的生产和供应业在纳税 500 强排行榜中上榜企业最多,企业集团纳税五百强上榜最多的企业属黑色金属冶炼及压延加工业,电信和其他信息传输服务业在外商及港澳台商投资企业纳税百强和企业所得税纳税百强排行榜中数量最大,私营企业纳税百强排行榜中最多的是房地产企业,而银行业占据代扣代缴个人所得税企业百强排行榜中数量之首。

(载《中国经济时报》2008 年 10 月 13 日)

简评:这是一篇综合经济消息。这篇消息两段仅 200 多字,短小精悍。标题是单行标题,简洁明了地反映出消息的主要内容。第一段是导语,采用叙述式,介绍最重要的新闻事实——"二〇〇七年度中国纳税百强排行榜 11 日在京公布"。第二段是主体,对导语所概括的内容进行具体阐述。叙述由主要事实到次要事实,采用倒金字塔结构,层层深入。

〔例文二〕

沃尔沃混合动力"模块化"经营

本报记者　倪柏明

近日,沃尔沃集团公布了新的第四代混合动力技术,并把这项技术广泛推行应用于公交车、卡车和建筑设备,沃尔沃客车也将在第一时间应用该项技术。

"我们提供的混合动力解决方案与目前市场已有的解决方案迥然不同。"沃尔沃集团总裁兼首席执行官雷夫·约翰森说,"这得益于沃尔沃的规模和资源,我们成功开发了更标准化的平台解决方案,这是使混合动力技术有能力对重型车辆市场造成广泛商业影响的先决条件。"

目前市场上已有的混合动力解决方案所依赖的组件大部分都是专属的,这样不利于车辆的批量生产和降低成本,由此应用了传统混合动力技术的车辆通常比未运用这一技术的车辆价格高出很多。相比之下,沃尔沃集团的第四代混合动力技术以适应性平台为基础,其中包含大量标准组件。适应性平台的好处在于它可以用于各种不同产品,适应各种用途,这样就进一步提高了产量、降低了生产成本,为技术的推广创造了可能性。

这或许在某些方面值得国内企业借鉴。尽管一汽、上汽、长安、东风、广汽等汽车集团都有混合动力项目,所研究车型也涉及到公交车、轿车等不同领域,但由于在发动机、电力驱动及燃料电池等方面都还没有解决成本与技术的难题,因此谁也不敢贸然投入批量生产,混合动力车型在国内也只是雷声大,雨点小。

沃尔沃已经采用标准化平台、生产标准组件的方式把混合动力系统应用到卡车、建筑装备、公交系统等领域。

沃尔沃客车公司将在欧洲推出新型混合动力公交车——Volvo 7700 HYbrid,计划2009年投产,燃油节省率高达30%。沃尔沃客车公司还将在伦敦对6辆混合动力双层公共汽车进行道路测试,这对伦敦混合动力公交车市场未来的发展意义重大。

9月25日至10月2日在德国汉诺威举行的国际汽车博览会IAA上,沃尔沃卡车公司展出了世界上首辆重型混合动力环卫卡车——Volvo FE HYbrid,与其他同类卡车相比,这种卡车可节省燃料20%,并相应减少二氧化碳排放。此外,混合动力环卫卡车使用电动机提供动力的过程中不会产生尾气,且噪音极低。

显然,沃尔沃为混合动力在实际应用方面走出了革新的一步。尽管目前沃尔沃集团只是将这种混合动力技术应用到本公司的产品及商用车等相关领域,但采用标准化平台、生产标准组件,这种"模块化"生产方式是解决目前市场中混合动力产品种类繁多、生产量小、成本较高等问题的有效途径。

自20世纪80年代以来,沃尔沃一直在尝试开发和改良各种混合动力解决方案。早在2006年3月,沃尔沃集团就首次在市场上推出重型车辆混合动力解决方案。沃尔沃的解决方案基于I-SAM即"一体式起动发电机"理念。这个解决方案基本原理是合理的配置电动机和柴油机并行工作,根据两种动力方式在不同环境下的效率高低,在电动机与柴油机之间自动切换,以达到车辆工作效率最大化的目的。与串联式混合动力相比,这种解决方案有效地提高了车辆性能,同时减少了燃料消耗。

此外,沃尔沃混合动力传动系统巧妙地利用不同形式的发动机和能源存储系统,以最佳的方式将电机和内燃机的扭矩融合在一起,因此混合动力传动系统最适合需要经常停车的车辆,例如公交车、环卫卡车或物资配送卡车。具有该系统的建筑机械可以使用电机为车辆的液压系统提供动力。

"为所有种类的重型车辆——公交车、物资配送卡车和长途运输车开发混合动力技术的前景是光明的。"约翰森表示,他对混合动力技术的未来充满信心。

(载《中国经济时报》2008年10月16日)

简评:这是一则典型经验消息。第一自然段是导语,它是这则消息最主要事实及其结果的概括。导语以下为消息的主体。对开发新的第四代混合动力技术的具体做法、产生的效果以及相关材料作了具体的介绍。结尾引用沃尔沃集团总裁兼首席执行官雷夫·约翰森的话,指出混合动力技术应用于公交车、物资配送卡车和长途运输车的光明前景。

【写作实训提示】

1.用第三人称。经济消息的作者,无论是记者还是本部门的通讯员,一律用第三人称叙述。

2.重视导语。导语虽然只有一句或一两小段,但它的作用却非常重要,既要交代新闻的主要事实,又要引起读者阅读的兴趣。写导语要注意以下几点:一是 5W 或六要素根据读者对象恰当取舍;二是不要用公式化、概念化的文字代替事实;三是不要堆砌太多机构名称、人物职衔,以及一大串枯燥难懂的专业术语、数据;四是不要主次不分地把太多事实挤在导语里。

【相关链接】

消息的要素

消息一般有六个要素,即何时、何地、何人、何事、何因及如何发生,简称"六要素",用英语表示就是 When、Where、Who、What、Why and How,简称 5 个"W"。

当然,并不是每一则消息必须包括这六个要素,有时根据情况也可省去一两个。

【练习与实训】

一、分析题

1.请从内容和结构的角度分析一篇动态经济消息(例文可以从近期的报刊、杂志等新闻媒介中选取)。要求:

(1)消息的主题;

(2)消息的构成要素。

2.比较下列新闻标题,说明它们的区别。

(1)A.(引题)汽笛一声高唱 上海—福州通航

    (正题)"茂新"轮今日起锚

  B.(正题)汽笛一声高唱 上海—福州通航

    (副题)"茂新"轮今日起锚

(2)A.(引题)"神舟"号返回舱顺利开舱

    (正题)飞船"乘客"安然归来

    (副题)搭载的国旗将于 2000 年 1 月 1 日在天安门广场升起

  B.(正题)我第一艘试验飞船顺利开舱

3. 辨析下列双行标题,哪组是正题+副题,哪组是引题+正题?

(1)(　　) 大陆啤酒台岛热卖

　　(　　) 进口啤酒销路受挫

(2)(　　) 十万针绣成的《耶稣像》

　　(　　) 两代苏州女情系世博会

(3)(　　) 最小 0.59 m²,最大 220 m²,1 038 片最新模材拼成透明顶棚——

　　(　　)"上海裁缝"巧制"奥运鸟巢羽衣"

二、请指出这份经济消息的毛病并改写。

瓶装蜂蜜近七成不合格

　　全省蜂蜜产品有七成是用糖水勾兑而成的。昨日,×省质监局公布了对全省蜂蜜产品的监督抽查情况,抽样合格率仅为 28.2%。

　　省质监局的有关负责人表示,此次蜂蜜抽查反映出的主要问题就是以次充好。如其中"双禾"牌百花蜜、"银鹤牌"洋槐蜂蜜多项指标不符合标准要求,其中,碳-4 植物糖中无蜂蜜成分,是典型的以糖水充当蜂蜜。有关人士指出,这些标称是蜂蜜的产品虽不至于危害人体健康,但严重欺骗了消费者的合法利益。此外,标签不合格也是此次抽查的突出问题,共有 19 批次不合格。

三、根据下面的材料,写一则商务消息。

写作要求:将材料有机地组合起来即可,重要的是写好标题和导语。

　　江苏南京捷豹汽车公司销往中东石油大国沙特阿拉伯的 243 辆捷豹单排货车,近日启程发运。

　　此外,捷豹还与菲律宾签订了出口汽车 1 200 辆的协议。

　　捷豹汽车装配有 462Q4 或 462Q5 档发动机,采用最新技术。安装了前盘后鼓制动系统,滑轨式驾驶座椅,转向柱锁,并配有先进的卫星定位监控系统。捷豹汽车在外观设计、车辆性能、功能配置、安全设施和节能环保方面均达到较高标准。

　　捷豹汽车能以骄人的业绩,冲入国际市场,原因在于捷豹人一直刻意追求产品的高质量。

四、根据下面这则经济消息的导语拟制单行标题、双行标题和三行标题各一条。

　　"新华网青海玉树 4 月 25 日电(记者吕雪莉　党文伯)玉树抗震救灾已进入重建阶段,据青海省卫生厅副厅长王晓勤介绍,对此次地震中的伤员仍将免费治疗直至出院。"

(《新华网》2010 年 4 月 25 日)

五、某大型快速消费品公司聘请了香港著名歌星为其形象代言人,并将出资为这位香港歌星在上海举办演唱会,举办这场演唱会之前,该歌星已经在香港成功举办了十几场个人演唱会,该快速消费品公司欲为这次活动撰写一份商务消息稿,请代为拟就。(有关公司等细节请自拟)

六、采写一则校园新闻,要求:角度新颖,材料真实,格式准确,字数在 300 字左右。

任务二　经济通讯

【任务描述】

近几年,老字号商标在海外被抢注的情况随着中国商标不断升值而呈上升趋势,基本包括以下两种形式:第一,一个主体抢注多个中国商标,如"六必居""冠生园""桂发祥十八街"麻花等被加拿大一家公司抢注;第二,一个商标在多个国家被抢注,如"红星"二锅头酒在瑞典、爱尔兰、新西兰、英国等国家被同一家英国公司抢注,"狗不理"在日本被抢注后,又在美国、澳大利亚、中国香港三个地方被抢注。直到2007年9月,海外漂泊10年的"狗不理"商标才得以回归,虽然此次回归更多的是迫于舆论的压力,但是中国商标轮番在海外被抢注的事实,又一次为中国企业敲响了警钟。

目前,不仅仅是老字号商标被抢注,中国知名企业的商标在海外被抢注的情况也是非常严重的,而究其原因主要有以下两个方面:一是许多企业患有"商标短视病",不舍得长远投资,商标的海外保护意识淡薄。大多数企业没有品牌市场的监测预警系统,认为自己的商标知名度不够,注册为时尚早,想等出了名再注册,或认为自己的商品不愁销路,无需注册。二是基于我国企业对国际贸易的游戏规则不甚熟悉,海外竞争者恶意抢注。近年来,各种商标枪注案例表明,很多抢注属于主观恶意性行为。海外企业这样做的目的主要有两点,一是借此牟利;二是阻止中国内地同行业的知名企业进军该国市场。恶意抢注已经成为一些外国企业反倾销的手段之一,通过抢注对手商标,使被抢注商标的企业以原商标进军国际市场发生困难。

实际上,现在许多地方还普遍存在商标意识淡薄的现象,确实值得深思。

请仔细阅读并理解以上材料所蕴涵的宗旨,在此基础上调查采访一下当地的有关情况,根据新闻写作要求拟写一则经济通讯,字数在800字左右。

【任务分析】

要写好经济通讯,必须要深入调查研究,具体透彻地阐述问题和经验,在表达方式上,可夹叙夹议,要求有理有据。

一、文种常识

(一)经济通讯的概念

经济通讯是一种比较详细而深入地报道商务事实的新闻体裁。它常以叙述、描写为主要表达方式,具体、生动、形象地反映新闻事件、典型人物或典型经验。

传播媒介单靠消息的报道,往往不能满足读者的需要;要更详细、更具体地了解经济事件的来龙去脉,企业经营的经验教训,地方经济风貌的巨大变化,人物的改革精神等,就要求助于经济通讯来完成。

(二)经济通讯的特点

1. **新闻性** 经济通讯是一种宣传真人真事的报道性体裁,因此它所宣传的人,应该是经济生活中的新闻人物,它所报道的事,应该是经济生活中的新闻事件。这些人物和事件既要真实,又要讲求时效。

2. **文学性** 是指在不违背真实的前提下,可以运用形象化的表达方法,来刻画人物形象,描写生动的场景,优美的自然环境,渲染气氛。因此,文学作品中的叙述、描写、抒情、议论等表现方法以及比喻、象征、拟人等修辞手法都可以运用,以增强作品的生动性、形象性。

3. **评论性** 通讯的作者,可以对其所报道的典型人物或典型事件直接发表议论,抒发感情,用自己的理解和内心情感的自然流露去打动受众。通讯中的评论,要紧扣人物和事件进行,评出人物与事件的意义,深化主题,起到画龙点睛的作用。

(三)经济通讯的种类

按照报道形式进行划分,有访问记、专访、特写、新闻小故事、集纳、巡礼、速写、侧记、散记、见闻、记者来信等。

按照报道对象的不同进行划分,有人物通讯、事件通讯、工作通讯、风貌通讯,这种划分类型就是平时所说的"四大通讯",为新闻界所普遍认同。以下重点介绍"四大通讯"。

1. **经济人物通讯** 是以经济战线典型人物为报道对象的通讯。它着重反映经济领域一个人或一群人,并以其人物精神面貌感动、教育读者。

人物通讯也有以反面人物为写作对象的,旨在揭露经济领域中违法乱纪的人物的丑恶嘴脸或总结竞争失败的教训。这些报道起警示作用。此类通讯与歌颂正面人物的相比,数量较少。

2. **经济事件通讯** 是以报道经济战线典型事件为主的通讯。要求比较完整地叙述事件的发生、发展、结果,点明它的典型意义。事件通讯中也要写到人,但它不把笔墨集中到某一人物身上,这是与人物通讯不同之处。事件通讯可以记叙经济领域中有意义的事,也可以揭露经济战线违反经济政策或令人深思的事。

3. **经济工作通讯** 是以报道经济工作经验、经济工作成就、经济工作进展情况或经济工作中存在的问题为主要内容的通讯。它介绍典型经验和做法,以指导一般,推动各项经济工作的顺利进展。工作通讯绝大多数是介绍工作经验的,所以也称经验通讯。

4. **经济风貌通讯** 着重描写经济发展过程中的新变化、新面貌。经济风貌通讯往往从现实经济生活中选择典型的、有特色的地区或单位,抓住最新鲜的迹象,加以突出的描绘,勾画出经济发展过程中日新月异的新面貌。经济风貌通讯所反映的风情状貌,大多是概略的、轮廓式的,所以有时也称经济概貌性通讯。纪行、见闻、巡礼、侧记等均属概貌通讯。

二、写作技法

经济通讯的构成模式:标题+开头+主体+结尾

（一）标题

通讯的标题比商务消息的标题更富文学性,常用的标题写法有两种,一是单行标题即只有正题,如《别了,"不列颠尼亚"号》;二是双行标题,由正题和副题组成,与消息不同的是通讯一般没有引题,如《中国民族工业发展的一个典范——记福寿仙企业的发展历程》。

（二）开头

通讯的开头不同于消息的导语,要求以灵活多样的方式引出新闻事实、引起受众的关注。例如开篇可以是优美的故事、危急的场面、有趣的情节、精辟的议论等。应该注意的是,经济通讯的开头要尽量少用深奥的专业术语,如非用不可,最好做通俗的解释。

（三）主体

主体的结构方式有三种:

一是纵式结构。可以按照时间的顺序、事物发展的顺序、作者对报道对象认识的进程或采访的顺序安排层次。

二是横式结构。以横式结构安排层次,或围绕主题,并列不同侧面;或按性质把材料予以归类。

三是纵横式结构。纵横交叉式结构就是把纵式和横式结合起来,把时间推移和空间变换结合起来,以时间为经,以空间为纬安排材料。适用于涉及面广、时间跨度较大的新闻事实的写作。

（四）结尾

通讯一般都有结尾,或总结全文,或展示未来,或抒发感情,或引用名言,或首尾照应。结尾是通讯主体的自然延伸,要巧妙安排,顺势收尾,千万不能画蛇添足。

【范文评析】

薛暮桥:中国市场经济的拓荒者

薛暮桥,是中国市场改革取向的最早倡导者和坚定支持者。2005 年 7 月 22 日在京去世,享年 101 岁。早在 20 世纪 80 年代初期,他就提出了中国改革应当市场取向,虽然多次受到指责,却始终坚持、不改初衷。2005 年初,他被授予首届中国经济学杰出贡献奖,同获此殊荣的有马洪、刘国光和吴敬琏。100 多天后,他离开人世。

毕业于"牢狱大学"

1904 年,薛暮桥出身于无锡一个没落的地主家庭。父亲在他 15 岁时为躲避债主,悬梁自尽。少年时他成了沪杭铁路的一名练习生,从事会计工作。1927 年 6 月,参加组织沪杭甬铁路总工会的薛暮桥因叛徒告密,被捕入狱。狱中,他遇见了时任中共浙江省委书记的张秋人,张秋人自知必死,但每天仍要读书五六个小时。他临刑前对薛暮桥说:"共产党员活一天就要做一天革命工作。在牢中不能做革命工作,就要天天读书。读书就是为着革命。"这几句话,对薛暮桥来说是终生难忘的教诲。

薛暮桥开始了狱中的学习生活,他在艰苦的环境中阅读了大量政治经济学、哲学、历史以及一些自然科学著作。三年半的狱中生活,使他获得了经济学的基础知识。1979 年访美时,一位美国教授问他毕业于哪所高等学府,薛老诙谐地回答:"我毕业于旧中国的牢狱大学。"

出狱不久,他在历史学教授陈翰笙指导下,开始从事农村经济调查研究工作。1933年,陈翰笙推荐薛暮桥去广西师范专科学校任"农村经济"教员。薛暮桥说,我连中学都没有毕业,怎能去?陈翰笙说:不要紧,我为你假造一个履历,"末路穷途,有桥可渡"。为此,他将名字由"与龄"改为"暮桥",开始在正规大学任教。

新四军建军之初,薛暮桥受新四军副军长项英之邀,参加筹建新四军教导总队,并主持政治教育工作。

打赢敌后货币战争

1943年,薛暮桥在奉命去延安的途中,被山东军区司令员罗荣桓留在了山东解放区,协助进行对敌货币斗争。

早在1938年,胶东抗日根据地就自己发行"抗币",作为"国民政府"规定银行发行的"法币"的辅币。1941年太平洋战争爆发后,日军在其占领区排挤法币,造成法币币值大跌,物价猛升。由于法币能在全国流通,抗币只能在根据地流通,人民乐于收藏法币,黑市上法币的币值反而高于抗币。日本扶植的伪政府所发行的伪币,在敌占区的黑市上,伪币币值也高于法币。在游击区,三种货币同时流通,伪币币值最高,法币次之,抗币最低。

为了改变这种劣势,薛暮桥大胆地提出,驱逐法币,使抗币能够独占市场。山东分局和省政府于1943年6月初在报纸上宣布,自7月1日起停止使用法币,动员人民把法币兑换成抗币,或到敌占区换回物资。市场上法币闻声下跌。排挤法币使根据地换回大量物资,能够用于支持抗币,在物价上涨时抛出物资,回笼货币,提高抗币的币值,物价就自然回落。

干校写就经改启蒙教材

1966年的那场风暴一开始,担任国家计委副主任的薛暮桥就身陷漩涡。在干校,薛暮桥的主要任务是烧猪食。一次,薛老一把一把地将柴草往锅灶里送,一个火星爆在了棉裤上,烧掉了半个裤脚才发现。这是他唯一的棉裤,冬日里,年近7旬的薛老穿着破棉裤,冻得发抖。

就在前面看不到一丝曙光的时候,薛暮桥却酝酿着他一生中最大的成就:撰写《中国社会主义经济问题研究》初稿。女儿薛小和探视时发现,父亲每天收工后,就趴在床沿上,一笔一画地写他的书。《中国社会主义经济问题研究》最终于1979年出版。日本《产经新闻》描述了当时的情景:"中国有一本书,跑遍全北京都买不到,这就是薛暮桥所著《中国社会主义经济问题研究》,北京各经济机关、公司和北京各国大使馆都想买,也买不到。"曾担任中宣部部长的陆定一,推荐该书为干部必读材料和高等院校经济系的教科书,全国各省紧急加印,发行达1 000万册。

在中国,学术著作发行1 000万册不多见,而薛暮桥一人独占两本。一本就是以上被称为"中国经济体制改革的启蒙教材";另一本是他早年在行军途中,伏在公文包上写出的教材《政治经济学》。

改革大潮中的薛氏印记

改革开放初期,经济学家孙冶方提出了中国要向商品经济转折,受到多方排斥,而薛暮桥始终支持孙冶方,并提出中国经济是公有制为主,多种经济并存的商品经济,为中国经济此后二三十年的发展勾勒了布局。

1979年,针对当时城乡存在大量失业和半失业人员的问题,薛暮桥提出社会主义社会劳动力仍归劳动者自己所有的观点,一时曾引起争论。他倡议打破"铁饭碗",把大部分原来由机关、企业办的事交给社会来办。

1980年起,薛暮桥呼吁:要加快价格和流通体制改革,更好地发挥市场的协调作用。

1980年,由他主持起草的《关于经济体制改革的初步意见》明确指出:"我国现阶段的社会主义经济,是生产资料公有制占优势,多种经济成分并存的商品经济。"成为我国市场取向改革的第一个纲领性草案。

在他看来,稳定物价的根本办法是管住货币总量,同时不发生通货膨胀。在此基础上,可以有步骤地放开价格,让价值规律自发调节。

薛暮桥还呼吁,要在社会主义公有制为主体的基础上,建设多种经济成分并存的社会主义经济。对那些可以由私人经营的行业,公有经济可以退出;可以将现有的国有小型企业进行公开拍卖;有些企业可以试行租赁经营;对竞争性行业可以试行股份制;在小型企业里,还可由劳动者集资购买,采取全员入股分红的合作制经营方式。

1990年,年事已高的薛暮桥写出了《关于社会主义经济的若干理论问题》,把市场取向改革的理论提升到一个新的高度,为最终确立改革的市场化方向做出了重要贡献。

1991年,薛暮桥指出应当逐步改用利率政策,要尽快学会用经济方法,运用财政、税收、银行信贷等经济杠杆加强宏观调控,加快建立和完善间接调控体系。这样的观点,到了今天仍然是我们努力的目标。

薛老曾说过:"现在看来,建国以后我在各个时期写的文章中的观点,有一些就是不正确的,甚至是错误的。这些不正确的观点,有些是当时屈从于政治压力,不能畅所欲言造成的,有些是受教条主义和极'左'思想的影响造成的。"

吴敬琏对他有过这样的评价:"经济思想史家海尔布鲁纳把那些彪炳史册的经济学大师斯密、李嘉图、穆勒等称作'入世的哲人',以彰显他们为人类认识世界和改造世界作出的巨大贡献。可以毫不夸张地说,薛老正是这样一位'入世的哲人'。"(钟南)

(载《新华日报》2008年12月12日)

简评:这篇人物通讯选自《新华日报》的"人物·风范"故事。它充分体现了通讯的典型性特征。薛暮桥是我国社会主义经济学开拓者、首届中国经济学奖得主、深孚众望的经济学大师,是代表时代精神的经济生活领域的典型人物。

本通讯开头开门见山,概述新闻事实,使读者对通讯的内容一目了然。主体采用的是纵式结构,选取薛老人生中的几个重要片断,再现其成长为经济学大师的人生轨迹。结尾引用吴敬琏先生的话,给薛老定位为"入世的哲人",既总结全文,又首尾照应。

【写作实训提示】

1. 提炼鲜明的主题

经济通讯的主题是文章内容所要表达的中心思想,主题深刻不深刻,角度新不新,直接影响到通讯主题的质量。

主题当然离不开材料,但是,作者在提炼主题确定角度时必须站在时代的高度,考虑当前的形势与任务,考虑观实生活中存在的带有倾向性的问题。只有把三者结合起来研究,才能提炼出一个正确、深刻而又新颖的主题。

2. 精选典型的材料

选好材料与提炼好主题几乎是同时进行的。通过材料提炼主题,又反过来通过主题驾驭材料。在选材时最重要的一条就是要选择典型的材料。所谓典型的材料,就是最具有代表性、最能说明问题、在文章中起骨干作用的材料。

3. 选择恰当的手法

形象性和感染力是通讯的重要特色。因此,恰当地使用描写与抒情的手法,对经济通讯写作至关重要。但经济通讯的描写又不同于文学作品的细致描绘,它只能用"一目传精神"的白描手法。它类似中国古代的"铁笔画",并不需要着色,但却轮廓鲜明,清晰可见。

【相关链接】

经济通讯与经济消息的区别

1. 结构形式不同。消息的开头有消息头,即"××讯"或"××电",其典型的结构方式是倒金字塔式结构,通常把新闻事件中最重要、最新鲜,读者最关注的事实、要素放在报道的最前面,作为新闻的导语。然后,再依照材料的重要程度了以排列,篇幅较短。

通讯一般没有这样的特点,通讯的结构比消息复杂,而且没有固定的格式,需根据主题的报道内容安排布局,篇幅较长。

2. 表现内容不同。消息报道事实,一般说来都是一事一报,侧重于记事,不要求全面报道人物,即使写到人物的言行,也是为表现事件服务。通讯则不仅要报道事件的全过程,而且侧重于通过事件反映人的活动,刻画人的形象,表达人的情怀,揭示人的内心世界,表现他们的精神状态。

3. 表现手法不同。消息以记事为主,通常用第三人称的叙述语言,没有情节的展开,较少细节的描写,语言凝练而简洁;通讯可以叙述、描写、议论、抒情并用,具体形象地交待新闻事件的完整情节和局部的细节描写,如气氛、场景、人物的思想活动等,使情节丰满,扣人心弦。

【练习与实训】

一、阅读下面这篇文章,然后回答下列问题:

1. 这篇文章是属于什么类型的经济通讯?

2.这篇经济通讯的结构线索是什么?以什么为脉络?

3.分析这篇通讯的写作特点和新闻性。

张朝阳:非主流的快乐

本报记者 李国训

一边是火焰,一边是海水;一边是现实的尘土,一边是诗意的栖居。通常被看作是非主流企业家的张朝阳在过去的10年时间里就一直游走在两者之间。

接受记者采访时,他的身份是搜狐公司董事局主席兼首席执行官,娓娓道来均是互联网的生计;一离开镜头,他却仿佛成了一位哲学家,为焦虑而思索,为平庸而呐喊。

胜利的奥运

"看奥运,上搜狐",尽管2008北京奥运会尘埃落定,但搜狐的大巴广告依然在北京街头随处可见。同样,张朝阳在面对《财经时报》采访时,话题也停留在恍如云烟的奥运盛事上。

"尽管每个网站都在说自己流量第一,或者视频流量第一。但我们可以很肯定地说,搜狐肯定是奥运会的一个大赢家。"张朝阳认为,搜狐作为奥运会首家互联网赞助商,其历史地位和品牌号召力早已成为业界共识。

这是现实的张朝阳。长期以来,他都在努力扭转"千年老二"的身份,无论奥运会是否会成就他的翻身一搏,但他的认真和努力已经打动人心。

3年前,张朝阳拍案而起,掷出数千万美金拿下奥运会首家互联网赞助商,开创全球互联网之最。3年来,张朝阳大胆布局,小心经营,乍看风光无限,实则内心焦虑和压力却无人能够揣摩。

奥运会结束了,张朝阳终于可以得以暂时的放心。来自艾瑞、CTR、易观国际等9家研究公司的数据显示,在奥运期间用户沉淀、视频内容渗透率等39项指标的研究中,搜狐均遥遥领先,战绩可谓全胜。

一项数据更是让张朝阳心满意足。艾瑞的问卷调查数据则显示,奥运期间浏览搜狐奥运报道的网民,有37.1%由其他门户网站流入。搜狐用户一直以20~30岁的网民较多,40岁以上主宰媒体话语权的网民却大多在新浪。在张朝阳看来,把这些网民挖来搜狐,是搜狐奥运会所获得的最大成功。

率性的回归

结束奥运之争的张朝阳,很快就进入了他的另一个身份,那就是诗意中的张朝阳。

这种状态下的他,喜欢穿着牛仔裤,游行在西装革履的人群中;喜欢在杂志露出胸膛,挑战任何人疑惑的眼光;喜欢买豪华游艇和名车,挥金如土,顾盼神飞。

奥运期间,他甚至还手持话筒当起了记者,走近姚明,走上天安门,出入各大体育馆,随意发问,怡然自得。与其说为搜狐流量努力,不如说他在自编自导,自娱自乐。

9月4日,张朝阳又第一次当起了瑞士旅游形象大使。这个攀登过多座高山之巅,游历丰富的"玩世CEO",再一次与瑞士滑雪、山间徒步、单车骑行、时尚滑板、滑翔伞等快乐运动联系起来。张朝阳再一次让自己漫步在诗意阳光中。

但张朝阳也时常陷入焦虑的阴霾中。他如哲人般反思说,"效率的追求是焦虑的根源,是智慧与解脱的大敌""智慧不是聪明,而是指了解、开悟、解脱、空性以至于到达快乐"。

四十不惑,也许在张朝阳的内心中,他追求的就是了解、开悟、解脱、空性并最终达到快乐。这也许就是我们解读张朝阳的关键所在。只是在口水纷起、心态浑浊的国内互联网产业中,他又不得不俯首而进。

不过,张朝阳的内心也许会愈发骄傲而孤独。他的特立独行和与传统中国企业家的背道而驰并没有拉他下马,反而让非主流的他更加成功。

他不无自得地说:"想想那些当初和我一起出道、如今逐渐沉寂的人,我很得意。2000年互联网的冬天,谁都说张朝阳是最先死的,可活得最久的就是我。"

现在的张朝阳不用再像以前一样频频和广告商见面,可以拒绝跟任何人吃饭,他希望更快乐地享受属于他自己的"业余时间"。

二、采访当地一位企业家、一位经营成功的个体户或一位经济学家,写一篇1 500字左右的人物通讯。

三、请从近日报刊上各找一篇人物通讯、一篇事件通讯和一篇工作通讯,并分析其结构与写法。

四、以你近期的一次旅行或印象深刻的一次旅行为题材,写一篇风貌通讯。可以是"综合性风貌通讯",也可以是"专题性风貌通讯",确立好自己要表达的主题。

五、采写一篇关于校园风貌(专题性),或自己熟悉的其他范围的风貌通讯。

任务三　经济评论

【任务描述】

2002年7月1日起,《室内装饰装修材料10种有害物质限量》国家标准在生产、流通领域被强制执行。7月2日《浙江经济报》刊登的消息报道了市场的反映情况:"作为国内最大的装饰板生产基地——浙江省大量的板材生产企业因此陷入停产半停产状态。市场上,大量前期生产的、有害物质超标的胶合板,生产厂家特低价抛售也无人问津。"

请你以以上材料为"由头",以《损失是自找的》为题,写一篇经济评论。

【任务分析】

一般经济评论多为"三段式"结构,开头部分是先摆出评论对象,再提出观点;主体部分对评论对象展开评议和分析;结尾部分是结论或提出办法、建议、希望等。在对评论对象具体分析时,要对各种经济政策谙熟于胸,才能褒贬得体。

一、文种常识

(一)经济评论的概念

经济评论是作者对经济领域中存在的现象或发生的问题进行评价或议论的一种文体。评论一般都是缘事而发,重分析、说理,其内容有很强的针对性。

有关经济方面的社论、编者按、评论员文章、短评、述评、专论、纵横谈等都是常见的经济评论。

(二)经济评论的特点

1. 新闻性　经济评论通常取材于经济新闻。和经济新闻一样,经济评论也非常注重当前经济领域中出现的新情况、新问题,有时候一些经济评论是和经济新闻同步播发的,特别是那些因重大经济新闻事件而发表的经济评论,其新闻性就表现得更加突出。

2. 倾向性　和报道客观事实的消息不同,评论是有主观倾向的。评论集中体现了新闻媒体的倾向性。

3. 指导性　经济评论的指导性是其倾向性的自然延伸。经济评论的意见往往不代表个人,有时甚至也不代表媒体,而是代表党和政府。尽管经济评论的字数不多,篇幅较小,但它容量大,理论性强。它往往是从理论与实践相结合的高度进行评论,具有很强的理论意义和指导作用。

(三)经济评论的种类

1. 按照评论的形式来分　有社论、评论员文章、短评、按语、编后和一些商务经济专栏评论等。

2. 按照评论的属性来分　有立论性评论、驳论性评论、阐述性评论和提示性评论等。

3. 按照评论的作用来分　有解释型评论、批评型评论、指导型评论、建议型评论、总结型评论等。

4. 按照评论的写作者　文章内容来分,可以分为:国家权威性商务经济评论、专业人员探讨性商务经济评论、生产与消费阶层的反馈性商务经济评论以及商务经济杂文等。

5. 按照发布评论的媒体来分　有报刊评论、广播评论、电视评论和网络评论。

6. 按照评论的对象及目的　可以分为:商务经济形势评论、商务经济政策评论、商务经济动向评论、商务经济问题评论、商务经济综合评论。

二、写作技法

经济评论的构成模式:标题 + 开头 + 主体 + 结尾

(一)标题

经济评论以对客观经济事实进行分析、议论为主,所以,评论的标题除了遵循鲜明、简洁、独特等标题的基本准则外,还要突出自己的个性,集思辨性、倾向性、深刻性的特点于一体。如《少数企业"死"不了,多数企业"活"不好》《新经济:春天来了,冬天还远吗?》。

从结构上看,经济评论的标题通常只有一行主题,只有在极个别的情况下,才会有辅题(多为副题)出现。如《分歧加深、协调徒有虚名——西方各国财长和中央银行行长会议述评》。

(二)开头

通常先对要评论的事件作一概述。通过叙述事实引出评论对象,提出全文要评论的问题。开头最好是开门见山,让读者迅速明白评论的是什么。常见写法有:概述式开头、议论式开头、疑问式开头等。

(三)主体

主体是经济评论的核心部分。紧承开头叙述的事实,以事实为依据展开分析和评论。以评为主,以"论"为辅。由于经济评论体制短小,分析必须在要害处切入,还要简洁明快,以不多的文字把为什么"是"或为什么"非"的各种原因说透。

(四)结尾

结尾是对评论对象作出具体分析之后所得出的结论。常用的结尾方式有:点睛式结尾、推论式结尾、规劝式结尾等。

【范文评析】

整治景区酒店不能"心太软"

张东阳

面对国内 4A 景区质量普遍不高的窘境,国家旅游局终于发话,并于近日对达不到要求的 4A 级景区和五星级酒店给予"摘帽"的处理。其中,广东省深圳市景轩酒店,是国内首家被"摘帽"的五星级酒店;而"海南热带海洋世界"被取消国家 4A 级旅游景区资格,是国内首家被"摘帽"的 4A 级景区。(《新闻晨报》12 月 11 日)

近年来,随着旅游业的发展,国内景区、酒店不断增加,档次也在不断提高。目前,全国仅 4A 级景区就已达 872 家,五星级酒店也达数十家。然而,自从 2001 年国家旅游局对 A 级景区认定以来,在一些景区发生翻天覆地变化的同时,更有不少的景区由于后继乏力而歇业多年,成为 A 级景区中的"杂牌"景区。不过,由于 A 级景区原来只有评定的程序,没有"取消"的程序,使得这些"杂牌"景区直接影响了 A 级景区的声誉,也影响到整个中国旅游业的形象。直到近日,国家旅游局才决定对 A 级景区进行整顿,取消一些不符合标准的景区的资格。对于星级饭店,早在去年国家旅游局就已经宣布打破星级饭店的"终身制",国内所有星级酒店 5 年重新评定一次,当时就取消了几百家四星级以下级别的酒店资格。现在,国家旅游局拿"高端"的景区和酒店"开刀",无疑是非常迫切和有必要的。

尽管如此,笔者还认为,国家旅游局对不合格的景区和酒店尤其是"高端"景区和酒店"摘帽"的步子还是太小了点,或者说,国家旅游局明显存在"心太软"的情况。笔者注意到,国内首家被"摘帽"的五星级的深圳市景轩酒店,原因是"在设施设备、服务质量等方面已经不能达到五星级饭店标准的要求",应该说,1999 年开业、2001 年被挂牌而作为五星级豪华商务酒店的景轩酒店,如果是在设施上不能达到五星级酒店的要求,自然非一年半载的事,而是早已有之,因为国家旅游局修订的国家标准《旅游饭店星级的划分与评定》

（GB/T 14308—2003）早在 2003 年 12 月 1 日就开始实施了，而有关部门却直到现在才认定该酒店"不够格"并被"摘帽"，确实是太晚了点。更何况，熟悉该酒店的业内人士还认为，该酒店此前由于产权之争等原因，确实在维修、保养方面没有继续投入资金，一定程度上影响了酒店经营秩序和服务质量。

不过，笔者注意到，尽管景轩酒店被摘帽的信息已在国家旅游局的网站上公布，但是来自《深圳商报》12 月 11 日的报道却显示，该酒店"尚未接到相关通知"，公司的高层领导也没有变动。而笔者通过百度上搜索到的有关内容也显示，一些网站上显示的该酒店的"五星级"宣传网页依旧。既然国家旅游局已公布该酒店被"摘帽"，那么，就该采取措施进行相关后续处理才是。

同样，对"高端"的国家 4A 级旅游景区"摘帽"，也没能显示出国家旅游局"对于不达标的景区、酒店坚决予以取缔"的"决心"。据了解，早在 2006 年 6 月，"海南热带海洋世界"就由于经营管理不善，处于停业状态，按常理，这个早已名存实亡的 4A 级景区早该无条件地被"摘帽"，然而，相关部门对此景区却还是无比地宽容甚至是迁就，还是"多次要求其整顿后恢复营业"，直到一年多之后在"至今仍不能恢复正常营业"的情况下，才不得不取消这个早已名存实亡的国家 4A 级旅游景区资格。

国家旅游局取消一家 4A 级旅游景区是那么难，对于新的国家 4A 级旅游景区的批准却是如此"容易"：仅仅就在几天前，来自国家旅游局的公告显示，全国又有 87 家旅游景区被批准为国家 4A 级旅游景区。然而，有媒体对此评论时却称，这与其说是"选美"不如说是"选富"，东南部发达地区并不很美的自然景观甚至"人造景观"，频频登上 4A 级的殿堂，成了旅游胜地和"印钞机"；而西北部资源最丰富的绝美风景只能晾在深山"待字闺中"！

还有一个情况也令笔者很疑惑，那就是国家旅游局对于所有星级酒店的"5 年内重新评定一次"，应该说，这是对星级饭店"终身制"的一次打破，然而，在社会发展日新月异、各行各业的更新频率不断变短、社会服务水平不断加快的今天，5 年，会发生多大的变化？对于星级酒店的重新评定为何是 5 年而不是 1 年或 2 年？别忘了，在中国在国际国内上大打"旅游牌"的今天，星级酒店、A 级景区可是中国旅游业的重要"门面"啊！

（载《中国商报》2008 年 1 月 4 日 ）

简评：这篇经济评论标题新颖醒目，点明了评论的主题。开篇通过一则消息引出话题。主体以国家旅游局修订的国家标准《旅游饭店星级的划分与评定》（GB/T 14308—2003）为依据，分析评论国家旅游局对不合格的景区和酒店尤其是"高端"景区和酒店"摘帽""心太软"的具体事实，有理有据。结尾提出两个令人忧虑的现象，引人深思。

【写作实训提示】

1.围绕新闻热点。作为新闻的一种形态，经济评论必须具有新闻的基本特性，一是选题必须带有"经济"这一鲜明个性，同时又必须符合最广大受众的共性需求，即所谓"公众关注度"。二是所论之事为新近发生的事实。经过对这些含有新闻要素的事实从现象到本质的分析议论,开掘出事实的内涵,以升华读者的认识,进而强化新闻的导向性和舆论监督作用。

2.准确掌握政策。经济评论对经济问题和经济现象的分析有很强的导向性,这种导向应与国家宏观和微观的方针政策保持一致,要吻合。因此,经济评论的作者必须加强学习,熟知政策。

3.注重行文的生动性。经济评论的读者对象极为广泛。行文的生动应是作者必须做到的基本写作要求之一,写评论是要讲道理的,自然也就非用逻辑推理不可。但由于读者是各行各业的建设者,因而不能总是板起面孔来说话,动辄经济条文一、二、三,那样就不能吸引广大读者。因此,写作者应努力在可读性上下功夫。比如:形象而准确的比喻,幽默风趣的语言,灵活多变的形式,议论风生的文章风格等,都可增强评论的可读性。

【练习与实训】

一、下面是一篇经济评论,请指出其存在的问题并予以修改。

一个重要的启示

长久以来我们对于企业家——无论是国企的老总还是民营企业老板的评价,总是以结果论英雄。如果企业家创造了很多财富,缴了很多的税,那么他就是成功人士,是名人,是明星;至于在创造财富的过程中是否存在这样那样的违法,或违犯游戏规则的问题,人们似乎回避不谈了。

新加坡初级法院对中国航油前总裁陈久霖一审判处4年零3个月的监禁和33.5万新元的罚款。如果二审法院维持原判,陈久霖要在牢里待上一阵了。从目前披露的消息看,陈久霖的罪名主要是财务报告造假、未将公司亏损情况上报交易所、合谋诈骗以及内幕交易等。值得注意的是,我们非常关心的陈给企业、给国家造成巨大损失的问题,法院并未追究。这当然并不表示新加坡人对中国国有企业的财产不够重视,恰恰相反,我们看到的是新加坡法律对于企业交易过程中的犯罪行为所采取的严厉态度,以及对于交易规则和金融秩序的严格保护。

从这个意义上说,陈久霖获罪,树立了一个反面典型。新加坡法院的判例,给了我们一个重要的启示。

假如陈久霖一案在中国审判,情形会是怎样呢?也许,法院更为重视的是犯罪者给国家财产是否造成了损失,损失数额是否巨大。也就是说,我们可能更看中"结果",而忽视"过程"。

"成王败寇"的评价标准,无形之中会带来了许多恶果。首先,它破坏了法律体系的完整性。比如,我国现行法律中对于编造并传谣证券交易虚假信息、财务报告造假、商业欺诈、内幕交易与关联交易等违法犯罪行为都有具体规定,不可谓不严密。但如果只看企业的经营结果,忽视日常的监管,这些法律就会形同虚设。其次,它将诱使企业家们进入一个自我认识的误区,以为只要企业能盈利,自己怎么干都行,即使出了点问题,也可以拿自己的"贡献"来将功折罪。显然,这样的认识对企业家队伍的培养建设极为有害。第三,它败坏了"诚信守法"的经商基础,败坏了人们的"财富观"。如果我们的社会只承认"辉煌的结果",只崇拜财富,而不去追问"结果"和财富的形成过程,那么,难免会有人为达"结果"而不择手段,为攫取财富而坑蒙拐骗、胡作非为,最终受到伤害的是人们的良知,是市场经济应有的正常秩序。

（原载 2006 年 3 月 27 日《中华工商时报》,收入时作了删改。）

二、试就以下材料为"由头",再联系实际,写一篇四五百字的经济短评,标题自拟。（注意:材料可全用,也可任选一段或部分采用。）

继 2008 年 1 月下旬麦当劳全国涨价之后,肯德基从 3 月 24 日开始也将部分产品价格上调 0.5~1.5 元。

3 月 24 日,记者在广州天河区岗顶一肯德基餐厅发现,原来售价为 22 元的香辣/劲脆鸡腿堡现在售价已经换成了 23.5 元。餐厅工作人员表示,涨价是从 3 月 24 日开始的,包括饮料、汉堡类及部分单品价格均有上调,幅度在 0.5~1 元,部分套餐价格则上涨了 1.5元,部分早餐产品也有上涨。

肯德基所属的百胜餐饮集团中国事业部表示,此次调价是自 2008 年 3 月 24 日起在全国范围内统一进行,具体调整措施为:普通餐厅单项产品和套餐的涨幅为 0.5~1.5 元。正餐套餐依然可以节约 2 元,原味鸡、辣翅、烤翅等产品价格则保持不变。调价的原因是近期副食品原材料价格、劳动成本、租金成本、水电费用等持续上涨,巨大的成本压力已超出公司承受范围之内。

三、阅读下面的材料,针对浙江省对企业实施信用分级管理、评价,对不讲诚信不守信用的严重违法违规企业实行最严厉的剥夺其"生命"的处罚这一事件进行评论,撰写一篇经济评论。

最近浙江省工商局用"突然死亡法"宣布 262 家企业"信用破产",并依法吊销其营业执照。与此同时,杭州市工商管理部门也将 8 000 余家信用等级差的企业从合法经营者名单上剔除。这些"信用破产"企业存在严重的制假贩假、借钱不还、故意拖欠债务等违法问题,其中包括一些赫赫有名、声誉在外的大公司。按照工商部门处罚规定,被宣布"信用破产"的企业法人代表三年内将不得担任任何新企业的法人代表。

去年 12 月份浙江全省开始全面推行企业信用监管,对所有企业的信用记录实行监控。企业信用等级被划分为 AAA、AA、A、B、C、D 六个档次,分别表示信用优秀、良好、稳定、波动、低下和破产。各级工商部门依照具体、详细的考核条款对辖区内各类企业的信用进行监管评价,给每一家企业贴上信用标签,并将企业信用等级上网公布,便于公众查询。企业一旦下滑到 D 级(信用破产),工商部门立即启动"突然死亡法",将其扫地出门。

四、根据下面所提供的材料,针对当前商业销售领域中出现的"傍名牌"现象,写一篇经济评论。

一批傍名牌服装被查

1 月 8 日上午,湖墅工商所在文晖路某宾馆二楼商场内查获一批"傍名牌"服装,依法查扣假冒国际知名品牌"BOSS"的服装 508 件、箱包 27 只等物品,案值达 60 余万元。

在当事人沈某开设的"BOSS"品牌服装专卖场内,检查人员发现所有服装均标着"BOSS FALANBOSS"进行销售,并在经营场所内制作大块背景标志"BOSS FALANBOSS",把"BOSS"字样突出显示。经查,"BOSS"系国际知名的服装名牌,当事人销售的服装与此无任何关联,却突出"BOSS"字样进行销售,误导消费者,其行为属销售侵犯注册商标专用权的商品。湖墅工商所已依法扣留了相关物品,并立案查处。

【写作综合实训】

〔**实训一**〕请根据下面案例内容,自拟题目,撰写经济消息、经济评论各一篇。

哈尔滨市南岗区的秋林地区,被称为哈市商业金三角。这里,哈尔滨秋林(集团)股份有限公司、远大购物中心、松雷国际商厦曾三足鼎立。

年实现利税千余万元的远大、松雷,每家仅有四五个老总;经营举步维艰的秋林集团,却有老总级人物19人。

据了解,秋林集团现有总经理1名,15名副总经理,还有3人为经理助理,享受副经理待遇,中层干部有30多人。据了解,与其相邻的远大、松雷每家仅有四五个老总,每个老总都身兼数职。

从秋林集团业绩报表看,2002年该集团主营业务收入1.78亿元,19个"老总"人均"创收"0.09亿元,而同为上市公司的上海华联商厦,公司共有"老总"10人,2002年主营业务收入24.1亿元,"老总"人均"创收"2.41亿元。

据了解,目前,秋林集团有员工3 627人,其中退休人员713人,从去年年末的业绩报表看,公司股票每股亏损0.57元,今年一季度报表显示,公司股票每股亏损0.01元。根据规定,到今年年底,如不能扭转局面,连续三年亏损的"ST秋林"将面临摘牌。

〔**实训二**〕请根据下列案例,自拟题目,撰写经济消息、经济通讯、经济评论各一篇。

北京隆福大厦是在一座古刹的基础上建设起来的。它原本是北京一座规模相当大的寺庙,叫隆福寺,始建于明景泰三年(1452年)。寺里常举办各种商业活动,也就是庙会,这是一种民间民俗商业文化与宗教文化相融合的产物。早年在老北京,大的商业市场不多,人们习惯在逛庙会的时候购物。住在东城的人们每逢农历九、十两天,逛隆福寺。住在西城的人们每逢农历七、八两天逛护国寺。隆福寺庙会俗称东庙会,护国寺庙会俗称西庙会。过去北京人讲究"东富西贵",居住在东城和西城的富贵人家和百姓,为这两家庙会的发展提供了稳定的经济基础。清乾隆年间出版的《日下旧闻考》一书,就记载有隆福寺庙会的情况:"百货骈阗,为诸之冠"。说明在当年,隆福寺庙会是诸多庙会中最繁华的。

1988年扩建后,占地1.25万平方米,建筑总面积为2.8万平方米,由新旧两个营业楼组成,新楼8层,面积1.7万平方米,楼内设有烟感报警、水喷淋自动灭火系统、防火卷帘、墙壁消火栓等建筑消防设施。旧楼位于新楼北侧,共4层,由7处接合部与新楼连通,为钢筋混凝土结构,南北跨距长67米,宽30米,建筑面积8 800平方米。1、2层主要经营家电、文具、日用百货,3层经营金银首饰并设有卡拉OK厅,4层为办公室。紧邻旧楼西侧为单层的百货商场营业厅,长67米,建筑面积1 989平方米,与旧营业楼1层相通。整个大厦年销售额达 5 亿元。如此富丽的建筑,如此火爆的市场,在京城确实为数不多。

1993 年 8 月 12 日 22 时许,隆福大厦起火。大火整整烧了 8 个小时。建筑面积为 8 800 平方米的 4 层后楼烧毁了 3 层,西部平房营业厅 2 000 平方米全部烧毁,前主楼 2 层约 400 平方米不同程度过火,造成直接经济损失 2 100 万元。在整个救火过程中,有 34 名消防警员受伤,其中 3 人受重伤。这是新中国成立以来北京损失最大、消防警员伤者最多的火灾。

在现代建筑中,电气设备较多,安装不当或使用不慎,就会引起火灾。隆福大厦的火灾就是由于电气短路引起的。该大厦随着转换经营机制,引厂进店,340 多家承租柜台,每家柜台都要用电。虽然只限于照明用电,但因管理混乱,有的出租柜台各行其是,人员也不断调换,货物乱堆,违章吸烟,隐患重重。这次起火的直接原因就是出租柜台的售货员下班未按规定关灯,使日光灯长时间通电运行,镇流器发热异常,短路着火。

隆福大厦的这场特大火灾,暴露了大厦内部安全管理的混乱。

该大厦日常保卫工作由保安员、护店员负责。保安员主外定位站岗,多为临时合同工,护店员主内巡视检查,多为大厦内部其他岗位筛选下来且年龄较大的职工。按规定,护店员在晚上职工下班后应对营业厅进行巡视检查,检查中包括消防安全的检查。但起火当晚,护店值班员并未履行职责,起火时几个护店员正在值班室里分奖金。还是来舞厅跳舞的人下楼途经铁门外发现火光后,向护店员们报的警,并又将此信息迅速传回舞厅。不然的话,舞厅里近百个陶醉在轻歌曼舞之中的人有可能被大火送到另外一个世界。

隆福大厦虽安装有自动报警和灭火喷淋系统,前后楼及各层、厅均有防火卷帘门,但消防控制室的值班员邱厚生严重失职,当晚一上班便填写所有情况一切正常。后楼起火后,浓烟进入前楼,一个报警探头当即显示报警,邱竟认为是误报,随手将其消除。不久,所有火灾自动报警器蜂鸣响起时,他又乱了方寸,慌了手脚,只顾去喊人,没有启动喷淋系统和防火卷帘门。经火后检查,有的防火卷帘门下也设有营业柜台,无法放下;大楼地下一座 280 吨的蓄水池中未能蓄水。结果,这些价值几十万元的现代化消防设施成了无用的摆设,还没能够一显身手,便做了大厦的"殉葬品"。

项目八  拟写商务报告文书

【知识目标】

了解商务报告文书的基本知识。

理解撰写商务报告文书各文种的重要性及写作要求。

掌握商务报告文书各文种的结构与写法。

【能力目标】

能掌握搜集相关材料拟写商务报告文书的方法。

能撰写规范的市场调查报告、市场预测报告、经济活动分析报告、可行性研究报告。

能在具体商务活动中正确选用商务报告文书。

任务一 市场调查报告

【任务描述】

花卉产业是一项朝阳产业,是当前世界上最具有活力的产业之一。阳光花卉公司是××市一家专门经销鲜花的公司。为了更好地了解花卉产业的发展前景,公司拟以本市为调查对象,对花卉市场的花卉种类、销售情况、市场行情、花卉市场现状以及发展花卉业的措施等问题进行实地调查。

公司领导把这一任务交给办公室秘书,让他经过调查之后,拟写一份市场调查报告。

【任务分析】

要写好市场调查报告,必须了解市场调查报告的概念、特点、分类等文种常识,根据市场调查的内容,调查的步骤,选择适合的调查方法。在撰写市场调查报告正文时,既要阐述基本情况,又要进行分析判断,同时还要提出对策建议。

一、文种常识

(一)市场调查报告的概念

市场调查就是运用科学的方法,有目的、有计划地搜集、整理、分析研究市场对商品的需求情况。

市场调查报告,是指企业单位或经济部门等运用科学的调查方法,有目的、有计划地对商品生产、供应、需求和销售等市场情况资料进行全面、系统的搜集、整理、分析、研究,从而得出符合市场发展趋势的结论的书面报告。

(二)市场调查报告的特点

1.针对性　是指市场调查报告的写作要有明确的目的性。在一篇市场调查报告中,往往从市场实际出发,围绕企业某种产品所面临的主要问题,有针对性地调查市场营销的某一个或某几个环节,如产品质量、价格、营销状况、市场占有率等,但不能面面俱到。

2.真实性　市场调查报告所依据的材料必须真实可靠、准确无误。市场调查报告中涉及的一切材料,诸如历史资料、现实材料、典型事例、统计数据等都必须言之有据、准确无误。市场调查报告搜集的材料应该尽量是第一手材料,应该选用科学的调查方法。

3.时效性　市场调查报告要及时、迅速、准确地反映、回答现实经济生活中出现的具有代表性的紧迫的问题,否则,时过境迁,市场调查报告就失去其参考价值。

(三)市场调查报告的种类

1.按服务对象　可分为市场需求者调查报告(消费者调查报告)、市场供应者调查报告(生产者调查报告)。

2.按调查范围　可分为全国性市场调查报告、区域性市场调查报告、国际性市场调查报告。

3.按调查频率　可分为经常性市场调查报告、定期性市场调查报告、临时性市场调查报告。

4.按调查对象　可分为商品市场调查报告、房地产市场调查报告、金融市场调查报告、投资市场调查报告等。

5.按调查内容　可分为商品情况市场调查报告、消费者情况市场调查报告、销售情况市场调查报告、竞争对手情况市场调查报告。

二、写作技法

市场调查报告的构成模式:标题+正文+落款

(一)标题

标题常用的写法有两种:

一是单标题,又分为:

1.公文式　调查范围+调查时间+调查内容+文种,也可省略调查范围、调查时间。如《杭州市 2010 年夏季流行服饰调查报告》。

2. 文章式　一般直接点明作者的观点和看法。如《商品包装不容忽视》《××牌冰箱被冷落》。

3. 提问式　把调查研究的问题加以概括作为问题提出。如《加入 WTO,企业最关心什么?》

二是双标题,由正、副标题构成。正标题点明文章主旨,副标题说明调查的内容、范围、时间等。如《安于"小"、专于"小"、发展"小"——温州小商品市场生意红火》。

(二)正文

市场调查报告的正文可以分为开头、主体和结尾三个部分。

1. 开头　有两种方法:

一是对调查情况作简要说明,交待调查的目的、时间、地点、对象、范围、方法、结果等。二是开门见山,直接提出市场供求矛盾或介绍文章主要内容、主要观点。

2. 主体　是正文的核心部分,包括以下三方面内容:

一是基本情况。可以包括历史情况和现实情况,是对市场调查了解到的客观事实、有关数据进行叙述、说明,重点放在现实情况方面。写作手法上,一般以文字叙述、说明为主,辅之以数据、图表。

二是分析判断。是对市场调查了解到的基本情况进行研究,确定调查对象在市场竞争中所处的位置,从不同方面揭示原因,判断市场发展的趋势和前景等。写作手法上,一般以议论、说明为主。

三是对策建议。这是这类报告的落脚点。根据分析判断得出的结论,思考相应对策,供决策者参考。写作时要注意可行性、针对性,语气要委婉。

主体常见的结构方式有三种:

一是纵式结构,按照事物发生、发展的先后顺序来安排材料。

二是横式结构,按照事物的性质组织材料,并列地从几个方面来表述。

三是纵横结合式结构,既考虑事物发展的顺序,又兼顾事物的性质来安排材料。

主体部分的写作,应根据具体写作目的的不同,在结构形式上通盘考虑,灵活把握,不必拘泥于一种格式。

3. 结尾　或是对全文的概括归纳,或是重申观点,或是提出希望和建议,或是提出未能解决而又需引人注意的问题。有些调查报告在正文表述完后,即告结束,没有单独的结尾。

(三)落款

如果市场调查报告是为了供内部参阅,则调查者在正文右下方署名,并写上完成的日期;如果是在报刊上发表,则在标题下方署名,一般不再写明写作日期。

【范文评析】

长沙市中式快餐业市场调查报告(节选)

一、长沙市中式快餐业发展现状

1. 多而杂的中式快餐市场

目前,长沙市中式快餐市场由品牌企业和许多街边小店组成。长沙市规模较大的四家中式快餐品牌企业分别是:长沙又一村有限公司("又一村"),丽华快餐(湖南)有限公司,长沙达人餐饮服务有限公司(达人美食)和长沙好的快餐有限公司(好的快餐)。这些中式快餐品牌企业的主营业务是盒饭。不仅如此,上述企业还要受到诸如松花江饺子馆、华南小吃、大娘水饺、甘长顺、杨裕兴、德园等诸多企业的挑战。

而街边店的数量则更是令人瞠目结舌。……目前,市场属于典型的垄断竞争行业,即一方面在市场上有许多买者和卖者,进入和退出市场十分自由,各企业都把其他企业的价格视为既定;另一方面由于产品差别的存在导致了价格上的差异。

2. 品牌企业市场占有率小。目前,在长沙经营中式快餐的大多数企业和店铺的市场份额只占据庞大市场的冰山一角,经营状况很不理想,尤其是一些品牌快餐企业。2006年长沙快餐业的零售总额达140亿元,但品牌快餐企业却只占30%。

3. 行业内部竞争激烈

根据波特的产业分析模型得知,目前长沙市中式快餐业内部竞争十分激烈。具体的表现在进入壁垒低,竞争对手间争夺激烈,供方议价能力弱,买方竞价能力强和存在替代品威胁。

……

在竞争者方面,长沙市中式快餐业中主要的竞争方式是价格竞争,并且存在众多竞争对手,现有竞争对手间的争夺比较激烈。

在供应链方面,长沙市大部分经营快餐业的业主都直接到马王堆蔬菜批发市场批发所需原材料。由于供方由许多批发商构成,集中度不高,供方产品缺乏差异化,买方并非供方的主要客户,使得供方的竞价能力不强。

在买方竞价能力方面,由于中式快餐的客户主要集中在业界所谓的"白骨精"——即白领、骨干和精英,客户的集中度比较高。其次由于买方的转换成本比较低,快餐类产品的价格弹性比较大,致使买方的竞价能力高。

在替代产品上,快餐类产品存在着许多替代品,如各大酒店的酒席、消费者自己动手做饭等。而对于中式快餐企业和店铺而言,除了上述替代品以外,各种西式快餐产品也是一种替代品。由于价格弹性大,导致快餐类产品的替代效应比较强。

二、影响长沙中式快餐业发展的三个因素

1. 无序竞争打乱快餐业发展

长沙中式快餐业市场处于无序竞争的阶段,导致"劣币驱逐良币"的现象,所有品牌快餐企业的市场份额占有率只有30%,远远低于一些成熟市场的水平。

品牌快餐企业在固定成本和可变成本上都要高于街边小店。……究其原因在于政府对街边店的卫生检查力度不到位,使得许多街边店能够使用一些低劣的原材料进行生产。而另一方面,政府部门对品牌快餐企业的检查十分频繁,造成了有牌有证的企业被检查,无牌无证的小店反而不受检查的尴尬局面。而高达1 800元检查费用,的确让获利并不丰厚的品牌快餐企业有点不堪重负。

2.消费心理制约快餐业发展

湖南人在饮食传统上有着重口味不重营养、重热闹不重卫生、重方便不重品质的习惯。相当一部分消费者对待品牌快餐企业的态度是"谁叫你进这么贵的东西""管你从哪里进货,我就吃五块钱的盒饭""不干不净,吃了没病"……由于一般消费者对价格的敏感和特殊的消费心理,使得街边小店的产品有广大的市场。

街边店的口味迎合了许多长沙人重油、重盐和喜欢吃辣的要求,并且价格大多较低。相反,由于品牌快餐企业……

长沙消费者特殊的消费心理是快餐市场上存在"劣币驱逐良币"现象的根本原因。……从而导致了品牌快餐企业销售不畅。

3.管理窘境迟滞快餐业发展

管理的种种缺陷致使长沙各品牌快餐企业"家家有本难念的经"。由于长沙特殊的市场环境和长沙人特殊的消费心理,使得本来就缺少资本原始积累的长沙品牌快餐企业前途扑朔迷离。

……

由于长沙市品牌快餐企业整体的盈利水平不高,导致了许多企业出现了资金瓶颈。而融资渠道不畅的另一个重要现实是,许多人认为做一个快餐企业要不了多少钱,也赚不了多少钱。风险投资者对此不感兴趣,对投资回报把握不大,投资信心走低。

三、关于长沙中式快餐业发展的思考

1.提高行业进入壁垒

首先,政府可以制定相关的产业发展政策,引导企业引进先进的生产技术。其次,产业结构政策也至关重要,政府可以采取"扶优限劣"的措施,并加强对快餐企业的信息指导。最后,政府需要出台产业组织政策,加大对快餐行业的经济规制,即在鼓励竞争的基础上防止无序竞争,提高行业进入壁垒。

2.建立快餐业行业协会

在调查中发现,长沙市的品牌快餐企业的高层很少会面,大多数都是只闻其名不知其人,大多数企业处在单兵作战的状况。因此,建立统一的行业协会来协调企业之间的发展很有必要。首先,行业协会是联系政府和企业的纽带与桥梁,能够加强企业和政府之间信息沟通。其次,行业协会是自治性组织,能够避免恶性竞争的发生。最后,行业协会在信息收集上大有作为。由于信息的收集成本很高,并且具有公共性质,故而行业协会的建立能降低每个企业花在信息上的成本,提高企业的运行效率。建立长沙市快餐业的行业协会将改变目前企业单兵作战的局面,能够提高企业的竞争力,在促使企业之间的联合方面将起到重要的作用。

3. 加强创新能力建设

企业发展的核心动力在于企业自身的创新,创新可以带来市场份额的提升和利润的增加,从而促使整个行业的发展。

企业可以在以下几个方面加强创新力度:一是在产品策略方面,品牌企业可以扩大产品的宽度和深度,采取总成本领先和差异化战略,推出产品线专业型的产品组合,加强品牌建设;二是采取超值的定价和差异定价并举的策略;三是在销售上主要采取直销的方式,并且加大推销力度,如充分利用人员推销,公共关系等方式打开市场。

（来源:《企业家天地》2008 年 1 月）

简评:这篇市场调查报告针对长沙市的中式快餐业陷入"长不大"局面的状况进行相关调查,选择目前市场上规模较大的四家企业和一些小店铺为调查对象,分析归纳出三点影响长沙市中式快餐业发展的因素,并据此提出建议。正文三个部分之间有着紧密的逻辑联系,使读者一目了然。此文情况反映全面,分析判断准确,建议具体合理。

【写作实训提示】

1. 明确目的。一篇市场调查报告,应该体现出明确的调查目的,突出重点,抓主要矛盾,不能面面俱到。

2. 尊重事实。市场调查报告中所介绍的情况,引用的资料、信息必须反复核实、验证,做到真实可靠,力避掺杂调查者的主观色彩。否则,由此得出的结论以及对策建议,就会差之毫厘,谬以千里。

3. 讲究时效。市场情况瞬息万变,市场调查报告一定要讲究时效性。适时的市场调查报告可以带来良好的经济效益。时过境迁,市场调查报告就失去了它的现实针对性。

4. 杜绝片面。撰写市场调查报告,一定要注意观点与材料的统一,且一定要以全面的观点看问题,不脱离材料,不把假象和实质、局部和整体混为一谈,以保证市场调查报告的科学性。

【练习与实训】

一、根据以下案例材料,撰写一份市场调查报告。

永兴商业集团安徽分公司主要经营家用电器,现拟于 6 月下旬和 7 月初,对合肥、淮北、淮南、蚌埠等几个城市进行为期 10 天的热水器消费者和终端卖场调查。调查对象主要是有一定文化层次和稳定经济收入的人群。此次调查拟采用调查问卷和面谈提问相结合的方式,有效调查人数按 1 000 人计算。样本选取方法为在每个城市的不同地点随机选取。通过此次调查,目的是了解目前中高档消费群体对于储水式电热水器、燃气热水器、即热式电热水器、太阳能热水器的看法,并进行分析判断,提出对策建议,为公司今后营销策略的调整服务。

二、调查××市××年汽车市场需求状况,要求:

1.设计市场调查问卷。

2.组织发放、填写调查问卷并回收问卷。

3.根据市场调查问卷进行分析整理,写出市场调查报告。

三、在一定区域内,对消费者饮用桶装矿泉水、纯净水消费行为进行调查,写一篇市场调查报告。

四、利用假期调查家庭所在地对豆浆机、榨汁机、干衣机、加湿器等小型家电的需求情况,并撰写一份市场调查报告。

任务二　市场预测报告

【任务描述】

万盛商业集团厦门伟伦服装分公司拟对2009—2010年我国针织服装最新流行趋势进行调查,从环境对针织服装的影响着手,在调查的基础上作出科学的预测,以促进该服装公司针织产品的高质化、时尚化、生态化,从而进一步提高市场占有率。

请你代为拟写一份市场预测报告,并为公司针织服装的生产提出相应的对策建议。

【任务分析】

要写好市场预测报告,必须了解市场预测报告的概念、特点、分类等文种常识,在撰写市场预测报告正文时,既要阐述基本情况,又要进行分析预测,同时还要提出建议。

一、文种常识

(一)市场预测报告的概念

市场预测是经济预测的一个重要方面。它是在市场调查的基础上,利用各种信息资料,运用科学方法进行测算,对产、供、销发展变化趋势进行分析并作出科学推断的一种方法。

把市场预测的分析过程和研究成果撰写成书面材料,即为市场预测报告。通过对未来市场发展趋势及其规律进行预测,并提出有针对性的措施和建议,供决策者参考。

(二)市场预测报告的特点

1.**预见性**　"凡事预则立,不预则废。"预见性是市场预测报告的生命。首先,经济预测报告的预见性来自于对多方面经济信息的全面、准确的了解;其次,经济预测的预见性来自于对经济活动必然规律的认识和揭示;再次,经济预测的预见性来自于科学的预测方法。预测的结果要尽可能准确,符合市场未来的实际,只有这样才能为有关部门、有关企业的决策提供有力的保障。

2.**指导性**　经济预测报告不是凭主观想象,而是从实际出发,在详细占有信息资料的基础上,通过逻辑推理、统计分析、数学模型、概率判断等科学方法,去推断未来,为科学决策提供可靠的依据,因而具有极强的指导性。

3.**时效性**　为了更好地把握市场的发展趋势,为领导及时决策服务,市场预测报告必须及时分析、及时预测、及时报送给领导,否则,时过境迁,预测报告也会成为"昨日黄花",失去它的价值。

(三)市场预测报告的种类

(1)按预测的对象范围分,可分为宏观市场预测报告和微观市场预测报告。

(2)按预测的功能分,可分为市场需求预测报告和市场销售预测报告。

(3)按预测的时间分,可分为短期(1 年左右)、中期(2～4 年)、长期(5 年以上)市场预测报告。

(4)按预测的方法分,可分为定性预测报告、定量预测报告。

(5)按预测的内容分,可分为社会购买力预测、市场占有率预测、产品生命周期预测、新产品开发预测、商品生产成本和价格变动率预测等。

二、写作技法

市场预测报告的构成模式:标题 + 正文 + 落款

(一)标题

一是公文式:包含三种形式。

(1)单位或地区名称 + 时间 + 内容 + 文种。如《2010 年北京房地产市场预测报告》。

(2)单位或地区名称 + 内容 + 文种。如《全国服装市场预测》。

(3)内容 + 文种。如《饮水机消费趋势预测报告》。

二是文章式:多由正、副标题组成,正题揭示中心内容,副题说明预测内容和文种。如《车价面临"雪崩"——目前国产轿车价格展望》,有时也可把预测的观点或结果在标题中写出来,如《医药零售市场前景广阔》。

(二)正文

1.**前言**　要简明扼要地提出预测的对象,这往往反映了市场预测报告的内容指向。有的预测报告还概括地介绍预测问题对具体单位的重要意义。

2.**主体**　包括基本情况、分析预测、提出建议三项内容。

基本情况主要是选择有代表性的资料、数据来说明市场的历史和现状,这是进行分析预测的事实基础。

分析预测是核心,重点是预测市场对某产品的需求总量和某产品、服务的市场占有率。具体可以从销售量、技术发展、资源、生产成本、市场需求、产品更新换代、同行的发展状况等方面着手去分析预测。写法上,可以用定量预测,也可以用定性预测,或者两者结合起来。

建议部分要依据预测分析的结果,为决策者提出切合实际的、有价值的、值得参考的建议。

3. 结尾　有的市场调查报告把提出建议部分单独列出来作为结尾。

如果建议部分是由正文的分析评价自然而然得出来的,且文字也比较简明,最好把它归入正文部分;如果建议这部分内容不能简单地由正文直接得出结论,且需要说明的文字又比较多,那最好就把它单独作为一个部分。

(三)落款

在正文右下方写上单位名称或作者姓名、日期。日期应写明年、月、日。如公开发表,可以不写日期,作者署名可以写在标题的正下方。落款虽然简单,但不能省略,其作用主要是备查。

【范文评析】

<h1 style="text-align:center">2007 年春季宁波电力市场分析及预测报告</h1>

唐晓岚

1.2006 年宁波电力市场环境分析

2006 年宁波市经济继续保持快速发展态势:实现生产总值 2 864.5 亿元,同比增长13.4%,增幅比 2005 年提高了 0.9 个百分点。人均生产总值突破 5 万元,达 51 285 元。

在 2006 年宏观调控继续深入的情况下,黑色金属、有色金属、化工、建材等主要产品生产规模得到控制。2006 年全市粗钢产量 98.76 万 t,增长 16.73%,增速比 2005 年回落1.1个百分点;生铁产量 32.2 万 t,增长 21.3%,增速比 2005 年增长 3.6 个百分点;焦炭产量3.23 万 t,下降 5.81%,而 2005 年则降幅 1.76%;……

2.2006 年电力供需状况

(1)全社会用电总体情况

全市用电继续保持较快增长,增幅与 2005 年相比略有下降。全年全社会用电量313.55 亿 kW·h,同比增长 16.78%,网供电量和售电量仍保持 20% 以上的增幅。网供最高负荷、网供日用电量均创出历史新高,分别达到 4 228.9 MW(整点)、8 942.16 万 kW·h,分别同比增长 22.37%、29.9%。

全市各县(市、区)中全社会用电量增长最快的仍是北仑(24.32%),其次是象山(23.91%),增幅在全市增长水平之上的还有……(略)

全市八大行业用电中除农业用电同比下降外,其他各类用电均稳步增长,但增幅较2005 年有所回落。……

在八大行业用电中,以金融房产商务服务业用电增长最快,其次是信息计算机软件业用电和工业用电,且工业用电占全社会用电比重达到 79.44%,比 2005 年提高了 0.82 个百分点。

(2)拉限电情况

2006 年宁波电力供需形势基本平稳,电力供需矛盾逐步缓解,拉闸限电现象明显好转。同时,因近几年电力基础设施建设受阻严重,导致局部电网"卡脖子",慈溪、余姚、鄞州等经济发达区域在用电高峰时段仍存在电力供应紧张状况。

（3）业扩报装分析

2006年累计受理业扩申请19.16万户，实际完成18.56万户。全年累计通电率为96.87%。

2006年累计受理容量3 845.4 MW（MVA），实际完成2 715 MW（MVA）。申报户数和容量均同比有所下降。

（4）电力供需特点

缺电的缓解和经济的高增长促使各行业用电均大幅增长。除市三区外，其余县市均呈现电量高速增长的态势。全市临港经济的快速发展和重工业化发展趋势，使占全社会电量绝对比重的工业用电继续高于平均增长率，占全社会用电比重较全年同期上升0.91个百分点，仍是推动全社会用电增长的主导力量。随着城市化进程的不断深入，第一产业用电量所占比重继续下降。电力供需矛盾逐步缓解，拉闸限电现象明显好转。局部网架"卡脖子"现象依然突出，成为导致个别地区拉限电的重要因素。

3. 负荷实测日负荷、电量情况分析

2006年7月21日宁波电网进行了全口径负荷实测，宁波电网35 kV及以上系统均全接线、全保护运行。实测日宁波多云、午后雷阵雨，气温在28～36 ℃，相对凉爽。

实测日宁波全社会最高负荷4 932.7 MW（10：00），网供最高负荷3 936.72 MW（10：00），同比2005年实测日分别增长11.15%和18.62%。……

与2005年实测日相比，2006年增加了4座220 kV变电所，但宁波负荷的快速增长抵消了变电容量的增加，2006年宁波电网220 kV变电所总容载比为1.66，仅比2005年的1.6略有增长。……

4. 造成2006年电力供需紧张的原因分析

2006年宏观调控效应进一步显现，全市经济平稳较快增长，电力需求快速增长，是电力供应紧张的最根本原因；同时电网建设受外部因素影响，进展缓慢，电网局部网架制约不断突出，进一步加剧了电力供需紧张局面。

5. 2007年电力市场预测

（1）一季度电力供需分析

由于受到"宏观调控"的后续影响和各类生产要素的明显制约，2007年1季度宁波市全社会用电量增幅同比有所回落，全社会用电量76.08亿 kW·h，同比增长14.49%，增幅同比回落1.5个百分点。网供电量59.18亿 kW·h，同比增长18.18%。

（2）按产业划分用电分析

全年第一产业用电0.33亿 kW·h，同比增长8.40个百分点；第二产业用电60.71亿 kW·h，同比增长15.91%；第三产业用电7.57亿 kW·h，同比增长9.66%；城乡居民生活用电7.46亿 kW·h，同比增长8.82个百分点。

一季度电力供需呈现：

①全市用电继续保持较快增长，但增幅较上一年大幅回落。

②由于高耗能产业的进一步回落，重工业电量增幅同比下降达2.37个百分点，这也

是全社会电量增长回落的主要原因。但工业用电继续高于平均增长率,占全社会用电比重较上年上升1.57个百分点。由于房地产市场有所回暖,建筑业电量大幅上升,同比增幅居行业电量之首。

③电力供需矛盾已基本缓解,暂时告别拉闸限电现象。一季度除局部错峰负荷外,无拉闸限电现象。

④局部网架"卡脖子"现象依然突出,造成慈溪、余姚、北仑等地用电受到限制。

⑤地方电厂发电量增长明显回落,主要原因是丰山电厂、科丰电厂、港慈电厂、舜江电厂等油机停发,另一方面在大电源充足的情况下,暂时告别了拉闸限电时期,网供电量比率回升。

⑥由于一季度天气情况好于往年,平均气温较高,空调负荷下降明显,居民生活用电大幅回落,尤其是三月份居民生活用电负增长近3个百分点,历史罕见。说明天气因素已是电量增长中的主导因素之一。

⑦各县(市、区)的电量增长极不平衡,由于临港大工业的优势,北仑区电量增长继续处于领先地位,而中心市区的增长潜力已基本用尽,第一用电大县(慈溪)电量增长幅度明显下降。

(3)电力电量预测分析

综合考虑宁波市国民经济发展情况,2007年宁波市全社会用电量增长率延续2006年回落的趋势,预计2007年全社会用电量360亿kW·h左右,同比增长15%。

根据用电负荷增长和业扩报装情况分析,参考历史负荷特性的规律,预计2007年宁波市最高网供负荷为5 100 MW,比2006年增加800 MW,同比增长18.8;全社会最高负荷6 100 MW,同比增加850 MW,同比增长16.2%。

2007年宁波市电力供应情况将明显好于往年,预计全年网供电量283亿kW·h,同比增长16.8%,地方电厂发电82亿kW·h,同比增长16%。

6.对策及建议

(1)广开源头,增加供给,提高电力供应能力;

(2)加强协调,继续做好电力需求侧管理工作;

(3)树立大服务观念,建立全过程常态优质服务体系;

(4)更新观念,积极培育市场竞争意识和市场营销意识;

(5)开展负荷特性调查研究。

(来源:《华东电力》2007.7)

简评:这是一篇市场需求预测报告。标题由预测时限、预测对象和文种组成。正文包括基本情况、分析预测和提出建议三个内容。首先对2006年宁波电力市场环境和2006年电力供需状况进行了分析,选择有代表性的资料、数据来说明,这为预测2007年春季宁波电力市场奠定了认识和判断的基础。然后分析造成2006年电力供需紧张的原因。最后对2007年春季电力市场进行预测。结尾依据预测分析的结果,提出对策及建议,为决策者提供参考。

【写作实训提示】

1.注重调查研究,充分占有资料。撰写市场预测报告,必须以资料数据为依据,事先要经过充分的调查研究,广泛搜集掌握相关资料数据,信息量越大,思维的深度和广度也越大。市场资料是市场预测的基础,资料的范围应当包括消费的需求及变化的信息,商品生产条件和市场行情等。

2.注重事实,进行科学的分析和预测。预测是科学分析的结果。预测结论与资料之间要有因果关系,令人信服,结论必须明确、肯定。预测结果的表达必须非常严谨,不要夸大其词,任意发挥,也不要闪烁其词,模棱两可。对预测的可靠程度及可能影响预测可靠程度的因素,要作必要的说明,不要偏执一面之辞,过于绝对。

3.注重实效,提供对策建议。预测报告在分析、预测的基础上,还可以根据需要,提出一些有针对性的决策参考意见,供预测报告使用者参考。根据不同的决策需要,这部分内容可以是较为抽象的策略思路,也可以是非常具体的对策措施。

【相关链接】

市场预测与市场调查的区别与联系

1.文体上的联系。市场调查与市场预测都是反映市场调查成果的重要信息载体,是经济领域中广泛应用的一种文体。它们都具有新闻的成分和报告的属性。

2.手段上的联系。市场调查与市场预测都需要通过"调查"这同一手段来完成。没有调查,没有分析研究,就不能形成"报告",因此,调查与分析研究是形成"报告"的前提和基础。

二者的差异性主要表现为:

1.反映对象不同。市场调查反映的是市场领域中已存在的经济状况与条件;而市场预测反映的则是市场未来可能产生的变化和趋势。

2.写作目的不同。写市场调查可以为了预测,也可以为了了解过去,总结经验教训,以指导现实的生产经营活动;而写市场预测,则是着眼于未来,认识未来市场商品供求规律,为企业生产目标与计划提供决策依据。

【练习与实训】

一、分析下面这份市场预测报告的毛病并修改。

全国洗衣机产销趋势预测

你厂想扩大洗衣机生产吗?请看看全国市场的趋势,目前真可以说是"产销两旺,形势大好"。据了解,最近召开的全国家用电器×××年下半年供应会议上,许多客户需要不能满足,一般只能订到需求量的60%左右,大都乘兴而来,扫兴而归。

十四届三中全会以来,改革开放逐步深入,城乡人民的生活将会越来越好,过去人们不买洗衣机的主要原因之一就是居住条件差,这个问题也会逐步解决。再加上引进技术,提高质量,预计再经过一段时间,市场上需求量分别将为 700 万台和 1 300 万台左右,总产量将在世界上独占鳌头,首屈一指。

根据近三年的规律,城镇家庭普及率平均每年增长 7% 左右,每增加 1% 相当于 40 万台洗衣机,即 1 年均需增加 300 万台。乡村家庭普及率每年增长 0.3%~0.4%,每增加 0.1% 均相当于 18 万至 20 万台洗衣机,即年须增加 70 万台左右,仅就这一方面分析,全国城乡每年平均增加 380 万至 400 万台。

目前洗衣机总体来说是畅销的,具体来看有如下特点:名牌供不应求,杂牌销售不畅;全自动机趋紧,双缸机趋缓。竞争中取得优势的产品,必须是大批量、多品种、低成本、高质量。一些生产名牌洗衣机的厂家也各有一套"秘诀":如"美的"价廉物美,以新取胜;"海尔"加强售后服务,做好信息反馈工作;"金羚"销售方式灵活,广开流通渠道。

根据各地材料汇总表明,引进技术有重复的趋势,不少洗衣机厂都向日本松下和东芝两家公司引进技术,购买模具,国内模具技术不过关,重复引进难于控制。另一方面,1995 年预计生产规模将达到 869 万台,超过计划建设数。"九五"期末生产规模将达到 2 000 万台,也大大超过前述的预测需求量。因此,有关领导部门对洗衣机的技术引进应严加控制,要在现有基础上逐步形成日益扩大的生产能力,并在花色品种和产品质量上多下功夫。

二、为方便学生生活,学校拟在校园内办一个小型超市。为使经营方向、规模、品种、方式等更切合实际,在做出决策之前,请你进行市场调查与预测,并写出预测报告。

三、请深入某工厂或超市,了解某一单项产品或商品的销售情况,写一篇单项产品或商品的市场预测报告。

四、请为你熟悉的一家企业拟写一份产品市场预测报告。

任务三 经济活动分析报告

【任务描述】

自××××年以来,××市场出现稳定增长的势头,但商业经营的困难仍然很大,经济效益仍不甚理想。一季度全市商业系统主要财务指标完成情况如下:商品销售完成 4 061.2 万元,比上年同期(下同)增长 689.2 万元,上涨幅度为 16.97%。商品销售毛利 372.5 万元,减少 22.4 万元,下降 5.670%,毛利率为 9.17%,经营期降低 2.54‰。商品流通费 118.4 万元,减少 27.1 万元,下降 18.63%,费用水平为 5.94%,比同期降低 1.67%;实现利润 84.4 万元,减少 25 万元,下降 22.85%。全部流动资金平均周转 1 次为 141 天,减慢 4 天。

从上述指标完成情况来看,今年与去年相比可谓喜忧参半,其原因有主观的,也有客观的。

请根据以上材料对××市商业局××××年一季度的财务情况进行分析,并写出经济活动分析报告。

【任务分析】

要写好经济活动分析报告,必须了解其概念、特点、分类等文种常识,要掌握常用的经济活动分析方法,在撰写经济活动分析报告正文时,既要说明分析对象的基本情况,又要有理有据地进行分析评价,同时还要根据分析的结果,提出建议措施。

一、文种常识

(一)经济活动分析报告的概念

以经济理论和国家现行的经济政策为指导,以计划指标、会计核算、统计资料以及调查研究所获得的情况为依据,运用科学的分析方法,对某部门或某一经济实体的经济活动进行综合分析研究后写成的书面报告,就是经济活动分析报告。

经济活动分析报告,顾名思义,一是经济活动分析,二是报告。"分析"是"报告"的前提和基础,"报告"是"分析"的归宿和结果。

市场调查报告是对市场中现在情况的分析与判断,市场预测报告是对未来情况推测和把握,而经济活动分析报告是对尚未发生的经济活动进行预测分析或对已经发生过的经济过程进行剖析,总结经验和规律。

(二)经济活动分析报告的特点

1. **指导性**　经济活动分析报告紧密配合经济工作的实际需要,对前一时期的经济工作进行总结、评价,并对现状提出意见、建议。通过对经济工作的分析研究,透过现象看本质,找原因,提措施,指导今后的经济活动。

2. **数据性**　经济活动分析报告为了更好地反映情况和说明问题,往往充分运用数据、指标,以数据分析为主,辅以文字说明。数据、指标显示的是经济活动的量,它不仅能反映经济活动的规模和成果的大小,而且蕴含着经济活动效益性的意义。

3. **专业性**　经济活动分析是一项专业性工作,它具有很强的专业知识和专业技术,如分析中需借助于特有的分析方法,又如业务核算、会计核算、单据稽查以及分析中的数字换算,都要求较高的会计知识和核算技术。所以,必须懂得专业,才能搞好分析。

(三)经济活动分析报告的种类

1. **按照经济部门、经济工作内容**　分析报告可以分为工业经济活动分析报告、商业经济活动分析报告、农业经济活动分析报告等。

2. **按照经济活动分析的对象**　可以分为财务状况分析报告、质量分析报告、成本分析报告、设备情况分析报告、库存结构分析报告、市场动态情况分析报告、商品流转情况分析报告、税收执行情况分析报告、资金运用情况分析报告等。

3. **按照经济活动分析的内容范围**　可以分为综合分析报告、专题分析报告。

4. **按照经济活动分析的目的**　可以分为事前预测分析、事后检查分析。

二、写作技法

经济活动分析报告的构成模式:标题 + 正文 + 落款。

(一)标题

一是公文式:

(1)单位名称 + 时间 + 内容 + 文种。如《××化工集团 2008 年上半年经济活动分析报告》。

(2)单位名称 + 内容 + 文种。如《××市蔬菜品种结构存在问题分析》。

(3)内容 + 文种。如《新产品麦芽糖醇质量分析报告》。

二是文章式:多由正、副标题组成,正题揭示主旨,副题交代单位名称、时间和文种。如《加强成本控制,提高经济效益——××公司 2009 年成本状况分析》,有时也可直接标明分析报告的结论论点,如《信贷资产质量下降的问题必须尽快解决》。

(二)正文

经济活动分析报告的正文可以分为开头、主体和结尾三个部分。

1.开头　通常是开门见山地概述主要经济指标的完成情况、存在问题、分析的必要性等经济活动的基本情况。也有直入主题点明分析的范围和主要内容。

2.主体　主体包括以下三方面内容:

一是基本情况。介绍分析对象的基本内容。主要包括:经济指标完成的实际情况,取得的成绩和存在的问题,旨在给读者一个总体印象。这部分是提供分析的客观依据,材料应具体、真实、量化,以数字说话。可以用文字的方式,也可以用图表的方式表达。

二是分析评价。要用系统科学的分析方法,解剖分析各个指标的构成因素、发展变化,分析取得成绩或出现问题的主客观原因,据此做出正确的评价。数据是分析的基础,应注重数据的准确性和完整系统性,不能有误,不能以偏概全。同时,运用科学的分析方法是分析评价的关键。

三是建议措施。是在分析评估的基础上对今后工作提出的意见和措施。该部分态度要鲜明,意见要具体,要切实可行,必要时应量化、数据化。

主体常见的结构方式有三种:

一是"三大块"式。这是综合性分析报告的通常写作方法。所谓"三大块",即由基本情况、主要做法和问题与建议三部分内容组成。如《××造船厂 2008 年经济活动分析报告》,全文由以下三个部分组成:主要生产指标完成情况;取得良好经济效益的原因;存在问题及建议。

二是"两段式"。这是专题性分析报告常见的写作形式。所谓"两段",可以是"成果"与"做法",也可以是"问题"与"原因",还可以是"情况"与"问题和建议"。如《新产品麦芽糖醇质量分析报告》共分两大部分,第一部分是"麦芽糖醇中间产品的质量分析",第二部分是"麦芽糖醇质量存在的问题和改进意见"。

三是"对比式"。把生产经营中的有利与不利的方面,如盈与亏、得与失、良与莠、优与劣、利与弊等,糅在一起,归纳成几个专门问题,逐一进行表述。如《××商场夏令商品销售分析》的主体内容是:服装生意难做,纺织面料回升;电扇销势不减,冰箱售势疲软;个人购买力猛增,集团购买力下滑。

3.结尾　一般的专题报告,提出建议后文章即告结束,不必要有结构上的结尾段。较长的经济活动分析报告,结尾部分可进行综述、归纳、照应开头、深化主题等,使文章首尾俱全,起到画龙点睛的作用。

(三)落款

即写作单位的署名和日期。属单位的要加盖公章。用于公开发表于报刊上的,署名一般在标题与正文之间;属于内部使用的,一般放在尾部。写给上级部门看的,通常以"报告人×××"署名。

【范文评析】

2007 年经济活动分析报告

张秀琴,赵久云,孙欣

刚刚过去的 2007 年,是公司发展史上极不平凡的一年。我们独立监理的 500 kV 张隆等四条线路和 2 个变电站是重庆 500 千伏"日"字型环网的重要组成部分,为重庆电网超速发展和重庆经济社会发展作出了较大贡献。在董事会的领导下,公司领导班子带领全体员工始终围绕着"和谐社会"与"安全稳定"的宗旨,深入学习贯彻党的"十七大"精神,各项工作取得了显著成绩,各项经济指标同比大幅增长。公司"硬实力"不断增强,"软实力"持续提升,公司经济效益创历史最高纪录。

一、生产经营主要指标完成情况

(一)计划任务完成情况。2007 年公司接手项目 813 项,其中:2006 年接转项目 54 项;2007 年新开工 753 项,未开工 39 项;2007 年完工 678 项,接转 2008 年 96 项。

项目管理 60 项。其中:……

监理 753 项。其中:……　　……如表 1。(表 1 略)

项目管理累计完成电网基建投资 28.6 亿元;投产 110 千伏及以上线路 1 502 km,完成全年计划的 106%;竣工投产 110 千伏及以上变电容量 4 916 MVA,完成全年计划的 112%。

监理累计完成 110 kV 及以上基建工程 23 项,新装主变 15 台 2 124 MVA,……

(二)合同签订情况。2007 年计划签定合同……,完成年度计划的 177%,同比增加 2 940 万元,增长 63%。详见表 2。(表 2 略)

(三)产值完成情况。2007 年计划完成产值 4 200 万元,实际完成产值 5 597 万元(其中:项目管理产值 2 583 万元,……),完成年度计划的 133%,同比增加 1 294 万元,增长 30%。具体分析详见表 3。(表 3 略)

(四)财务收入状况分析。……

综合上述分析,公司2007年经营指标完成较好,与历史比,与同行业比,与重庆市监理企业比,合同、产值、收入增长幅度较大,其主要在于公司领导带领全体职工紧紧围绕董事会制定工作目标和具体部署进行了卓有成效的工作,取得了较大的成绩。从生产、经营管理入手,抓了以下几方面工作。

1. 安全优质地完成全年生产任务。……

(1)工程安全形势出现良好局面。……

(2)工程建设质量大幅提高。……

(3)推行典型设计节约投资。……

(4)工程档案管理规范有序。……

(5)监理管理水平不断提高。……

2. 经营管理工作成效显著

(1)抓经营目标。一年来,公司按照董事会确立的经营目标,以抓管理促经营的工作方式,内强管理、外抓市场,坚定目标抓发展,全面完成了年度生产经营目标。……

(2)抓管理工作。一是抓制度建设和组织机构建设;二是根据工程需要招聘人员充实到项目管理及监理管理中,保证公司主营业务的正常开展;三是加强资质管理,确保公司经营活动正常开展;四是公司质量体系年审,基础工作得到加强;五是以人为本,保证职工合法权益的实现。

(3)抓成本控制。一是制定了……三是集中调配车辆,提高车辆的使用效率,加强对车辆运行费用的审查管理,减少了用车数量,节约了成本费用。

(4)抓人才培养。加大培训力度,采取外送培训、学习考察、自主培训等多种方式进行培训,全力提高人员素质,取得了一定的成效。……

二、存在的困难和问题

(　)公司人力资源不足,缺乏市场竞争能力。……

(二)项目成本未达到预控,成本管理力度不够。……

针对目前存在的主要问题,我们积极找对策,在差距中找潜力,切实增强加快公司发展的紧迫感、责任感和使命感,谱写好渝能监理发展的新篇章。

三、2008年经营工作计划、思路及对策

面对激烈市场竞争,要完成全年经营指标压力较大,经营形势依然艰巨,我们在认清当前形势的同时,坚定不移推进各项工作,完善经营工作界面划分和流程梳理,完善规则机制,进一步推进公司精细化管理;推行执行理念、深化目标管理,聚焦主营业务,提升管理效率,实现高质量增长。

(一)2008年经营指标计划

1. 经营收入、权益利润计划。全年计划实现经营收入3 400万元,权益利润900万元。

2. 合同、产值计划。全年计划签订合同3 305万元(不含接转合同2 737万元),完成产值3 700万元。

(二)2008年经营工作思路及对策

1.坚持经营目标不动摇,高质量完成全年目标。以市场为根本,以效益为中心,以管理为依托,以勤奋为天职,咬定目标不放松,力争超额完成全年经营目标。……

2.进一步提升员工素质,增强公司核心竞争能力。对于一个智能性的公司而言,能否具有生机和活力,关键在人才。公司要进一步造就一支理解公司目标、精神,思想作风过硬,有战斗力的员工队伍。……

3.进一步加强成本控制,加强项目成本管理。一是以成本预测为目标,以成本控制为基础,以成本监督为手段,实行全员、全过程的成本管理;……五是核算中正确计算成本,预算与实际发生值科目和口径要一致,客观反映经营成果。

2008年面临改革的任务,公司将变压力为动力,以贯彻党的"十七大"精神,推进公司和谐健康发展为契机,经营管理力度再加大、措施再加强、标准再提高。同舟共济、相互理解、相互支持,充分调动员工的积极性和创造性,充分发扬"没有任何借口,想尽办法去完成每一项工作任务"的精神,再接再厉、扎实苦干、拼搏进取,确保全年任务目标的实现。为公司发展作出新的贡献!

(来源:《现代经济》2007年12月)

简评:这是一篇综合分析报告。本文通过2007年经济活动分析,找出经济运行中存在的问题,研究解决的办法,对增强企业经济效益,提高经营管理水平,具有特殊意义。

开头指出写作本报告的重要意义。主体结构为"三大块"式。由生产经营主要指标完成情况、存在的困难和问题,2008年经营工作计划、思路及对策组成。首先运用比较分析法对公司经济活动的各个方面进行了专门分析,在此基础上分析了取得成绩的主要做法,既采用了文字、数字说明,又有图表分析,具有很强的说服力。最后针对上述分析结果提出2008年的经营指标计划、工作思路及对策,指标具体,措施切实可行,可以指导下一步工作的顺利开展。结尾表明公司2008年改革的决心,首尾照应。

【写作实训提示】

1.目的要明确。经济活动分析报告只有以实际应用为导向,目的明确,有的放矢,才能真正对企业的生产经营起到相应的指导作用。

2.数据要准确。撰写分析报告的前提是汇总相关数据和资料。在数据运用上要准确无误,必要时可制成图表。如果数据"缺胳膊少腿",资料丢三落四,甚至有的数据、资料缺乏严格的核证,属于道听途说,那么,就写不出有价值的报告。

3.建议要可行。写经济活动分析报告,不是单纯的提出问题、分析问题,还要在分析、评价的基础上提出切实可行的对策,以指导经济工作或为经济决策提供参考。提出对策不能空发议论,泛泛而谈,而要具体实在,有理有据,切实可行。

4.分析方法要科学。经济活动分析的方法很多,如调查分析法、比较分析法、比率分析法、差额计算法等。经济活动分析是一门科学,写经济活动分析报告时必须掌握并运用科学的分析方法,使写出的分析报告具有严密的科学性,从而正确地指导经济活动。

【练习与实训】

一、请指出下面这份经济活动分析报告的不足之处。

××商场2009年财务分析报告

1. 主要财务指标完成情况

(1)商品销售额增加,全年商品销售额800万元,比计划增加15%,比上年同期增加30%。

(2)费用成本下降。全年费用水平为4%,比上年下降10%,相对节约费用2万元。

(3)全部流动资金周转率加快。全年全部流动资金周转天数为10天,比上年加快1天,相对节约流动资金占用额3万元。

(4)利润额增多。本期纯利润额为40万元,比上年增长50%,每百元销售额平均利润5.5元,比上年上升20%。

2. 采取的主要措施

(1)广开进货销货门路。进货方面除在市内努力寻找货源,购进紧缺商品外,还向市外积极组织货源。并根据货源情况、季节变化,积极开展销货业务。

(2)将经营财务指标与班组评奖挂钩。把商品销售额、销售利润、费用率、资金周转率、商品损耗率等财务指标的实际完成情况,作为月度评比奖励的主要依据,这样有效地调动了职工的积极性。

3. 存在的问题

(1)有的班组商品资金占用不合理,从而导致全场商品资金周转减慢。

(2)商品损耗率普遍增高。

(3)费用支出有浪费。

4. 今后意见

(1)进一步健全完善各种规章制度,完善岗位责任制。采购、验收、搬运、保管等环节要按规定的程序办事,并与月度评比奖励挂起钩来。

(2)厉行节约,减少来往应酬性招待。要定出规定,减少不必要的应酬。确定要应酬招待的要尽量减少陪客人数。标准也要适当,不能追求高档。

(3)采取措施,加强个别班组商品资金周转的管理和检查。

二、上网搜索和实地调查当地一家企业在一定时期内的生产、计划、营销等情况,拟写一则专题经济活动分析报告。

三、找一家中小型规模的工厂或商店,了解其近半年的营销情况,写一篇1 500字左右的"××企业××年营销活动分析报告"。

四、找到本市、省或者国家发布的经济分析报告,如2008年4月22日发表的《中国经济报告:目前的形势分析与预测》,细心体会其书写特点,并按照本文中对于篇章结构的介绍,将报告中的各部分明确地划分出来,写出一份分析报告提要。

任务四　可行性研究报告

【任务描述】

百盛商业集团山西省分公司拟在汾西县永安镇古郡村新建绿康蛋鸡养殖场。建设期限初步定为一年。养殖场建筑面积3 210 m²,其中鸡舍饲养设施2 160 m²,禽医室、饲料加工设备等辅助生产设施700 m²,管理设施350 m²。项目需购置各种设备550组(台、套、辆),其中鸡笼等饲养设备545组,禽医诊断、饲料加工等辅助生产设备2台(套),管理设备2套,工具车1辆。项目总投资202.6万元,其中建筑工程72.6万元,设备购置费34.2万元,引种费65.8万元,土地使用费10万元,流动资金20万元。预期达到的生产规模是饲养蛋鸡3万只,向社会提供鸡蛋540 t/年,提供鸡肉45 t/年。

如果你是此项目的负责人,请在充分的调查研究之后,拟写一份汾西县绿康蛋鸡养殖场建设项目可行性研究报告,向总公司汇报,为领导决策提供依据。

【任务分析】

要写好可行性研究报告,必须了解其概念、特点、分类等文种常识,在撰写可行性研究报告时,所用材料必须准确无误,这是确保可行性研究报告结论可行的前提和基础;围绕影响拟建项目的各种因素进行全面系统的分析,推理必须严密才能切中题旨,才能推导出令人信服的可行性结论。

一、文种常识

(一)可行性研究报告的概念

可行性研究报告是对拟开发的新项目(科学研究项目、新产品开发项目、建设项目等)进行可行性分析研究后就其结果所写的书面报告。

可行性研究报告的基本任务是:为技术改造、技术开发、基本建设、科学研究、技术引进和设备进口项目等进行方案规划、技术论证、经济核算和分析比较,为项目的决策提供可靠的依据和建议。

(二)可行性研究报告的特点

1.**论证的严密性**　在建设、决策前,要从经济、技术、财务、市场、原材料、人力资源等方面对该项目进行综合、比较、分析,并就法律、政策、环保以及对社会的影响做出科学严密的论证与评价。论证是否科学严谨直接关系到项目能否立项以及实施的结果。

2.**方案的最佳性**　可行性分析报告的目标是拟定一个实施项目的"技术上合理、经济上合算"的最佳方案。报告最终确定前,要对研究对象进行全面系统的分析,找出有利与不利因素,分析成功与失败的可能性,权衡所得与所失的各种情况,并在此基础上提出若干种可相互替代的方案和措施,经过反复比较,最后选择出最佳方案。

3.**材料的真实性**　可行性分析报告是进行决策的重要依据,它的所有材料要真实、可靠。从虚假材料中得不出任何正确的结论。

4.**参与的专业性**　可行性研究是一项专业性很强的工作,往往涉及到自然科学、社会科学、人文科学的知识,涉及到的专业理论往往既有深度,又有广度。因此要吸收各方面的专家共同研究,要尊重专家们在可行性研究过程中的意见和结论。

（三）可行性研究报告的种类

1.**按项目的规模大小分**　可分为一般项目(小项目)可行性分析报告和大中型项目可行性分析报告。

2.**按项目的产业性质分**　可分为工业项目可行性分析报告和非工业项目可行性分析报告。

3.**按研究性质分**　可分为工程项目可行性分析报告,技术(产品)项目可行性分析报告,技术改造、技术引进可行性分析报告,中外合资经营的可行性分析报告等。

二、写作技法

可行性分析报告的构成模式:标题 + 正文 + 附件

（一）封面和标题

标题一般由项目主办单位、项目内容、文种三部分组成。有时可省略主办单位名称,只突出项目内容。有的可行性分析报告也可以把论证得来的结论作为题目,如《三峡工程宜早日兴建》,这是一种变通形式的标题,为了表述更加清楚,有时可在正标题下加副标题。

大型的可行性分析报告有封面,包括项目名称、项目主办单位、成文日期,有的报告还有项目负责人和主要参与者的署名。大型报告必须有目录。

（二）正文

正文是可行性分析报告的核心部分,一般包括前言、主体、结尾三部分。

1.**前言**　是对项目作总的说明,即简要地陈述项目提出的依据、理由和背景,项目投资的必要性和经济技术意义,项目的具体名称、起止年限、承担单位、项目研究或开发的目的和内容以及通过可行性研究所得出的结论或建议,等等。

2.**主体**　各类可行性分析报告的主体内容各有侧重,但概括起来,主要是以下几方面:

一是市场研究,主要任务是解决立项的必要性问题,这是可行性研究的前提。

二是工艺技术研究,主要任务在于解决技术上的可能性问题,这是可行性研究的基本内容。

三是经济效益研究,主要解决项目的合理性问题,这是可行性研究的核心和重点。

具体包括以下内容:

市场调查情况:目的是依据市场情况来论证项目实施后进入市场的前景。内容包括现有生产能力、市场对产品的需求、销售预测、拟建规模、工程建设及投产速度。

资源、原料供应及公用设施情况：主要指资源的储量、品位、成分、勘察情况和审批情况，原材料、辅助材料、燃料的种类、数量、来源，所需水、电等公用设施的的供应方式和条件。

厂址的选址：主要指选址理由，如地理位置、气象、水文、地形、地质等条件，交通、运输及水电气供应现状和发展趋势，地价、拆迁及其他工程费用情况。

工艺技术：主要评估项目所采用的设备、工艺技术是否先进、适用，是否符合我国国情。

组织机构设置及人员管理：主要是工厂生产管理体制和机构设置方案的论证，劳动定员和配备方案，人员培训计划和费用估算。

环境保护：主要是调查环境现状，预测项目对环境的影响，提出环境保护和"三废"（废气、废水、废渣）治理的初步方案。

项目实施计划的进度方案：主要是勘察设计、设备购置、工程施工安装、试生产所需时间及进度要求，整个工程项目的实施计划方案和进度的选择方案，最佳计划方案的选择理由。

项目投资和资金筹措方案：主要是项目建设的总投资、各项基本费用和流动资金的估算，资金的来源（一般有政府拨款、银行贷款、单位自筹、集资等四种）、筹措方式及贷款的偿付方式。

经济和社会效益：对项目投资的收支、盈亏情况等财务问题作客观、缜密的分析。如分析销售计划、管理费用、总投资额、现金流量、资产、负债情况，投资回收期内部收益率、收支平衡分析，项目风险和不确定性等。

3. 结尾　主要是根据以上各方面的研究论证，明确得出项目是否可行的结论，供领导决策时参考，并适当地写上一些建议。结论必须单独作为一部分列出。

（三）附件

附件主要包括：项目建议书批准书、有关协作意向书、可行性研究委托书、地址选择报告、环境影响报告、引进技术设备专题报告批复、产品市场预测资料以及工程项目一览表和设备材料一览表等。

【范文评析】

吸波材料系列产品可行性研究报告

一、项目概述

1. 项目名称：吸波材料系列产品

2. 项目简介

2.1　选择吸波材料系列产品优势

2.1.1　电磁辐射已成为我国第四污染源，随着科学技术的进步，电磁技术环境的应用给社会创造了物质文明，但也把人们带进一个充满电磁辐射的环境里。早在 1975 年专家就曾预言,随着城市经济发展和人口增长,电子、通信、计算机、汽车与电气设备等大量进入家庭,城市空间人为电磁能量每年增长7%至14%,也就是说25年后最高可增加700倍,21世纪城市电磁环境将更为复杂与恶化。

20年来,我国经济与城市化得到迅速发展,城市空间的电磁环境更趋复杂,出现了许多新现象、新问题。主要有……随着各种家用电器进入千家万户,人们接触和暴露于由电冰箱、电热毯等家用电器产生极低频磁场的机会逐步增多,潜在危害逐步增大。

随着我国电磁环境日趋恶化,居民住宅及办公楼内电磁辐射水平有明显增加趋势。继大气污染、水污染和噪声污染之后,电磁辐射已成为我国第四污染源。在北京、上海、广州、深圳、石家庄等地已发生多起电磁辐射纠纷。目前,我国电磁辐射环境情况相当于20世纪60年代的水污染、大气污染的状况,现在就要加强研究,未雨绸缪,若电磁污染到了环境无法忍受的地步,再想发展经济将举步维艰。为此,电磁污染防治研究迫在眉睫。

2.1.2   面对日趋恶化的电磁污染,为有效降低电磁辐射对人体和设备的侵害,人们采用了许多方法,其中,研究开发吸收电磁波新型材料越来越受到人们的重视,客户资源极其丰富。

2.1.3   初期投资较小,风险小,上手快,切入到高端市场周期短。

2.1.4   技术成熟,无需昂贵的研发及专利费用。

2.2   项目发展规划:(略)

二、技术方面

1.基本原理

1.1   本项目及产品是一种吸收电磁波的功能材料,它的原理和性能类似于美国隐形飞机涂层,它由胶粘剂中加入具有特定介质参数的吸收剂制成……

1.2   主要生产设备检测仪器(略)

2.吸波材料系列产品类别

2.1   吸波涂料产品(环保绿色生态涂料)(略)

2.2   工业系列产品(略)

2.3   民用系列产品(略)

3.专利方面

3.1   发明专利(略)

3.2   实用新型专利(略)

4.新技术方面

……

5.生产技术和工艺的成熟度

目前国内外吸波涂料民用频段的应用还是空白点,(军用频段吸波涂料的应用美国、法国有先例)利用吸波原理的民用系列产品我们是首创,胶板类的吸波材料可以加工卷材是国内首创,吸波材料、吸波涂料的核心技术是材料的配伍,生产工艺简单,加工设备都是通用设备,一次性投资少。

三、市场方面

1. 国内外行业发展趋势

随着吸波材料的发现,各种各样的产品将面世,从而取代了目前传统、落后的以金属材料来防护电磁波污染的方法,随着信息量的增大,频率范围也在加宽,吸波材料的优势愈来愈显著。

2. 国内外市场

吸波涂料的应用已远远超出军事隐形和反隐形、对抗和反对抗范围,更广泛地应用在人体安全防护、通讯及导航系统的抗电磁干扰、安全信息保密、改善整机性能、提高信噪比、电磁兼容等许多方面。

广播、电视发射台的电磁辐射防护。

工业、科学和医疗设备电磁辐射的防护。

家用电器的电磁辐射防护。

手机、电脑的电磁辐射防护。

办公、居住区的电磁辐射防护。

3. 目标

世界进入信息时代,信息革命给人类带来巨大益处,但负面电磁辐射污染刚刚被人们认识,治理电磁辐射污染史无前例,研究刚刚开始,产品系列有待大量开发,属于朝阳产业,寿命期极长。治理电磁波污染,是一门高新技术和新兴产业。随着《中华人民共和国电磁环境污染防治条例》即将颁布执行,治理电磁污染也一定会像今天治理水、空气、噪音污染一样,将会有众多企业参与,众多产品进入这一市场,迅速形成一个新兴的环保产业。充分利用自身技术,材料独特优势,迅速完善和建立起国内电磁辐射防护技术与产品研究、开发生产应用基地,引领全国,走向世界,是一大战略举措。

4. 市场及客户

4.1　通讯基站、电视广播系统

4.2　手机、电脑、电子产品、家用电器等

4.3　高频加热设备、高频炉等工业设施

4.4　医院 CT 室、B 超室、抢救室、手术室等医疗区

四、项目风险评估分析

1. 劣势

新产品、新技术需要宣传推广的费用大。

2. 市场分析

电磁波防污染项目是一项很有前途的事业,主要表现在有政府的大力支持及群众意识的提高,也可申报科技项目,取得各级政府的资金无偿、有偿的支持。生产产品,主要是以购买原材料为主,然后经配伍组合,不需大型设备,投资少、见效快,不会有大的风险。利用本技术、材料开发的系列产品,也可获得巨额利润!如果采取全方位合作开发,强强联

合,开发系列产品,在这个全新的需求领域,必将获得巨大的经济效益和社会效益。

3.威胁

唯一尖锐的问题是:目前参照一些过去的标准,由于粗糙和低下,致使一些污染较大的地区也不超标,这给治理污染带来很大障碍,但是,不久的将来国家会制定出科学的污染标准,另外,从电磁波污染积累效应角度,这一风险也会减少。

(来源:《华东电力》2007.7)

简评:本例文分四个部分。第一部分对项目作概要介绍,重点说明选择吸波材料系列产品的优势和项目发展规划。第二部分从项目的基本原理、产品类别、专利方面、新技术方面、生产技术和工艺的成熟度等作技术方面的论证,指出吸波材料应用广泛,尤其是民用系列产品的开发实为国内外首创。第三部分从国内外行业发展趋势、国内外市场、目标、市场及客户等方面作市场研究。第四部分对吸波产品的开发进行项目风险评估分析。分析一分为二,既指出开发吸波产品的劣势和威胁,又指明了市场优势,指出该项目是一项很有前途的事业,可获得巨大的经济效益和社会效益。

这篇可行性研究报告,能运用科学方法,对项目进行客观、全面、深入的分析论证,得出结论,即开发吸波系列产品的可行性,令人信服。

【写作实训提示】

1.重点突出、目的明确。可行性分析报告的写作,必须体现其实用性强、操作性强的特点。要抓住关键环节,突出重点内容,明确实施该项目的目的和意图,使报告的使用者对报告的研究过程和结论一目了然。

2.实事求是、观点鲜明。可行性分析报告是投资决策的重要依据,直接关系到项目能否成立及实施的成败。为降低风险,减少主观性,一定要实事求是,绝不能为迎合领导,搞违反事实的虚假的报告。态度要明确,观点要鲜明。如果在一些具体问题上,专家意见不一致,各个部门看法不统一,可行性分析未取得完全一致的结论,撰写者不能隐瞒事实,要对各种不同的意见给予充分的反映,以供决策者掌握全面的情况,从而做出正确的决策。

3.论证严密、结论可靠。由于可行性分析报告的内容通常涉及多个专门领域(重大项目尤其如此),一个领域的专家不可能把握报告涉及的所有问题。这样的情况下,报告的撰写可以先分后合:先由有关专家、工程技术人员、财务分析人员、市场调研人员、计划管理人员等,分别对各自业务范围内的相关内容进行严密论证,然后再集中统稿。这样做,可以使研究过程尽可能科学,论证过程尽可能严密,研究结论尽可能准确可靠。

【练习与实训】

一、自选一个小项目,进行初步可行性研究,并将研究结果写一篇可行性研究报告。

二、将下列可行性研究报告开始部分画横线地方缺失的小标题补齐。

总说明

1.＿＿＿＿＿＿＿＿＿＿＿＿＿＿＿＿＿＿＿＿＿＿

（1）××省经委经技〔200×〕430号《关于××洗衣机厂技改项目建议书的批复》。

（2）××省二轻厅二轻计〔200×〕393号《关于××洗衣机厂年产20万台全自动洗衣机要求立项的报告》。

2.＿＿＿＿＿＿＿＿＿＿＿＿＿＿＿＿＿＿＿＿＿＿

（1）总的概况、结论。

①产品方案：根据技术进行的"市场吸引模式"，确定以日本三菱CW660E型全自动洗衣机为基础，开发适合我国国情的×PBS型全自动洗衣机。

②建设规模：单班年产40万台。

③厂址：××市××路××号。

④原材料、燃料：申请列入国家计划，不足部分由市场调剂解决。

⑤＿＿＿＿＿＿新增年产值8 000万元，利润560万元，税收300万元。该项目的经济效益是好的。

（2）＿＿＿＿＿＿＿＿＿＿＿＿＿＿＿＿＿＿＿＿＿

①资金：当前全国性银根紧缩，贷款指标有限，恳请上级和银行多加支持。

②大型注塑机：本项目需一台制造洗衣机内桶的大型注塑机，其锁模力1 080～1 350吨，希望省里协助购置。

三、为学生会或本班近期将要举行的活动，写一份可行性研究报告。

【写作综合实训】

〔实训一〕

如果××公司拟在××市兴建一座四星级宾馆，作为公司办公室秘书，你设想这个项目上马之前，市场调查报告、市场预测报告、可行性研究报告该怎样撰写？

〔实训二〕

项目内容：每10人为一组成立一个项目可行性研究报告编制小组，根据下列材料分工合作研讨。

写作要求：编制一份合资项目可行性研究报告（小组分工合作，一人完成一部分内容）。

××合资项目可行性研究报告

××股份有限公司与台湾××企业集团合资建设的"××中心百货商场"是××市利用台资的重点建设项目，省、市领导对此十分重视和支持，多次召开项目协调会推进前期工作进度，并积极向国家申请立项。××××年×月，国务院台湾事务办公室秘书局批准该合资兴建项目。××××年×月，合资双方正式委托××市国际工程投资咨询公司编制项目可行性研究报告，随即××省人民政府向国务院办公厅呈报该项目。××××年

×月,国务院办公厅正式批复同意合资经营"××中心百货商场",合资经营期限 30 年,经营管理严格按照国家法律、法规运作。

一、编制依据

国家、省、市部门对项目的相关批复;可行性研究报告编制委托书。

二、项目建设的指导思想与原则

本报告的编制依据国家现行政策、法律法规,本着合资双方互惠互利的原则,依托生产、适应消费、实事求是的精神,充分利用有限的土地资源,紧扣国际化城市的标准,建设一座具有高素质管理体系、适应××市场、具有地方特色的大型购物中心。

三、合资概况

1. 合资企业名称、地址、宗旨、经营范围和规模。

2. 合资双方的基本情况,包括名称、法定地址、法定代表人。

3. 合资企业总投资、注册资本、双方出资方式和缴付时间。

4. 合资期限、合资双方利润分配和亏损分担比例。

5. 合资双方概况。

〔实训三〕

项目内容:以 5 人为一组成立一个项目小组,投资 10 万元,拟开一家书店,预先进行市场调研与定位。

写作要求:请为上述投资行为写一份市场调查报告(小组分工合作,一人完成一部分)。

〔实训四〕

项目内容:每 10 人一组对当地城市房地产市场价格以及居民置业能力进行分析。

写作要求:撰写一份本地(市)房地产市场活动分析报告(小组分工合作,一人完成一部分)。

项目九　拟写商务策划文书

【知识目标】

了解商务策划文书的概念、特点等基本知识。

理解商务策划文书的分类及写作要求。

掌握商务策划文书的结构与写法。

【能力目标】

能根据市场营销的特点和内容,撰写符合规范且有新意的营销策划书。

能根据某专题活动内容,撰写规范的专题活动策划书。

任务一　营销策划书

【任务描述】

位于十堰澳门街的金典灯饰大卖场,占地近 300 平米,是目前车城最时尚、最现代、最前卫、最大规模的灯具超市。超市内有多种灯具:道路灯、高杆灯、中杆灯、庭院灯、礼花灯、草坪灯、地埋灯、投光灯、古典艺术灯、现代家饰灯等,应有尽有。为了让车城人能在最短时间内认可金典、接纳金典,让市民知道金典灯饰不光品种齐全,而且价格公道。金典灯饰大卖场特聘请天下策划公司为自己设计一份涉及市场分析、广告表现策略、媒体运用策略、促销方案、促销预算等项目的营销策划书,以提高市民对金典灯饰的知信度,从而增加卖场销售量和利润。

【任务分析】

要制作营销策划书,首先要了解营销策划书的概念、特点、制作要求等基本常识,然后分析营销策划对象的规模及复杂程度,由此确定策划书的写作结构及内容。

一、文种常识

(一)营销策划书概念

营销策划书是企业根据市场发展状况,对自身某一项目的营销思路进行整体规划并用文字表现出来的一种文书。

(二)营销策划书的特点

1. 逻辑性　策划的目的在于解决企业营销中的问题,为企业获取更大利润。因此,编制策划书的过程其实就是提出问题、分析问题、解决问题的逻辑思维过程。

2. 可操作性　营销策划书是要用于指导现实中的营销活动,这种指导具体到营销活动中的每个人的工作分配及各环节关系的处理。因此,编制策划书要抓住企业营销中所要解决的核心问题,深入分析,提出可行的、可操作的相应对策。

3. 创新性　新颖的创意是营销策划书的核心内容,也是它的价值所在。营销策划书要求策划的"点子"(创意)新、内容新、表现手法也要新,给人以全新的感受,只有这样才能吸引客户的注意,进而带来销售收益。

二、写作技法

营销策划书的格式包括文头和正文两大部分。

(一)文头

一般包括标题、被策划的客户名称、策划机构或策划人的名称、策划完成日期及本策划适用时间段等。

标题一般采用"事由 + 文种"或"单位名称 + 文种"的样式,例如《金典灯饰营销策划书》。对于篇幅较长的营销策划书而言,文头部分的信息多独立放在封面上。

(二)正文

正文包括前言和主体部分。

1. 前言　简要概述基本情况,包括策划的目的、背景材料、问题点与机会点、创意的关键等。

2. 主体　包含分析当前的营销环境状况、市场机会与问题分析、营销目标、具体营销方案、费用预算、财务损益预估、方案调整等几部分。

(1)分析当前的营销环境状况。

第一,分析当前市场状况及市场前景。主要包括产品的市场性、现实市场及潜在市场状况;分析市场成长状况,即产品目前处于市场生命周期的哪一阶段;分析消费者的接受性,这一内容需要策划者凭借已掌握的资料分析产品市场发展前景。

第二,分析对产品市场的影响因素。主要是对影响产品的不可控因素进行分析,如宏观环境、政治环境、居民经济条件、消费者收入水平、消费结构的变化、消费心理等。对一些受科技发展影响较大的产品,如计算机、家用电器等产品的营销策划还需要考虑技术发展趋势的影响。

(2)分析产品面临的市场机会与问题。一是针对目前营销中的问题进行分析,例如企业知名度不高,形象不佳影响产品销售;产品质量不过关,功能不全,被消费者冷落;产品包装太差,提不起消费者的购买兴趣;产品价格定位不当等。二是针对产品特点分析优、劣势,成功的营销策划要从问题中找劣势予以克服,从优势中找机会,发掘其市场潜力。

分析各目标市场或消费群特点,对不同的消费需求尽量予以满足,抓住主要消费群作为营销重点,找出与竞争对手的差距,从而把握好市场机会。

(3)营销目标。营销目标是在前面目的任务基础上公司所要实现的具体目标,即营销策划方案执行期间,经济效益目标达到:总销售量为×××万件,预计毛利×××万元,市场占有率实现××。

(4)具体营销方案。具体的营销方案一般包括下面几个方面:

第一,营销宗旨。明确产品的营销宗旨,即明确企业未来的努力方向。常见的营销宗旨一般是以强有力的广告宣传攻势顺利拓展市场,为产品准确定位,突出产品特色;采取差异化营销策略,建立起广泛的销售渠道,不断拓宽销售区域等。

第二,产品策略。通过前面产品市场机会与问题分析,提出合理的产品营销策略与方案。营销产品的策略一般涉及以下几个方面:产品定位、产品质量功能方案、产品品牌、产品包装、产品服务。

第三,价格策略。制定价格策略一般遵照以下几个原则:拉大批零差价,调动批发商、中间商积极性;给予适当数量折扣,鼓励多购;以成本为基础,以同类产品价格为参考,使产品价格更具竞争力。若企业以产品价格为营销优势,则更应注重价格策略的制订。

第四,销售渠道。产品目前销售渠道状况如何,对销售渠道的拓展有何计划,采取一些实惠政策鼓励中间商、代理商的销售积极性或制定适当的奖励政策。

第五,广告宣传。针对产品定位与目标消费群,确定表现的主题,选择报纸、杂志、电视、广播、传单、户外广告等媒体,使产品的特色与卖点深入人心。

第六,具体行动方案。

根据策划期内各时间段特点,推出各项具体行动方案。行动方案要细致、周密,操作性强又不乏灵活性,还要考虑费用支出,尽量以较低费用取得良好效果为原则。尤其应该注意季节性产品淡、旺季营销侧重点,抓住旺季营销优势。

(5)各项费用预算。这一部分记载的是整个营销方案推进过程中的费用投入,包括营销过程中的总费用、阶段费用、项目费用等,其原则是以较少投入获得最优效果。

(6)方案调整。这一部分是作为策划方案的补充。在方案执行中可能出现与现实情况不相适应的地方,因此必须根据市场的反馈及时对方案进行调整。

以上是比较完整的营销策划书包含的内容,现实中根据策划对象的具体情况可以进行适当取舍。

【范文评析】

"维亭"市场营销活动方案策划书(节选)

前　言

本活动策划方案是根据市场营销策划的基本内容,结合湖南泰尔制药有限公司的企业背景和产品背景,按照市场经济社会的经济运行特点和规律,对当前宁波市减肥保健品市场特点的充分调查分析之后制定的。本方案从企业经营所必需的环境分析、形势分析、行动方案等方面为湖南泰尔制药有限公司"维亭"减肥保健品产品2004年在宁波减肥保健品市场的市场经营上做出分析和设计,力求使该产品未来的经营战略、经营思路符合市场经济的特点,符合宁波市场的实际,能够为企业带来一定的经济效益,实现企业的营销目标。

一、市场综合分析

(一)市场营销环境

国家统计局新近发布的资料显示,2004年我国GNP总量达到亿元,人均达到1 090美元。因受非典影响,宏观经济个别指数增长幅度未如预期。但整体国民经济仍保持了8.5%的高速增长。2003年居民人均消费水平达4 000元,比上年增长6%,恩格尔系数城镇居民为36%,农村人口为45%左右,城乡加权平均比率为42%。截至到2003年9月底,全国储蓄余额总量达100 889亿元,比上年同期增长16%。

……

(二)目标市场的容量

按照中华医学会公布数字,我国超重人口总量估计在6.2亿左右,其中肥胖者比例占22.6%。中国有29.1%城市人口超重或肥胖,宁波市的城市人口中的肥胖比例达到32.3%。中国目前减肥保健品年均消费金额达60亿元人民币,最高曾达到100亿元。减肥市场从属于美体市场,若再加上美体仪器、功能性化妆品、调整型内衣等,整个美体市场消费需求可达900亿元,消费人群则达到5亿人之多。目前统计数据表明中国肥胖者数量仍在以年均12.7%的速度增长,这表明市场容量仍有不断扩大的趋势。

……

二、"维亭"营销方案的说明

(一)营销活动目的、对象和主题

1.营销活动目的

"维亭"作为一种健康减肥保健品,进入宁波减肥保健食品市场以来同其他各种减肥保健食品进行了激烈竞争。因为在宁波市场的销售量上还不是很高,为此,本次湖南泰尔制药公司"维亭"片在宁波的经销商决定策划一次"维亭"市场营销活动以扩大"维亭"在宁波减肥保健食品市场的知名度,使更多的消费者也就是本产品的受众目标对"维亭"有更多的了解,以此扩大市场占有率,提升"维亭"的知名度,达到最终提高其市场销售量的目标。为产品将来更长远的发展打下良好基础。

2.营销活动的对象

因为本次活动的产品是一种健康减肥保健食品,所以其购买的对象基本上是肥胖患者和希望减肥的人群。它所针对的是一个特定的群体。……尤其以女性是减肥市场消费的主力。……

3.营销活动的主题

……所以我们将这次活动的主题确定在"维亭圆你十一旅游之梦","维亭带你享受健康之旅"。这样可以吸引更多的消费者参与到活动中来,使活动达到预期的效果。(略)

（二）营销活动时间和地点（略）

（三）营销活动内容

本次营销活动分为两大部分：促销活动和抽奖活动。分两个时间段完成：我们经过对天一广场的人流量大小考察决定将"促销活动"定在8月28、29、30日三天，因为这三天是周六、周日、周一，是天一广场人流量最多的时间，这样才能更好地达到本次促销活动的预期效果。但考虑到三天的"促销活动"时间可能会使后期的"抽奖活动"受到参加人数的限制，达不到预期的效果，所以决定将本次活动的后续："抽奖活动"定在9月25日（因为我们的海南之旅是定在10月1日的国庆期间的，所以要提前几天公布获奖者名单）。抽奖活动的地点也将安排在天一广场，这样做是为了保持整个市场营销活动的完整性。并在9月1日至9月20日之间的这段时间内继续搞购买"维亭有奖活动"，使更多的消费者能够参加到抽奖活动中来，增加抽奖活动的透明性、可操作性。我们这次的"购买"维亭"参加活动"的时间范围将定在8月28日至9月20日之间这段时间。

三、"维亭"营销活动方案的实施

（一）前期活动准备

1.政府公关（略）

2.活动场地和旅游公司的商讨（略）

3.宣传造势，活动通告的发布

将本次"维亭"天一广场的整个活动通知最大面积地散播出去，加上广告的配合，广告媒体的介入。（略）

4.整个活动时要用的宣传品及礼品准备（略）

5.货物准备

"维亭"减肥保健品。

6.活动现场的提前勘测与布置

7.参与整个活动的促销人员、业务人员的分工与培训

8.提前约请宁波各大主流新闻媒体进行对本次活动采访报道

（二）中期活动操作

本次"维亭"活动不同于一般减肥保健品促销奖品内容。活动不仅要起到一般促销应达到的目的，还承担着泰尔"维亭"片扩大宁波市场的战役，任务很艰巨，所以在活动的设置上要考虑长远一些，以避免活动一旦结束，销售量即刻大幅下滑的局面。

（略）

（三）后期活动延续

1.旅游活动的具体安排，派专门人员负责旅游活动。

2.追踪各媒体对"维亭"天一广场的整个活动的报道并录像、留样。

3.密切关注活动后终端走货状况，适当调整广告投放频率规模。

4.完成本次整个活动的总结报告。

四、"维亭"促销活动预算和评估

(一)活动费用预算

一个好的活动,仅靠一个好的点子是不够的。因此必须对活动的费用投入作出预算。本次整个活动费用主要包括三大部分:促销活动的费用、抽奖活动和金秋之旅的费用。经过我们的初步预算本次活动的费用预算额是:161 350元。具体活动费用预算见"附件1"。

(二)活动效果评估

本次整个活动是根据我们对减肥保健品市场的分析预测后所制定的一份活动策划方案。对本次活动时间我们选择在8月末到9月下旬,因为这时是健康减肥的黄金时间段,抓住了非常好的促销时机。还有将整个活动的地点选择在宁波人流量最多和最繁华的全国最大的商业性广场"天一广场"。

(略)

(注:要考虑其他同类产品的促销反击,并作好相应准备。)

附件　1.活动预算

　　　2.同类市场产品价格情况

简评:这是一份篇幅较长的营销策划书,文章整体分为文头、正文和附件。在正文部分的写作中,文章先通过前言交代了此次营销策划书制定的背景、可行性分析,然后在主体部分又分为市场综合分析、营销方案的说明、营销方案的实施和经费预算、评估等部分。整体策划方案完整,层次清晰。

【写作实训提示】

1.要客观分析当前的营销环境状况及产品面临的市场机会与问题。只有对企业或产品本身在本行业所处的位置及优劣形势有一个客观分析和判断,才能在下一步营销方案的制定中避免盲目。

2.营销目标及具体营销方案的制定要切实可行。营销目标是整个企业下步努力的方向,营销方案的合理与否则在很大程度上直接决定了是否能够实现目标。不合理的目标和方案都会直接影响到策划书的执行效力,甚至会造成企业巨大的资源浪费。

【写作实训】

一、阅读下列案例,请分析农夫山泉营销策略的可行性。

农夫山泉的体育营销

农夫山泉曾经打出"买一瓶农夫山泉,就为申奥捐出一分钱"的营销策略。而当大多数企业在2002年世界杯上"打"得不可开交时,农夫山泉又另辟蹊径,和国家体育总局主办"农夫山泉阳光工程"。该工程面向贫困地区的基础体育事业,计划从2002—2008年北京奥运会开幕,为期7年,每年捐赠价值达500万元的体育器材。

二、根据下列所给材料,请为该品牌的牛奶制作一份高校市场营销策划书。

××牛奶是××省的本土化产品,在牛奶市场上的起步也比较慢,综合来说社会反响较低,但其优势是新鲜。因为学校影响力较大、学生人数较多,大学生追求时尚,尝试新事物的消费欲望比较强,且资金投入较少,公司准备从 2010 年起把××省所属高校作为下步营销的重点。开展此次营销活动的主要目的是增加销售,提高产品形象。该品牌系列产品及特点介绍如下:100% 新鲜牛奶——绿色、鲜、纯;巴氏杀菌花色牛奶——立式袋包装,口感细腻清爽宜人;六联杯酸牛奶——味多样;美粒鲜酸奶伴——酸奶＋果粒,随意搭配。

三、在"五一"或"十一"到来之际,为某种家用电器拟写一份营销策划书。

任务二　专题活动策划书

【任务描述】

　　××公司和××大学定向越野俱乐部准备于 2009 年 12 月 5 日在××大学联合举办定向越野比赛,比赛项目主要有男子短距离赛、女子短距离赛、男子中距离赛、女子中距离赛、男女混合百米定向接力赛等。为了让比赛能够顺利、有序进行,××公司和××大学定向越野俱乐部就比赛目的、时间、地点、项目、比赛办法、名次录取和奖励办法等共同制作了一份定向越野比赛策划书。

【任务分析】

　　要制作专题活动策划书,首先要明确概念、作用、制作程序等基本常识,在此基础上根据策划活动的具体事项确定策划书的主题、活动内容及时间安排、经费预算等。

一、文种常识

(一)专题活动策划书的概念

专题活动策划书是指策划人员为达到一定目的,经过调查、研究后,为某项活动的组织开展所制定的行动计划并用文字表现出来的一种文书。

专题活动策划书适用的范围非常广泛,例如举办会展、投放广告、企业公关、开业庆典、旅游、比赛等要顺利、有序进行,都离不开相应的活动策划。

(二)专题活动策划书的特点

1.**具体性**　专题活动策划书是针对举办某一专项活动而进行的全方位的安排,涉及活动举办的时间、地点、活动流程及人员分工等具体、琐碎的细节,因此这种具体性是必须的,是成功举办一次活动的必备条件。

2.**严密性**　因为专题活动策划书涉及的人员较多,内容繁杂,所以更要注意策划的严密性。任何一个环节的疏漏都会影响活动的效果甚至出现重大失误,所以策划者一定要对策划书进行仔细、严格地把关,考虑到可能涉及的每一个细节,并做到环环相扣。

(三)专题活动策划的基本程序

1.**前期调查、分析**　在进行一个专题活动策划前,首先要了解国家或行业与此有关的政策、法规,其次要收集同类个案的各种资料,然后结合自身具体情况分析举办这次活动的必要性、可行性等。调查、分析是策划的基础,能够为成功策划提供相对客观、可靠的资料。

2. 确立活动策划的目的　在正式进行策划前一定要明确此次活动的目的,即活动想达到的预期效果。如果没有目的或目的不明确、不正确都会影响到方案的制定和执行,进而导致活动出现失误或偏差。

3. 激发创意、拟定初步方案　有了明确的目的,下一步就需要策划人员围绕这个目的进行创意,拟定大体方案,比如确定活动宗旨、时间、地点及内容安排,费用预算等。

4. 修正、补充方案　初步方案拟定后,还要根据活动策划的动态性原则,对策划方案的内容进行灵活调整与修正,要考虑可能出现的意外情况及其处理办法,必要时要制定出备选方案,以保证整个活动能够顺利进行。

5. 实施方案　根据方案内容进行具体实施,这是把文字转化为具体执行行为的过程。在实施方案时,一方面要以方案内容、程序作为基本执行依据,同时也需要结合现场情况对具体环节做一定的灵活处理。

6. 后期评估、总结　专题活动策划是一项十分复杂的工作,通过一次活动的策划,可以为策划者或举办单位提供很多经验或教训,因此要做好活动后期的评估、总结工作。

二、写作技法

专题活动策划书的种类很多,写法也比较灵活,没有固定的写作格式。这里只对一般专题活动策划书应具备的基本结构进行说明。

专题活动策划书一般包括文头和正文两大部分。

(一)文头

文头部分由标题、策划者姓名或单位名称、完成日期等几部分构成。其中除标题外的其他要素也可写在正文结束之后的右下方。标题一般由"事由+文种"构成,例如《××商场五周年店庆活动策划书》。

(二)正文

正文视活动大小及复杂程度有繁有简,一般包括前言(活动背景介绍)、活动目的及意义、活动主题(或宗旨)、活动内容及程序安排、人员分工、费用预算等内容。

1. 前言　多用于介绍策划的背景资料,如活动基本情况简介、近期状况、组织部门、活动开展原因、社会影响等。

2. 活动目的及意义　主要交代这次活动要达到的预期效果、可能产生的社会影响等。

3. 活动主题(或宗旨)　提出有创意、有针对性的活动主题和传播口号,必要时阐释其内涵。

4. 组织机构及人员分工

5. 活动内容、流程及时间安排　把活动全部过程按时间顺序标示,使相关人员清楚什么时间做什么事,也是检查活动进展情况的依据。

6. 活动的宣传、推广安排　有些专题活动,除了单位本身相关人员的参与外,还需要借助媒体的配合和宣传,以获得最佳活动效益,这就需要拟定相关的媒体配合计划。

7. 经费预算　针对一项专题活动,必须进行周密的经费预算,并用明确的数字分类标示,必要时可借助预算表。

8. 活动中应注意的问题及细节　内外环境的变化,不可避免的会给方案的执行带来一些不确定性因素,因此,当环境变化时是否有应变措施,损失的概率是多少,造成的损失多大等也应在策划中加以说明。

【范文评析】

××大学心理学协会预防"甲流"专题活动策划书

一、活动背景

随着甲流疫情的蔓延,我国疫情也日益严重,开始进入流行高发期和持续快速上升期,流行规模和强度明显高于前段时间,并且有甲流变异病例出现。随着甲流的猖獗,人们的心理难免起伏不定,各种心理问题也开始凸显,甲流会不会马上发生在我身上?……面对来势汹汹的甲流疫情,保持积极心态,正确认识甲流,对师生保持正常健康生活状态具有重大意义。因此本协会此次开展有关甲流应激心理讲座和甲流下各类群体心理状态普查与分析很有必要也很有意义。

二、活动目的

通过开展应激心理知识讲座和对各类群体心理调查与分析,帮助同学们提高安全防范意识,有效预防控制甲流,加深对甲流下各种心理现象的认识,保持积极心态,有效地处理好甲流疫情所带来的各种心理危机。同时,使更多人了解心理学,提高广大同学对于心理健康的关注度,帮助大学生树立心理健康意识。

三、活动的意义

甲流应激心理讲座针对甲流疫情下人们的各种心理状况及危机问题进行精要概述,帮助广大师生正确认识并克服恐慌、焦虑及抑郁等负面情绪,学会健康的心理调节方式。对甲流下各类群体心理的普查,可以给广大心理学爱好者提供一个平台,在了解心理普查的专业知识的同时也能够很好的锻炼自己。通过此次活动,××大学心理学协会将向广大师生传播相关的心理学知识,让更多的人了解心理学,树立呵护心理健康的意识,保持良好的心理状态。

四、活动宗旨:服务他人,助人自助

五、参加活动人员:××人文科技学院全院师生

六、活动时间安排:

1. 2009 年 12 月 4 日　　甲流,你慌了吗?——甲流应激心理讲座

2. 2009 年 12 月 6 日—12 月 12 日　　甲流,我们一起行动!——甲流下各类群体心理普查

3. 2009 年 12 月 13 日—12 月 15 日　　甲流下各类群体心理普查结果分析与报告

七、活动地点

1.甲流应激心理讲座:教学楼五栋室

2.甲流下各类群体心理普查:学院体育馆、一食堂门口、学院部分宿舍、××市大小医院诊所、××职业技术学院、××卫校、××市工贸中专

八、组织机构分工

本次活动由××人文科技学院教育科学系和××人文科技学院社团联合会主办,××人文科技学院湘中大学生心理学协会承办。协会具体分工如下:

……

九、工作人员分工

……

十、活动内容及流程安排:

活动一:甲流,你慌了吗?——甲流应激心理讲座

活动流程:

1.前期准备

(1)11月30日,邀请主讲老师××老师,确定相关事宜(××)

(2)12月3日前做好嘉宾邀请工作:系部领导及老师,社联所有干部,其他兄弟社团负责人,系部学生会主席、团总支副书记

(3)新老会员的通知及校内宣传(详见附一)

(4)会场布置

2.活动中

(1)嘉宾接待及会员签到(负责人:×××、×××、××)

(2)现场摄影(负责人:郭××)

(3)讲座流程:主持人介绍到场嘉宾,活动主讲人

讲座开始,主讲人讲授内容

讲座结束,主持人再次介绍该系列活动的下一个环节

嘉宾、会员信息反馈

协会负责人与主讲老师,到场嘉宾,会员合影

讲座结束,会干清理现场

3.活动总结

(1)全体会干上交一篇活动总结或心得

(2)活动照片整理以及相关资料的上传

4.注意事项

(1)现场人员拥挤,安排专门人员负责现场秩序,保证活动顺利进行

(2)自备手提电脑一台,以备讲座中途多媒体设备出现故障而用

活动二:甲流,我们一起行动 ——甲流下各类群体心理普查

活动流程:

1. 前期准备

(1)调查问卷的制作以及量表的确定(×××、×××、××)

(2)会员参与调查的报名及分组(×××、×××、××)

(3)相关资料的复印及小卡片的制作(×××、×××、××)

(4)活动宣传(见附一)

2. 调查进行

(1)被试样本的抽取(略)

(2)调查方式(略)

3. 活动后期

(1)对调查结果进行统计分析,整理成报告,向全院师生展示(负责人:周×　郭×)

(2)活动相关资料上传网上(负责人:朱××　何×)

(3)参与活动的会干、会员上交活动总结或心得

4. 注意事项

(1)提问要有技巧,注意礼貌用语,尽量不要被误解涉及隐私问题

(2)参与人员尽量带口罩,保护自己也是尊重他人

十一、财务预算(附二)

附件:1. 宣传方案

　　　2. 财务预算

××大学心理学协会

2009 年 11 月 28 日

　　简评:这是某大学心理协会开展的有关甲流应激心理讲座和甲流下各类群体心理状态普查与分析活动的策划书,文章先交代了活动开展的背景,然后分目的、主题、意义、人员及机构分工、内容及流程安排、财务预算等几方面进行说明,条例清晰,内容详尽。

【写作实训提示】

　　1. 活动宗旨要明确。在正式进行策划前一定要明确此次活动的目的,针对活动的主题和活动的参与者进行策划,才能达到预期效果。如果没有目的或目的不明确、不正确都会影响到方案的合理制定和执行,进而导致活动出现失误或偏差。

　　2. 活动内容及时间、人员安排要合理。专题活动策划书的形式是多种多样的,但活动策划书的内容及时间安排必须做到科学、合理,有创意,人员调度以人为本,规范有序,人尽其才,保证把每个人的才能都尽可能地发挥出来。

　　3. 经费预算要严格。要针对活动内容和目的,周密安排,精心计算,必须收支项目齐全、内容具体,与活动任务需求相吻合,操作性强。如果预算编制质量不高,特别是预算支

出的项目不具体、不完整,预算支出的数量、单价、金额不准确,将直接影响活动执行的质量。

【相关链接】

专题活动策划书和营销策划书的关系

相同点:二者都是围绕一定的目标进行整体策划和创意,并最终将之付诸实施。

不同点:专题活动可能是和营销有关的,比如促销活动的策划,也可能是和营销无关的,比如关于羽毛球比赛的策划。二者的外延既有交叉,又有不同。

【练习与实训】

一、根据下列材料制作格式规范的专题活动策划书。

××大学青年协会计划在2010年4月15日、16日开展一次"创建和谐校园"为主题的活动,地点主要在××大学校园内,活动内容主要有"无烟青年"签字活动;清理学校及附近的小广告,绿化校园;清理校园内白色垃圾,进行环保宣传。该协会先提前一周向学校提出本次活动的申请及策划,等学校批准活动后,全面开展宣传活动。宣传活动主要采取文字宣传、广播宣传和校园网宣传的方式进行,以扩大广大在校生对此次活动的关注程度。自学校批准活动之日起该协会召开部门会议,明确分工,安排具体人员的具体工作:由擅长书法和绘画的人员负责本次活动的宣传海报以及"无烟青年"签字海报的制作;准备清理白色垃圾的工具和签字笔,制作并打印以环保与和谐校园为主题的传单;活动前一天晚上召开部门会议,了解活动准备情况并解决问题。安排活动当天人员分工。

该协会于15日在食堂门口进行诚信签字活动,宣传活动主题与目的,倡导创建和谐校园,营造无烟校园环境。16日上午,协会组织全体成员在校园内及其周边清理小广告,并请学校广播站宣传本次活动,学习绿色奥运的精神。下午,分两组进行活动,一组在教学楼前广场以传单形式向同学进行环保教育,另一组在食堂前展出宣传海报并发放传单。为了使此次活动的宣传效果达到最佳,协会还组织了对活动的后期宣传:一方面将同学们签好字的海报进行展示,另一方面在学校网站上以图文并茂的形式对此次活动进行报道。活动后该协会还召开部门会议对此次活动总结。此次活动制作海报的纸,颜料、笔等花了70元,传单花了150元,签字笔15元,共计235元。

二、比较下列两则专题活动策划案例的优劣,并说明原因。

1.××××年4月,福州麦当劳公司与福州环保局合作发起了保护环境活动,规定自4月22日—5月31日,顾客可在该市任何一家麦当劳餐厅用10节废旧电池兑换一杯可乐;用20节废旧电池则可另加一个圆筒冰淇淋。该公司主管还在电视报道中表示,保护环境事关子孙后代,是全社会的大事,麦当劳愿为马前卒。

2.××××年5月,某地一个商场开业庆典,推出了一个策划项目:凡是手持百元人民币号码尾数为"88"的可当200元消费。结果顾客手持"中奖"人民币蜂拥而至,柜台被挤坏,还有人员受伤,主办商家只好提前宣布活动中止。这次活动招致顾客不满,还受到中国人民银行的警告,工商部门也上门来干预。

　　三、以一个值得纪念的日子为题,如同学聚会、重大事件、节日等,写出一份策划书,并模拟举办一次庆典活动。

【写作综合实训】

　　一、阅读下列材料,完成相关任务。

　　2010 年 3 月 31 日,美的洗衣机在全国 60 多个城市同步举行"滚筒普及美的先行——美的滚筒洗衣机全国降价普及风暴"新闻发布会,以美的逸尚、乐尚全系列滚筒产品强势出击推动"滚筒普及",并一举推出最低售价仅 1 499 元的滚筒洗衣机,同时在 4 月 1 日—5 月 15 日,购买美的滚筒洗衣机产品还可获得"十年无条件包修"的品质承诺,在全国范围内掀起一场史无前例的滚筒洗衣机降价普及风暴。

　　滚筒洗衣机在中国市场历经 20 多年发展时间,尽管节能、环保、高洗净度等洗衣技术不断升级,但"价格坚冰"却一直高高在上,被大众消费者视为"高端高价高利"的奢侈产品。美的提出滚筒洗衣机波轮价,波轮洗衣机双桶价。

　　1.根据案例材料,撰写一份美的洗衣机营销策划书。

　　2.根据案例材料,策划组织一场洗衣机展销活动方案。

　　二、阅读下列材料,完成相关任务。

　　《阿凡达》中美轮美奂的"哈利路亚山"究竟在何处,张家界与黄山还未争出个高下,张家界却已抢先更名。昨日上午,张家界"南天一柱"(又名乾坤柱)正式更名为《阿凡达》"哈利路亚山",并举行揭牌仪式以示隆重。消息传出,网上一片拍砖声,有网友直斥脑残,还有人建议张家界直接更名潘多拉市。

　　此前,《阿凡达》导演卡梅隆一句"悬浮山灵感来自中国黄山"引发网上论战。黄山官网当即表示,"《阿凡达》的哈利路亚山,即中国黄山",但湖南官员却不服气,张家界市旅游局局长丁云勇称,从剧照分析,《阿凡达》浮山应在张家界。

　　各地网友也争论不休。

　　据了解,黄山和张家界均已推出阿凡达"主题游"。张家界中国国际旅行社董事长郭宏辉表示,寻找真实的"哈利路亚山"将成为张家界新一轮旅游热潮;该社结合影片 15 处场景,已率先推出"阿凡达之旅""阿凡达—潘多拉神奇之旅""阿凡达—哈利路亚山玄幻之旅""阿凡达—悬浮山神秘之旅"等多条旅游线路。

　　此外,为了更好地利用美国科幻大片《阿凡达》促进张家界市旅游事业的发展,"张家界市旅游协会阿凡达主题游综合事务办公室"于 1 月 21 日宣布成立,简称"阿办"。"阿办"由个人出资 10 万元面向全球寻找第二座《阿凡达》哈利路亚山"悬浮山"原型的悬赏者、黄龙洞投资股份有限公司宣传专干邓道理担任。"阿办"的成立,标志着张家界市的旅游事业正式进入"阿凡达年"。

　　面对张家界大张旗鼓的宣传活动,作为"哈利路亚山原型"头衔争夺战的另一边,黄山风景区宣传文化中心主任程亚星在接受记者电话采访时,则有另一种说法:"卡梅隆在北京首映式上已经明确说,他的灵感来源于黄山,为什么要怀疑卡梅隆在这么正式的公开场合上所说的呢?"

对于张家界的做法,程亚星表示黄山风景区不会效仿:"我们黄山风景区里面的每一座山都有自己的名字,都有自己的传说,我们绝不会因为一部商业大片而更名。卡梅隆在首映式上提到黄山,我们可以理解为他是在用黄山的名气宣传《阿凡达》。现在《阿凡达》风靡全球,我们也希望可以借助《阿凡达》来帮助黄山走向全世界。"

程亚星表示,目前黄山风景区已经打出了"到黄山,寻找真实的哈利路亚山"的宣传口号,并在很多旅游网站上增加了黄山和《阿凡达》之间渊源的介绍,希望借此吸引全世界的游客来黄山观光。

1.假如张家界风景区有关部门委托你利用《阿凡达》的影响进行营销,请根据以上材料拟写一份营销策划书。

2.如果你确定开展"阿凡达之旅"活动,请为该活动撰拟活动策划书。

项目十 拟写商务协约文书

【知识目标】

了解商务协约文书的概念、特点等基本知识。

理解协约文书各文种的分类及写作要求。

掌握协约文书各文种的结构和写法。

【能力目标】

能撰写符合规范的常用商务协约文书。

能够正确辨别不同商务协约文书之间的异同。

任务一 合作意向书

【任务描述】

张林长期在包头从事服装经营,当地的神华国际城购物中心建成后,他有意租赁其中的一间店铺经营服装,张林和购物中心所属的神华房地产综合开发有限公司要就具体租赁事宜签一份合作意向书。

【任务分析】

要写好合作意向书,首先要了解意向书的概念、特点、类型等基本理论知识,在写作过程中,主要把握意向书的格式规范,比如开头的惯用句式、主体部分的分条列项要求及尾部的常见写法等。

一、文种常识

(一)意向书的概念

意向书是双方或多方当事人之间在平等协商的基础上,对某一件事或某个项目达成初步意见后签订的意向性文书。

意向书的主要用途是为进一步签订协议奠定基础,是"协议书"或"合同"的先导。

（二）意向书的特点

意向书和合同、协议书不同，它不具备法律效力，只有对立约当事人的信誉约束力。一般来说，意向书有以下几个特点：

1. **概略性**　意向书是当事人对某一事务取得一致意见后，根据各自的利益和要求，确立共同的目的、合作的领域、项目，只是概括地表达一个大体意思，语言高度概括，在正式签订协议、合同时还要补充、完善。

2. **灵活性**　合同、协议因为具备法律效力，一经签约就不能随意更改，而意向书则比较灵活，在协商过程中，当事人各方均可按各自的意图和目的提出意见，在正式签订合同、协议前亦可随时变更或补充，其内容也往往和谈判协商的最后结果有出入。正因为这种不确定性，在文字表述上，常使用"希望""拟""将"等模糊性词语。

3. **临时性**　意向书只是表达谈判的初步成果，为今后的谈判作铺垫，所以，双方一旦达成正式协议，便完成了意向书的使命。意向书没有协议、合同那样的法律效力。

（三）意向书的类型

1. 按照签署方式的不同，意向书可分为单签式、联签式和换文式三种。

单签式意向书由出具方签署，合作方在副本上签字认可。联签式意向书由双方联合签署，各执一份，是使用较多的方式。换文式意向书由双方各自签署后交换文本。

2. 按合作关系的不同可分为多种类型　加工承揽意向书、建设工程承包意向书、货物运输意向书、租赁意向书、财产保险意向书等。

二、写作技法

意向书的结构包括首部、正文、尾部三部分。

（一）首部

首部主要包括标题和当事人名称。意向书的当事人名称亦可以不单独列出，而是在正文的开头部分加以说明。

标题的写法有：

（1）合作单位＋事由＋文种。如《兴和公司与天一公司合资建立天荣家具厂意向书》。

（2）事由＋文种。如《合资建立天荣家具厂意向书》。

（3）文种，即《意向书》。

（二）正文

正文的结构一般采用"导语＋主体"的模式。

1. **导语**　导语需要交代清楚签订意向书的单位或当事人名称，签订的目的，双方谈判、磋商的大致情况，磋商后达成的意向性意见，然后使用"本着××原则，就××项目的合作达成如下意向"作为过渡。

2. **主体**　主体部分以条文的形式表述合作各方达成的具体意向。具体包括合作的内容、方式、双方的权利、义务等。这部分在写作时一般参照合同或协议的形式，即采用条款排列的形式。在正文的最后，一般还应写明未尽事宜的解决方式、意向书的文本数量及各方或有关单位(个人)存执情况,有效期限等。如果涉及合资项目,还需要交代清楚意向书所使用的文字。

(三)尾部

意向书的尾部主要标明签订各方单位的名称、代表人姓名并加盖公章、私章及日期。

【范文评析】

〔例文一〕

合作意向书

甲方:广州××教育投资集团

乙方:新疆生产建设兵团××中学

经过甲乙双方认真、务实的沟通和讨论,甲乙双方达成以下合作意向:

一、合作原则

甲乙双方本着:

(一)诚信原则:即双方在整体战略合作中及每个细分项目中均要坚持诚信原则;

(二)双赢原则:即双方在总体的战略合作中及每个细分项目中坚持双方互惠、互利及共同发展的原则;

(三)长远原则:鉴于教育系统品牌的打造需要相当长的一段时间才能见效,故合作双方应杜绝短视行为,本着长期合作、长远发展的原则共同合作;

(四)互动原则:即双方在总体的战略合作中及每个细分项目中均要坚持努力为对方创造良好的发展条件,互相配合、彼此提升,谋求最佳合作水平。

二、合作内容

甲方、乙方为实现资源优势互补,同时考虑到乙方所在地区的实际经济发展状况,甲、乙方可以在师资交流、夏令营项目以及合作办学等方面进行有实效的合作,并以此作为更长远和更大项目的合作基础。

三、具体项目及合作方式

(一)师资交流

1.甲方与乙方缔结为"友好学校"。

2.甲方与乙方将定期互派优秀教师进行学科学术交流和访问。

3.甲方在条件许可的情况下向乙方提供假期或短期外教。

4.如开办合作项目,甲方将为乙方提供相应的师资培训和教材等支持。

(二)夏令营项目

1.海外夏令营:甲方每年组织学生去海外英语夏令营,甲方同意接受乙方组织的学生参与。如乙方组织学生参加,则甲方按一定比例免费提供带队老师名额。

2.校内夏令营:甲方与乙方可以组织国内夏令营的营员互派。

3.夏令营项目的合作方案见附件一。

（三）合作办学

1.如果学生达到一定规模,甲方可在乙方开办高中和国际留学预科的预备班。

2.项目合作的具体方案见附件二。

（四）推荐学生

1.在乙方学生生源达到一定规模前,乙方将尽力向甲方推荐合格的学生。

2.对乙方推荐并入读甲方的学生,乙方将获得一定的推荐奖励。

3.推荐奖励的具体细则见附件三。

四、其他

（一）本意向书及相关附件均为意向书的有效内容。

（二）本意向书一式两份,甲乙双方各保留一份。

（三）如合作期间发生争议,甲乙双方应协商解决。

甲方:广州××教育投资集团　　　　　　乙方:新疆建设兵团××中学

签名:　　　　　　　　　　　　　　　　签名:

日期:　　　　　　　　　　　　　　　　日期:

简评:这是一份合作意向书,文章分为首部、正文和尾部三部分。主体部分以条款形式表述了双方合作的意向,内容虽然不像经济合同那样详细、具体、周密,但是意向表达明确,符合意向书的写作要求。同时,用语平和,协商味道浓厚;落款齐全,格式规范。

〔例文二〕

成立中国×××化妆品有限公司意向书

为将法国国际名牌×××系列化妆品推向中国市场,进一步提高中国人的消费意识,中国×××实业有限公司(简称甲方)与法国×××集团(简称乙方)就成立中国×××化妆品有限公司达成合资意向如下:

一、本公司是甲乙双方在自愿投资、平等互利、共同经营的原则下,共同投资的具有独立法人资格的合资企业。

二、合作年限为 20 年。

三、经营范围为:化妆品、护肤品、保健品及利天来品牌的延伸如皮具、服装等。

四、注册资金为美元 100 万(折合人民币 680 万),其中甲方出资比例占 60%,即美元 60 万(折合人民币 408 万),乙方出资比例占 40%,即美元 40 万(折合人民币 272 万)。

五、本公司董事长由甲方担任,总经理由乙方担任。

六、注册地点:××市中心路××号外贸集团大厦×××房。

七、公司注册地点作为总部,负责研制开发及营销工作,另设工厂负责生产。

八、未尽事宜及具体条款在正式合资合同书中予以明确。

九、本意向书一式四份,双方各执两份。

甲方:中国×××实业有限公司　　　　乙方:×××集团

代表:　　　　　　　　　　　　　　代表:

×××年×月×日　　　　　　　　　×××年×月×日

简评:这份意向书共包括标题、正文和尾部三部分。标题采用了"事由 + 文种"的写法。在正文部分,导语先交代了签订意向书的目的、双方当事人名称及接触的基本情况,主体部分就双方合作的具体事宜达成九个基本条款。例文格式规范,条款简明、清晰。

【写作实训提示】

1. 注意条款的简明性。首先,意向书只是双方就合作事宜达成的初步意见和概略性的想法,因此要求语言要简洁;其次,意向书虽然不具备法律效力,但作为合同或协议书的先导,必须注意语言的准确性,不能含糊其辞。

2. 注意语气的平和性。意向书内容不像合同、协议书那样具有明显的规定性和强制性,更多的是一种协商的性质。因此,行文中要求语气比较平和,一般不要使用"必须""否则""应该"等词语。同样,也不需要写明违反约定应承担什么样的责任之类的条款。

【相关链接】

意向书和合同的关系

相同点:意向书和合同、协议一样,都是当事人达成一致意思的体现。

不同点:合同的内容写得较具体、周密,对双方的权利与义务等有明确的要求;而意向书的内容表达较概括,仅表明当事人双方或多方的意向、设想或打算。合同具有法律效力,无论哪一方违背了合同中规定的条款都要负违约责任;而意向书不具有法律效力,只具有对当事人各方的信誉约束力。

【练习与实训】

一、根据下列材料,写一份格式规范的意向书。

××市现代科技培训中心和××出版社经过商讨,准备举办一期编辑、校对技术短期培训班。双方初步协商的意见是:培训三个月,2010 年 7 月 1 日开班,9 月 30 日结业;培训学员 10 名,由××出版社选送 25 岁以下,具有大专以上文化程度的人员参加;培训费共 2 万元,由××出版社在开班前支付给××市现代科技培训中心;××市现代科技培训中心负责提供培训场地、师资、教材,并负责教学管理,发放结业证书。

二、根据下列所给材料,写一份格式规范的意向书。

×××年×月×日至×日,香港××研究所的云先生与西北远望公司的李先生对合作生产压缩机事宜进行了洽谈,双方表达的初步意向有:双方对进一步探讨在甘肃兰州地区建立压缩机生产基地的可行性深感兴趣;双方商定,西北远望公司负责为该合作项目寻找厂址,香港云氏研究所负责提供压缩机的最新技术;双方同意于×××年×月×日至×日在西安进一步探讨投资的方式和比例、利润的分享、双方的权利与义务等问题。

三、指出下列意向书存在的问题并进行修改。

合资经营意向书

××厂(甲方)

××(乙方)

双方于×××年×月×日在×地,对建立合资企业事宜进行了初步协商,达成意向如下:

一、甲、乙双方愿以合资或合作的形式建立合资企业,暂定名为××有限公司。建设期为×年,即从×××年—×××年全部建成。

双方合作意向书签订后,即向各方有关上级申请批准,批准的时限为×月,即××××年×月×日—×××年×月×日完成。然后由××厂办理合资企业开业申请。

二、总投资××万人民币(折合×万美元)。××部分投资×万人民币(折合×万美元),××部分投资×万人民币(折合×万美元)。

甲方投资×万(以工厂现有厂房、水电设施现有设备等折款投入)。

乙方投资×万(以折合美元投入,购买设备)。

三、利润分配:各方按投资比例分成,不许反悔,必须坚决执行。

四、合资企业自营出口或委托有关进出口公司代理出口,价格由合资企业定夺。

五、合资年限为若干年,即×××年×月×日—×××年×月×日。

六、合资企业其他事宜按《中外合资法》有关规定执行。

七、双方将在各方上级批准后,再进行具体协商有关合资事宜。

本意向书一式两份,双方各执一份。

××厂(甲方)　　　　　　　　　××(乙方)

代表:　　　　　　　　　　　　　代表:

××××年×月×日

任务二　经济合同

【任务描述】

郑州××果品公司准备向种植水果的王某购买一批人参果,为了保证买卖双方的权利得以顺利实现,××果品公司和王某就此次合作涉及的标的、质量、数量、价格、履行义务的期限及方式、违约责任等项目签订了一份合同,作为法律凭证。

【任务分析】

要学习制作规范的合同,首先要了解合同涉及的概念、特点、种类等基本理论知识;正文部分的写作中,要根据当事人开展经济合作的具体情况,选择合适的结构,拟定有针对性的条款。

一、文种常识

(一)经济合同的概念

经济合同是民事主体的法人、其他经济组织、个体工商户、农村承包经营户相互之间为实现一定的经济目的并经当事人双方或多方共同商定,确立相互权利和义务关系的协议。

(二)经济合同的特点

1.**平等性**　合同的当事人是自然人、法人、其他组织,其法律地位是平等的,双方的权利与义务都是对等的。合同的这一法律特征,反映了合同主体在法律上的平等原则。

2.**双务性**　合同是两个或两个以上当事人协商达成一致的产物,是当事人之间"合意"的结果。也就是说,合同关系必须是双方(或多方)当事人的法律行为,而不能是单方面的法律行为,各方当事人通过充分协商,明确了相互的权利和义务,各自的内在意思和外在表示都一致后,才能产生相互间的合同关系,任何一方当事人取得权利,都是以承担相应的义务为条件的。

3.**约束性**　《合同法》第八条规定:"依法成立的合同,对当事人具有法律约束力。当事人应按照约定履行自己的义务,不得擅自变更或者解除合同。"此外,任何第三者都不得对依法成立的合同关系进行非法干预和侵害。

(三)经济合同的种类

按写作形式分,有表格式合同、条文式合同、表格条文结合式。

按履行期限分,有长期合同、中期合同、短期合同。

按是否交付标的物分,有承诺合同、实践合同。

按内容性质分,主要有买卖合同、供用电水气热力合同、赠与合同、借款合同、租赁合同、承揽合同、建筑工程承包合同、运输合同、技术合同、仓储保管合同、委托合同、行纪合同、居间合同、财产保险合同等。

二、写作技法

合同基本结构是较为稳定的,一般由首部、正文(或表格)、尾部和附件四部分构成。

(一)首部

首部包括标题、编号和当事人的名称等几项内容。

1.**标题**　合同标题一般由合同的性质和文种构成。如"买卖合同""借款合同"等。

2.**编号**　写合同编号的目的,是便于登记和管理。一般在标题下一行靠右标合同编号,具体使用中,也可以根据情况不写编号。

3.**当事人名称**　在标题或编号下方分两行并列写出当事人双方的名称,一般要写明当事人的全称(法人、其他组织的全称或自然人的姓名),然后用括号分称甲方、乙方或以不同性质的合同习惯称谓注明。

(二)正文(或表格)

在这部分中,表格式合同就是将合同内容用表格体现出来。写作时,应注意制作表格的科学性、合理性;填写合同内容要清楚准确。

条文式合同的正文一般包括序言和主体两大部分。

1.**序言**　即合同的开头语,主要交代订立合同的目的、依据、意义等,并说明合同的订立是经过当事人充分协商一致的结果。如"为了搞活经济,保障城市居民水果供给,经甲乙双方协商,订立本合同,以资共同恪守"。

2.**主体**　主体部分是合同的具体内容所在。一份合同的具体内容,一般包括三个方面:

一是通用条款。根据《合同法》第十二条规定,各种合同都应具备标的、数量、质量、价款或者报酬、履行的期限、地点和方式、违约责任、解决争议的方法等条款。它是明确当事人双方权利义务,使合同关系得以成立的关键,是合同的核心部分。

(1)标的。是指合同当事人双方权利义务共同指向的对象。它可以是某些实物,也可以是某项劳务,还可以是某种非物质财富的权利,如货物、货币、工程项目等。

(2)数量。数量是指标的物在量的方面的限度,是标的以数字和计量单位来反映的尺度,如产品数量多少,完成工作量多少等。在写标的数量时,应使用国家法定计量单位和方法。对有些商品,还要规定合理磅差、正负尾数、超欠幅度、自然损耗等。

(3)质量。质量是指标的物的内在素质和外观形态的优劣程度。它是确定标的特征的重要条件,是标的的具体化。它包括标的的品种、规格、型号、等级、标准、技术要求、物理和化学成分、款式、性能等。质量的衡量标准,应根据标的的不同,区别对待。

合同中的质量条款,应按国家标准或主管部门的有关规定签订,若没有国家、行业标准,则应由合同当事人商定并封存样品。此外,质量条款中应写明标的质量的验收方法、试验方法、动植物检疫方法等。

(4)价款或者报酬。价款或者报酬是指取得标的的一方付给对方的代价。在以实物为标的的合同中,这种代价称为价款;在以劳务为标的的合同中,这种代价称为酬金。价款或报酬的标准应当依照国家有关规定确定,若国家未作规定,由当事人双方按互惠互利的原则协商确定。为实现价款或报酬的交付,合同中应具备有关银行结算和支付方法的条款。

(5)履行的期限、地点和方式。履行的期限,是指当事人各方依照合同规定全面完成自己合同义务的时间。在买卖合同中,它往往指的是交付标的物的时间;在运输、仓储、承揽、建筑工程合同中,它一般指的是从开始提供劳务或工作,到最后交付的整个时间。

履行的地点,是指当事人依照合同规定完成自己合同义务的场所。它是指交货、提货、付款、服务、建设等地点。履行地点直接关系到履行的费用和合同当事人各方的利益,因此,要由当事人各方协商而定,写作要具体明确。

履行的方式,是指当事人完成合同义务的方法。如有的合同以转移一定的财产的方式履行,有的合同则以提供劳务来履行。在买卖合同中,是一次性履行,还是分批履行;是出卖人送货或代办托运,还是买受人自己提货等,这些内容都要写清楚。同时,还要写清费用的结算方式(现金或转账;先交标的后付款或先付款后交标的,或先付一部分款,待交标的后再结算价款或报酬)。

(6)违约责任。违约责任是合同当事人因过错不履行或不完全履行合同义务时应承担的责任。《合同法》第一百零七条规定:"当事人一方不履行合同义务或者履行合同义务不符合约定的,应当承担继续履行、采取补救措施或者赔偿损失等违约责任。"违约责任的具体内容,可由当事人根据具体情况商定,凡有关合同条例或细则对违约金有规定的,合同当事人必须依照执行。在写违约责任时,要具体写明不履行或不完全履行合同时应承担的经济责任和法律责任,如应支付的违约金、赔偿金的数额,是按总金额的比例还是按未履行部分金额的比例支付等。

(7)解决争议的方法。解决争议的方法是指当事人在履行合同过程中发生争议,为解决矛盾纠纷所采取的方法。其具体内容由当事人约定,如由当事人协商解决或由人民法院解决等。因种种原因,合同履行过程中出现矛盾在所难免,确定这项条款可以为尽快解决矛盾提供直接依据,提高办事效率。

二是专用条款。即除通用条款外,根据合同性质必须具备的条款。各种合同一般都有各自的专用条款,如买卖合同中的"包装要求",借款合同中的"借款用途""保证条款"等。

三是特约条款。在订立合同时,当事人一方为了保障合同的顺利履行,避免、减少纠纷,可以要求在合同中规定某项条款,经双方协商同意规定的这些条款也成为合同的主要条款。当事人自行选择除法律、法规或条例规定之外的条款,是当事人的权利。但是,当事人不得滥用这些权利,不得在合同中约定与法律、法规相抵触或有损社会公益,以及侵犯他人利益的条款。

主体部分在形式上一般采用条款式,每一条款要表达一个相对完整的意思。写作时,既要注意条款内容的逻辑顺序,也应考虑分别将合同当事人的责任义务集中在一起,这样,便于当事人记忆,以保证合同顺利履行。此外,在本部分的最后几个条款,往往写明解决纠纷的方式、合同的有效期限、合同的份数及保存方式和其他未尽事宜。

(三)尾部
尾部一般包括当事人签章、鉴证机关签章、签约日期等几项内容。

1. **当事人签章**　包括立约单位名称、法定代表人及代表姓名,并加盖公章和私章。有时,还要写明立合同单位地址、电话、开户银行、银行账号、电报挂号、邮政编码等。写作时,其位置一般在正文右下方。

2. **鉴证机关签章**　经过有关机关鉴证或公证的合同,要由该机关签字盖章。有的合同没有经过鉴证或公证,写作时,这项内容可以省略。

3. **签约日期**　一般在合同最后写明签订合同的具体日期,也可以把日期写在标题右下方。

(四)附件
附件是对合同条款的有关说明性材料及相关证明材料。如施工合同中所附的工程设计图纸;技术性较强的商品买卖合同中所附的说明标的全部情况的附表或附图等。合同附件是合同的共同组成部分,同样具有法律效力。写作时,一般在正文主体部分后注明附件的名称和份数,将附件附在合同的后面。需要说明的是,如果在合同正文中能把有关内容说清楚的,可以不要附件。

【范文评析】

〔例文一〕

网球场铺设工程合同

甲方:××市田园植物园

乙方:××体育场地设施工程有限公司

按照《中华人民共和国经济合同法》和《建筑安装工程承包合同条例》的原则,结合本工程具体情况,双方签订合同条款如下:

一、工程名称、面积、质量、价格

序号	铺设名称	面积(m²)	说　明	单价(元)	小计(元)
1	水泥基础	1 600	C10 水泥垫层 10 cm 厚	35	56 000
		1 600	C20 水泥基础 10 cm 厚	45	72 000
2	塑胶面层	1 600	共 8 mm 厚,下部为 5 mm 压实型胶粒,上部为 3 mm PU 面层	115	184 000
3	围网	640	含两扇推拉门(2＊2)	75	48 000
4	金卤灯柱	12 根	16 个灯头,400 瓦灯管	1 000	12 000
5	液压篮球架	1 套	透明不锈钢篮板,电子记分器	10 800	10 800
6	航空座椅	6 套		600	3 600
合　计					384 000
总价(大写)			叁拾捌万肆仟元整(据实结算)		

二、付款方式

(一)基础材料进场,付工程总价款的20%;

(二)基础施工完毕,付工程总价款的30%;

(三)面层,围网及其他材料进场,付工程总价款40%;

(四)工程竣工后付工程总价款10%。

三、工程质量:乙方必须保证工程质量合格。

四、双方责任

(一)甲方责任

1.负责提供施工场地所需水、电等设施,保证"三通一平"。

2.负责施工现场保卫工作,协调地方关系至工程结束;协助乙方安排施工人员住宿、饮食等。

（二）乙方责任

1. 负责篮、网球场铺设工程工艺图纸设计，根据甲方要求进行点位线计算，并提供划线点位数据。

2. 负责组织全过程施工，委派技术专家和项目经理进行全过程技术指导，确保工程质量。

3. 工程竣工，提供竣工资料。

4. 从工程竣工验收之日起，如因质量问题，五年以内由乙方负责免费维修，五年以后维修只收材料费，直到质保期结束。

（三）乙方施工期间注意施工安全，乙方施工过程中所发生的安全事故，甲方概不负责。

（四）施工过程中，乙方必须接受甲方的监理和统一管理。

（五）塑胶场地未经甲、乙双方签字，严禁使用。

五、合同一式二份，甲、乙双方各执一份，具有同等效力。自签订之日起生效。

六、本合同中双方确认的工艺图纸，作为本合同附件，具有同等法律效力。

七、如有未尽事宜，双方协商解决。

八、施工周期××日历天。遇不可抗力因素自动顺延。

甲　方：　　　　　　　　　乙　方：

（盖章）：　　　　　　　　（盖章）：

签约人：　　　　　　　　　签约人：

电　话：　　　　　　　　　电　话：

地　址：　　　　　　　　　地　址：

邮　编：　　　　　　　　　邮　编：

合同签订日期：　　年　月　日

简评：例文是一份工程合同，由首部、正文、尾部三部分组成，其中正文主体部分的写作采用的是表格和条文结合式结构，条款齐全，语言规范。

〔例文二〕

汽车租赁合同

立合同者：郑州市××汽车租赁有限公司（以下简称甲方）

　　　　　××公司（以下简称乙方）

为了确保甲、乙双方各自的权利和利益不受侵害及义务的正常履行，依据《中华人民共和国合同法》，经甲、乙双方协商，订立本合同，供双方信守。

一、甲方将桑塔纳2000车（牌号豫A×××××，发动机号××××，车架号×××××）壹辆出租给乙方使用。

二、租期自2009年3月10日8时至2009年3月25日8时。

三、每天按24小时计算，限驶250公里，每天租金200元。超出规定里程，每公里加收壹元;超出约定时间,每小时加收30元,超5小时按1天计算,不设半天。

四、乙方在签订合同当日向甲方交总租金的30%预付款,余款在交还车时一次结清。

五、甲方的义务

(一)甲方必须向乙方提供手续齐全、能安全行驶的车辆。

(二)对租赁车的车况,甲方应如实详细告诉乙方。

(三)合同订立后,甲方及时向乙方提供租赁车辆,不得拖延时间或改变车型。

六、乙方的义务

(一)驾驶租赁车的驾驶员需持有有效的中华人民共和国正式驾驶证,驾驶证上准驾车类别与租用车辆相符。

(二)合同期满,乙方须按合同规定的还车时间、地点归还车辆,并且保持车辆整洁、设备证件齐全完好,无刮碰和损坏现象,否则,出租人视情收取车损费。

(三)乙方应每日对机油、刹车油、防冻液、轮胎气压、灯光等作常规检查,如发现问题,须速通知甲方补充。否则,由此造成的后果由乙方负责。

(四)车辆发生事故,乙方应立即通知交通管理部门并同时告知甲方,由甲方指定修理厂修理,没有甲方文字性修车通知,乙方不得私自修理。一旦车辆有故障,禁止继续使用,乙方应全力配合交通管理部门处理车辆事故,甲方原则上不参加交通事故的处理。

(五)乙方在承租期间内发生交通事故造成人员伤亡时,需承担有关的民事或刑事法律责任,还需承担交通管理部门对车主的罚金。

(六)在租期内,乙方若遗失牌照或有关证件,应自行去有关部门申请补办,补办手续费及补办期间的车辆租赁费由乙方承担。

(七)乙方不得擅自拆除车辆上的零件和设备,否则,按所拆零件价2~3倍赔偿,同时需向甲方归还所拆换的原零部件。乙方不得拆动车辆上的里程表,如甲方发现其有拆动现象,将按总租期规定里程使用数的2~3倍罚款。

(八)乙方在租赁期间(合同签字起至还车结账止)闯红灯、违章停车等,事后被交通管理部门追究罚款,甲方有权向乙方追要罚款、滞纳金及由此造成的责任和后果。

(九)乙方在租期内应严格遵守国家各项法律法规,并承担由于违章、违法、肇事等行为所产生的全部责任及经济损失。

(十)乙方不得转租、转借、抵押车辆,不能赋予自己对车辆任何超过本合同的其他权力。

(十一)遵守《汽车承租人须知》的义务。

七、保险

(一)按照中国人民保险公司的规定,对发生事故的投保车辆实行限额赔偿。乙方在租赁期内出现事故时,应承担保险公司赔偿以外的所有费用,并向甲方交车辆损失30%的折旧费。

(二)全车丢失在三个月以上,保险公司对赔偿金额实行30%绝对免赔率,乙方应赔付这部分费用。丢失车后至保险公司赔偿前期间的租费由乙方承担。

(三)索赔时,乙方应向保险公司提交保险单、事故证明、事故调解结案书、损失清单和各种有关费用的单据,如实填写机动车辆险出险报告单。

八、甲乙双方任何一方违约,要向对方支付未履约部分20%的违约金。

九、本合同由郑州市工商局监督实施。若发生纠纷,由××区人民法院裁决。

十、本合同一式二份,甲乙双方各执一份,签字生效,交车签字后作废。

附:车辆交接检验对照表

甲方:郑州市××汽车租赁有限公司　　　　　乙方:××公司

地址:郑州市××路58号　　　　　　　　　　地址:郑州市××路46号

代表人:张××　　　　　　　　　　　　　　代表人:姚××

电话:574××××　　　　　　　　　　　　电话:6595××××

二〇一〇年三月八日

评析:这是一份租赁合同。整份合同按照规范的格式安排结构,文章正文部分采用了序言+主体的写法,主体采用条款式对汽车的基本情况、租期、租金计算、双方义务等租赁合同涉及的基本内容进行界定,条款清晰、严密。

【写作实训提示】

1.要符合国家有关经济合同的法规和条例。经济合同要求按照国家的法令政策签订,签订后即具有法律效力,受到国家法律的承认和保护。

2.内容表达具体、准确。拟写合同文稿时,内容表达要具体、准确,用词造句要明白、严密,合乎逻辑、语法,不能含糊或生歧义。在现今的经济活动中,有不少合同就是由于文字表达不当,如标的不确切,质量表述含糊不清,履行时间、地点不具体等引起纠纷,浪费当事人的精力,影响双方的工作和利益。

3.结构完整,格式规范。我国自1990年10月1日起已在全国逐步推行合同示范文本制度,包括国家工商行政管理机关制定的统一文本格式和有关专业主管部门制定的文本格式两种。在使用时,如果已有示范文本,要按照规范的文本格式来写,如果有些合同没有统一规定,要参照示范文本来写,不能标新立异,自行其是。

另外,合同的总价款要用汉字大写书写。如果合同文稿拟定后确需作微小改动,应在修改处加盖当事人双方的印章,以示负责。

【练习与实训】

一、指出下列合同中存在的问题。

工 程 合 同

造纸厂第二车间(甲方)

立合同人:

××建筑公司生产科(乙方)

为建造××造纸厂第二车间西厂房,经甲乙双方协商,订立本合同,以资共同恪守。

1.甲方委托乙方建设西厂房一座。

2.全部建造费1 200 000元。

3.甲方在订立合同后先付一部分建造费,其余在西厂房建成后抓紧归还。

4.期待乙方筹备就绪后立即开始,力争3月中旬开工,争取11月底交活。

5.建筑材料由乙方全面负责筹备。

6.本合同一式二份,双方各执一份。

××造纸厂第二车间(公章)

主任:杨××(章)

××建筑公司生产料(公章)

科长:王××(章)

××年2月10日

二、根据下面提供的材料拟制一份规范的合同。

宏源茶叶公司业务员杨军与盛天茶场代表王朝阳于2010年3月1日签订了一份茶叶买卖合同。约定内容如下:买卖物为××毛尖茶叶,其中特级品1 000千克,单价400元;一级品2 000千克,单价240元。茶叶必须用塑料袋分装,每250克一袋,每50袋用大塑料袋内装,外用纸箱或麻包袋封装,包装费仍由茶场负责。2010年6月15日之前由茶场直接运往茶叶公司,运费由茶场负责。检验合格后,茶叶公司于收货10日内通过银行托付货款。合同订立后,如双方不履行,在正常情况下拒不交货或拒付货款,都需处以货款20%的罚金;迟交货或迟付款,则每天罚万分之三的滞纳金;数量不足,按不足部分货款20%赔付。质量不合格,则重新商定价格。如遇特殊情况,则提前20天通知对方,并赔偿损失费10%。此合同由××县工商管理部门鉴证。茶场地址为:××县××镇,开户银行:××县农行,账号:008656,电话:63836086。茶叶公司地址为:××市×路×号,开户银行:××市工行,账号:005762,电话:63933487。

三、根据下列材料,起草一份合同。

大华公司为修缮一幢2 000平方米的办公楼,与黄河房屋修缮公司议定,全部修缮由修缮公司承包。按大华公司要求(另定)包工包料。总修缮费用为18万元。合同签订后2周内,大华公司先付给修缮公司全部修缮费的50%,其余部分在办公楼修缮完毕验收合格后10日内一次付清。办公楼要在1个月内修缮完毕(从本月30日至下月30日),修缮办公楼所用材料按双方议定的标准(附材料标准)。如有一方违背合同条款,影响修缮工程,由违约方负责赔偿损失。合同要求一式三份,双方各执一份,另一份由市公证处保存并负责监督。

任务三　订货单

【任务描述】

上海七浦路服装批发商城是当地以服装经营为主的大型服装批发集散地,为了便于商户批发业务的顺利进行,商城管理部门要统一为商户制定订货单,内容主要涉及商品编号及名称、颜色、尺码、数量、单价、下单日期、订货人姓名、收货地址、邮编、订货人联系电话、配送方式、客户留言等信息,以此作为客户订购服装的凭据。

【任务分析】

要制作订货单,首先要了解订货单的概念、特点,在此前提下拟制订货单。在订货单的写作过程中,除了标题和尾部,还要注意正文部分信息的完整性,既要设置双方基本信息栏目,也要根据产品或货物特点设置与之相关的项目。

一、文种常识

(一)订货单的概念

订货单是订购产品和货物的单据,又称订单。

卖方根据所出售产品和货物的特点制作有针对性的订货单,在买卖过程中,由双方共同填写。订货单是买方和卖方之间进行交易的依据和凭证。

(二)订货单的特点

1. **严肃性**　不管订货单能否代替合同,它都是买卖双方合作中的重要凭据,具有法定效力,因此买卖双方要严肃对待,尤其是制作订货单的卖方,要注意语言的严谨性。

2. **简要性**　比起正式的合同,订货单多采用表格的形式把双方及所定货物的基本信息简明扼要地在相应栏目中作出界定,一般没有过于详细的文字说明。

3. **灵活性**　虽然表格式是订货单的基本样式,但根据货物、产品的不同特点及是否代替合同的具体要求,订货单的具体结构及写法都是很灵活的。

二、写作技法

订货单一般由首部、正文和尾部三部分构成。

(一)首部

订货单首部一般包括标题、订单编号、签约地址、时间、当事人基本信息等几项内容。

1. **标题**　订货单的标题写法比较灵活,可以是"货物名称+文种""单位名称+文种",如《上海七浦路服装批发商城订货单》,也可以直接写文种,即《订货单》。

2. **订单编号**　为了便于双方登记和管理,可以对订单进行编号,其位置一般在标题下一行靠右,根据实际情况,也可以不写。

3. **签约地址、时间**　签约地址根据情况也可以不写;签约时间可以写在标题右下方,更多时候是写在尾部。

4. **当事人基本信息**　在标题或编号、时间下方,分两列写出当事人双方的基本信息,如姓名或单位名称(包括全称和简称)、联系电话、传真、地址、邮编等。因为订货单写法相对灵活,传真、地址、邮编等信息也可以放在正文部分设置的相应栏目中。

(二)正文

正文主要采用表格的形式设置所需信息的栏目,必要时也可在表格下面附加一些条款式的文字说明。

正文主要包括如下信息：

1. **买卖双方信息**　这部分如果不在首部出现,就要将其放在正文部分的开头。

2. **订购产品或货物的信息**　一般包括商品编号、商品名称、商品单价、订货数量等。

3. **配送方式及配送地点。**

4. **支付银行及银行账号。**

5. **客户意见和要求**　如果是代替合同的订货单,除了上述内容外,还需要具备合同的基本条款,如质量要求、双方权利义务、违约责任等。

(三)尾部

尾部一般包括当事人签章及成文日期等。

【范文评析】

〔例文一〕

产品订货单

货单编号：　　　　　　　　　　　　　订货日期：　　　年　月　日　时

甲方:深圳×××生物科技有限公司　　　乙方:

地址:深圳市××区×××路××大厦506　代理编号:

电话:86-755-×××××××　　　　　　　电话:

传真:86-755-××××××　　　　　　　　传真:

网址:www. proexact. com　　　　　　　联系人:

邮编:

收货详细地址:

今乙方向甲方订购如下产品:

商品货号	产品名称	规　格	数　量	单　价	金额小计(元)
人民币(大写)			合　计		￥
备注:					
希望发货时间:		希望运输方式：　铁路　　公路　　航空　　EMS 　　　　　　　　中铁　　市内送货　　自提			

订货条款：

1. 付款方式：乙方以支票、电汇、汇票等方式支付汇款。

2. 本订单甲乙双方签字盖章后生效，传真件有效。其他未尽事宜以双方合作协议规定为准。

深圳×××生物科技有限公司　　　　　　　订货单位：

签字：　　　　　　　　　　　　　　　　签字（公章）：

日期：　　年　月　日　　　　　　　　日期：　　年　月　日

简评：这是一份格式规范的产品订货单，首部包含了双方基本信息；因为后面还有正式的协议，因此这份订货单的正文部分比较简洁，只有产品基本信息及对付款方式和生效方式的界定；尾部是双方的印章、代表人签字和日期。

〔例文二〕

产品订货单

编号：

供方（甲方）：深圳市××电子有限公司

电话：0755-　　　　　传真：0755-　　　　　签约地址：

需方（乙方）：　　　　　电话：

序号	产品名称	规格型号	数量（只）	单价（元）	总金额（人民币）	备注
1						
2						
3						
4						

特殊要求：		
合计人民币金额（大写）：　佰　拾　万　仟　佰　拾　元		（人民币小写）￥：
质量保证	按国家"三包"政策执行	
交（提）货地点	乙方所在城市汽运站	
运费	公司负责到代理商或经销商当地城区的汽运费用，代理商或经销商要求空运等，费用自行承担	
运输方式	□ 航空　□ 铁路　□ 汽运　□ 快递　　备注：	
付款方式	款到发货	
违约责任	依《合同法》	

续表

解决合同纠纷的方式	因履行本合同发生纠纷时,供需双方应及时协商解决,协商不成,则提请深圳市仲裁委员会进行仲裁,仲裁裁决是终局裁决,对双方都具有同等约束力
其他约定事项	传真件有效

供方(甲方)	需方(乙方)
单位名称:深圳市××电子有限公司 单位地址:深圳市福田区×××工业区×××路 　　　　二栋西座611 电　　话:0755-×××××× 传　　真:0755-×××××× 邮政编码: 代　表　人: 日　　期:	单位名称: 单位地址: 电　　话: 传　　真: 邮政编码: 代　表　人: 日　　期:

简评:这份订货单首部包含了标题和双方基本信息,正文及尾部都是通过一个表格。这份订货单起到了代替合同的作用,因此写作比较详尽,正文部分对产品质量、数量、价格、履行义务的地点及方式、违约责任、解决纠纷的方式等都作出了相应约定。整篇例文条目清楚、款项齐全。

【写作实训提示】

1. 制作订货单应注明有效期限。

2. 金额巨大的大宗货物交易,不宜用订货单,应考虑签订国家统一规范的"订货合同"。

【相关链接】

订货单和合同的关系

相同点,二者都是买卖过程中使用的文书,都是买卖关系的书面记载和相关证据。

不同点:

1. 一般来说,订货单不具有合同的法律效力,如果不要求签订正式合同或者确认书,订货单的签订即意味着合同成立,订货单是合同的主要内容,并且是合同成立的主要证据;如果要求签订正式合同或者确认书,订货单的签订不意味着合同成立,不具有合同效力。

2. 如果订货单具备合同的实质性内容,订货单的签订也可视为合同的签订。

【练习与实训】

一、根据下列所给材料,分别拟制规范的订货单。

1.上海卓凡儿童服装公司制作了一份订货单,订货单包含信息如下:卖方单位名称:上海卓凡儿童服装公司,电话:021-58×××××,传真:021-58×××××,地点:上海××路××弄2号楼302室开户银行及账号:中国建设银行:62270012××××××××××(王军);买方姓名、地址、电话;产品基本信息有:产品序号、编号、数量、批发价、金额、配货要求(颜色、尺码)、备注、合计、总金额;客户运输要求;汽运/快递/空运;订单程序是卖方接到买方订单后1个工作日内确认买方所定购的商品是否能按时提供,等双方完全确认订单后,会通知买方汇款。款到后按照买方的运输要求进行托运。(运费到付)

2.广州天雄电脑有限公司制作了一份代替买卖合同的订货单,订货单包含信息如下:甲方(卖方)单位名称、联系人、联系电话、传真号码、税号:4401××××××××××;乙方(买方)姓名(或单位名称)、联系人、电话、传真;订购电脑的基本信息(如编号、商品名称及规格、数量等);乙方希望到货时间;发票类别:增值税发票/普通发票/不含税票;乙方希望运输方式:自提/速递快件/公路/中铁/航空/其他;其他约定条款有:货款的结算方式及期限(待双方协商);乙方可以指定运输发货方式,但运输费用的负担有待协商;在货款未付清给甲方之前,甲方拥有对货物的最终所有权;本产品订货单(代买卖合同)为标准的订货单,乙方必须填写工整,涂改或以其他格式均为无效订单,甲方不予履行;产品订货单(代买卖合同)一式两份,双方各执一份,经乙方(买方)签字盖章后方可生效,本订货单传真件有效,未尽事宜按双方签定的合作协议约定;若乙方需要开发票或开发票信息有变更,需附有财务盖章确认的开税票资料,随订货单一起传真给甲方;货物验收方法及提出异议的期限:乙方应在收到货物时,及时对货物进行验收。乙方在验收中如发现与本合同规定条件不符,应在当天内提出书面异议和处理意见,否则,视交付产品符合本合同规定;争议的解决方式:本产品订货单(代买卖合同)在履行过程中发生争议,由双方当事人协商解决,或向甲方所在地法院提出起诉。地址:广州市××区×路596号、开户行及账号:招商银行广州高新支行2019×××××××××××。

二、请你为兴和商贸有限公司拟写一份空白商品订货单(文字表格式)。主要内容有:

1.订单编号、供货单位、电话、联系人,收货单位、电话、联系人。

2.商品条形码、商品名称、规格、单位、数量、单价、合计。

3.付款方式、交货日期、交货地点、经办人、双方负责人签字等。

【写作综合实训】

〔实训一〕根据案例内容,代写一份中外合作办超市的意向书。

美国时代超市总公司派代表到滨海市大学城作了半月的详细调查后,发现这里商机无限,拟决定在此开办一大型连锁超市。他们与该大学城物业公司进行了友好的洽谈协商,签订了一份合作意向书。双方商定,由大学城方面提供10 000平方米的场地和基层工作人员,时代公司提供管理干部、资金与货物,合作办超市。

〔**实训二**〕阅读下列案例,指出其存在的问题。

协议书

现××市园艺公司经理部(乙方),有进口1英寸折叠伞骨59 909把,其中男用伞3 000把,女用伞56 909把,按处理价一次售给××市兴和伞厂(甲方),每把售价7.5元。双方协商如下:

1. 合同总额:壹拾肆万玖仟柒佰壹拾贰元伍角整。

2. 验收办法:××××年×月×日,甲乙双方代表到乙方仓库检验,乙方即按合同发货,以甲方实际验收数为准。

3. 付款办法:乙方在××年第一季度内付50%,第四季度全部付清(货款按双方实际发生数结算)。

4. 运输办法:自合同签订之日起,1个月内由乙方代办运输(至××西站)全部付给甲方,短途运输由乙方负责,铁路运输由乙方按实际发生数向甲方托运。

5. 包装办法:纸箱包装应完整,费用由乙方负担。

6. 如甲方在指定期限内不能如期付清货款时,所欠数必须按日罚款1%,直到全部货款结清为止。

7. 协议双方代表签字盖章后生效,并到工商局、银行鉴证执行。

甲方:××市兴和伞厂	乙方:××市园艺公司经理部
代表:	代表:
电话:	电话:
开户银行:	开户银行:
账号:	账号:

〔**实训三**〕根据案例材料,完成下列写作任务。

我院是一所具有百年历史的师范学院,由于深化教学改革,围绕市场办学,学生就业率高,招生形势也非常喜人。近年来连续扩招,生源火暴。但学生的学习、生活条件已感紧张。因此,在2010年秋季新生入学前,学院责成后勤集团基建处完成综合楼的建设工作。

综合楼由省建筑设计院负责设计,建筑面积8 568平方米,主体10层,局部8层,1~4层为综合图书楼,6~8层为实验室,9、10层为计算机室和多媒体教室(具体详见图纸)。综合楼设计已经由院方和有关部门审查通过,省、市两级政府分别给予资金援助。该综合楼为框架结构,楼全长80米,宽45米,主楼高38米。基础系打桩水泥浇注,现浇梁柱板。外粉全部,玻璃马赛克帖面,内粉混合沙浆、刷涂料,个别房间贴壁纸。地面全部铺防滑地砖。工程范围包括土建、水暖、电照、电梯、上下水等(详见工程项目一览表)。为了保证建筑质量,学院要求基建处采用公开招标的方式,择优选择施工承包商。该工程全部实行五包:包工程数量、包工程造价、包工程质量、包工程工期、包工程材料。该工程计划2009年3月底开工,2010年4月底竣工。要求施工者按施工图设计文件和有关部门颁发的施工技术规范、规程施工,工程竣工后按省里颁发的建筑工程验收办法达到全优工程验收。凡具备建筑工程施工总承包一级以上资质并成功完成过 10 层以上建筑的建筑单位均可参加投标资格预审报名。

基建处写出招标公告,在省内外主要报纸上刊登,凡符合以上条件并有意向者,可在 2008 年 12 月 16—20 日凭单位介绍信到我院基建处找李先生、张女士办理申请投标资格预审手续。学院要求凡申请报名者必须同时递交营业执照、资质证书(以上材料均需提供原件和复印件)、单位简介、以往工程业绩及证明材料、拟投入项目班子主要成员的资历、现有施工机械设备和 2007 年经审计的财务报告(原件核对后归还,复印件装订成册),逾期不予受理。资格预审申请文件一式二份。报名地址:××省××市××师范学院 6 号楼 211 室(基建处)。电话:(0369)88607032,13623937485;传真:(0369)88607032。

截止到 12 月 20 日,有 8 家施工单位报名参加投标资格预审。通过审查后,8 家单位分别报送了投标书。通过公开招标,最后省第五建筑公司中标。双方经过具体的磋商,先后签订了意向书和合同书,工程按时开工。

1. 根据案例内容,为师范学院写一份综合楼工程招标书。

2. 根据案例内容,为省第五建筑公司写一份综合楼工程投标书。

3. 根据案例内容,为师范学院和省第五建筑公司起草一份关于综合楼工程的意向书。

4. 根据案例内容,为师范学院和省第五建筑公司起草一份关于综合楼工程的合同书。

项目十一　拟写涉外商务文书

【知识目标】

了解涉外商务文书各文种的定义、特点、种类。

理解涉外商务各文种的作用和基本结构。

掌握各文种的写法与写作要求。

【能力目标】

能依据内容进行模拟写作,具备撰写涉外商务文书的能力。

能根据需要撰写格式规范、内容恰当的常用涉外商务文书。

任务一　涉外函电

【任务描述】

中国××工程技术公司得知加拿大某公司正在征集加拿大"国际工程技术展览会"的参展申请。中国××工程技术公司需要写一份询问函电,就展位价格、进场时间、最迟申请日期等详细情况询问加方公司。

【任务分析】

涉外函电是公司在对外贸易中使用最普遍的通信类文体,其包括函件、电报、电传三种类型。要使函电在外贸活动中发挥最大作用,必须了解掌握涉外函电三种类型的定义、特点、规范写法,并具有一定的外贸英语基础。

一、文种常识

(一)涉外函电的定义

函电是函件和电报、电传、传真等现代通信方式的简称。函是指信件。涉外函电是指在涉外经贸业务活动中,通过函件、电报、电传、传真、电子邮件、电子数据交换等电子通讯工具所传递的涉外商务业务信息的书面形式。在国际贸易活动中,函电起着联系业务、沟通愿望与要求、达成交易、履行合同、促进交流、增进友谊、发展贸易合作关系等作用。

(二)涉外函电的特点

1.**涉外性**　涉外函电,顾名思义,其行文的对象是国外的厂商,所以应注意遵照国际惯例办事。

2.**专业性**　涉外函电的内容主要围绕双方商贸活动展开,而且涉及的领域比较专业和单一,因此其内容上具有专业性。

3.**格式的特定性**　涉外函电的书写格式是有基本规定的。

(三)涉外函电的种类与类型

根据内容性质划分,涉外商务函电包括:商洽函电、询问函电、答复函电、请求函电、告知函电、联系函电。

根据表现形式划分,其类型主要包括函件、电报、电传、电子邮件、传真等。

1.**函件**　指我国对外贸易部门和企业同厂商、客户联系业务,洽谈交易,履行合同及处理问题的信件。

2.**电报**　是我国对外贸易部门和企业与国外厂商、客户进行交易切磋的通信方式。

3.**电传**　是指我国对外贸易部门和企业利用电传机通过邮电部门交换机转接国外厂商、客户,进行直接通报的一种通信联系方式。

4.**传真**　传真(Fax)是一种借助电话传真机高速传递书信、文件手稿、图表等静止图像的通讯手段。

5.**电子邮件英文为 E-mail,是 Electronic Mail 的缩写**　E-mail 是一种常用的互联网服务。它是利用计算机网络交换的电子媒体信件。

二、写作技法

涉外函电的书写格式:信头 + 称呼 + 标题或事由 + 正文 + 附件 + 落款。下面我们分别介绍中文函、电报、电传、传真及电子邮件的写作格式和技法。

(一)中文函

在涉外函电中,中文函主要用于与新加坡、马来西亚、日本、中国香港、中国澳门、中国台湾等国家和地区以及其他涉外华人客户的商务往来中。

1.**信头**　信头包括发函方的名称、地址、电报挂号、电话号码、传真及发文字号。

2.**称呼**　称呼多为收函方的公司名称、行号或收函人姓名。一般由"称呼语 + 敬词"构成。如"×××总经理先生台鉴""××执事先生台鉴"等。称呼要顶格写,以示尊重。

3.**标题与事由**　标题一般由事由 + 文种构成,如"关于中医药材的函"。有时也可以直接用事由代替标题,如"事由:天起报盘"。标题通常应在称呼上一行居中的位置,事由则放在称呼语下一行居中的位置。

4.**正文**　是函的核心内容。它包括缘起语(首语)、事项和结束语三部分。

(1)缘起语。或称首语,指发函的原因、目的或意图。缘起语的内容要视不同情况而定。比如:主动发函,开门见山,说明意图;复函则用引据的方式说明已收到来函,如"5月

16 日来函悉,现谨复如下";欲与新客户建立业务关系,应首先介绍自己公司的情况。

(2)事项。即需要告知对方的主要内容,或为一件具体事情,或对对方提出的问题作出具体答复,或向对方提出某种要求,等等。事项是正文的中心内容。应注意表达清晰、简洁、准确,使对方一目了然。

(3)结束语。通常表示希望和要求。

5. 祝颂语 主要是向对方表示关心、问候、祝愿之意,是一种必不可少的礼节性用语。

6. 落款 写明发函者单位名称、发函人职务、姓名及发函日期。一般发函人姓名用手写。

7. 附件 是正文的补充,如协议、报价单、单据、发票等。若需要添加附件,注意附件的名称、号码及件数都要写清楚,不可遗漏。

(二)英文函

1. 信头 (Heading) 信头内容包括公司的名称、地址、电话、传真号码、编码等。现在大多数公司均为事先印刷的,具有独特设计的信头。

2. 封内地址 (Inside Address) 即为收函人公司的名称、地址,位于信头下方左上角。

3. 日期 (The Date) 位于函的右上方,与信内地址平行。日期的写法主要有两种:月日年为美国人的习惯写法,日月年则为英国人的习惯。

4. 称呼 (The Salutation) 函开头的称呼语,一般多使用"Dear Sir""Dear Sirs"(用于称呼公司号或合伙公司)或"Gentlemen"。

5. 信件事由 (Letter Subject) 与标题的作用相似。一般位于中间位置,有时可省略。

6. 正文 (Body of the Letter) 正文是函的核心。它包括发函的缘由、商洽的事项等相关内容。

7. 结尾 (Complimentary Close) 即落款,包括客套语和签名。英文客套语常见的有"Yours truly""Truly yours""Yours faithfully"等。若收函者为个人,则可以用"Yours sincerely"等。签名用手写。

(三)传真

1. 传真头 传真头又称文头,与函的信头类似,主要包括的内容为:

(1)公司名称。位置在文稿正上方居中处,有的还印有企业标志或英文译名。

(2)日期。位于标题下方靠右侧。

(3)接收方。在公司名称下面由上至下依次排列为收件人姓名、公司名称及其所在城市(国家)、传真号等。

(4)发件方。在公司名称下面右方从上到下依次排列为公司、所在部门、姓名、电话号码等。

(5)传真件页数。标写出所发传真的总页数。

2. 标题 商务传真的标题可有可无。如果拟制标题,其位置应在传真头下方空约两行处居中书写。

3.**称谓**　在正文开头左上方,顶格书写。一般商务传真的接件者为具体人员,所以称谓应视对方的身份、职务、性别而定。注意使用礼貌称呼。

4.**正文**　传真的正文与前面所提到的函的写作基本相似。传真文稿正文一般不用手写体,应将写好的文稿打印后再进行传送。

5.**结尾**　结尾部分包括签名与盖印。签名应用钢笔手签,不能用图章代替,并应注明签名人的职务;所盖印章应为公司印章或部门印章。

6.**附件标注**　在结尾处左下方注明附件的件数和名称。

7.**发件单位的联系方式**　每张传真纸正文,都印有发件单位的电话、电报挂号和传真号,以便联系。

(四)电子邮件

电子邮件的写作格式及内容与函相似。其结构也包括信头、称呼、标题或事由、正文、附件、落款等部分。

【范文评析】

〔例文一〕

传真文稿

×××贸易公司:

我公司8月9日购到贵公司提供的用纳米材料作为纤维的添加剂制成的功能纤维10箱。经检验,质量与合同规定的标准不符,耐磨、阻燃及对抗紫外线辐射的功能较差。由于该纤维的质量问题,给我们的科研工作带来不良影响。请贵公司速派员来汉,调查核实此事,并会商解决办法。

候复。

××研究所

2010年×月×日

简评:这是一份传真文稿的正文。内容完整,表述准确,行文简洁明了。

〔例文二〕

建议用信用证付款

Dear Sirs:

We would like to place an order for 500 Irina 262 electric typewriters at your price of US $300 each,CIF Lagos,for shipment during July/August.

We would like to pay for this order by a 30-day L/C. This is a big order involving US $150,000 and,since we have only moderate cash reserves,tying up funds for three or four months would cause problems for us.

We much appreciate the support you have given us in the past and would be most grateful if you could extend this favor to us. If you are agreeable, please send us your contract. On receipt, we will establish the relevant L/C immediately.

Yours aithfully,

Tony Smith

Chief Seller

××先生：

本公司欲以贵公司报价条件，以每台300美元价格(拉哥斯到岸价)，订购500台伊琳娜262型号电动打字机，于七至八月装运。

这项交易款额高达150 000美元，本公司只有适量现金储备，占用资金三、四个月造成麻烦，故建议以三十日有效期的信用证付款。

承蒙贵公司一向照顾，若能继续给予优惠，本公司感激不忘。如同意上述建议，烦请赐寄合约，即开立信用证。

销售部主任

托尼·斯密思谨上

2010年5月17日

简评：这是一份典型的函件。内容包括封内地址(Inside Address)，即为收函人公司的名称、地址，日期(The Date)，称呼(The Salutation)，事由(Re)，正文(Body of the Letter)和结尾(Complimentary Close)。正文部分交代了发函的缘由、商谈的事项和建议。结尾的落款则包含了客套语和签名。整份函件内容清晰完整，行文规范严谨，语言简明，数字准确。

〔例文三〕

××先生：

我们从迪科公司得知贵司商号与地址，特此来函，希望能同贵司发展商务关系。

多年来，本公司经营鞋类进口生意，目前想扩展业务范围。请惠寄商品目录与报价单。

如贵司产品价格合理，本公司必定向你方下定单。

恭候佳音。

采购部主任

汤姆·斯密思谨上

200×年3月20日

简评：这是一篇请求建立商业关系的函。因初次交往，函件写得简洁明了，只是简要说明公司的经营范围及目的，并希望获悉对方的业务状况。

【写作实训提示】

涉外函电的书写应遵循"7C"的原则，即：

1.完整(Completeness)。能够完整地表述所要表达内容和意思。

2. 清楚(Clarity)。能够非常清晰明确地表达真实的意图,避免歧义或模棱两可。用简单普通的词句直截了当地告知对方信息。

3. 简洁(Conciseness)。在无损于礼貌的前提下,用简洁清晰的语言表明真实意图。避免拖沓冗长、重复的语句。

4. 具体(Concreteness)。涉外函电所涉及的事项应具体明确,尤其是要求对方答复或者对之后的交往产生影响的函电。

5. 正确(Correctness)。涉外函电的用词用语及标点符号应正确无误。因为其内容大多涉及商业交往中双方的权利、义务以及利害关系,如果出错势必会造成不必要的麻烦。

6. 体谅(Consideration)。站在对方立场上考虑问题,这是拟定涉外商务函电的重要原则。始终以对方的观点来看问题,根据对方的思维方式来表达自己的意思,这样才能使双方的沟通更有效。

7. 礼貌(Courtesy)。语言上要有礼、谦虚,及时地回信也是礼貌的表现。

【练习与实训】

一、请自拟一份涉外函电,内容、项目、类型等自定。

二、阅读下面材料,为公司拟写一份申请独家代理商的函件。

××贸易有限公司担任中国多家厂家的独家代理商,专营精制棉织品,包括各类家用亚麻制品。产品行销中东。该公司与南通远达纺织品有限公司一直保持良好的合作关系。南通远达纺织品有限公司研发的自主品牌新产品上市后,获得好评,订单大增。××贸易有限公司希望能够成为远达公司在中东的独家代理商,以扩大在中东地区的销量。

三、请阅读下面函件正文,指出不当之处并加以修改。

我们公司从报纸上得知贵公司是"白虎牌领带"的代理商。由于圣诞节在即,本公司急需这批领带。如果你们公司能够及时供货,而且价格公道的话,我们公司将继续长期订货。此次我方要定的是700打白虎牌领带,订单可详见附件。

此票订单之货款,待确认贵方已于2009年12月1日前发货之后,本公司即向贵公司开出见票即付的信用证。

任务二　涉外经济合同

【任务描述】

经过长期的谈判,中国××家具制造有限公司成为国外某家具品牌的代加工制造商。双方已经达成初步协议,并准备起草一份合同。

【任务分析】

涉外经济合同是签约双方在其意愿、目的、意志和见解等完全一致的情况下自愿签署的法律文件,因此要起草一份符合要求的经济合同,必须了解涉外经济合同的概念、特点等文种常识,把握经济合同的要素与基本要求,能够根据不同需要,起草规范的涉外经济合同。

一、文种常识

(一)涉外经济合同的概念

涉外经济合同是指经过我国政府批准或授权的具有对外贸易经营权并取得法人资格的企业、部门、个人,在开展对外经济贸易等活动中,与其他国家(或地区)具有法人地位的企业、部门、个人所依法签订的为实现一定经济目的,明确双方或多方权利和义务关系的协议。涉外经济合同一经签字或政府批准,即对当事人双方形成约束,它属于法律文件。

(二)涉外经济合同的特点

1.**合法性**　涉外经济合同是依照有关法律法规,通过协商达成的共识。其内容都应符合国际贸易的有关规定和惯例,合同订立签字即受到法律的保护。

2.**强制性**　涉外经济合同是具有法律效力的,因此一经签订,各方当事人都要严格遵守并执行,不能单方修改或废止。

3.**批准性**　据我国有关法律规定,涉外经济合同除当事人必须在文书上签字外,还必须经由我国政府中有批准权的专管部门批准方可生效。

4.**国际性**　涉外经济合同是两国或两国以上经济组织在贸易交往中所签订的文件。文件的制定不仅要遵守本国的法律,维护本国的社会公共利益,还要尊重维护别国的法律与公共利益,并且适应国际上通行的有关法律及习俗。

5.**原则性**　涉外经济合同所起草的内容必须以维护国家主权,遵循平等互利、协商一致为原则,否则将视为无效。

(三)涉外经济合同的类型

(1)按照商品流通的方向划分,可分为出口合同和进口合同。

(2)按照双方合作方式、范围和权利的不同划分,可分为商贸合同、企业合同、劳务合同和工程承包合同。

(3)按照性质和内容划分,可分为商品买卖合同和联营经营合同等。

二、写作技法

涉外经济合同的构成模式:合同名称(Title) + 前文(Head) + 本文(Body) + 结尾条款(End)

(一)合同名称(Title)

合同名称又称标题,一般由"公司名称 + 文种"构成,如《中国远华国际有限公司合同》。

(二)前文(Head)

在涉及国际货物买卖方面的经济合同中,前文包含的主要内容通常有:

（1）订约日期和地点（Date and place of signing）。

（2）合同当事人及其国籍、主营业所或住所（Signing parties and their nationalities, principal place of business or residence addresses）。

（3）当事人合法依据（Each party's authority）。比如，该公司是"按当地法律正式组织而存在的"（a corporation duly organized and existing under the laws of ×××）。

（4）订约缘由/说明条款（Recitals or WHEREAS clause）。

在一些涉外合作、合资经营方面的经济合同中，也可以将前言和总则作为前文的主要内容：前言位于标题后，总则前。通常先概括陈述当事人合营的目的、依据，随后用"订立本合同"作为过渡。总则一般是合同的首章，它是用来综合陈述合营企业的组成，各方公司的名称、地址，合营企业的宗旨、投资总额与注册资本等内容，也可以把总则的内容作为正文的第一条款。

（三）本文（Body）

本文应包含下列条款：

1. **定义条款**（Definition clause） 指对合同中的重要名词概念界定的条款。在合同中需要界定名词概念时可以设立此条款。

2. **基本条款**（Basic conditions） 又称必备条款，是涉外经济合同的重要组成部分。

3. **一般条款**（General terms and conditions） 也是涉外经济合同的重要组成部分。一般指合同中法律性较强的条款，基本内容有：合同有效期（Duration）、合同的终止（Termination）、不可抗力（Force Majeure）、合同的让与（Assignment）、仲裁（Arbitration）、适用的法律（Governing law）、诉讼管辖（Jurisdiction）、通知手续（Notice）、合同修改（Amendment）、其他（Others）。

（四）结尾条款（End）

（1）结尾语，包括份数、使用的文字和效力、附件等（Concluding sentence）。

（2）签名（Signature）。

（3）盖印（Seal）。

【范文评析】

××有限公司国际商业代理合同

制造商：＿＿＿＿＿＿＿＿＿＿

地址：＿＿＿＿＿＿ 邮码：＿＿＿＿＿＿ 电话：＿＿＿＿＿＿

代理商：＿＿＿＿＿＿＿＿＿＿

地址：＿＿＿＿＿＿ 邮码：＿＿＿＿＿＿ 电话：＿＿＿＿＿＿

第一条　委任

兹委任＿＿＿＿＿贸易有限公司为＿＿＿＿地区＿＿＿＿修理及销售之代理商。

第二条　代理商之职责

1. 向该地区寻求货主欲购和修理_____的询价单并转告制造商;

2. 报告本地区综合市场情况;

3. 协助安排工厂经销人员的业务活动;

4. 代表制造商定期作市场调查;

5. 协助制造商回收货款(非经许可,不得动用法律手段);

6. 按商定的方式,向制造商报告在本地区所开展的业务状况。

第三条　范围

为了便于工作,制造商应把代理区域业主名录提供给代理商,代理商对此名录给予评述,提出建议或修正,供制造商备查;由于个别_____收取佣金造成地区之间的争执时,制造商应是唯一的公证人,他将综合各种情况给出公平合理的报酬。

第四条　佣金

制造商向该地区代理商支付修理各种_____结算总价值_____%的佣金,逢有大宗合同须另行商定佣金支付办法,先付_____%,余额待修理结算价格收款后支付。

第五条　费用

除下述者外,其余费用由代理商自理。

1. 在制造商指定的时间内对制造商的走访费用;

2. 特殊情况下的通讯费用(长话、电传、各种说明书等);

3. 制造商对该地区进行销售访问所发生的费用。

第六条　制造商的义务

1. 向代理商提供样本和其他销售宣传品;

2. 向代理商提供重点客户的名录;

3. 通知代理商与本地区有关方面直接接洽;

4. 将所有从业主处交换来的主要文件的副本提供给代理商并要求代理商不得泄露商业秘密。

第七条　职权范围

就合同之价款、时间、规格或其他合同条件,代理无权对制造商进行干涉,其业务承接的决定权属制造商。

第八条　利害冲突

兹声明,本协议有效期内,代理商不得作为其他厂商的代表而损害制造商利益。代理商同意在承签其他代理合同前须征求制造商之意见;代理商担保,未经制造商许可,不得向第三方面泄露有损于制造商商业利益的情报。

第九条　终止

不管何方,以书面通知1个月后,本协议即告终止;协议履行期间代理商所承接的佣金仍然支付,不论这些在此期间是否在厂修理。

第十条　泄密

协议执行中或执行完毕,代理商担保,不经制造商事先同意,不向任何方泄露制造商定为机密级的任何情报。

第十一条　仲裁

除第三条所述外,双方凡因协议及其解释产生争执或经双方努力未能满意解决之纠纷,提交双方选择的仲裁机构进行仲裁,仲裁费由败诉方承担。

制造商:＿＿＿＿＿＿＿＿＿＿　　　代理商:＿＿＿＿＿＿＿＿＿＿

签　字:＿＿＿＿＿＿＿＿＿＿　　　签　字:＿＿＿＿＿＿＿＿＿＿

＿＿＿＿年＿＿＿＿月＿＿＿＿日

简评:这是一份典型的涉外合同。例文由合同名称、前文、本文和结尾条款组成。前文写明了订约日期和地点、合同当事人的名称、地址等情况。本文中的必备条款和一般条款从职责、责任、制造商的义务、职权范围、违约责任、解决争议办法、适用法律、仲裁、终止日期等各个方面做了具体详细的说明。结尾内容包含了代表人与代理人的签字以及签约日期等内容。总体来说,例文完整、严肃,层次分明,语言简洁明了、规范正确。

【写作实训提示】

1.签订涉外合同前,要做好市场调查,了解对方的资信情况,广泛深入地调查了解,搜集多种必要的信息资料,这是签订涉外经济合同的基础和前提。

2.注意涉外经济合同的合法性和严肃性。订立涉外经济合同必须符合我国法律的规定,如要符合国家的有关政策、许可制度;签约双方当事人的资格与能力必须合法;合同主件与相关附件应绝对一致等,不损害国家利益和社会公共利益。

涉外经济合同是具有法律效力的文书,因此应注意合同内容、语言使用上的严肃性,合同中的字词句、专业术语、文法、标点符号等都要规范正确。

3.涉外经济合同的条款必须齐备,文字表达必须准确;合同中要注意订好担保条款,对于仲裁条款应明确地加以规定。

【相关链接】

涉外经济合同与一般经济合同的区别

1.合同条款的简繁程度不同。涉外经济贸易的环节多、运程长,这就要求在写合同时对能预见的环节、条款要尽可能地周全、完善、严密。

2.支付、结算的方式。涉外经济贸易的支付、结算是在两个不同国家的金融体制、机构间进行,国内经济合同则不同。

3.支付、结算所使用的币种的不同。涉外经济合同签订价格、支付等条款时必须在合同中标明双方政府同意的币种。

4.涉外经济合同中的条款必须符合双方共同承认的或已签字的国际间的协定公约或国际惯例。

5.涉外经济合同中的生效期、有效期及受损失一方向当事人一方违约责任的索赔期的规定必须写清楚。

【练习与实训】

一、举例说明涉外经济合同与一般经济合同有何区别。

二、请根据所学内容,检查此份合同所列出的纲要条款内容方面是否有不当之处,并给予指正。

中外补偿贸易合同范本

本合同于一九_____年_____月_____日在中国_____签订。

甲方为:中国_____公司

乙方为:_____国_____公司

第一条　贸易内容　……

第二条　支付条件与方式　……

第三条　偿付期限　……

第四条　计价货币和作价标准　……

第五条　利息计算　……

第六条　技术服务　……

第七条　附加设备　……

第八条　保险　……

第九条　违约责任　……

第十条　履约保证　……

第十一条　合同条款的变更　……

第十二条　不可抗力　……

第十三条　文字、生效　……

三、大学毕业后,奋斗了两年,你所开办的一家在线观看影视剧的网络公司被国外某大公司看重。经过几个月的谈判,你们终于达成了共识,你同意以一定的价格将此公司卖给该国外公司。在搜集相关资料后,你准备起草一份公司买卖合同。

请收集相关资料和信息,拟写此份合同。

四、拟定一份"中外货物买卖合同",货物名称、数量、价格等自定。

【写作综合实训】

〔实训一〕

从20世纪中叶开始,天然植物药被重新重视,它不仅在中国、印度、日本等传统医药大国备受欢迎,在德国、法国、意大利和瑞士等欧洲市场也得到了承认和应用,植物药国际市场蓬勃发展。从全球药品市场发展趋势看,植物药市场的增长速度明显高于世界药品市场的增长速度。世界植物药市场发展速度为10%～20%,其中美国高达20%～50%。

××药业集团公司从事中药材生产多年,经过几年的发展,该公司的产品在国内及亚洲中药市场上占有了相对稳定的份额。为了寻求进一步的发展,做好扩大国外市场的准备,公司派国外销售部经理和你去美国、欧洲等十国进行了市场调研。

回国后,公司要求你拟定一份关于国外中药市场的商情调研报告。

半个月后,根据你的报告,公司研究决定向国外×××公司发函,希望与该公司建立代理关系,以促进欧美地区的中药销量。公司要求你就此拟定一份函件。

最终经过谈判,国外×××公司与你方××药业集团公司达成一致,国外×××公司作为你方的代理商,共同拓展欧美市场。公司要求你拟定一份涉外经济合同。

1. 根据案例内容,请你拟定一份关于国外中药市场的商情调研报告。

2. 根据案例内容,请你拟定一份涉外函件。

3. 根据案例内容,请你拟定一份涉外经济合同。

〔实训二〕请根据情境完成任务。

云南××花卉公司长期从事花卉种植、出口等业务。公司经营的花卉种类繁多,在国内花卉出口领域独占鳌头。圣诞节来临之际,云南××花卉公司收到了来自美国×××公司的函件,希望得到该公司有关郁金香、玫瑰、康乃馨、非洲菊等花卉品种的报价。公司委派你拟定一份回复函。

收到回复函后,美国公司即向云南××花卉公司发出了第一笔订单。之后,经过讨论,双方就长期合作达成了协议。云南××花卉公司将长期向美国×××公司提供指定花卉品种。公司委派你拟订一份涉外经济合同。

金融危机爆发,影响到了美国公司的经营。在 2008 年 3 月 11—14 日的一次交易中拖欠货款。公司需向美方催缴货款,委派你拟写一份催款函。

为了进一步扩大业务范围,云南××花卉公司希望进一步开拓欧美盆景市场。于是委派你对此市场的销售情况进行调研,并撰写一份详尽的调研报告。

1. 根据案例内容,请你就美国×××公司的函件,拟定一份回复函。

2. 根据案例内容,请你拟定一份涉外经济合同。

3. 根据案例内容,请你拟定一份催款函。

4. 根据案例内容,请你拟定一份调研报告。

附　录　党政机关公文处理工作条例

（中办发〔2012〕14 号）

第一章　总　则

第一条　为了适应中国共产党机关和国家行政机关（以下简称党政机关）工作需要，推进党政机关公文处理工作科学化、制度化、规范化，制定本条例。

第二条　本条例适用于各级党政机关公文处理工作。

第三条　党政机关公文是党政机关实施领导、履行职能、处理公务的具有特定效力和规范体式的文书，是传达贯彻党和国家方针政策，公布法规和规章，指导、布置和商洽工作，请示和答复问题，报告、通报和交流情况等的重要工具。

第四条　公文处理工作是指公文拟制、办理、管理等一系列相互关联、衔接有序的工作。

第五条　公文处理工作应当坚持实事求是、准确规范、精简高效、安全保密的原则。

第六条　各级党政机关应当高度重视公文处理工作，加强组织领导，强化队伍建设，设立文秘部门或者由专人负责公文处理工作。

第七条　各级党政机关办公厅（室）主管本机关的公文处理工作，并对下级机关的公文处理工作进行业务指导和督促检查。

第二章　公文种类

第八条　公文种类主要有：

（一）决议。适用于会议讨论通过的重大决策事项。

（二）决定。适用于对重要事项作出决策和部署、奖惩有关单位和人员、变更或者撤销下级机关不适当的决定事项。

（三）命令（令）。适用于公布行政法规和规章、宣布施行重大强制性措施、批准授予和晋升衔级、嘉奖有关单位和人员。

（四）公报。适用于公布重要决定或者重大事项。

（五）公告。适用于向国内外宣布重要事项或者法定事项。

（六）通告。适用于在一定范围内公布应当遵守或者周知的事项。

（七）意见。适用于对重要问题提出见解和处理办法。

（八）通知。适用于发布、传达要求下级机关执行和有关单位周知或者执行的事项，批转、转发公文。

（九）通报。适用于表彰先进、批评错误、传达重要精神和告知重要情况。

（十）报告。适用于向上级机关汇报工作、反映情况，回复上级机关的询问。

（十一）请示。适用于向上级机关请求指示、批准。

（十二）批复。适用于答复下级机关请示事项。

（十三）议案。适用于各级人民政府按照法律程序向同级人民代表大会或者人民代表大会常务委员会提请审议事项。

（十四）函。适用于不相隶属机关之间商洽工作、询问和答复问题、请求批准和答复审批事项。

（十五）纪要。适用于记载会议主要情况和议定事项。

第三章　公文格式

第九条　公文一般由份号、密级和保密期限、紧急程度、发文机关标志、发文字号、签发人、标题、主送机关、正文、附件说明、发文机关署名、成文日期、印章、附注、附件、抄送机关、印发机关和印发日期、页码等组成。

（一）份号。公文印制份数的顺序号。涉密公文应当标注份号。

（二）密级和保密期限。公文的秘密等级和保密的期限。

涉密公文应当根据涉密程度分别标注"绝密""机密""秘密"和保密期限。

（三）紧急程度。公文送达和办理的时限要求。根据紧急程度，紧急公文应当分别标注"特急""加急"，电报应当分别标注"特提""特急""加急""平急"。

（四）发文机关标志。由发文机关全称或者规范化简称加"文件"二字组成，也可以使用发文机关全称或者规范化简称。联合行文时，发文机关标志可以并用联合发文机关名称，也可以单独用主办机关名称。

（五）发文字号。由发文机关代字、年份、发文顺序号组成。联合行文时，使用主办机关的发文字号。

（六）签发人。上行文应当标注签发人姓名。

（七）标题。由发文机关名称、事由和文种组成。

（八）主送机关。公文的主要受理机关，应当使用机关全称、规范化简称或者同类型机关统称。

（九）正文。公文的主体，用来表述公文的内容。

（十）附件说明。公文附件的顺序号和名称。

（十一）发文机关署名。署发文机关全称或者规范化简称。

（十二）成文日期。署会议通过或者发文机关负责人签发的日期。联合行文时，署最后签发机关负责人签发的日期。

（十三）印章。公文中有发文机关署名的，应当加盖发文机关印章，并与署名机关相符。有特定发文机关标志的普发性公文和电报可以不加盖印章。

（十四）附注。公文印发传达范围等需要说明的事项。

（十五）附件。公文正文的说明、补充或者参考资料。

（十六）抄送机关。除主送机关外需要执行或者知晓公文内容的其他机关，应当使用机关全称、规范化简称或者同类型机关统称。

（十七）印发机关和印发日期。公文的送印机关和送印日期。

（十八）页码。公文页数顺序号。

第十条 公文的版式按照《党政机关公文格式》国家标准执行。

第十一条 公文使用的汉字、数字、外文字符、计量单位和标点符号等，按照有关国家标准和规定执行。民族自治地方的公文，可以并用汉字和当地通用的少数民族文字。

第十二条 公文用纸幅面采用国际标准 A4 型。特殊形式的公文用纸幅面，根据实际需要确定。

第四章　行文规则

第十三条 行文应当确有必要，讲求实效，注重针对性和可操作性。

第十四条 行文关系根据隶属关系和职权范围确定。一般不得越级行文，特殊情况需要越级行文的，应当同时抄送被越过的机关。

第十五条 向上级机关行文，应当遵循以下规则：

（一）原则上主送一个上级机关，根据需要同时抄送相关上级机关和同级机关，不抄送下级机关。

（二）党委、政府的部门向上级主管部门请示、报告重大事项，应当经本级党委、政府同意或者授权；属于部门职权范围内的事项应当直接报送上级主管部门。

（三）下级机关的请示事项，如需以本机关名义向上级机关请示，应当提出倾向性意见后上报，不得原文转报上级机关。

（四）请示应当一文一事。不得在报告等非请示性公文中夹带请示事项。

（五）除上级机关负责人直接交办事项外，不得以本机关名义向上级机关负责人报送公文，不得以本机关负责人名义向上级机关报送公文。

（六）受双重领导的机关向一个上级机关行文，必要时抄送另一个上级机关。

第十六条 向下级机关行文，应当遵循以下规则：

（一）主送受理机关,根据需要抄送相关机关。重要行文应当同时抄送发文机关的直接上级机关。

（二）党委、政府的办公厅（室）根据本级党委、政府授权,可以向下级党委、政府行文,其他部门和单位不得向下级党委、政府发布指令性公文或者在公文中向下级党委、政府提出指令性要求。需经政府审批的具体事项,经政府同意后可以由政府职能部门行文,文中须注明已经政府同意。

（三）党委、政府的部门在各自职权范围内可以向下级党委、政府的相关部门行文。

（四）涉及多个部门职权范围内的事务,部门之间未协商一致的,不得向下行文;擅自行文的,上级机关应当责令其纠正或者撤销。

（五）上级机关向受双重领导的下级机关行文,必要时抄送该下级机关的另一个上级机关。

第十七条　同级党政机关、党政机关与其他同级机关必要时可以联合行文。属于党委、政府各自职权范围内的工作,不得联合行文。

党委、政府的部门依据职权可以相互行文。部门内设机构除办公厅（室）外不得对外正式行文。

第五章　公文拟制

第十八条　公文拟制包括公文的起草、审核、签发等程序。

第十九条　公文起草应当做到:

（一）符合国家法律法规和党的路线方针政策,完整准确体现发文机关意图,并同现行有关公文相衔接。

（二）一切从实际出发,分析问题实事求是,所提政策措施和办法切实可行。

（三）内容简洁,主题突出,观点鲜明,结构严谨,表述准确,文字精练。

（四）文种正确,格式规范。

（五）深入调查研究,充分进行论证,广泛听取意见。

（六）公文涉及其他地区或者部门职权范围内的事项,起草单位必须征求相关地区或者部门意见,力求达成一致。

（七）机关负责人应当主持、指导重要公文起草工作。

第二十条　公文文稿签发前,应当由发文机关办公厅（室）进行审核。审核的重点是:

（一）行文理由是否充分,行文依据是否准确。

（二）内容是否符合国家法律法规和党的路线方针政策;是否完整准确体现发文机关意图;是否同现行有关公文相衔接;所提政策措施和办法是否切实可行。

（三）涉及有关地区或者部门职权范围内的事项是否经过充分协商并达成一致意见。

（四）文种是否正确,格式是否规范;人名、地名、时间、数字、段落顺序、引文等是否准确;文字、数字、计量单位和标点符号等用法是否规范。

（五）其他内容是否符合公文起草的有关要求。

需要发文机关审议的重要公文文稿,审议前由发文机关办公厅(室)进行初核。

第二十一条 经审核不宜发文的公文文稿,应当退回起草单位并说明理由;符合发文条件但内容需作进一步研究和修改的,由起草单位修改后重新报送。

第二十二条 公文应当经本机关负责人审批签发。重要公文和上行文由机关主要负责人签发。党委、政府的办公厅(室)根据党委、政府授权制发的公文,由受权机关主要负责人签发或者按照有关规定签发。签发人签发公文,应当签署意见、姓名和完整日期;圈阅或者签名的,视为同意。联合发文由所有联署机关的负责人会签。

第六章　公文办理

第二十三条 公文办理包括收文办理、发文办理和整理归档。

第二十四条 收文办理主要程序是:

（一）签收。对收到的公文应当逐件清点,核对无误后签字或者盖章,并注明签收时间。

（二）登记。对公文的主要信息和办理情况应当详细记载。

（三）初审。对收到的公文应当进行初审。初审的重点是:是否应当由本机关办理,是否符合行文规则,文种、格式是否符合要求,涉及其他地区或者部门职权范围内的事项是否已经协商、会签,是否符合。

（四）承办。阅知性公文应当根据公文内容、要求和工作需要确定范围后分送。批办性公文应当提出拟办意见报本机关负责人批示或者转有关部门办理;需要两个以上部门办理的,应当明确主办部门。紧急公文应当明确办理时限。承办部门对交办的公文应当及时办理,有明确办理时限要求的应当在规定时限内办理完毕。

（五）传阅。根据领导批示和工作需要将公文及时送传阅对象阅知或者批示。办理公文传阅应当随时掌握公文去向,不得漏传、误传、延误。

（六）催办。及时了解掌握公文的办理进展情况,督促承办部门按期办结。紧急公文或者重要公文应当由专人负责催办。

（七）答复。公文的办理结果应当及时答复来文单位,并根据需要告知相关单位。

第二十五条 发文办理主要程序是:

（一）复核。已经发文机关负责人签批的公文,印发前应当对公文的审批手续、内容、文种、格式等进行复核;需作实质性修改的,应当报原签批人复审。

（二）登记。对复核后的公文,应当确定发文字号、分送范围和印制份数并详细记载。

（三）印制。公文印制必须确保质量和时效。涉密公文应当在符合保密要求的场所印制。

（四）核发。公文印制完毕，应当对公文的文字、格式和印刷质量进行检查后分发。

第二十六条　涉密公文应当通过机要交通、邮政机要通信、城市机要文件交换站或者收发件机关机要收发人员进行传递，通过密码电报或者符合国家保密规定的计算机信息系统进行传输。

第二十七条　需要归档的公文及有关材料，应当根据有关档案法律法规以及机关档案管理规定，及时收集齐全、整理归档。两个以上机关联合办理的公文，原件由主办机关归档，相关机关保存复制件。机关负责人兼任其他机关职务的，在履行所兼职务过程中形成的公文，由其兼职机关归档。

第七章　公文管理

第二十八条　各级党政机关应当建立健全本机关公文管理制度，确保管理严格规范，充分发挥公文效用。

第二十九条　党政机关公文由文秘部门或者专人统一管理。设立党委（党组）的县级以上单位应当建立机要保密室和机要阅文室，并按照有关保密规定配备工作人员和必要的安全保密设施设备。

第三十条　公文确定密级前，应当按照拟定的密级先行采取保密措施。确定密级后，应当按照所定密级严格管理。绝密级公文应当由专人管理。

公文的密级需要变更或者解除的，由原确定密级的机关或者其上级机关决定。

第三十一条　公文的印发传达范围应当按照发文机关的要求执行；需要变更的，应当经发文机关批准。

涉密公文公开发布前应当履行解密程序。公开发布的时间、形式和渠道，由发文机关确定。

经批准公开发布的公文，同发文机关正式印发的公文具有同等效力。

第三十二条　复制、汇编机密级、秘密级公文，应当符合有关规定并经本机关负责人批准。绝密级公文一般不得复制、汇编，确有工作需要的，应当经发文机关或者其上级机关批准。

复制、汇编的公文视同原件管理。复制件应当加盖复制机关戳记。翻印件应当注明翻印的机关名称、日期。汇编本的密级按照编入公文的最高密级标注。

第三十三条　公文的撤销和废止，由发文机关、上级机关或者权力机关根据职权范围和有关法律法规决定。公文被撤销的，视为自始无效；公文被废止的，视为自废止之日起失效。

第三十四条　涉密公文应当按照发文机关的要求和有关规定进行清退或者销毁。

第三十五条　不具备归档和保存价值的公文，经批准后可以销毁。销毁涉密公文必须严格按照有关规定履行审批登记手续，确保不丢失、不漏销。个人不得私自销毁、留存涉密公文。

第三十六条　机关合并时,全部公文应当随之合并管理;机关撤销时,需要归档的公文经整理后按照有关规定移交档案管理部门。

工作人员离岗离职时,所在机关应当督促其将暂存、借用的公文按照有关规定移交、清退。

第三十七条　新设立的机关应当向本级党委、政府的办公厅(室)提出发文立户申请。经审查符合条件的,列为发文单位,机关合并或者撤销时,相应进行调整。

第八章　附　则

第三十八条　党政机关公文含电子公文。电子公文处理工作的具体办法另行制定。

第三十九条　法规、规章方面的公文,依照有关规定处理。外事方面的公文,依照外事主管部门的有关规定处理。

第四十条　其他机关和单位的公文处理工作,可以参照本条例执行。

第四十一条　本条例由中共中央办公厅、国务院办公厅负责解释。

第四十二条　本条例自 2012 年 7 月 1 日起施行。1996 年 5 月 3 日中共中央办公厅发布的《中国共产党机关公文处理条例》和 2000 年 8 月 24 日国务院发布的《国家行政机关公文处理办法》停止执行。

相关资料:党政机关公文格式(国家标准 GB/T 9704—2012)

参考文献

[1] 郭冬. 实用写作范例点评[M]. 北京:高等教育出版社,2009.

[2] 郭冬. 秘书写作[M]. 2 版. 北京:高等教育出版社,2007.

[3] 熊越强. 商务写作与实训[M]. 北京:清华大学出版社,2008.

[4] 高晓梅. 商务应用文[M]. 大连:东北财经大学出版社,2008.

[5] 范兰德. 商务写作技能与实训[M]. 广州:广东人民出版社,2008.

[6] 张元忠,张东风. 经济应用文写作与评析[M]. 武汉:华中科技大学出版社,2008.

[7] 姬瑞环. 秘书公文写作与实训[M]. 北京:中国人民大学出版社,2009.

[8] 张春宝,吴瑞林. 商务经济应用写作[M]. 太原:山西经济出版社,2007.

[9] 李振辉. 应用文写作实训教程[M]. 北京:机械工业出版社,2007.

[10] 周冠生,林宗源. 应用文写作一课一练[M]. 北京:中国轻工业出版社,2008.

[11] 方有林,肖晓明. 商务应用文写作[M]. 上海:同济大学出版社,2007.

[12] 杨文峰. 实用经济文书写作[M]. 2 版. 北京:中国人民大学出版社,2006.

[13] 张小兵. 实用商务文书写作[M]. 北京:首都经贸大学出版社,2008.

[14] 戴君. 企业商务文书工具箱[M]. 广州:广东经济出版社,2009.

[15] 李玉珊. 商务文案写作[M]. 北京:高等教育出版社,2008.

[16] 王继忠. 商务应用文格式及经典范例[M]. 北京:光明日报出版社,2006.

[17] 杨德慧. 商务策划文案写作[M]. 北京:首都经贸大学出版社,2009.

[18] 曹祖平. 国际商务写作高级教程[M]. 北京:中国人民大学出版社,2005.

[19] 房玉靖,等. 商务英语函电[M]. 北京:清华大学出版社,2009.

[20] 中国政府网 http://www.gov.cn/.